Jaime Rodríguez Romero

Bitácora

Relato de un viaje por la vida

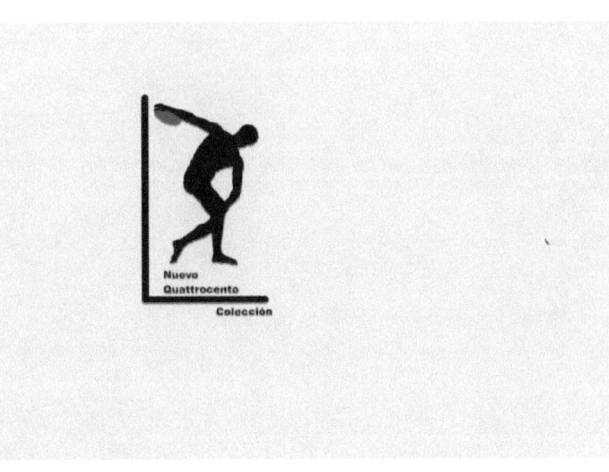

Diseño de portada y diagramación: Jaime Rodríguez Romero.
ISBN: 9798688598216
BISAC: Biography & Autobiography / Literary
Nuevo Quattrocento ediciones.
Primera edición: Septiembre de 2020, USA

*Hay un viaje en el que la experiencia por si misma trasciende al objetivo;
no obedece a una planeación y tiene a la incertidumbre por norma;
su carácter lineal y particular, le hace irrepetible y único.
Aunque puede ser interrumpido a voluntad, pocos lo hacen
en virtud de lo mucho que tiene por ofrecer.*

Agradecimientos

Agradezco a todos aquellos que posibilitaron este fugaz viaje, -o paréntesis existencial, para ser más precisos- en especial a mis padres, hermanos y seres queridos en general; también a amigos cercanos o lejanos en el tiempo, compañeros de estudio, de trabajo y aficiones; en general a esos cientos o miles de personas anónimas que de manera inadvertida a la manera en que el sol y la lluvia contribuyen a la vida del planeta, hicieron – como ocurre normalmente a toda persona- algo directa o indirectamente por mí, como parte de un colectivo en su momento. A las coincidencias de la evolución del universo e infracciones eventuales a la ley de la entropía, que hicieron lo suyo para que la materia se transfigurara en vida y conciencia. La vida humana es en su aspecto fisiológico, asimilable a la de la planta que requiere de la coincidencia de múltiples factores para poder crecer y aproximarse a la luz, mientras en el ontológico a la naturaleza espiritual de esta última.

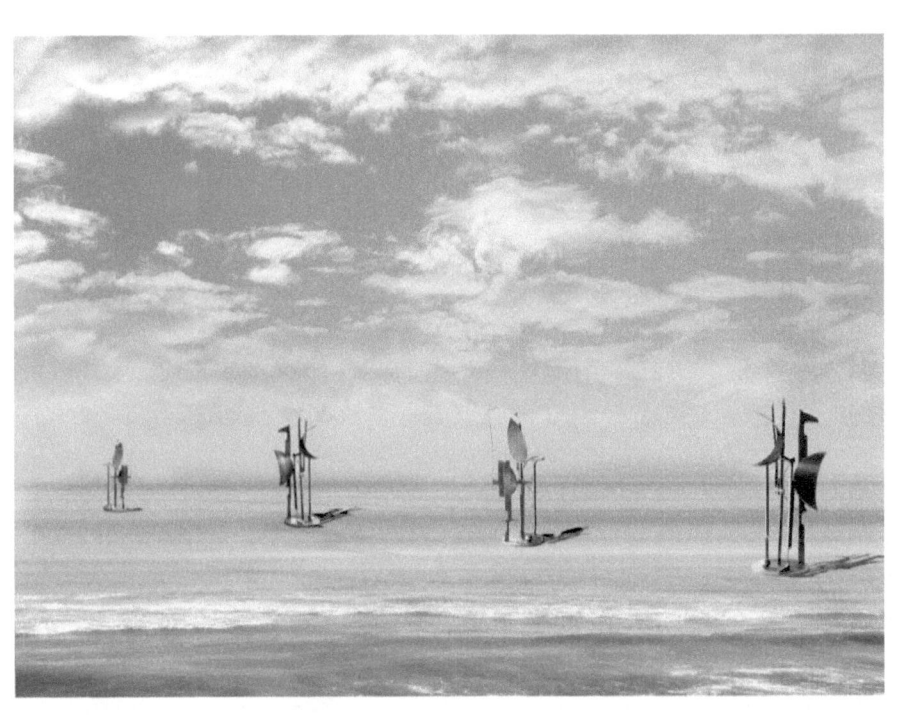

Prefacio

El ciclo de la vida de los seres vivos, en cuanto fenómeno biológico se supedita a una serie de pautas que a manera de algoritmo parecieran propender por el equilibrio y la armonía. Nacemos, crecemos, envejecemos y morimos. En el contexto de la historia del universo, la vida humana se puede comprender como un fugaz instante, entre el no ser inicial y el no ser posterior, rescatado temporalmente por la memoria, de acuerdo a un legado en particular. Todos los humanos somos viajeros a través del tortuoso sendero de la vida, en el que independientemente del protagonismo representamos un rol específico e irrepetible, fenómeno del que usualmente no somos conscientes debido a una serie de factores que como el tener que ganarse el sustento, el ser coaptado por la alienación de un entorno cada vez más absorbente, hostil y enajenante, la desidia y el escepticismo concomitantes a tal situación, conllevan a que la gran mayoría no tiene o no se da la oportunidad de meditar sobre estos tópicos y sus vidas se desvanecen en la generalidad, la intrascendencia y el anonimato. Esto resulta en una gran contradicción, habida cuenta que la esencia del ser humano como ente superior, al margen de categorías metafísicas que comprometen su comprensión, está constituida por las ideas, los sentimientos, los valores, a manera de una superestructura que prima sobre lo material y fisiológico. El género autobiográfico, se presenta en este sentido como una forma efectiva de contrarrestar estos factores adversos que coadyuvan a la fatalidad que pareciera ser el destino de lo humano: el olvido. Afortunados los que hayan tenido la suerte de poder contar con memorias de sus antepasados o de sus personajes admirados; dichos documentos serían una ayuda invaluable en el propósito de conocerse y comprenderse a sí mismos, o asimilar de una manera óptima el legado de los segundos, tal como lo atestiguan por citar un ejemplo las obras de Diógenes Laercio y Giorgio Vasari; el primero al escribir sobre la vida y obra de los filósofos presocráticos y el segundo sobre la de artistas del Renacimiento y épocas anteriores. Todo ser humano, tal como lo plantea la escritora Margarita Yourcenar, por boca del emperador Adriano en sus Memorias de Adriano, *independientemente de sus cualidades sean éstas de orden físico, emocional, ético o intelectual, de su rango o éxito social, tiene algo para enseñar, aunque el éxito en la materialización de esta potencialidad dependa más de aquellos que le rodean, de sus capacidades perceptivas, las que desafortunadamente no son frecuentes. En la época que estamos viviendo, en estos comienzos del siglo XXI, signada por una actitud narcisista, en la que por lo general nadie quiere escuchar al otro, solo a sí mismo, tal comportamiento parecería más bien una excepción, una rareza. Son tiempos que parecieran negar el hilo de la historia, pero no aquel vislumbrado por la visión capitalista desde la perspectiva de Marx, como una concatenación de sucesos liderados y predeterminados por grandes hombres; lo hace desde el comportamiento de una sociedad, cuyos valores a más de no corresponder a un estadio superior de desarrollo, que confirme el proceso evolutivo iniciado con la adopción de la postura bípeda por parte de nuestros remotos antepasados, -acto que en su aparente nimiedad desencadenara a partir de la adquisición de conciencia, el proceso conducente al mundo actual- , niega con su irracional comportamiento los beneficios de esas herramientas que nos diferencian de las demás criaturas del entorno: el entendimiento, la imaginación, la heurística. La epistemología en su expresión cotidiana, se ha encontrado con una de las grandes aporías, que serían la envidia del aventajado epígono de Parménides; nunca como ahora, había sido tan válida la sentencia socrática: Sólo sé que nada sé. La democratización de la información producida por la internet, pone a disposición de vastos sectores de la población mundial un cúmulo de conocimientos de tal inconmensurabilidad, que abruma al estudioso e incita a la desidia al ciudadano medio; aunque algunos hagan buen uso de las nuevas tecnologías de la informática, muchos se ven atrapados en la alienación generada por el intercambio de información por lo general banal, a través de las llamadas redes sociales, que a más de poco contribuir en su formación personal y capacidad de comprensión de su entorno y del mundo, les transportan a realidades virtuales distorsionadoras y a cual más difamadoras de la realidad. Reflexiones de este talante, me han conducido a hacer un paréntesis para a manera de una retrospectiva, visualizar mi faceta como "actor de este mundo", o viajero en el tiempo, compartiendo algunas de las experiencias y anécdotas del hilo de mi vida personal, intentando un equilibrio entre lo contingente y lo universal, entre reduccionismo y holismo, emotividad y objetividad, tratando en la medida de lo posible de obviar al margen del uso de la primera persona, la personalización del relato, aspecto extensivo a instituciones, familiares, amigos y conocidos, buscando conferir al relato visos de neutralidad y universalidad; todo ello desde la perspectiva que los años y la experiencia permiten vislumbrar. Dado lo inconexo en virtud de su lejanía en el tiempo, de algunas de las situaciones descritas, me abrogaré la utilización de técnicas tal vez más de la edición cinematográfica, aspecto que espero el lector tenga en cuenta, cuando encuentre algunos saltos abruptos en el discurrir del hilo narrativo; fenómeno que por lo demás se da de manera natural durante ese paréntesis que es la supresión cíclica y temporal de la vigilia, cuando nos desconectamos de la realidad, de nuestro "rol actoral en este mundo", para acceder a otros escenarios oníricos no menos reales en su momento; suerte de pequeña muerte seguida de resurrección, en ese ciclo que repetimos hasta acceder al sueño definitivo. Hechas estas salvedades, procedo con mi relato, como una forma de recrear el pasado y, abrir esa suerte de cápsula del tiempo que constituye toda vida humana, fractal evidenciado por la similitud entre la parte y el todo, entendidos éstos en el contexto de experiencia individual y su correspondiente como especie, tratando de identificar nexos entre aquellas primeras experiencias de vida y los derroteros que ésta seguiría en etapa adulta. Consecuente con el agrado experimentado al hablar de aquello que constituye nuestra esfera de intereses o evoca gratas añoranzas, el recuerdo de la infancia, de la primera juventud y algunos apartados de la madurez, siempre será a más de un una grata experiencia, un oportunidad para desafiar la fatalidad destructora del paso del tiempo, transgredir la infranqueable barrera que nos abstrae del pasado. Nuestra mente posibilita aquello que en términos materiales la realidad impide: regresar en el tiempo. Este retorno a un mundo que aunque ausente ya, sigue viviendo en nuestro interior y se niega a no seguir siendo; parte activa que interactúa con todo aquello que vino después, a manera del fruto respecto de la semilla. El presente texto, es como un viaje hacia mis comienzos, pasando luego por las diferentes etapas que conforman el proceso evolutivo personal; una manera de escudriñar los primeros balbuceos como humano, y el ulterior proceso de desarrollo como ser social; al margen del interés que pueda representar en sí mismo, es un testimonio de uno entre millones que anhela de alguna manera resistir a la tiranía del paso del tiempo y atenuar la inexorabilidad del olvido; además sirve de pretexto, para poder expresar una postura de vida a través de reflexiones y juicios sobre temáticas de interés. Todos, independientemente del éxito de nuestro paso por el mundo, de nuestra posición social o económica, de nuestra mayor o menor inteligencia, tenemos algo para compartir; pero esto puede ser visualizado y apreciado solo por aquellos, cuya sensibilidad y humanismo lo permitan. Abrigo la esperanza, que intentos como éste en medio de su ingenuidad o aparente futilidad, contribuyan en acrecentar el número de éstos últimos.*

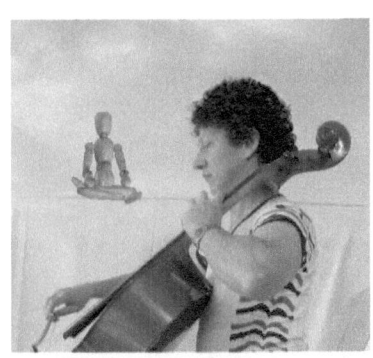

Jaime Rodríguez Romero, es ingeniero mecánico y Master of Cience, egresado del Instituto Politécnico de Bielorrusia (hoy Universidad Estatal Técnica de Belarús), en 1984. Combina su profesión con las artes plásticas, la música, la literatura y la docencia universitaria. En el contexto de los géneros de ensayo, ficción y arte ha publicado los siguientes títulos: El ensueño del Volga, El veneno del arte, El libro incompleto, Quartetos para el comienzo y final de los tiempos, Desde el éter, Albores, Leitmotivs, Nuevo Quadrivium, La saga infinita, Guimnós el desnudo en la escultura de la Antigua Grecia, My art univers, Female nude, Male nude.

Contenido

Prefacio 11

Escena primera 19

Escena segunda 95

Escena tercera 297

Indice alfabético y temático 358

CHAPTER

Escena primera

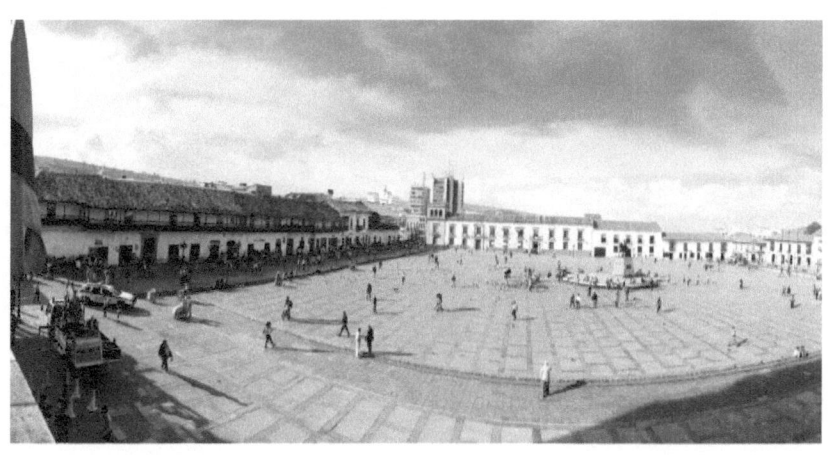

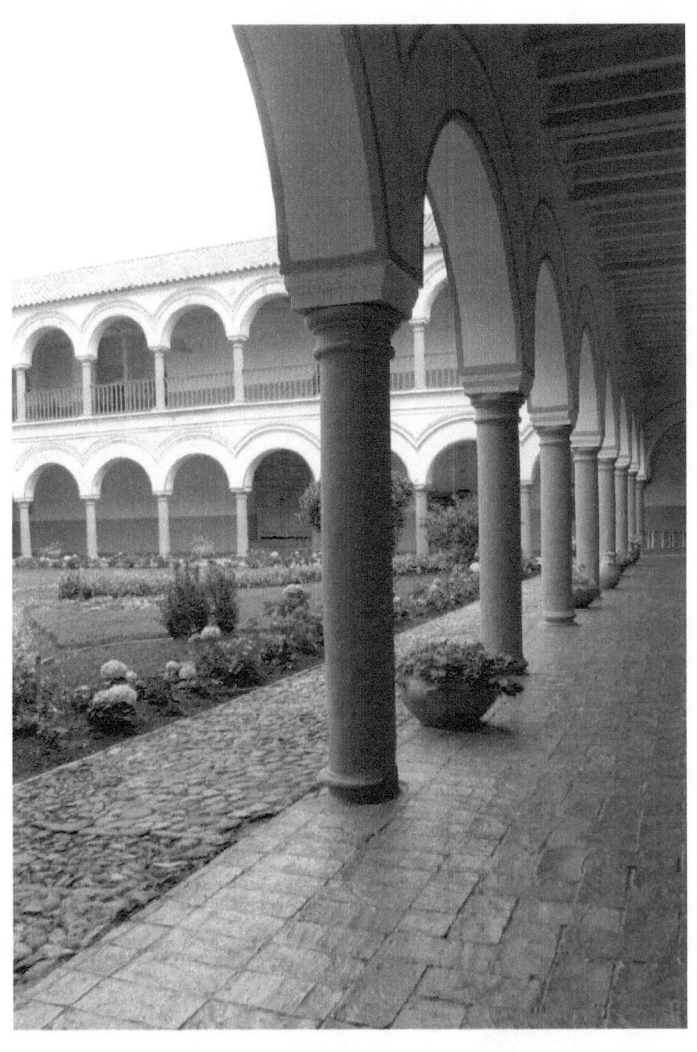

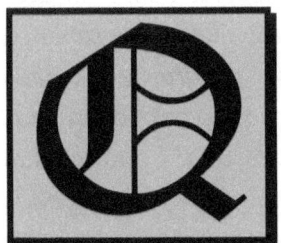uiso el azar, como ocurre a todos, que viniera a este mundo en un contexto en particular; conservador, católico, tercermundista, crisol de raíces hispánicas y chibchas -con el sincretismo multicultural que ello implica-, en el seno de una familia típica de padres artesanos -como lo eran la mayoría de los de su generación y entorno-, de buenas costumbres y honorabilidad intachable, con las ventajas y desventajas -dados los tiempos que vivimos- que de ello se derivan, hacia la mitad del pasado siglo, a poco más de una década de la trágica muerte de Gaitán y tres centurias después que lo hiciera Henry Purcell, en momentos en que nuestro hogar sideral atravesaba la constelación de Acuario y la de Tauro se ocultaba tras del sol que apenas superaba su zenit, en una de las ciudades más frías de un país perdido en las lejanías del nuevo mundo, cuyo nombre inadvertidamente homenajea a un buscador de especies, cuando había trascurrido, -para no dejar lugar a dudas- un mes desde el sorprendente triunfo de la Revolución Cubana; por extensión, fui la "cuba" de la casa, expresión frecuente entonces para referirse al vástago menor. Tuve el privilegio de familiarizarme desde la cuna, con pasillos y bambucos que mi padre componía e interpretaba, para satisfacción propia, de su familia, vecinos y amigos, con el resultado que al margen de cierto conocimiento de la música erudita, mi sensibilidad en los linderos de esta expresión estética, responde a aquello que llaman "ponerse la piel de gallina", tan solo al escuchar un bambuco, tal vez en virtud también de la ambivalencia implicada por la síncopa que tanto lo emparenta con expresiones caracterizadas por su libertad y cadencia. Aunque algunos no me creen, mis recuerdos al margen de las normales lagunas, se remontan al momento en que aprendía a gatear; a diferencia de otros niños, lo hacía no boca abajo, sino sentado, impulsándome con las manitas, como un remero de canoa; postura privilegiada cuando de visualizar el entorno se trata; recuerdo perfectamente lo que veía cuando mi-

raba hacia arriba; la lámpara de la sala, las inmensas y pesadas cortinas recogidas hacia los lados que curiosamente dispuestas sobre un arco ojival, -parte de la mampostería a manera de tabique- separaban el dormitorio de mis padres de la sala, el infaltable cuadro del Sagrado corazón; a veces también el disco de acetato cuando lo colocaban en el obligado tocadiscos, la parte inferior de la quijada de los adultos, tan lejana como el techo; también lo que más se ve a esas edades, todo lo que está al nivel del piso, debajo de los muebles, las patas de mesas y sillas, tapetes, acometidas de enchufes, zapatos, todo aquello que después visualmente nos está vedado en la medida en que crecemos. Como era el menor, todos incluidos mis hermanos, me sacudían la cabeza, esa manera con la que extrañamente los adultos creen acariciar a los niños, aunque el resultado sea más de desagrado, como de agresión; al alzarme adoptaban esa actitud entre bonachona y tontarrona que adoptamos los adultos en tales situaciones. Siendo aun de brazos, en cierta ocasión mis padres me llevaron a un pueblo cercano, donde vivían unos tíos. Me dijeron que íbamos a viajar, cosa de la que no tenía la menor idea que fuera. Fuimos a una casa esquinera de puertas abiertas y nos sentamos en lo que parecía ser una sala, en la que además de muebles había algo como un separador de vidrio; estaban allí algunas personas desconocidas; en la pared, un reloj de forma circular, de fondo blanco y manecillas negras, que eran lo único que se movía durante un tiempo que me parecía eterno; sentado en el regazo de mi madre, sentía sopor y desagrado por la quietud y el encierro; pensaba para mis adentros, que esto de viajar era algo desagradable y muy extraño; todo indicaba que consistía en permanecer sentado en esa sala, en espera de que pasara el tiempo o de que algo sucediera, mientras todos permanecían en silencio. Con el correr de los años, descubriría que esto del tiempo es uno de los conceptos más inasibles de cuantos existen y objeto de estudio y análisis por muchas escuelas del pensamiento y de la ciencia, un concepto que a la fecha no se ha podido dilucidar; motivo de inquietud desde la antigüedad, ha sido concebido de múltiples maneras; antiguas culturas orientales a contracorriente del carácter lineal y escatológico que le confiere el cristianismo, le conciben como un trascender de carácter cíclico, expresado en la rueda del destino, el samsara, el uróboros, tendencia recogida y continuada por científicos del siglo XX como Roger Penrose y Henry Poincaré que contemplan una visión circular e interminable del tiempo y del universo; para Parménides y su discípulo Zenón, no existe como ente, como tampoco el movimiento; según Platón, fue creado luego del universo para perfeccionar el movimiento de los astros y de esta manera garantizar su armonía con el mundo incorruptible de las ideas; Aristóteles lo definirá como el número del movimiento, según el antes y el después; San Agustín, confiriéndole carácter subjetivo lo hará parte de la creación y pondrá de relieve su inhasibilidad: "Si nadie me lo pregunta, lo sé. Si quisiera explicárselo al que me lo pregunta, no lo sé". Considera que el tiempo consiste en pasar desde un pasado inexistente, a un presente, cuyo ser consiste en pasar al futuro que todavía no es. Los adalides de la Primera revolución científica, Copérnico, Galileo y Kepler, darán inicio a la conceptualización de carácter físico con el que lo entendemos en la actualidad. Más adelante Kant lo conceptualizará como una forma pura a priori de la sensibilidad, no un concepto, sino parte de una estructura que junto con el espacio posibilitan la experiencia. Nietzsche en su Teoría del eterno retorno, aportará una vertiente de fatalidad que supone la repetición irrestricta de acontecimientos, en el mismo orden y contenido. Si existe como ente independiente o es un subproducto del entendimiento que permite taxonomizar acontecimientos, una forma de la sensibilidad a priori según la visión del puntual paseante de Konigsberg, una función cerebral asistente en ese frenesí por superar el caos, por conferir un sentido a cuanto nos rodea, es algo que a la fecha no se ha podido dilucidar. Los postulados de la Relatividad general que vieran la luz a comienzos del pasado siglo, complicarían aún más las cosas al fusionarlo con el espacio. De lo que si tenemos alguna certeza, es de su carácter de barrera infranqueable entre presente y pasado, entre presente y futuro lejano, impedimento superable solo a través de los sentimientos para el caso de lo pretérito y, en el plano estético, de la ficción; también de su naturaleza como medio sin el cual no serían posibles el movimiento ni el devenir histórico y, en la cotidianidad procesos como el que realiza usted ahora querido lector, la lectura y, otros como la ejecución musical. Tal vez ya desde ese momento, intuyendo todo lo que se ocultaba detrás de tan complejo concepto, fatigado me dormí profundamente; al despertar me encontré en el interior de un taxi, de esos sedán Ford grandísimos, estacionado en un pastizal en medio del campo, en una mañana soleada; el pasto era tan alto que partes de él entraban por las ventanas, su olor inundaba el cubículo; habíamos realizado un viaje de varias horas por carretera destapada, sin que pudiera apenas notarlo. Una mujer joven se acercó a darnos la bienvenida diciéndole madrina a mi madre; sus manos como de costumbre se posaron en mi cabeza sacudiéndola, esta vez delicadamente, a la vez que cariñosamente me daba un beso y susurraba sonidos onomatopéyicos y maternales agradables al oído, mientras preguntaba como confirmando, si era la cuba. Era un día radiante y en aquel sitio a diferencia de mi ciudad natal hacía mucho calor y no se sentía el viento. Una luciérnaga entró por la ventana, como parte de tantas novedades. Salimos del taxi y entramos en una pequeña estancia donde se sentía más fresco y nos brindaron limonada fría. Pasamos algunos días en este pueblo; estaban en fiestas patronales, con los tradicionales desfiles callejeros y corridas de toros. En ese mundo de retazos inconexos pero vívidos que constituyen mis recuerdos a esta edad temprana, de pronto a la manera de cambio de escena de una película, estábamos con mi madre y demás familiares parados a la orilla de una calle, como parte de una multitud que se agolpaba para ver pasar comparsas y matachines; estos últimos, por lo general estaban disfrazados de demonios, con máscaras de apariencia zoomorfa escalofriante, puntiagudos amenazantes cuernos, atuendo rojo encendido con rabos que balanceaban como péndulos; algunos portaban un tridente a la manera de Poseidón, mientras otros una vejiga atada a una piola, con la que despiadadamente y con sevicia golpeaban a los espectadores, mientras corrían de un lado para otro; de pronto una de estas criaturas infernales, se vino lance en ristre hacia nosotros y me tomó de mis entonces escasos cabellos, mientras acercaba su cara a la mía de manera intimidatoria, como auscultando atentamente la geografía de mi pequeño rostro; aterrorizado y sin entender nada de cuanto acontecía, estallé en llanto, mientras todos reían al unísono, ante lo cual este demonio desistió de sus maléficos propósitos y se alejó para mortificar a otros; seguí llorando desconsoladamente y como no había poder humano que me calmara, tuvieron que traerme de nuevo a este buziraco del inframundo, para que se quitara la máscara, con la esperanza de mitigar mi pánico; no recuerdo si surtió efecto, lo más probable es que siguiera desconsolado y aterrorizado, pues si a pesar del paso de toda una vida recuerdo todo ello con tal lujo de detalles, ya podrán imaginar la persistencia de las escalofriantes imágenes en mi mente infantil, en tan aciagos momentos; fue una experiencia que me quedó para toda la vida, cuya afectación nunca he podido dimensionar, aunque intuyo pudo incidir en cierta fascinación que como muchos experimento con las temáticas asociadas al averno, al éxtasis dionisiaco, a los dominios de Tánatos, expresadas vívidamente en la obra de pintores renacentistas como Michelangelo Buonarroti, Luca Signoreli o Piero della Francesca, de coetáneos de la vecina Flandes como Jheronimus Bosch, influenciados por La Comedia, *ese compendio del saber del medioevo, del delirante Alighieri. En el caso de Miguel Angel, su apocalíptica interpretación del juicio final, -con cierta influencia del mismo tema desarrollado por Luca Signorelli en la catedral de Orvieto-, sobre el altar de la Capilla Sixtina, un mural de gigantesco formato, constituido por más de trescientos cuerpos en su mayoría desnudos, en los más inimaginables escorzos, algunos de aspecto apacible, otros contorsionados bajo el sufrimiento del castigo físico y el escarnio moral, todos bajo la égida del hijo divino, juez supremo ante quien responden todas las criaturas humanas, en presencia de santos y demonios, con figuras como Minos, en su rol de guardián del averno, tomada de* La comedia, *de cuyo artífice, fuera gran admirador. Se trata de una obra adelantada en mucho para la época, y para algunos fuera de contexto, dado el carácter sagrado de su sitio de emplazamiento. Tantos desnudos de carácter pagano en criterio de algunos y, en posturas tan pecaminosas, no se compadecían con un templo de la cristiandad, por lo que los más moralistas, llegaron a insinuar incluso su destrucción, de la que se salvó gracias a una visión de avanzada por parte de su comitente el Papa Julio II della Rovere, quien para calmar los ánimos, a espaldas del pintor, encargó se cubrieran con velos pintados algunas de las partes impúdicas expuestas en mayor grado. En otro universo si bien no equiparable en cuanto a la maestría del escorzo, pero a cambio mucho más rico y delirante en su heurística, el flamenco Jheronimus Bosch, nos permite acceder en similar temática a otros planos del hedonismo y la sacralidad, con su tríptico El jardín de las delicias, con el que encantara de por vida a la "araña del Escorial" el emperador Felipe II, y a muchos otros que a lo largo de los siglos nos seguimos deleitando de su imaginación desbordante e inusual para la época. Al margen de su intencionalidad moralista, este tipo de cuadros, que incluyen El jardín de las delicias, el Juicio Final, La tentación de San Antonio y El carro de heno, entre otros, se presentan como un despliegue vanguardista tanto en lo formal como conceptual, que será motivo de admiración y hasta de inspiración para creadores del futuro, como en el caso de los cultivadores de universos oníricos. Pájaros gigantes, fresas descomunales, plantas exóticas, lagunas y fuentes de agua, mujeres desnudas bañándose rodeadas por una multitud de hombres, que en similar condición cabalgan sobre caballos en círculo, ajenos a la fatalidad del castigo divino, expresado en escenarios inefables en su horror, en donde los pecadores son sometidos a todo tipo de tormentos y vejaciones por demonios de naturaleza sincrética entre reptil, insecto y pájaro, con la particularidad de que entre las máquinas de tortura, figuran instrumentos musicales como la zanfoña —especie de violín de manivela- el arpa y el tambor, que por contraste con la iconografía renacentista italiana, son transfigurados en artilugios letales de tortura, como manifestación de repudio por parte de su creador a la música de carácter profano, en clara homologación a lo diabólico. Las imágenes son de tal exuberancia y tan ajenas a las temáticas pictóricas de la época, que hacia el futuro serán motivo de cábalas, respecto de la motivación de su autor, recurriendo incluso a la posibilidad de mediación de alucinógenos. En lo que respecta al universo dantesco, La comedia, conocida luego como "divina", en sincretismo entre alegoría y misticismo desenmascara al pecado y advierte sobre lo que nos depara si nos apartamos del buen camino. El viaje relatado por el Dante, que tiene lugar durante una semana a partir del Viernes Santo del año 1300, representa el proceso expiatorio de su alma en la búsqueda de la redención mediante el auxilio de la razón y de la fe; en el plano moral invita a la virtud como antídoto de la pasión que conduce al abismo, mientras en el alegórico transporta a un plano místico, hacia verdades superiores cuyo conocimiento solo es alcanzable mediante la revelación. En su infierno no hay jerarquías que valgan; no hay lugar para sobornos e influencias. Bajo una variada gama de tormentos de taxonomía extractada de la Etica Nicomaquea aristotélica, ejecutados por legiones de demonios, horribles y despiadadas criaturas de aspecto entre zoomorfo y antropomorfo, muchos de ellos provenientes de la mitología grecolatina presente en La Eneida de Virgilio y la Metamorfosis de Ovidio, en un escenario dominado por abruptos y sórdidos parajes oscuros, estancias áridas y nauseabundas, lomas escarpadas e intransitables, lagunas pestilentes, ríos de sangre, donde si la vista es en extremo desagradable, repugnante, no lo es menos su componente acústico con truenos, relámpagos y tempestades, gritos desgarradores, blasfemias y suspiros, en el conjunto de anillos subterráneos que dispuestos en hélice, estructuran el cono del averno, donde está el pecador sin distingo de rango, haya sido en vida rey, papa, noble o plebeyo. En la nauseabunda Dite, ciudad que encierra los cuatro anillos inferiores, sede del gélido bunker del mismísimo ángel caído, en medio de suspiros, susurros, alaridos y llanto, pagan por la eternidad los peores descarriados : violentos, fraudulentos y traidores. Nadie ni nada puede escapar a los designios divinos, expresados a través de la prodigiosa pluma del inclemente florentino, convertido en juez y parte, para desgracia de sus coetáneos y antecesores. Por suerte, nosotros que pareciera no haber sido alcanzados por ella, podemos substraernos de tan aciago escenario, aunque en realidad tenga mucho en común con la cotidianidad de nuestro mundo, el cual habíamos dejado en el tema de las fiestas pueblerinas, episodio que diera lugar a estas acotaciones y reflexiones de orden luciferino. Al pueblo referido me llevarían en otras ocasiones; la carretera era destapada con muchísimas curvas y precipicios, por tratarse de un cañón, conocido como el cañón del rio Suarez, el cual en la noche parece como un descomunal monstruo con sus fauces abiertas, imagen por lo demás consecuente con las dantescas imágenes referidas. En otra de esas estancias, un día fuimos a un paseo al rio; de pronto resulté encaramado sobre un puente como de unos cincuenta metros de longitud y una altura equivalente a la de un quinto piso; abajo estaba el rio y los participantes del paseo como a unos cien metros; entonces era tan pequeño, que debía subir los brazos para sostenerme de la varilla intermedia del entramado de las barandas; era una tarde soleada, y mi atención estaba puesta en ver como fluía lentamente el agua abajo, con su color marrón turbio, enmarcado por orillas repletas de grandes rocas, evocadoras de criaturas milenarias como las atestiguadoras del descubrimiento de Darwin y Wallace y, también de arenas de color entre blanco y amarillo de un espectro rico en ocres; no sentía miedo ni me cuestionaba la razón por la que estaba allí sólo; de repente, los que estaban abajo comenzaron a gritar y a correr desesperadamente hacia el puente, lo cual si me causó temor; mi madre con su falda gris claro de paño y camisa blanca, sus frondosos y negros cabellos al viento, corría desesperada y llorando, mientras mi padre en camisa blanca arremangada, junto con los tíos, trataban de consolarla; uno de mis primos adolescentes, comenzó a subir por la escalera del puente apresuradamente y una vez arriba, se me acercó sigilosamente a unos metros; en actitud de mucha tensión, con expresión muy seria en su rostro, me dijo que por motivo alguno me fuera a mover, mientras seguía acercándose, hasta que finalmente me tomó como quien atrapa algo que se escapa por los aires; es de imaginar el descanso de mis padres y de todos los que estaban abajo; el paseo pudo haber terminado en tragedia; cómo sucedió aquello, aún sigo sin comprenderlo. Era curioso estar viendo tanta agua, para alguien que desde su nacimiento había conocido su escasez. Por decenios, Tunja fue conocida como una ciudad sedienta; en ello tuvo que ver el haber sido construida en terreno semidesértico; lo normal era que el suministro fuera suspendido constantemente, por lo que en las casas era frecuente tener grandes reservas; en nuestra casa por ejemplo, en el baño siempre había un tanque de acero que ocupaba más de la mitad de su espacio y un balde pequeño para su utilización; en el patio otro similar, para la comida; hubo épocas, especialmente durante el gobierno de Lleras Restrepo, en que el suministro se interrumpía por semanas y debíamos hacer grandes colas durante la noche, para obtenerla de carrotanques enviados por la alcaldía; los niños también participábamos y esto en lugar de incomodarnos, nos parecía otra suerte de juego; esta circunstancia, aunada al gélido clima de la ciudad, hacía ver normal que nos ducháramos cada ocho días, sin quitarnos los pantaloncillos, pues desde la más tierna edad nos decían que estar desnudo era pecado; en ese sentido de "higiene" creo que éramos de los más "europeos" en el país. Si pensamos en términos de planeta, la ironía no podía ser más grande; las dos terceras partes de la superficie, es decir más de trecientas Colombias, están cubiertas por los océanos; y aún en contexto local, nuestro país está considerado a nivel mundial como uno de los mayores reservorios de agua dulce; este elemento procedente del espacio a través de los cometas, forma la mayor parte de nuestro cuerpo, ha sido nuestro gran aliado en la preservación de la vida, así como factor fundamental en su aparición. Estaba viviendo experiencias que se grababan en mi mente, aunque aún no tuviese uso de razón y a las que no podía encontrar explicación. Es curioso que este estado de conciencia, realmente sea un espectro de racionalidad que va evolucionando con la edad; en la medida en que avanzamos en la vida, vamos siendo conscientes de nuestros errores pasados, los que habitualmente en edad madura llamamos errores de juventud; sin embargo es un proceso de una fatalidad que escapa a nuestro control, pues hasta el último día, los estamos cometiendo en clara confirmación de nuestra falibilidad humana; cada vez que somos conscientes de ello, desearíamos poder regresar en el tiempo para enmendarnos, exponiéndonos al peligro de la frustración, la depresión, el antídoto de lo cual, podría ser, seguir el sabio consejo de vivir sólo el presente y de la mejor manera posible, de modo que cuando se convierta en pasado podamos estar en paz consigo mismo; si la vida se asimilara a una bitácora expresada en un libro, estos errores conformarían la respectiva Fe de erratas, que por su extensión competirían con la del libro en sí; en una sociedad regida por un modelo que promueve el individualismo, el egoísmo, no es extraño que sus miembros crean tener la razón de su parte, con la consecuencia de la tendencia a descalificar al otro a partir de prejuicios, olvidando que lo más común en el universo es la diversidad; se requiere cierto grado de sabiduría para poder sortear el sinnúmero de contingencias generadas por el egoísmo, la indiferencia, la segregación; afortunadamente no faltan aquellos que con su ejemplo nos brindan directrices en este sentido; en cierta ocasión, escuché una conferencia del filósofo español Jesús Mosterín, en la que trataba el tema de la duración de la vida humana y la inconveniencia de su prolongación forzada; al final, en la sección de preguntas, una persona del público realizó una condena vehemente de la eutanasia, en claro ataque a las ideas desarrolladas por el filósofo durante su disertación; este último escuchó pacientemente toda la retahíla, luego de lo cual con elegancia y moderación, le respondió que aunque era tácito que disentía de su apreciación, le parecía maravilloso que defendiera sus ideas, eso sí, mientras no tratara de imponérselas a otros, dejando implícito el mensaje de la tolerancia como fórmula para el logro de la armonía y la convivencia; de esta última somos especialistas en Colombia, pero al revés; la intolerancia es el leitmotiv que corroe nuestras entrañas desde nuestra aparición como nación; ha sido continuación de la mal llamada conquista, en realidad genocidio, al que fueran sometidos nuestros ancestrales aborígenes a manos de una horda de forajidos procedentes allende los mares, como consecuencia de su afición por las especies y la fatalidad de la caída de Bizancio en manos del imperio Otomano, en las medianías del Renacimiento temprano; durante la colonia, se nos daba tratamiento de ciudadanos de tercera y una vez lograda la independencia, las élites oligárquicas herederas del poder imperial, se han encargado desde entonces de estimular un sistema político-social excluyente, agravado por el narcotráfico durante las cinco últimas décadas, cuyo lastre arrastramos hasta el día de hoy. Pero volviendo a temas más amables, de vuelta a casa, luego de estas primeras experiencias de vida relatadas, continué con mi cotidianidad; esta casa estaba ubicada en un segundo piso al que se accedía subiendo una escalera muy empinada de madera, que hacía un giro de noventa grados a la izquierda, sin descanso, de modo que para mí era una especie de montaña cuando la subía y una suerte de precipicio cuando bajaba; milagrosamente, no recuerdo haberme caído nunca. Por aquellos tiempos, estaba de moda una melodía en ritmo de cumbia llamada La pollera colorá, que todos bailaban, desde niños hasta viejos; en las fiestas de navidad nos disponíamos en fila india, comenzando por los mayores y terminando con los chicos, de modo que con mis tres o cuatro añitos, siempre era el último. En esta edad y hasta llegar al uso de razón, como sabemos, el niño no puede diferenciar entre realidad y fantasía. Cualquier cosa puede ocurrir, de allí la necesidad de la vigilancia por parte de los mayores; es lamentable en este sentido, que para muchos adultos esta condición se prolongue a lo largo de sus vidas y sean víctimas de su ingenuidad o de la alienación generada por poderes mediáticos. Los niños, pueden verse envueltos en situaciones que ponen en peligro sus vidas; en esto la gran mayoría tenemos algo para contar. Además de lo del puente, un día casi genero un incendio; mi padre se apareció con un vestido de paño de color azul oscuro, que había comprado para mí, de esos que eran de pantalón cortico y solapas redondeadas y se usaban para fiestas o para ir el domingo a la iglesia. Tan pronto como me lo entregó, corrí alegre al cuarto de planchar; quería desarrugarlo, aunque en realidad no lo requiriese, para lo que conecté la plancha y la coloqué sobre el pantalón, dejándola allí, mientras supuestamente – según mi criterio- , se planchaba sólo; entretanto regresé a la sala en donde aún estaban mis padres; de pronto se sintió un olor a quemado; ellos salieron corriendo a ver de qué se trataba, encontrándose en medio de la humareda, con que la plancha al rojo vivo, había atravesado pantalón y mesa y, estaba a punto de caer al piso; yo no atinaba a comprender que estaba ocurriendo; creía haber hecho lo correcto; otros padres hubiesen infringido un castigo de inmediato; los míos no; tal era su buen corazón, generosidad y comprensión en este tipo de situaciones. Aunque estaba presente la experiencia cotidiana de las velas cuando había cortes del suministro de energía y de la estufa de carbón en la cocina, este fue mi primer encuentro acuciante con el fuego, -en forma de un connato de incendio-, ese elemento vital junto con el agua y el oxígeno para la vida en nuestro planeta tal como la conocemos; quinto estado de la materia, está presente en el universo desde los más tempranos estadios de su evolución; luego del Gran estallido y de la formación de las primeras partículas elementales, la noche sideral fue sorprendida por la eclosión de esa suerte de fuegos pirotécnicos, constituidos por nacientes estrellas provenientes de nebulosas sometidas a las inmensas presiones de su gravidez. En este crisol descomunal que constituye una estrella, siguiendo procesos físicos cuánticos se fraguarán los diferentes materiales que luego de millones de años, le permitirán a la humanidad realizar grandes progresos en la asimilación de su entorno. Este sería uno de los primeros indicios, de cómo en el universo hay fuerzas que eventualmente contradicen ese principio de la fatalidad que lo rige todo, la entropía. La generación del fuego a partir de método artesanal, uno de los grandes descubrimientos de la humanidad primigenia, será un factor decisivo en su proceso evolutivo; la cocción de la carne al facilitar la asimilación de proteínas e hidratos de carbono, contribuirá al desarrollo cerebral como consecuencia del remanente de energía ya no requerida para la asimilación digestiva que implicaba antes la carne cruda; además el temor que éste infunde a las fieras, le protegerá durante las noches, proporcionándole también calor durante el invierno y la posibilidad de emigrar a tierras más frías o adaptarse a las glaciaciones. No en vano, los antiguos griegos, comenzando por Heráclites, ante la evidencia de su potencial consumidor y el calor que generaba, además de otras bondades, le conferían la potestad de arjé; dos milenios después este calor, posibilitará vía el vapor, la aparición de la máquina térmica, que dará lugar a la Revolución industrial, con todas sus repercusiones en todos los ámbitos de la vida humana. La percepción del mundo en estas primeras etapas de la infancia es muy particular y algunas situaciones se recuerdan unas veces con curiosidad, otras con humor. Una de las cosas que me producía inquietud, era la razón por la que las mujeres llevaban cabellos largos y usaban falda, mientras los hombres lucían diferentes; era consiente como es natural, del mayor agrado que se sentía al estar en brazos de mi madre, pero el misterio seguía. Por aquella época muchas cosas eran diferentes. Por ejemplo, no había televisión y en su lugar estaba la radio, que era todo un misterio; no se entendía cómo era posible que en su interior siendo un aparato tan pequeño hubiese personas que hablaban y hasta músicos y orquestas completas; en este mismo sentido, un poco más adelante, me intrigaría que los carros que circulaban en las calles se impulsaran solos y algunos de ellos fueran exactamente iguales entre sí, aunque de color distinto; cómo era posible que las personas que sabían leer, vieran tantas cosas en lo que para mí eran tan solo pululantes garabatos. Me encontraba en situación similar a la de nuestros primeros congéneres prehistóricos, en su necesidad por comprender su hábitat, sin poder sospechar que el conocimiento en su dimensión metafísica guarda en si unas barreras que nunca podremos superar, como es el caso del misterio de la muerte, la infinitud del cosmos, el carácter del tiempo y del espacio. Por fortuna o infortunio, dependiendo de la óptica adoptada, también hay muchas cosas que se pueden manejar, como por ejemplo la inducción a la obediencia. Como en muchas familias, la mejor manera que los adultos de entonces encontraban para que los niños tomaran la sopa, no hicieran ruido o se fueran a dormir temprano, era mediante el miedo. Había un mendigo al que llamaban el "Pote Barón", que supuestamente se llevaba a los niños desobedientes; aunque no sé cómo lucía porque nunca llegué a verlo, con tan solo mencionármelo, sentía un pánico de llegar casi a orinarme. Este tal Pote, fue muy efectivo en mi caso, tanto que a pesar de ser prácticamente una idea, quedó para siempre en mi memoria. Un día cuando ya caminaba, estaba embelesado correteando por la casa imaginando que conducía un carro a toda velocidad, cuyo volante era una tapa plástica que llevaba en mis manos. Iba saliendo del comedor, cuando de pronto apareció en sentido contrario la menor de mis tías, portando apresuradamente una olla inmensa con sopa hirviendo; quiso la fatalidad que colisionáramos violentamente, recibiendo yo una lluvia hirviente que milagrosamente no me alcanzó la cara, pero que me cayó en el pecho, provocando graves quemaduras; como si esto no fuera suficiente, en convergencia con la fatalidad de las leyes de Murphy, mi padre en medio de la angustia me llevó a la farmacia más cercana de propiedad de uno de sus amigos y, este último me aplicó una crema que terminó por quemarme aún más; mi llanto como es natural, era desgarrador; no recuerdo que pasó después, probablemente me llevaron al médico, con lo que mi infortunio encontró algún alivio. Siguiendo la lógica de la vida, la omnipresencia de los contrarios de la que por primera vez hablara Heráclito, la infancia con su halo de ensueño, presenta a contrapeso este tipo de contingencias; otro día, mis padres en horas de la noche nos avisaron que irían al cine, a ver una película que tenía por título* Romeo y Julieta; *aunque como es natural a los cuatro o cinco años, este título no dice nada, la curiosidad hizo que rogara me llevaran con ellos, y lo mismo mis otros hermanos, ante lo cual, hubieron de escabullirse sin decir palabra; me puse entonces a curiosear la máquina de coser de mi madre, la infaltable Singer presente en todos los hogares de entonces, con el infortunio de que habían olvidado quitarle la aguja y de pronto sin saberse cómo, ésta se insertó en el dedo índice de mi mano izquierda, atravesándolo de lado a lado; ante mi desesperación exteriorizada en alaridos de dolor y llanto al no poderme liberar, acudió la misma tía del incidente de la sopa hirviendo y, la pobre presa del pánico y también llorando, trataba de liberarme, con el fatal resultado que la aguja pasaba una y otra vez a través de mi dedo; finalmente, milagrosamente lo logró; aunque el dolor era intenso, insoportable, curiosamente lo que me preocupaba más en ese momento, era pensar que mis padres al regresar del cine se enfadarían y me castigarían; me senté a esperar pacientemente su llegada y, una vez enterados, para mi sorpresa su actitud fue de conmiseración y preocupación por curarme. Afortunadamente por algún mecanismo de autodefensa, nuestro cerebro trata de olvidar este tipo de contingencias y a cambio, se concentra en otras de mayor agrado. Hacia los cinco o seis años de edad, me enteré de la existencia de una banda juvenil de nombre "Los relámpagos", conformada por adolescentes que decían eran de clase media alta y que sembraban el terror por las noches entre mendigos y vagos que se cruzaran por su camino; algo así como una expresión local, guardadas las proporciones, de los personajes de la Naranja mecánica del director norteamericano Stanley Kubrick; creo que fueron los pioneros del grafitti en Tunja; en las calles era común ver escrito en las paredes con letras inmensas el nombre de esta banda; decían que llevaban en el cinto en lugar de cinturón, una cadena que utilizaban para sus fechorías; en mi mente infantil, tomaban la forma de héroes, casi como los de los comics; soñaba con crecer, para ser uno de ellos; no me llamaba tanto la atención lo de la violencia, como su aspecto en el vestir y el halo de misterio que les rodeaba; aunque debo admitir la inexplicable fascinación que sentimos los niños por las armas; hay algo en nuestro cerebro que conserva rasgos de su pasado animal primigenio; en este sentido, recuerdo por ejemplo, un día en que se presentó en la lavandería una amiga de mi padre, que delgada y de baja estatura vestía siem-*

pre de negro, incluidos guantes de cuero del mismo color, de nombre Rosa Vela; - ahora que lo pienso la inexpresividad de su semblante y la frialdad que la caracterizaba, daba para una alegoría de la muerte- sacó de su cartera de charol negro, un revólver y se lo ofreció en venta; para mí fue algo muy emocionante, no había visto uno de verdad antes en mi vida y me parecía una maravilla que lo tuviéramos en casa; no podía entender la oposición inmediata de mi madre, quien inquiría a esta señora respecto de cómo podía ser tan inconsecuente, al ofrecerle algo así a mi padre, teniendo en cuenta su afición por el licor; sobre, cómo pretendía hacernos semejante mal; afortunadamente su intervención oportuna evitó la potencialidad de una tragedia en el seno de nuestra familia. Volviendo a lo de "los Relámpagos", con objeto de imitarlos, obligué al pobre de mi padre, a que me comprara chaqueta y pantalón de dril blanco, de esos de marca Lee, que hasta la fecha siguen de moda solo que en su versión jean, y botas cubanas; me echaba en el pelo una gomina que utilizaba mi hermano mayor y al no contar con una cadena, convencí a uno de los empleados de la lavandería, para que me ayudara a tejer una trenza a partir de los cables que se utilizaban en motores eléctricos; fantaseaba entonces sobre cómo podrían ser esas andanzas nocturnas como parte de la banda, llenos de acción y aventura; por fortuna todo aquello desapareció tan pronto como inicié el colegio. Tunja era por entonces una ciudad pequeña de unos ochenta mil habitantes, arquitectura colonial y clima muy frio que determinaba el carácter introvertido de sus habitantes y sus costumbres monacales y conservaduristas. Uno de mis primos de origen paisa, que era muy inquieto, tenía casi la misma edad mía y era experto en meterme en situaciones embarazosas. Una vez me convidó a una de las tantas iglesias de la ciudad, en donde eventualmente hacía las veces de acólito en las misas y me presentó con el padre, como alguien interesado en ser también acólito; andaba entonces por los seis o siete años; los curas se alegraron mucho con el nuevo colaborador y dispusieron que comenzara de inmediato en la misa de las siete de la noche; me entregaron el respectivo uniforme, que era una camisa blanca holgada con encajes y adornos de color rojo y unas naguas blancas también adornadas, con una cachucha con forma cuadradita de color también rojo. Nos colocamos con mi primo, de rodillas en uno de los costados del altar y comenzó la misa; yo no sabía cuál iba a ser mi papel; cuando llegó el momento en que el padre levanta la hostia y entona la frase que dice "cordero de Dios que quitas el pecado del mundo", mi primo hizo sonar una campanita, luego de lo cual, tomó una cruz grande de bronce que estaba en un rincón y me la entregó, indicándome, que debía ir portándola verticalmente con firmeza y, pararme justo detrás del padre, lo cual hice con gran dificultad, pues el peso me la ganaba y así zarandeándome para lado y lado y haciendo acopio de todas mis fuerzas para no irme de bruces con todo y cruz, me paré justo detrás del cura que era ya anciano, quien por la actitud de desasosiego que empezaba a dibujarse en el rostro de los angustiados feligreses que estaban en primera fila, comprendiendo que algo raro estaba sucediendo, sin bajar el cáliz, giró la cabeza para averiguar de qué se trataba y, pobre, el pánico que dejó entrever, al ver como esa mole de metal balanceándose atrás y adelante se cernía sobre su frágil humanidad; mi primo, que se había estado divirtiendo de lo lindo, tuvo entonces que reaccionar y corrió a auxiliarme, con lo que de milagro, finalmente el asunto no pasó a mayores. La religión desde tiempos de la colonia, ha tenido gran arraigo en nuestro país y en especial en ciertas regiones como Boyacá y Cauca, de lo que son testimonio la multitudinaria presencia de templos, monasterios y conventos. Los de Boyacá, a tenor con la psicología de sus habitantes, se caracterizan por sus discretas fachadas y ricos interiores que albergan tesoros del barroco granadino e incluso piezas importantes de la pintura internacional, como en el caso de obras del pintor español Francisco de Zurbarán, el de los monjes y carneros en atmósferas de claroscuro, que remiten al tenebrismo caravallesco. Este fervor religioso se hace aún más patente en los pueblos. En el poblado Boyacá-Boyacá, de donde era oriundo mi padre, cada año se celebran fiestas patronales en honor de San Isidro Labrador, campe-

sino humilde oriundo de la Alándalus del siglo XI, canonizado seis siglos después, pero cuya hagiografía registra un culto inveterado desde su misma muerte, en virtud de milagros que se le atribuyen, entre los que se cuentan el poder curativo de su cuerpo incorrupto —aspecto del que se cree se beneficiaría según creencias la realeza española a partir de Felipe II- y su capacidad para incentivar las labores del campo mediante la generación de lluvias. Siendo niño, tengo presentes las procesiones en honor al santo en las múltiples ocasiones en que nuestro padre nos llevaba a estas festividades; su imagen de campesino humilde, con sombrero, conduciendo unos bueyes, rodeado por gran cantidad de mazorcas de maíz de hermoso cromatismo, era cargada en hombros por los hombres de la localidad, al ritmo de tonadas interpretadas por una banda de vientos, bajo el picante sol veraniego, en medio de una multitudinaria asistencia. El pueblo entonces era muy pequeño; parecía más un caserío que rodeaba a una gran catedral gótica grisácea, en eterna construcción, con sus arbotantes, rosetones y arcos ojivales, cuya monumentalidad era realmente contrastante; nunca llegué a verla terminada; un sino que guardadas las proporciones recuerda a la catedral de Colonia en Alemania. A mi padre le sucedía lo que a Mozart en su amor por la música y torpeza en el manejo del dinero. No teníamos casa propia, por lo que vivimos en varias sitios, muy cerca de la plaza de Bolívar, es decir en el centro de la ciudad, que entonces era de lo mejor, siempre en arriendo, pues mi padre a pesar de darnos una buena vida, gracias a las utilidades de su lavandería que era la primera y única en la ciudad, como no tenía visión financiera, no se le ocurría invertir en vivienda ni en nada. De esa prosperidad que fue mermando con el paso de los años, pudieron disfrutar mis hermanos mayores, y especialmente el primogénito, del cual me enteré cuando tuve uso de razón, que en la ciudad, le llamaban el "pequeño millonario", haciendo alusión al hecho que estrenaba de pies a cabeza todos los días -probablemente una exageración-. Este hermano, jugaba muy bien su rol de mayor, me llevaba unos doce años y para mí en ese momento era otra figura paterna. Desde cuando comencé el colegio, al enterarse de mis buenas calificaciones, comenzó a decirme con frecuencia, que yo era una potencia y que cuando creciera me enviaría a especializarme en el extranjero en un país que en ese momento no sabía cuál sería, pero que eso ocurriría de manera inexorable. Broma o no, el tiempo terminaría dándole buena parte de razón. Así como el funcionamiento del cerebro humano por lo general obedece en sus pensamientos y procesamientos a los estímulos a que nos vemos expuestos, o la lógica de una conversación cotidiana por su parte parece hacerlo de manera contingente a una concatenación de ideas sueltas unidas por alguna palabra en particular -fenómeno que recuerda al verso rimado encadenado de La comedia- , así mismo se me ocurre, ciertos aspectos de nuestra vida de adultos de manera inadvertida son resultado y continuación de experiencias de la infancia. En tal sentido, uno de los temas icónicos en el universo del arte en su línea figurativa, el desnudo, ha estado presente por años en mi faceta de pintor y fotógrafo; de naturaleza sensible en cuanto asociado a la moral, hubo de experimentar un largo proceso evolutivo, para lograr cierto margen de aceptación en sociedades moralistas como las que profesan el catolicismo. Los juicios de valor, en especial aquellos de tono moralista, generalmente se dan teniendo como premisa el uso de razón. No sé qué tan normal pueda ser que tal fenómeno se presente con antelación a dicha condición; así, en cierta ocasión mientras mi madre me secaba con una toalla, luego de haberme bañado, estando de pié desnudo sobre una mesa, le dije muy en serio que sentía vergüenza de que me viera en tal condición; tendría entonces unos cuatro añitos; ella sonriendo me explicó, que tratándose de la mamita no tenía por qué sentir ese tipo de cosas; en contexto similar, era frecuente que al dormir de día, cosa tan natural en los niños, me despertaba sintiendo frío, pues estaba destapado y con los pantalones abajo; esto me parecía muy extraño, pero no atinaba a comprender lo que ocurría, hasta que un día, noté al despertarme sintiendo ese frío, que mis hermanas y otras niñas amiguitas de su edad, corrían desesperadamente al ser sorprendidas mientras inocentemente curio-

seaban mis genitales; habían descubierto la sexualidad en su acepción visual para lo que yo en mi indefensión les servía de conejillo de indias mientras dormía. A mi corta edad, no podía comprender tal situación, como tampoco podía hacerlo más adelante, cuando los clientes hombres de la lavandería, en el momento de recibir el calendario de bolsillo con el que mi padre los regalaba todos los finales de año, de la gran cantidad de motivos, entre los que había paisajes campestres, marinos y citadinos, autos, barcos, trenes y aviones, gaticos y perritos, etc, etc, siempre preferían los muy pocos en que había una mujer desnuda. Todo esto sería como una suerte de presagio para que esta temática fuera motivo de interés en mis elucubraciones y heurísticas en el plano estético. Forma de representación que ha acompañado a los humanos, desde la más temprana etapa de su proceso evolutivo, iniciado en las ardientes llanuras africanas de hace más de un millón de años y que ha continuado, perceptible no tanto en su esfera biológica, como en la cultural, con patrones que en un marco de referencia moral-estético han marcado la pauta de dicha representación al interior de las diferentes culturas; se puede observar la preeminencia de perspectivas de corte conservadurista, en especial durante la antiguedad y la edad media, aunque se ha tenido la presencia de oasis hedonistas, como el caso moderado del antiguo Egipto, la India y en especial la antigua Grecia. En esta última, se presenta un fenómeno inédito, consistente en la idealización y sacralización del cuerpo masculino desnudo. El cuerpo humano así representado, trasciende su materialidad, en función de sus múltiples significados signados por su simbolismo, valores de orden semiótico, implicaciones de orden moral, en donde belleza, erotismo y libido, reciben tratamiento diferencial, dependiendo de las particularidades de su marco espacio-temporal. Se presume haciendo uso del sentido común, que esta forma de representación es la más natural al humano, pues así como en el momento del nacimiento llegamos desprovistos de todo artilugio, de la misma manera, remontándonos a los comienzos de nuestro proceso evolutivo, nuestros lejanos antepasados al igual que cualquier criatura animada, hubieron de deambular desnudos por las cálidas sabanas de Africa, hasta que se vieron en la necesidad de cubrirse para protegerse de las inclemencias del clima, durante el proceso migratorio hacia el norte, en donde las nuevas condiciones así lo exigían. Desde una perspectiva estética, el cuerpo sano y cultivado, se caracteriza por poseer aquellos atributos que como la simetría, la esbeltez, el dinamismo, la gracia y la armonía, están presentes en aquellos objetos considerados portadores de belleza, en un contexto determinado por patrones culturales y de subjetividad. Aunque se suele asociar al erotismo, el desnudo puede tener diversas interpretaciones y significados, desde la mitológica hasta la religiosa, pasando por el estudio anatómico, o bien como representación de la belleza e ideal estético de perfección, como en la antigua Grecia. Desde su faceta más mundana, relacionada con el erotismo, hasta la más espiritual como ideal de belleza y perfección, el desnudo ha sido un tema recurrente aunque en diverso grado, en la producción artística de muchas de las culturas del mundo. La sexualidad más o menos implícita en sus representaciones, ha llevado a este género a ser objeto de admiración o bien de condena y rechazo, llegando a estar prohibido en épocas de moral puritana, si bien siempre ha gozado de un público que ha apreciado y coleccionado este tipo de obras. A partir del Renacimiento, mediante el subterfugio de la mitología, el desnudo femenino comenzó a cobrar una importancia en el mundo del arte, que encontraría su cima en el barroco y el neoclasicismo, con figuras como Rubens, Guido Reni , Anibale Carracci, Antonio Cánova y David, por citar solo unos nombres en una constelación de virtuosos del pincel y la estatuaria. Este mundo de símbolos del que no puede escapar el universo figurativo de la plástica, se hacía patente en los tiempos de mi relato, con aquellos incomprensibles, que en su ubicuidad eran para mí las palabras escritas, fenómeno que me despertaba entonces curiosidad y a la vez temor, atenuado e incluso superado, cuando mi hermana más cercana en edad y sentimiento, me leía cuentos de su texto del colegio; el Rey Midas, La pobre viejecita, Los hermanos Liu, *entre los que re-*

cuerdo; ese agrado de disfrutar la lectura por intermediación de otra persona muy cercana, me ha acompañado toda la vida y es una de las cosas que he extrañado en edad adulta. Ingresé al colegio un poco tarde, a los ocho años, cuando la norma de entonces era a los siete; esto ocurrió, porque por alguna razón no pudieron matricularme oportunamente. Fue posterior al magnicidio del Che Guevara en Bolivia; lo tengo muy presente, porque una tarde estando en la lavandería de mi padre, como hacia las cuatro se interrumpió de súbito la música de la radio, para difundir una noticia cuya trascendencia en ese momento no pude comprender; el locutor gritaba como con desespero, "mataron al che, mataron al che, mataron al che!;" parecía como si estuviera coreando un gol de un partido de futbol; todos los adultos presentes se apostaron ante el radio, a escuchar los pormenores de la noticia. Con el paso de los años, me enteraría de su heroísmo y desprendimiento y, comprendería la trascendencia de su muerte en aquella época. Experiencia similar para mí, sería la inmolación del presidente Salvador Allende siete años después; aunque Chile pasó a ser protagónico en los noticieros de la televisión de nuestro país por aquellos días, con imágenes de manifestaciones multitudinarias del Poder popular, el paro de camioneros, las filas de gente ocasionadas por el desabastecimiento de alimentos, las amenazas de Nixon el del "watergate" y Kissinger —el dúo matón del momento-, no podía a mis catorce años de edad, dimensionar lo que se jugaba en el mundo en ese entonces, en el contexto de la guerra fría; al relacionar estas imágenes con las de la Venezuela Bolivariana desde la asunción de Chávez hasta el día de hoy, no se puede dejar de pensar en la capacidad visionaria del decimonónico Nietzsche, en la fatalidad expresada en su Teoría del eterno retorno; como fenómeno noticioso en el contexto internacional, la tragedia del país austral, vino a introducir un componente novedoso, a lo que por años había sido el centro de atención de periódicos y revistas, radio y televisión, como lo era la guerra del Vietnam, que era mostrada como ha sido la norma desde inveterados tiempos, como la lucha de los "adalides de la libertad", los Estados Unidos y su camari-

lla de lacayos, por la liberación de un pueblo escindido que martirizado bajo la "garra comunista", luchaba por su liberación; la realidad era, que el capitalismo se había enquistado en la parte sur, impregnándola de sus vicios y lacras, con objeto de contener el imparable entonces avance del socialismo; pelea que finalmente, en evocación del David bíblico, contra todo pronóstico, ganara la Vietnam de Ho Chi Min, el gran patriota de este admirable pueblo de hombres y mujeres pequeños de estatura pero inmensos en valor, arrojo y dignidad. No siendo este el escenario para seguir extendiéndome en estos análisis, regresemos a nuestro relato. Luego de estas experiencias, del deseo de crecer pronto para convertirme en mis fantasías en uno de "Los relámpagos", por fin hube de enfrentarme a la educación, esa condición sine qua non para poder adaptarse a la sociedad, tan cara al confucionismo y en épocas recientes al modelo económico vigente y su necesidad voraz de empleados y obreros que le garanticen su supervivencia; ser un "ciudadano de bien", representa en realidad adaptación al sometimiento, a la sumisión, a la uniformización, en forma de obediencia y disciplina, concepto importado desde La Prusia decimonónica, en el que la educación tiene un carácter fabril y utilitario, donde más importante que los valores, son el aprender a cumplir horarios, a obedecer y a creer en entes inexistentes de orden metafísico, como la religión y conceptos etéreos como patria y orden; naturalmente no sabía de qué se trataba, ni podía presagiar que era el fin de ese mundo de fantasía y encanto que es la niñez hasta cuando se llega al uso de razón, hasta que aparece el concepto de responsabilidad en forma de estudio. Era una época, en que la difamación por parte de los supuestos dueños del mundo, al igual que hoy en día satanizaba todo lo que tuviera que ver con Cuba, al punto que si por ejemplo un ciudadano de esta nación llagaba a Colombia, lo ponían preso de inmediato, como ocurrió con uno de los empleados de mi padre. Recuerdo mi primer día de colegio con lujo de detalles; me parece algo tan natural como recordar la primera novia, el primer viaje en avión, el primer carro o el primer viaje al extranjero, razón por la que me es difícil comprender que muchos no lo recuerden. Ubicado en la misma cuadra de la casa, incluso sobre la misma acera, era una casona remodelada de arquitectura colonial, como casi todo en la ciudad en ese entonces. Mi papá me llevó de la mano hasta la puerta y me explicó cómo se cruzaba la calle; luego de hacer una fila, en el patio principal, entramos a un salón localizado en el primer piso, con ventanas que daban a la calle. La profesora, de nombre Mariela, era una mujer joven, delgada, de tez blanca, nariz aguileña, cabello marrón y una mirada penetrante e inteligente; lucía una falda y una especie de capa de color beish a cuadros; con frecuencia llevaba paraguas sin importar la época del año; lo único que no armonizaba, eran sus pantorrillas delgadas en extremo y arqueadas; era del tipo de personas, cuyo espectro emocional facial, se reduce a dos extremos: una mirada entre hostil y desconfiada y otra en extremo cálida y amistosa. Luego de ubicarnos en los pupitres, -éramos alrededor de cuarenta niños- nos ordenó sacar papel y lápiz para que dibujáramos aquello que nos había traído el niño dios en la última navidad, es decir un mes antes. Este sería mi primer intento creativo en la vida, mentira piadosa, pues en nuestra familia no existía esta tradición; por años me pregunté, cuál era la razón por la que el niño dios le traía regalos a los amiguitos del vecindario, a mis primos, a todo el mundo y a nosotros nunca; cada año el 26 de diciembre tan pronto me despertaba, revisaba debajo de la almohada y como de costumbre no había nada. Dando rienda suelta a mi imaginación, dibujé un carro de madera que con orgullo mostré a la profesora, luego de lo cual salimos a recreo y allí tuve mi primera pelea; todo por motivo de unos zapatos; ese día estaba estrenando unos costosos zapatos amarillos de suela de goma, que eran la novedad del momento; curiosamente me los habían comprado, por los azares del destino, luego de haberlos visto en la vitrina de un almacén de calzado pequeño y lujoso, que un compadre de mi padre había inaugurado recientemente, en la misma cuadra en donde funcionaba la lavandería. Los zapatos estaban expuestos en la vitrina y no había resistido el deseo de entrar a preguntar por su valor, a lo que el propietario, el supuesto *"compadre de mi padre", me respondió en tono despectivo, que no me los podía mostrar porque mi papá no tenía con que comprarlos. A mi corta edad no pude comprender la afrenta, pero de todos modos le comenté a mi padre sobre el incidente, quien puso cara de pocos amigos y, me dijo que íbamos de inmediato por ellos, comprándomelos en el acto. Allí estaba entonces en mi primer recreo, expectante y asustado, parado al lado de una pared del inmenso patio y de mi hermano intermedio, que me llevaba cinco años y por tanto era ya veterano en ese colegio. De pronto se acercaron dos peladitos de mi edad, y comenzaron a burlarse, diciéndome que me creía la gran cosa por tener zapatos bonitos y nuevos; a pesar de la presencia de mi hermano, que lucía grandote al lado mío, se solazaron en pisoteármelos una y otra vez ante la mirada impasible de éste, para quien probablemente éramos unos bebés y apenas sonrió. Desde muy pequeño me había caracterizado por pendenciero, -tanto que mis hermanos me llamaban pulgarrecha-, de modo que la respuesta no se hizo esperar; retándolos a irnos a los puños, les desafié a que se me vinieran de a uno si eran tan valientes. Comencé entonces la pelea con uno de ellos y a los pocos segundos brotó sangre de su nariz, por lo que acudió el otro en su ayuda; estuvimos dándonos y dándonos en medio de un corrillo de gritos y algarabía por algunos minutos, hasta que de repente llegó un profesor y nos levantó en el aire, asiéndonos de los cuellos de los buzos, como si de unos conejitos se tratara, a la vez que nos reprendía. El asunto no pasó a mayores y estos dos agresores, al día siguiente por ironía, se convirtieron en mis principales y mejores aliados y amigos por años; había transcurrido una hora de colegio y ya había tenido mi primera pelea; la violencia, esa actividad humana de la que no hemos podido liberarnos después de más de diez mil siglos de existencia como especie. Luego regresamos al aula y lo primero que nos enseñó la profesora consistió en dibujar una bolita, aclarando que era la vocal "o" y luego un palito, que era la "i". Este sería mi primer encuentro con tan trascendental asunto: la escritura. Gran invento de la humanidad, vehículo de comunicación inigualable del*

que disponemos desde hace alrededor de cinco mil años, que parecería ser mucho, y que sin embargo es un pestañear en el contexto geológico del tiempo; en el prolongado interregno prehistórico, los humanos que ya habían desarrollado el habla, no tenían manera de plasmar sus ideas, pensamientos y conocimientos en un medio que les permitiera transmitirlos a futuras generaciones, o en un alcance más modesto a otras personas separadas por distancias físicas, o poder en su cotidianidad, controlar actividades de intercambio comercial a distancia; probablemente serían estas necesidades, las que darían lugar a tan feliz acontecimiento que viera la luz por vez primera en Sumer, en las inmediaciones de la Media luna de las tierras fértiles, triángulo formado por el Tigris y el Eúfrates, en el actual Irák; en un comienzo, sus inventores haciendo uso del sentido común, le confirieron carácter pictográfico, de modo que los caracteres utilizados fueron tan abundantes como los objetos representados; luego con el correr de los tiempos y, haciendo uso de la capacidad de abstracción tan natural a los humanos, dichas imágenes se irían simplificando hasta convertirse en convenciones que en un ulterior estado de desarrollo, se relacionarían con sonidos de carácter silábico, los que posibilitarían representar no sólo imágenes de objetos, sino ideas que involucraban acciones y detalladas descripciones de carácter abstracto y complejidad creciente, hasta rozar con los linderos de la religión y las elucubraciones filosóficas. Esta invención catalizó el proceso del conocimiento humano, como resultado de lo cual el interregno desde nuestra aparición en el planeta, hasta su surgimiento, se nos presenta como una larga infancia en la que la humanidad estuvo más a merced de las contingencias de la naturaleza. Estas reflexiones nos permiten de algún modo medir la trascendencia de lo que inconscientemente se nos muestra como algo que forma parte de la cotidianidad. Luego de hacer una plana de estas bolitas y palitos, según les venía contando, la profesora nos entregó una hoja con un listado de los útiles que debíamos traer al día siguiente; hacia el medio día, unos empleados del colegio, llegaron al salón empujando un televisor empotrado en un mueble de patas altas y sobre rodachines, despertando euforia entre mis compañeritos que comenzaron a gritar en coro, televisión... televisión... televisión ... Era la primera vez que veía un televisor, sin poder presagiar el protagonismo que dicho aparato adquiriría en mi vida y en la de todos; la ambivalencia de su poder comunicacional y a la vez alienante, que representara el comienzo de la ruptura en esa faceta de la comunicación tan valiosa como lo es la interactuación entre los miembros de una familia y que algunas décadas después llegara a su esplendor con la aparición de la internet y las redes sociales, fenómeno este último, que si bien materializó la idea de aldea global preconizada por el sociólogo norteamericano Alvin Toffler en La Tercera ola, *por ironía se erige como obstáculo entre las personas que se encuentran en la cercanía física. En aquella primera clase a través de este medio, una profesora escribía vocales en un tablero y un coro conformado por varios personajes de fábula entre los que recuerdo un burro que se acompañaba de un triángulo de percusión, las iban repitiendo en coro; ante lo inusual de la escena, sentía como mareo, al no poder comprender cómo era posible que estos animalitos podían hablar como nosotros. Recuerdo una situación parecida pero más intensa, cuando mis hermanas me llevaron por primera vez al cine; presentaban en el matinal una película de dibujos animados, entre cuyos personajes había una bruja muy malvada a la vez que guapa, vestida de negro, que se miraba al espejo interrogándole respecto de quien era la más bella; en mi vida había visto imágenes tan grandes, alucinantes y estrambóticas; tantos colores y movimientos repentinos me produjeron mareo; una de mis hermanas, desesperada le decía a la otra que me metiera la colombina, a ver si se me pasaba. Trascendiendo lo anecdótico, voy a detenerme un poco en este tema dada su importancia, como que es una de las grandes invenciones de las postrimerías del siglo XIX, el mayor acercamiento mimético sobre un soporte, logrado por la humanidad hasta ese entonces. Heredero de la fotografía, tiene sus orígenes en las sombras chinescas. Poner una secuencia de imágenes en movimiento para simular la realidad, sería su primer objetivo. Con los her-*

manos Lumiere, comienza el proceso que ha convertido esta actividad en una nueva expresión del arte capaz de convocar grandes auditorios como ninguna otra. De su prodigio habla ese descubrimiento que constituyó para cualquiera, el ver por primera vez una película, -aunque mi caso según refiero fuera diferente- en la infancia; la realidad plasmada sobre una superficie, la interpretación de un "trozo" de realidad, de tiempo como si de una partitura se tratara, una imagen especular del mundo en movimiento, en resumen un verdadero acto de magia; un auxilio invaluable a la memoria histórica; herramienta pedagógica, con la que hubieran soñado los artífices de la contrarreforma del siglo XVI, aunque en un comienzo les hubiese aterrorizado y, que de haber sido del dominio de la antigüedad, al margen de lo descabellado que esta idea pueda parecer, hubiese determinado un carácter muy diferente a la historia tal como la conocemos. Ventaja que sí supieron aprovechar en la extinta Unión soviética, cuando Stalin al comprender el poder propagandístico implícito en esta tecnología, patrocinó la filmación de varias películas que como Octubre *y el* El acorazado Patiomkin *de Eisenshtein, idealizaban los eventos revolucionarios entonces en curso, enfatizando su carácter épico y heroico. Las temáticas tratadas conformarán un amplio espectro, desde lo más cotidiano y sencillo, a las más altas e intrincadas elucubraciones del espíritu. Un nuevo lenguaje, que con el tiempo en el caso del cine arte, al margen de estar circunscrito en la temporalidad, se independizaría de la literatura, para a la manera de la abstracción en el caso de la pintura o del atonalismo en el de la música, expresar al hombre y al mundo, desde una nueva perspectiva y un lenguaje cuya sintaxis y semántica, obedecen conceptualmente solo a su esencia y especificidad. Volviendo a nuestro relato, -a manera de traslape en el hilo narrativo como se advirtiera al comienzo, - el tema de mi primer día de colegio, en casa me compraron los útiles ese mismo día y al siguiente, me presenté con todo nuevo, pudiendo notar que la mayoría de mis compañeritos había traído cosas usadas, en especial la regla. La profesora queriendo darnos una lección de lo que significa compartir, pidió que colocáramos todas las reglas sobre su escritorio, luego de lo cual nos llamó a uno por uno y nos iba entregando una de ellas al azar; me correspondió una regla vieja, destartalada, mientras la mía tan bonita fue a parar a otras manos, un muchachito de nombre Jorge Luis a quien por este motivo desde entonces detesté. Nos advirtió que no intentáramos recuperar la que habíamos traído, pues el asunto no tenía vuelta de hoja. De esta manera, por primera vez en mi vida comprendí lo que era la injusticia, aunque esta palabra no existiera en mi limitado vocabulario. No puedo recordar por qué razón siendo tan temerario entonces no reclamé, el caso es que no lo hice y el asunto se quedó así. La justicia ese concepto tan caro a la humanidad, conjunto de valores esenciales sobre los cuales deben basarse sociedad y Estado y, por contraprestación tan vilipendiado a lo largo de toda su historia, ha sido uno de los mayores talones de Aquiles de nuestra realidad. Enmarcado en el apartado de la ética, este principio moral que incita a obrar y juzgar respetando la verdad y dando a cada uno lo que le corresponde, brilla por su ausencia, especialmente en países tercermundistas como el nuestro. Sócrates lo entendía como aquello que procede del bien y de lo bello; los humanos en su afán de poder, desde inmemoriales tiempos han pasado por encima de su esencia; la esclavitud, la servidumbre y el vasallaje, fueron durante milenios el leimotiv que rigió las normas de "convivencia" social y solo hasta el Iluminismo y la Revolución francesa, al menos en teoría se sentaron las bases para el inicio de un cambio a este nefasto estado de cosas. En el caso de nuestro país, el irrespeto a cada una de sus modalidades, se presenta como fenómeno endémico de difícil corrección, en especial en el caso de la justicia distributiva, por concepto de lo cual ostentamos uno de los índices de Gini más altos del planeta y pobreza generalizada de la población. En cuanto a su acepción formal - conjunto de normas codificadas que el Estado, a través de los organismos competentes, dicta, hace cumplir y sanciona cuando son irrespetadas, suprimiendo la acción o inacción que generó la afectación del bien común- las cosas siguen similar tendencia; el sistema capitalista es cam-*

po proclive a cuanta desigualdad pueda existir y el modelo neoliberal que algunos gobiernos con terquedad tratan de sostener a pesar de su desprestigio, no ha hecho más que empeorar las cosas. Del conjunto de las ideas humanas producto del raciocinio, sería de las pocas que parecieran innatas, pues desde que adquirimos el uso de razón, de alguna manera podemos entrever cuando son atropellados nuestros derechos. A los pocos días descubrí que tenía muy buena memoria y retenía cuanto decía la profesora, de manera natural, sin esfuerzo. Pero mi temperamento aguerrido comenzó a chocar con el de ella, pues hacíamos diabluras de niños en su ausencia, mientras en su presencia me comportaba como un santo, por lo que empezó a llamarme "santo de palo". Era normal entonces en los colegios, el castigo físico; esta profesora disponía de una vara de madera como de un metro de largo y si respondíamos a algo mal, o hacíamos alguna travesura, nos obligaba a pasar al frente del grupo, para colocar el brazo derecho horizontal hacia adelante, con la palma de la mano dispuesta hacia arriba, luego de lo cual descargaba sobre ella tremendo varazo; la mano quedaba escociendo y como vibrando por lo que parecía ser una eternidad. Como yo era tan terrible en ese entonces, luego del golpe sonreía y en actitud desafiante le sugería que lo hiciera de nuevo, lo que hacía sin que yo cejara en mi empeño pendenciero, en un ciclo de toma y dame que parecía no tener fin, hasta que ella finalmente se rendía y estallaba en llanto. Esto ocurrió varias veces, hasta que un día, en virtud de mis buenas calificaciones me felicitó ante el grupo e hicimos las paces. En esta faceta, a lo único que le tenía miedo como todos en el grupo, era a leer en voz alta; el proceso de aprendizaje de la lectura es de por si doloroso; muchos levantábamos la tapa del pupitre para escondernos, creyendo que así la profesora no nos vería y nos salvaríamos. Aprendíamos con una cartilla que se llamaba *La Charry*, la cual comenzaba con "amo a mi mamá y mi mamá me ama a mí". En aquel primer año, uno de mis compañeros con el que habíamos peleado el primer recreo, un día llegó con una alcancía de hierro que tenía la forma de un corazón, pintada en verde oscuro y propuso *que ahorráramos para comprar unas pistolas de agua; la idea me pareció maravillosa y estuvimos ahorrando por meses; la alcancía cada día pesaba más y más y contábamos los días para que se llenara y pudiéramos comprar las pistolas; cuando el soñado día al fin llegó, compramos las pistolas y jugamos en el recreo; luego las dejamos bajo candado en el pupitre; al regresar del almuerzo, nos encontramos con la sorpresa que las habían robado; me enteré entonces que el hurto existía; como se comprenderá, fue un episodio muy frustrante. Así entre sorpresas y aprendizajes, fueron pasando los días, las semanas los meses. Al final vendría lo más duro, un examen en presencia de los padres, en el que había que demostrar en el tablero, que se sabía escribir, leer y realizar operaciones aritméticas de suma y resta. Ahora que visualizo a la distancia todo esto, esta prueba final de primero de primaria, en realidad compendiaba la esencia de nuestro sistema educativo; si al margen de las habilidades desarrolladas individualmente hasta la universidad -capacidad memorística, de abstracción- más conocimientos muy básicos de aritmética, gramática, física, química, filosofía, historia y geografía, uno se detiene a pensar qué es en realidad lo que queda de este proceso, yo diría que es aquello en que nos evaluaron en ese primer paso del mismo: saber leer y escribir, la aritmética elemental y quizá lo más importante, obedecer y cumplir horarios. De alguna manera esto resulta una suerte de fractal desde el contexto del proceso evolutivo de la sociedad, en cuanto expresión de la parte respecto del todo; la etapa de la infancia del hombre como especie, incluye los mismos elementos: la escritura, la aritmética, la obediencia a los mayores, a las autoridades y a los dioses. La escritura, como una manera de trascender a la posteridad, mediante la plasmación de elementos semióticos sobre un soporte material; la aritmética como medio de cuantificación, posibilitador del control en el almacenamiento de excedentes, germen, primigenio de la propiedad privada; la religión como puente entre humanos y dioses, a la vez que justificador y herramienta de la opresión por parte de los poderosos; el caso de esta última es paradigmático; si bien se reconoce su rol como ente regulador social en cuanto propende por valores éticos como el proceder honesto, la humildad y la fraternidad, el predicar la fe que en la práctica es autoconfianza, todo ello valores positivos, por otra parte está imbuida de prejuicios de carácter moral que invitan al fanatismo, ignorancia y exclusión; sus orígenes asociados al temor experimentado por el hombre prehistórico ante las incomprensibles fuerzas de la naturaleza, dan a pensar que si el escenario hubiese tenido otras connotaciones, no hubiese sido necesaria; en aquella época de mi infancia, la religión se presentaba a adultos e infantes por igual; a veces me cuestionaba sobre algunas de las oraciones que aprendíamos y repetíamos por inercia, casi sin comprender su mensaje; por ejemplo en aquel aparte del "Yo pecador me confieso", en que dándose golpes de pecho el orador dice , "por mi culpa, por mi culpa, por mi grandísima culpa", a veces me cuestionaba sobre cual podía ser en mi caso esa culpa; si debería asociarla por ejemplo a no haberme tomado la sopa completa o alguna vez haber levantado los hombros como manifestación de rebeldía respecto de alguna observación de parte de mi madre; en cuanto a los oficios religiosos, sentía pánico de llegar a recibir la hostia, pues decían que si se llegaba a tocar con los dientes y se partía, era el peor de los sacrilegios y que conducía a la perdición; el temor fue tal, que en mi vida lo hice; una sola vez acudí al confesionario teniendo unos nueve años; no encontraba pecado que confesar, pero como decían que había que hacerlo, manifesté haber sido desobediente por no haber ido a la tienda de la esquina; a lo cual recibí fuerte reprimenda de parte del confesor, quién me conminó a no repetir tan nefanda acción y a repetir un montón de padres-nuestros y avemarías; pese a lo absurdo de todo esto, seguí siendo un obediente devoto, hasta cuando cayó la venda de mis ojos al descubrir la filosofía. Inexplicablemente, adquirí desde muy temprano un sentido de la responsabilidad inhabitual en un niño, que se evidenciaba en situaciones como por ejemplo, cuando en cierta ocasión mi papá me llevó a Bogotá a visitar la feria internacional de la industria en Corferias; todos los años iba a conocer los últimos avances a nivel mundial en maquinaria relacionada con el tema de lavandería, aunque en realidad nunca comprara nada. El viaje se realizó durante un fin de semana, y habíamos presupuestado el regreso para el día Domingo, de manera que no interfiriera con las clases del Lunes; por alguna razón solo pudimos regresar ese día, lo cual me causó ansiedad y hasta desesperación. A pesar de haber llegado tarde, me fui de inmediato al colegio, que curiosamente por motivo de remodelación de algunas de sus locaciones, había alquilado parte de la casa contigua, donde vivía una de mis tías. El tema de la clase era el conocimiento del reloj, la medición de algo que por siglos ha desvelado a científicos y pensadores, tomando como referencia en sus inicios, procesos naturales como el día y la noche, el periplo de nuestro planeta alrededor del sol, el de la luna alrededor de la tierra; la profesora me preguntó si había uno en la casa, que pudieran prestarle por una hora; como en la sala había un reloj de péndulo, me ofrecí a prestarlo, sin consultarle a nadie; lo bajé de la pared, y aunque era casi más grande que yo, me las arreglé para llevárselo; los pobres de mis padres cuando notaron su ausencia, pensaron que había ocurrido un robo y después de barajar posibilidades fueron al colegio que quedaba a unos pasos y para su sorpresa encontraron a la profesora manipulando el reloj para enseñarnos; esta última comprendiendo lo que estaba sucediendo, se ruborizó y pidió disculpas, ante lo cual mis padres siempre tan comprensivos, manifestaron amablemente que no había por qué preocuparse. Un poco antes, como a pesar de mi tamaño era tan buen peleador, los compañeros me veían como su protector; por mi parte los consideraba mis protegidos, de modo que era frecuente que me dieran quejas de alguien de otro grupo que los había maltratado u ofendido, a lo que de inmediato daba solución, amedrantando o golpeando al agresor; siempre salía victorioso, a lo que contribuía mi decisión y estrategia. Un día me trajeron la queja de un agresor de tercero, es decir de un niño que nos llevaba por lo menos tres años; al identificarlo me di cuenta que dada la diferencia de tamaños si lo confrontaba directamente me haría añicos; me detuve a pensar cuál sería la estrate-*

gia para este caso, concluyendo que debía agredirlo en una situación que por inusual no le diera margen de respuesta. Mi plan consistió en aprovechar la formación diaria, antes de entrar a las aulas. Mientras estábamos todos en el patio formados por filas, escuchando los mensajes del día por parte de los profesores, me desplacé sigilosamente de fila en fila hasta llegar al objetivo. Una vez allí, me lo quedé mirando desafiante, de frente y, le propiné una gran patada en las espinillas, lo que hizo que palideciera sin chistar palabra. Con serenidad regresé a mi fila, donde mis compañeros me miraban con admiración. En cuanto al peladito, me cogió tal pánico, que cada vez que nos cruzábamos, salía despavorido. Curiosamente esta fue la última pelea de mi vida, pues comencé a sentir que ser juicioso y aplicado era gratificante, además estaba el compromiso de haber sido nombrado representante del curso y ocupar el primer puesto, situación repetitiva durante todo el proceso hasta terminar el bachillerato. Una de las cosas que menos me gustaban del colegio en estos comienzos, eran los recreos; mi infancia fue extraña, me sentía como un adulto en el cuerpo de un niño; las travesuras de mis compañeritos me resultaban incomprensibles; tampoco entendía como se podía andar por ahí con la ropa sucia, chorreada, con polvo por jugar en el suelo; la mía por el contrario, era pulcra como la de los adultos; incluso a veces me ponía corbata; en primero y segundo grado de primaria, rogaba por que no llegara el recreo; me paraba apoyándome en alguna columna a ver todas las estupideces que a mi criterio, eran los juegos infantiles de mis compañeros; esto venía de toda la vida; para el pobre de mi padre comprarme ropa era todo un desafío; cuando los dependientes del almacén comenzaban a sugerir ropa propia para mi edad, con muñequitos de Walt Disney o similares, me enojaba y exigía ropa seria de color oscuro, lo que era motivo de sorpresa y diversión para los presentes. En ese primer año, desde el comienzo nos avisaron que debíamos presentarnos en público en la sesión de clausura al final del mismo; en vista de mi buena retentiva, la profesora me seleccionó para declamar un poema que llevaba por título *"La pata pico de cucha-*

ra"; entrenamos durante meses con lujo de detalles; cómo debía ser la entonación, el ritmo, el lenguaje corporal; me producía gran ansiedad y nerviosismo el tener que enfrentar a un público de cientos de personas, la mayoría adultos. Cuando faltaban ya solo unas semanas, ocurrió algo que lo cambió todo. El país estaba en campaña presidencial y llegó a Tunja el candidato conservador Belisario Betancourt; mi padre a pesar de ser liberal, imagino que por el contexto de frente nacional en que nos encontrábamos, decidió acudir a la plaza a escuchar su alocución y me llevó con él. La plaza estaba atestada especialmente de campesinos que habían llegado en buses provenientes de pueblos aledaños, según la costumbre clientelista que ha corroído a nuestro país desde sus inicios como república; era cerca del medio día y el sol estaba quemante, retumbaba la voz onomatopéyica del candidato en las bocinas apostadas en las esquinas de la plaza; su vehemencia y reverberación altisonante se prolongaron por horas, como era entonces la costumbre; en mi mente infantil surgió entonces una idea que me parecía que llegaba como anillo al dedo; dada la aprobación de parte de los concurrentes, manifestada en los múltiples y calurosos aplausos que recibía el candidato, decidí, que esa era la forma ideal para declamar el poema en el colegio; además obviaba la delicadeza y amaneramiento con que me enseñaba la profesora, que parecía más asunto de niñas. Y así fue; cuando el día temido al fin llegó, la nueva estrategia hizo que desapareciera el temor y con arrojo, salí a enfrentar al público con mi poema; hice uso entonces del mismo formato onomatopéyico y apasionado aprendido de viva voz del candidato, comenzando mi "arenga" que no poema, de esta manera: "La paaaata pico de cuchaara, una taaarde salióoo a paseaaaar! ...con sus plumitaaaaas multicolooooores y sus gaafitas de cristaaaal... "; aunque estaba muy concentrado en medio de la declamación y, creía que todo iba viento en popa, para mi sorpresa, de pronto comencé a notar que muchos de los presentes no paraban de reír; algunos se tomaban de la cabeza y la pobre de mi profesora aunque también reía, sonrojada eventualmente se agachaba y se tapaba los ojos con ambas manos;

total, la situación fue de lo más divertida para los concurrentes, no así para mí, que no atinaba a comprender lo ocurrido; terminada la sesión, la profesora haciendo gala de su ecuanimidad y generosidad, apenas preguntó por qué no había seguido las pautas tan entrenadas en el transcurso del año y ante mi explicación, comprendiendo mi ingenuidad, apenas sonrió maternalmente y no me enjuició de manera alguna; realmente además de generosa, era una mujer muy inteligente. Además, tenía un carácter que la hacía temeraria hasta entre los adultos; ello pude corroborarlo, cuando en cierta ocasión, por razones de restauraciones en el colegio, alquilaron una parte de la casa contigua que era una especie de inquilinato; entre los que vivían allí, había un violinista adulto, que estudiaba día y noche con una asiduidad que rayaba en lo místico; en mi mente de niño esto era algo extraño; no podía entender cuál podía ser el objeto de ello y menos con la música que interpretaba, de la que no se entendía nada; un día mientras estábamos en clase en el patio, muy ofuscado interrumpió a la profesora inquiriéndole por la razón por la que no corregía a "esos gamines", - refiriéndose a alguien del grupo por motivo de alguna travesura -; ella se le abalanzó y delante de todos y sin mediar palabra lo cacheteó y exigió respeto; era la primera vez en mi vida que veía a un adulto agredir a otro. Después de años, comprendí el misticismo de este violinista, cuando lo reconocí en la televisión como miembro de la orquesta Sinfónica de Colombia. No me imaginaba que en un futuro yo representaría para mis vecinos un personaje no menos excéntrico al estudiar por horas todos los días el violoncello, aunque con alcances y propósitos más modestos. Así terminó mi primera experiencia en esa larga etapa de formación que me esperaba hasta la universidad y, luego la prueba de fuego que representa comenzar a trabajar y enfrentarse a la vida, aunque teniendo en cuenta lo inhóspito de la naturaleza en la ciudad, sin saberlo ya me estaba preparando. El frío en Tunja es inclemente, dado que a más de las bajas temperaturas, sopla un viento insufrible que cala hasta los huesos, y en algunos sectores se convierte en ventarrón, como el caso de la calle acertadamente lla-

mada "de la pulmonía", donde quedaba la lavandería; experimentaba entonces y aún hoy día, cuando voy a la ciudad de vacaciones, un ventarrón de tal fuerza, que siendo ya un niño fuerte de unos doce años, a veces me impedía avanzar, literalmente me empujaba hacia atrás si iba a contracorriente, o me empujaba hacia adelante, si lo hacía a su favor. En la lavandería, había una caldera que alimentaba vapor a las máquinas de aplanchar y los barriles de teñir; a veces se disparaba la válvula de seguridad produciendo un ruido de tal magnitud, que cada vez que ocurría, yo salía corriendo despavorido, pensando que iba a estallar; me refugiaba en la plazoleta de san Ignacio, ubicada en la esquina de la misma cuadra; mi padre desafortunadamente o no se daba cuenta de esto o no le preocupaba, pues nunca se dignó explicarnos que no había motivo para ese pánico; como buen músico tenía un especial sentido del humor; por aquella época, había una familia de apellido Porras, cuyos hijos eran en su mayoría bebecos y tenían excepcionales dotes musicales; los padres eran fotógrafos, pasaban horas en el laboratorio de revelado, razón a la que la gente atribuía su enfermedad; uno de ellos era bajito y regordete, vestido de negro de pies a cabeza, con gafas negras como es frecuente entre los de su condición; tendría unos cincuenta años y frecuentaba la lavandería; a veces mientras estaba tiñendo, mi padre lo tomaba a la fuerza y lo llevaba a empujones hasta el barril hirviente diciéndole que le iba a hacer el favor de teñirle el pelo; en medio de lo cómico de las protestas y resistencia de la víctima, los presentes reíamos a carcajadas. En la infancia, al no poder percibir el peligro, se es temerario más que en la juventud; en la casa, tenía un triciclo que en ausencia de nuestros padres, mi hermano intermedio sacaba a la calle, para ir hasta el hospital ubicado a unas cinco cuadras, las tres primeras de ellas con una pendiente de vértigo y, luego una curva cerrada a noventa grados; mientras yo me sentaba en el sillín, él de pié apoyaba un pié en la parrilla trasera y las manos sobre los manubrios, mientras que con el otro lo impulsaba; bajábamos en contravía la pendiente, a una velocidad como la de un carro, sintiendo el zumbido del viento en nues-

tros oídos, mientras nuestras ropas se agitaban cual banderas; tomábamos la curva final según ese impulso y llegábamos finalmente al hospital; luego nos devolvíamos caminando y a la manera de Sísifo, repetíamos la misma maniobra una y otra vez hasta que anochecía. Milagrosamente no ocurrió que termináramos en ese hospital, de verdad; definitivamente en la vida la suerte existe. Después de semejante faena, no era extraño que jugáramos futbol en el medio de la calle, hasta altas horas de la noche; salían todos los niños del vecindario y no entiendo como los pobres papás y hasta los que ya no tenían niños, se aguantaban la algarabía y los balonazos sobre fachadas, puertas y ventanas; el único que se hacía respetar era un músico saxofonista de la banda departamental, parecido al gato Garfield, que frecuentemente estaba ebrio; en pijama, salía cuchillo en mano, tomaba el balón y lo hacía trizas, ante lo cual despavoridos salíamos en desbandada dando fin al partido; al día siguiente había que conseguir otro balón. Por lo demás, se trataba de un vecindario muy tranquilo; durante varios años, le dimos la vuelta a la misma manzana, viviendo en diferentes casas; una de ellas, era especialmente grande, o es probable que al ser yo tan pequeño entonces, me lo parecía; la llamábamos la casa de las conejas, pues la compartíamos con los dueños, una familia conformada por la mama y varios hijos y tenían en el solar que era inmenso, una cría de conejos. La casa como todas por aquella época, tenía portón y tras-portón unidos por un pasillo grande embaldosado; luego se accedía a un corredor en forma de cuadrado, rodeado de barandas y columnas de madera que en realidad correspondía a un segundo piso, pues el patio estaba por debajo del nivel de la calle; parecía un parque pequeño con árboles de arrayanes, una fuente y sillas para sentarse; luego de este parque, rodeado por múltiples cuartos, se accedía al solar donde además de conejos había cultivos de calabazas y ahuyamas; creo que esa casa ocupaba por lo menos la cuarta parte de la manzana. En uno de esos cuartos, había un aljibe y teníamos por diversión ir allí a escondidas de nuestros padres, a lanzar hojas de periódico en llamas, con objeto de poder determinar su profundidad, la cual nunca pudimos establecer pues los papeles a pesar de permanecer por un tiempo considerable prendidos, se apagaban sin llegar al fondo; como yo era el más pequeño, mientras mis hermanos y los otros niños de la casa, se paraban al lado del aljibe inclinándose para mirar en su interior, yo tenía que impulsarme sujetándome del borde, hasta lograr quedar como colgado, con la cabeza dentro del aljibe, apoyando mi estómago sobre el borde; milagrosamente nunca me excedí en el impulso, pues hubiese sido fatal. Tal vez en ello haya tenido que ver además de la suerte, que el destino me preservaba para otras cosas o vaya uno a saber, si porque desde mis inicios y hasta que descubrí la filosofía fuera muy devoto, en especial en la infancia cuando me sabía las misas de memoria, pues además de que mi mamá me llevaba todos los domingos a misa de cinco de la mañana en San Francisco y a otras a la catedral entre semana, después en el colegio rezábamos rosario durante todo el mes de Mayo. Tunja y en general Boyacá tal vez por las condiciones climáticas y geográficas se ha distinguido por su religiosidad, su tradicionalismo, el carácter introvertido de sus gentes. Las semanas santas de entonces, eran de un fervor absoluto; el ambiente al interior de las casas y en sitios públicos eran como de luto; Cristo moría y se debía guardar silencio y mesura en todo; todos los días había procesiones a cuyo paso se agolpaban multitudes, tanto en las aceras, como en ventanas y balcones; desde la "casa de las conejas", teníamos una panorámica privilegiada; ésta tenía varias ventanas que por la alta pendiente de la calle, equivalía como a estar en un tercer piso; desde allí veíamos estas procesiones, de las que recuerdo en especial la del Viernes Santo que era la del Santo Sepulcro; un rio de gente con expresión y actitud luctuosa, al compás de una marcha fúnebre de gran solemnidad, acompañaba a Cristo muerto en una sucesión que parecía infinita; ante el verismo del sepelio, en lo personal creía entonces que allí estaba realmente el Mesías en persona, pues era lo que nos decían todos los adultos; además, visualmente el velo semitransparente con el que cubrían al supuesto cadáver divino, no permitía dudar de su autenticidad;

desde el día anterior, se realizaba en la vecina iglesia de San Francisco la exposición del divino cuerpo en cámara ardiente; el interior del templo y sus alrededores parecían un hormiguero humano, dada la cantidad de gente para la que el no realizar esta visita equivalía a cometer un sacrilegio; era algo guardadas las proporciones, como esas imágenes que vemos en la televisión, de la Meca, solo que en miniatura. Por las noches no podía faltar la "Visita de monumentos", consistente en ir a pié por las innumerables iglesias de la ciudad, con objeto de admirar montajes alusivos a escenas de la pasión de Cristo o de otros pasajes bíblicos. La parte buena de todo esto, era que a veces estrenábamos y era la época del año en que mejor se comía; no podían faltar el pollo y los camarones, que entonces a diferencia de hoy día, eran todo un lujo. Realmente, el nivel de vida de la mayoría de la población era aceptable, hecho palpable en especial durante esta semana de pasión y en las festividades decembrinas. Otro acontecimiento, de naturaleza opuesta, era el Aguinaldo Boyacense, festividad que se celebra ininterrumpidamente desde hace seis décadas; en mi infancia tuvo importancia por la admiración y deleite que experimentaba en los desfiles de carrozas, a pesar de las noches gélidas en las que se desarrollaban; algunas sobresalían por la creatividad belleza y buen gusto; eran elaboradas bajo el patrocinio de empresas tanto privadas como oficiales; recuerdo en especial las de una dependencia de la secretaría de obras públicas, conocida como Zona de carreteras, que año tras año se llevaban el primer puesto. Otro aspecto digno de mención, eran los pesebres, presentes en la mayoría de las numerosas iglesias que afianzaban el carácter medieval de la ciudad. Siempre me ha parecido admirable el hecho de que Colombia siendo por aquellos tiempos en la práctica un país de artesanos, que a duras penas tenían primaria, sin embargo los jefes de familia se las arreglaban para ofrecer un nivel de vida bastante aceptable a sus familias y lo principal, darles educación universitaria a sus hijos, como fuera el caso nuestro. El ejercicio de la religión en la casa, aunque se ajustaba a la ortodoxia generalizada, tenía sus particularidades; por aquellos años, llegó a Tunja la iglesia luterana, y no entiendo cómo, mi madre se declaró devota de este nuevo culto, aunque seguía asistiendo a las misas católicas; comenzamos a frecuentar esta iglesia, con sede en una casa grande y bonita; allí el pastor hacía las veces de cura, lo único diferente era que vestía de manera corriente y tenía esposa e hijos; nos proyectaban también películas sobre la vida de Martín Lutero, que lucía como un monje humilde y regordete, que predicaba transportándose a lomo de burro como sancho Panza. Mucho después comprendería la trascendencia de este personaje, cuando en los albores del siglo XVI con sus noventa y cinco tesis pegadas en la puerta de la iglesia de Wittenberg, pusiera al descubierto la simonía del vaticano, eliminara con su traducción de la biblia a lengua vulgar el monopolio respecto de la palabra divina que este ostentara por siglos y colocara al creyente en posición de asumir su responsabilidad ante la providencia, sin mediación del clero, a contracorriente de como había sido la norma hasta entonces. No podía presagiar entonces el grado de la influencia de esta institución sobre la sociedad y la forma como usualmente conformaba su feligresía antes de que ésta tuviese uso de razón —como fue el caso nuestro- y pudiera elegir si pertenecer a ella o a otra, o ser agnóstico o ateo. Era una época de convulsiones en la política, en la que frecuentemente se declaraba estado de excepción, se militarizaban las calles, se reprimía a obreros y estudiantes. Durante 16 años estuvo vigente una figura política, que le vendían a la población como uno de los meritorios aportes de nuestro país a la democracia, algo de mostrar ante el mundo, el llamado Frente Nacional; éramos tan ignorantes, que lo que en realidad era una componenda entre dos partidos políticos de las oligarquías tradicionales que han gobernado al país desde tiempos de la colonia, con propósito de repartirse la administración del estado cada cuatro años, excluyendo a las demás corrientes de opinión y pensamiento, suprimiendo de hecho a la democracia, incluso en su acepción elemental electoral, no se diga de aquella que constituye su esencia como lo es, un carácter participativo, incluyente y social. Por aquellos años a diferencia de lo que ocurre ahora, había tal espíritu de hermandad con Venezuela, que eran muy frecuentes las visitas del presidente Rafael Caldera a Colombia; los encuentros con el presidente de entonces, Carlos Lleras Restrepo, tenían lugar no en Bogotá, sino en Tunja, por su importancia durante el proceso independentista, en el que los venezolanos a la cabeza de Bolívar, tuvieran un rol protagónico. Una de las actividades principales era el encuentro y alocución de los dos líderes, en la plaza de Bolívar, con la presencia de las autoridades de gobierno, del clero, de personalidades prestantes locales y de los estudiantes de colegios; debíamos ir todos desde primero de primaria hasta sexto de bachillerato, con uniforme de gala que en mi caso era vestido de paño negro, camisa blanca con corbata también negra y zapatos del mismo color. De manera inexplicable nos hacían permanecer allí de pié, en estricta formación casi militar, durante horas al rayo del sol que por la altura de la ciudad es muy picante; tanto a mí como a los demás nos parecía normal, aunque por lo general no entendíamos casi nada de lo que decían, pues era una época en que a diferencia de lo que viene ocurriendo en los últimos treinta o cuarenta años, los presidentes aunque pertenecieran a castas hereditarias oligárquicas, tenían la virtud de ser poseedores de una gran formación intelectual y carisma, tanto que sentíamos orgullo de ellos. En una época en que apenas se leían periódicos los domingos y se escuchaba la radio, muchos nos enterábamos de la proximidad de la visita del presidente Caldera, porque el día anterior enviaban de Bogotá máquinas asfálticas que en cuestión de horas pavimentaban aquellas calles, por las que había de pasar la caravana presidencial, entre las que estaba incluida la de la lavandería, ubicada a solo media cuadra del sitio de encuentro. Así entre visita y visita de Caldera, continuaba la vida, seguía creciendo y estudiando. Estando en tercero de primaria al salir a vacaciones de medio año, como era habitual nos dejaran una montaña de tareas, entre ellas la de llevar un barco elaborado por nosotros mismos; al regresar luego de un mes, todos nos presentamos con nuestro barco; al tratarse de niños de diez años, lo natural era inocentes intentos, elaborados a partir de una cajita de bocadillos, una caja de cartón, o una lata de sardinas con palito de paleta y un papelito a manera de vela; yo con mi eterna mente de adulto en el cuerpo de un niño y con mi perfeccionismo a ultranza de entonces, había elaborado un barco a partir del concepto del inocente barquito de papel que todos sabemos hacer en origami; pero su aspecto era como el de uno de verdad, pues lo había elaborado a partir de un pliego de cartón grueso que había doblado luego de pegar por ambas caras papel dorado brillante, de ese que imita al oro para que su aspecto fuera reluciente; me costó bastante trabajo este doblado pues era tarea difícil para mis manitas de niño de diez añitos; procedí luego a eliminar con segueta la parte cónica, manteniendo solo el casco y elaboré lo que sería el cubículo de pasajeros como de yate, con sus ventanitas y en la parte interna un timón con sus detalles; finalmente, le había colocado un mástil, una bandera de Colombia y en letras negras sobre el casco un letrero que decía República de Colombia. Total, era el único barco que se aproximaba al ideal platónico en todo el salón; mis compañeros se agolparon a su alrededor para admirarlo, la profesora no creía que lo hubiera diseñado y elaborado yo; estos compañeros cuando me los he cruzado alguna vez por la calle, ya adultos, me recuerdan en especial por motivo de ese barco. A veces los profesores parecieran no dimensionar la correspondencia de las tareas asignadas, con la capacidad del estudiante; por ejemplo, por aquella misma época nos encomendaron elaborar un dibujo detallado de la anatomía del esqueleto humano; siguiendo mi tradicional tendencia al perfeccionismo de entonces, conseguí una lámina ilustrativa en escala del orden del 50 %, la cual calqué sobre papel mantequilla con la mayor precisión posible, con la identificación de cada uno de los alrededor de doscientos huesos que lo conforman; uno de mis primos universitarios al verlo quedó asombrado y no podía entender cómo se le podía asignar a un niño de diez años tal actividad; por mi parte lo veía como algo natural; sin saberlo me estaba preparando no para ser médico, sino para afrontar la representación de la figura humana, saber tan necesario en la práctica de la pintura figurativa de ca-

rácter antropológico; para los artistas de la plástica, este conocimiento fue fundamental desde la antigüedad grecolatina, hasta mediados del siglo XX, en el que el dibujo y las técnicas tradicionales comenzaron a ser desplazadas por un nuevo enfoque del arte que da preponderancia al intelecto y que con el correr de los años, en virtud de la mercantilización, la inmediatez, la manipulación del capital ilegal, -todo ello con la connivencia entre academia, crítica, museos estatales, galerías y poder mediático- han llevado a esta actividad humana al borde del precipicio con obras que en su mayoría especialmente en el caso del Performance, no reflejan la exaltación de la naturaleza humana que le corresponde, privando al ciudadano medio del derecho de disfrutar de la experiencia estética en los museos estatales y, a los artistas que no comulgan con las extravagantes excentricidades de la mayor parte de lo exhibido, el de poder dar a conocer su obra en los mismos. Este perfeccionismo me acompañó solo hasta los 18 años, por motivos que describiré más adelante. Resulta muy curioso, como en aquella época del colegio los profesores tenían todos los derechos y los alumnos ninguno; si alguien daba quejas a los padres por motivo de maltrato físico, éstos iban al colegio y delante del doliente, autorizaban al profesor para que incluso intensificara sus "métodos"; si la ofensa era de burla, eso se consideraba normal; pero si ocurría en vía contraria, entonces se acababa el mundo. Si Michel Foucault hubiese conocido estos ambientes, su obra en la que estudia a la opresión y al castigo como nuevas y más eficientes formas de dominación de la sociedad por el estado, a partir de instituciones como la prisión, el hospital, la fábrica y la escuela, hubiese encontrado una rica fuente testimonial. Como era tan juicioso, por fortuna a excepción de los varazos de primero y de un profesor en segundo que me dio una vez un coscorrón porque no me conocía, estuve a salvo de toda esa barbarie; como la vida da muchas vueltas, -según el adagio popular-, me volví a encontrar con este profesor después de casi veinte años, en el bufet de abogados de un pariente que le estaba dirigiendo la tesis de grado en derecho en la universidad autónoma de Bogotá; dada la situa-

ción el profesor adoptaba una actitud servil hacia mi pariente; por infortunio para él, como tengo tan buena memoria, recordé el incidente y con humor lo traje a colación; el profesor se puso muy nervioso y manifestó que probablemente me confundía, pero que de todos modos si había sido él, que lo lamentaba profundamente. La primaria se terminó, luego de otro cambio de locación del colegio, esta vez a un sitio lejano que me implicaba caminar una veintena de cuadras, pues no existía una ruta urbana; durante el trasteo, los estudiantes mismos tuvimos que llevar a pié cargados los pupitres, como si de una procesión se tratara; las nuevas locaciones eran modernas, cómodas y espaciosas; una de las primeras cosas que aprendí allí, fue el himno nacional; un día se apareció un profesor que no conocíamos, corpulento y regordete, su fisonomía recordaba a un perro bóxer; se acompañaba con un acordeón inmenso; nos reunieron a varios cursos en un salón y allí estando todos de pié, apretujados en medio del calor generado por el hacinamiento, aprendimos a cantar el himno nacional; el mismo que un mito traído de los cabellos, lo convertirá para nosotros en el "más hermoso luego de la Marsellesa", como si por su naturaleza nacionalista no debiera ser el primero, con independencia de sus atributos estéticos; pretender que es el segundo, sería como aceptar que la mamá para cada quien no es la mejor del mundo; además dicha taxonomía, implicaría un concurso, cosa carente de todo sentido en dicho contexto. Con el tiempo he comprendido que el nacionalismo, fuente de tanta violencia en el curso de la historia, tan nefasto a la sociedad, se comienza a inocular por allí; luego grabamos en nuestras mentes un boceto amorfo que entra más lo miramos después más hermoso nos va pareciendo: el mapa de nuestro territorio; después, esa retahíla de nombres de presidentes de nuestra historia republicana, que lo único que tienen en común es que son solo unos nombres, que no nos dicen mayor cosa; finalmente para rematar, la religión, tan importante, pues nuestro país en ese entonces dado su carácter confesional estipulado en la misma constitución, venía cargando con el lastre escolástico, como si nunca hubiéramos superado el me-

dioevo; por fortuna, lo difícil de nuestra geografía, ha dado lugar a un sinnúmero de tipos culturales, que hacen que muchos no nos sintamos identificados con esos lazos artificiales de nacionalidad, -algunos con afán crítico lo llaman falta de identidad nacional – y que concibamos el mundo en términos universales, consecuentes con los postulados del humanismo y del internacionalismo. Retomando lo del estudio, la lejanía de la nueva sede, era la única desventaja por cuanto sus locaciones eran mucho más cómodas y modernas; además desde el punto de vista de la formación tenía la ventaja de tener carácter mixto; seguí en mi rol sempiterno de representante del curso, que aunado a mi carácter inexplicablemente adulto para la edad, me hacía comportar como un profesor con mis compañeros; algunos profesores aprovechaban esta situación, para ausentarse por horas y hasta jornadas y me dejaban a cargo, incluso para hacer dictados y explicar algunos temas; estaba siempre muy enterado pues mi hermano mayor era profesor y en su biblioteca contaba con manuales temáticos que el gobierno le enviaba a los profesores de todo el país como guía, los cuales yo estudiaba con especial atención, de modo que antes de las clases, ya conocía y dominaba los temas, fueran de ciencias naturales o historia; a pesar de estas cosas tan extrañas a un niño de la edad que tenía entonces, mis compañeros en su gran mayoría me apreciaban, por cuanto siempre fui sencillo, solidario, generoso y colaborador. En el año de 1968, el papa Pablo VI visitó nuestro país; fue todo un acontecimiento, pues según decían era la primera vez que un papa pisaba suelo latinoamericano. El país se preparó durante años; en Bogotá construyeron una avenida por donde circularía la caravana papal y un complejo con el nombre de Templete eucarístico para sus alocuciones; las familias que tenían televisor montaban en el patio una especie de teatrillo para que el vecindario pudiera presenciar tal acontecimiento; en la radio y televisión se referían a él como el sumo Pontífice, el representante de dios en la tierra; muchos pensaban que era dios en persona; cuando descendió del avión en el Dorado, -acto que pudimos apreciar por la televisión- se arrodilló, besó el suelo y acto se-

guido el presidente Lleras se arrodilló ante él; para mi percepción de niño era como un cuento de hadas; creía ciegamente en sus calidades de Dios, como la mayoría de los de la cuadra; solo recuerdo a un adolescente hijo de un magistrado que vivía en la acera de enfrente que era la voz discordante; decía que era un mortal como cualquiera de nosotros, solo que ostentaba el más alto cargo en la jerarquía católica, pero que eso era todo lo que podía tener de especial; con el tiempo comprendería cuanta sabiduría había en su perspectiva, cuanta madurez a pesar de su edad; cuanta ignorancia para semejantes posturas infantiles de parte de casi todo un país en pleno siglo XX; un poco más de un década después tendría la oportunidad de ver su tumba en los sótanos del vaticano en Roma, descuidada, llena de polvo y de mugre; recordé entonces el adagio popular" terminada la partida rey y peón vuelven al mismo cajón." Para el bachillerato, regresamos de nuevo a las locaciones que quedaban en la misma cuadra de la casa; en primero, nos correspondió un director de curso que era diácono y nos sometió a un régimen de carácter teocrático y totalitario; frisaba los sesenta años, vestía siempre de azul oscuro o gris y nos dictaba las asignaturas de religión, matemáticas y artes manuales; como era un camandulero consuetudinario, religión se convirtió en la principal y más difícil asignatura; teníamos que recitar de memoria el manual de guía, que era bastante voluminoso y se caracterizaba por su tecnicismo; temas como el misterio de La santísima trinidad, la ambivalencia de la naturaleza de Cristo, la virginidad de la virgen y demás misterios, la taxonomía de pecados, la omnipotencia, omnipresencia y omnisciencia de dios, las particularidades del infierno, el cielo y purgatorio, cobraban horas y horas de explicaciones con toda la terminología teológica del caso; lo único que faltó fue dilucidar cuantos ángeles cabían en la cabeza de un alfiler, como ocurría en la edad media. A pesar de tratarse de un tema de tanta trascendencia en nuestra tradición judeo-cristiana, no puedo recordar cuando ocurrió la primera vez en que me enfrentara con la idea de dios. Debo reconocer que mi buena memoria tan efectiva en otras ocasiones, en ésta no me ayuda mucho. Quizá fuera hacia tercer grado de primaria, en que intuí por primera vez la importancia de esta idea, a raíz de la lectura en clase de un pasaje de la historia sagrada que habla sobre la aparición de Yavé, a través de una zarza ardiente a Moisés, una vez había huido este último del Egipto de la realeza, al desierto; en ella palabras más, palabras menos, decía: ¡*Moisés, Moisés!* Y él respondió: Heme aquí. Entonces Él dijo: No te acerques aquí; quítate las sandalias de los pies, porque el lugar donde estás parado es tierra santa. Y añadió: Yo soy el Dios de tu padre, el Dios de Abraham, el Dios de Isaac y el Dios de Jacob. Entonces Moisés cubrió su rostro, porque tenía temor de mirar a Dios. *La profesora, nos obligó a aprenderla de memoria y, posteriormente al explicar en el tablero con el misterio y la ceremonia del caso, nos advirtió que esta palabra se escribía con mayúscula, pues se trataba del ser más poderoso y venerable del universo, que todo lo sabía, lo intuía y veía; en esta ocasión, no tengo claridad respecto de si mi mente de adulto en cuerpo de niño funcionó, pues a partir de allí sentí mi privacidad vulnerada y traté de ser más cuidadoso en cuerpo y mente en mis momentos de soledad, pues paradójicamente los conceptos de pecado e infierno, si los intuía desde antes de entrar al colegio, probablemente porque los escuchaba con frecuencia en la conversación de los mayores; era una época, en que cualquier acto de desobediencia, era considerado un pecado; según los adultos, la creencia en dios constituía la más clara diferenciación entre un ser racional y su opuesto; como si se tratara de una idea innata plasmada en nuestra mente aún antes de nuestro nacimiento, en clara oposición al filósofo inglés Jhon Lokce, en su Tratado sobre el entendimiento humano; estas personas —mis padres incluidos- dada su poca formación académica, nunca se habían podido detener a reflexionar sobre estos asuntos, de modo que por inercia, como la gran mayoría, se adaptaban a la costumbre y la tradición. A tal edad, respecto de estas temáticas nos encontramos en tal posición de vulnerabilidad como la de nuestros antepasados prehistóricos, respecto de fenómenos de la naturaleza que como el trueno, el relámpago y los movimientos telúricos, les indujeron a aferrarse a creencias en fuerzas animistas que posteriormente se transfigurarían en dioses. Sustentada en fe y revelación, la religión desde tiempos milenarios ha tratado de jugar un rol como ente regulador de la sociedad; para ello, en el caso del cristianismo, se valió de la antigüedad filosófica griega, en especial de Platón y Aristóteles, para dotar de una armazón racional la subjetividad y fanatismo de sus postulados; a través de la metafísica, intenta abordar aquellos fenómenos que como el concepto de Dios, del ser, del alma y la muerte, escapan a la racionalidad y a cualquier intento de naturaleza cientificista en su desvelamiento; la explicación de lo indemostrable, ha inducido a los filósofos a lo largo de la historia a especular mediante la retórica sobre estas temáticas; así para San Agustín, es el principio trinitario y fuente de todos los seres, la realidad plena, inmutable, infinita, única, simple, eterna y perfecta; es el Bien, la Verdad, la Belleza y el Ser. Según Santo Tomás la existencia de Dios es un conocimiento natural en el ser humano, al que puede llegar con el uso adecuado y lógico de su razón, incluso sin haber conocido la Revelación cristiana, ni haber realizado un acto de fe; su existencia es eterna y es la causa de todas las demás de su existencia. Según Descartes, es la causa de todos nuestros pensamientos; de él proviene la idea de sí mismo porque esta es la idea de un ser infinito y perfecto y por lo tanto ha de provenir de un ser infinito y perfecto: Dios. Espinoza por su parte afirmará que Dios no daría una finalidad al mundo, sino que éste es una parte de él. Se le considera naturaleza en sí misma, es decir, lo que es y da origen a diferentes modos o naturalezas, tales como el pensamiento o la materia. En síntesis, Dios es todo y fuera de él no existe nada, de donde se infiere según este panteísmo que todas las criaturas formamos parte de él. Estas posiciones racionalistas asociadas a la revelación, contrastan con otras como el agnosticismo de Hume, para quien aunque Dios existe, su conocimiento está fuera del alcance de lo sensible y, el ateísmo representado por los filósofos marxistas y más tarde por Sartre. Poco tiempo después, me preguntaba cómo era posible la veneración a un dios que en el antiguo testamento, se carac-*

terizaba por incitar a la violencia y la venganza; acaso no se trataba de un ser benevolente en medio de su omnipresencia, dispuesto al perdón y a la conmiseración? Afortunadamente nunca pregunté en clase sobre estas dudas, pues dado el conservadurismo de nuestro entorno me hubiese visto en situaciones incómodas. Las religiones están basadas en la disposición hacia la creencia, por lo que las personas usualmente manifiestan con orgullo ser creyentes; pero si esta acción se traslada a otros escenarios como el laboral por ejemplo, entonces se convierten en el hasmerreir. Pero regresando al profesor de religión y matemáticas, aunque acartonado y carente del más mínimo sentido del humor, explicaba con acierto, lo que contribuía a aligerar lo estéril y árido del tema, colocándose todo el tiempo el dedo índice de la mano derecha en la boca, como cuando alguien quiere sugerir con disimulo, para que alguien no hable. En cuanto a las matemáticas, también era bueno enseñando; en el grupo todos le teníamos aversión y miedo y lo veíamos como a un viejito chocho. Hacía uso de un curioso sistema de evaluación, que era efectivo, y a la vez motivo de pánico para mis compañeros. Se llamaba "cabeza y cola" y consistía en que por varios días que podía ser la semana entera, nos disponíamos al azar, de pie, haciendo una especie de U, - si se miraba desde una panorámica superior- de espaldas a las paredes del salón, circunscribiendo su contorno. Uno de nosotros portaba el manual de pre-guntas, fuera de Matemáticas o Religión y las formulaba -rol que me correspondió siempre-, mientras algunas otras estaban a cargo del profesor; uno de los extremos de esta "U" humana, se asignaba como la cabeza y el opuesto como la cola; cuando comenzaba una de las tantas sesiones de esta prueba, formulada la pregunta, debía contestar quien en ese momento estaba en la cabeza; si respondía correctamente, se quedaba en el lugar; en caso contrario, respondía el que seguía y si acertaba, pasaba a la cabeza reemplazándolo; si no, se seguía preguntando en el orden de la cola, hasta que alguien de los casi cincuenta que éramos acertaba, y entonces, se ubicaba en el lugar del primero de cuantos habían respondido de manera errónea. Siguiendo *esta dinámica, al final de la sesión los estudiantes terminaban según un fila ordenada bajo criterio del acierto en el desempeño; en la cabeza el que más sabía, recibía un cinco; el último, el más ignorante, cero. Como se comprenderá era algo de lo más estresante; lo último que cualquiera debería hacer sin faltar a la ecuanimidad, al sentido común y a la modestia, es ensalzarse así mismo; es algo más propio de megalómanos y mediocres; hecha esta salvedad, no deja de sonrojarme contar que terminaba siempre en la cabeza y en la siguiente sesión me colocaba en la cola; y de nuevo, en poco tiempo estaba de nuevo en la cabeza y así independientemente de cuanto esto se prolongara; ocurría, no porque fuera muy inteligente, ni más faltaba, sino en razón de ser muy estudioso, gozar de una buena memoria y poseer entonces una facilidad de expresión y una seguridad que al llegar a edad adulta inexplicablemente iría perdiendo. El profesor no sabía a qué atenerse conmigo, pues a diferencia de los demás, nunca levantaba la mano para responder a alguna pregunta que formulara en clase; pero cuando nadie respondía, se dirigía a mí y yo siempre tenía la respuesta; lo único que siempre decía en actitud pensativa en estas situaciones era: "miren a este señor... permanece mudo como un ladrillo, pero si se le pregunta siempre tiene la respuesta". Debido a esto, siempre conté con la estimación y admiración de parte de mis compañeros; siempre que me encuentro con alguno de ellos, así hayan pasado muchas décadas, inmediatamente me reconocen y se remontan a estos recuerdos; en la medida en que fui avanzando en este bachillerato, era frecuente que se me acercaran los niños de primero, que estudiaban con este personaje de profesor y con mucha curiosidad se decían entre ellos, mientras alguno me señalaba, miren ese es el Jaime Rodríguez del que tanto nos habla el profesor Quevedo; para ellos me había convertido en una suerte de mito, lo cual me causaba mucha gracia. Esta etapa del colegio, al coincidir con la adolescencia va moldeando lo que en etapa adulta será nuestra esfera de intereses; fuimos en cierto modo desafortunados los que vivimos aquella época, en el sentido de las carencias que limitaban las posibilidades de aprendizaje; los libros eran costosos o de difícil consecución; las bibliotecas eran escasas y su oferta se limitaba por lo general a enciclopedias genéricas; en el colegio que me tocó curiosamente, la biblioteca consistía en un cuarto, donde guardaban los libros bajo candado, como si de una bodega se tratara y los profesores eran los únicos que tenían acceso a él; recuerdo que en primero de bachillerato el profesor de historia era un personaje de los más particular; de complexión delgada y bigotico a lo mexicano, aunque era muy respetuoso, con voz caracterizada se dirigía a los estudiantes, con el término "cochino", lo cual dicho por él no resultaba ofensivo sino más bien gracioso; se expresaba muy bien y era muy claro en sus explicaciones; había una asignatura que se llamaba biblioteca, en la que sacaba un libro del cuarto mencionado y nos lo leía; durante varias sesiones nos leyó "Las mil y una noches", de una manera tan amena que hacía que añoráramos esta clase; en el siguiente grado, la profesora de literatura a más de preparada y experta, tenía un temperamento que superaba la tradicional prepotencia de los profesores de matemáticas, lo cual es mucho decir, a pesar de lo cual o tal vez en virtud de ello, me enseñó a leer a conciencia, a través de apartes de novelas como Doña Bárbara de Rómulo gallegos y La vorágine de José Eustaquio Rivera, entre las que recuerdo. Era una época en la que había un abismo entre profesores y alumnos, fenómeno que como es natural iba en detrimento del proceso de enseñanza. Todos tenemos mucho para contar de nuestros días de infancia y de la primera juventud; algunos con más detalle que otros. Cuando llegamos a adultos y comenzamos a trabajar, la vida parece uniformizarse, al cabo de los años parece como si nada hubiese ocurrido, todo es tan predecible, tan estereotipado; emplearse, casarse, tener hijos, comprar una casa, un carro, viajar, luego envejecer y terminar en algún rincón; la sociedad no quiere a los viejos, a no ser que sigan ostentando su poder patriarcal. Tal vez los años de colegio sean los que más se recuerden; la primera novia, las fiestas, las locuras propias y de los amigos; los profesores con sus excentricidades, defectos y virtudes; entre estos últimos, algunos que por algún motivo marcaron nuestras vidas, por su buen o mal ejemplo, sus aciertos o mediocridad; el conocimiento de cosas que lo trastocaron todo; en mi caso particular, algo que me produjo un profundo desasosiego a tierna edad, fue cuando alguien me comentó que la tierra era redonda, que los que vivían en el lado opuesto al nuestro, lo hacían "patas arriba"; cómo entender cosa tan extraña, tan contraria al sentido común; Eratóstenes lo había descubierto veintidós siglo antes, cuando notó las diferencias de las sombras que proyectaban los objetos en el mismo momento del año en dos ciudades distantes, fenómeno que le permitió además calcular el diámetro terrestre con una precisión admirable para la época; descubrimiento temprano que se perdió con el tiempo, al punto que durante todo el medioevo, se la concibió como un disco plano; además estaba el fenómeno evidenciado en la cotidianidad respecto de la forma en que se avistaban los barcos al acercarse a un puerto, que mostraban primero la parte más alta del mástil y luego paulatinamente iban apareciendo las demás; similar desasosiego debieron experimentar los europeos cuando en el siglo XV en tierras de la actual Italia, el Renacimiento comenzó la recuperación del legado greco-latino perdido por tantos siglos; realidad aceptada sin mayor reparo por la iglesia, no así el carácter heliocéntrico de nuestro sistema solar, de cuya resistencia fueran víctimas Galileo y Bruno; este primer encuentro con la realidad de nuestro mundo me produjo entonces algo parecido pero más intenso, a lo que he seguido experimentando cuando me las veo con conceptos del universo como su supuesta infinitud, las inimaginables -como no sea mediante analogías-, distancias interestelares e intergalácticas, dimensiones y naturaleza de entidades y astros como los agujeros negros, los pulsares, los cuásares, la antimateria, el Big band, modelos especulativos de universos como el de cuerdas, paralelos, etc. etc. Las sorpresas siguieron cuando supe que el sol era una estrella más entre cientos de miles de millones, que había nebulosas y galaxias, que la velocidad de la luz era insuperable, que el cero absoluto era inaccesible, que se conocía más del espacio exterior que del fondo marino, que más desconocido que el mismo universo lo era el cerebro humano; otras que aunque más del sentido común, luego de escuchar su explicación no podíamos comprender, como la causa de las estaciones, la cara oculta de la luna, la transmisión de la voz humana a través de un cable de cobre, la grabación del sonido sobre un disco de acetato; no menos sorpresa sentí, cuando me enteré sobre la existencia de un sistema de gobierno, el socialismo, en donde todos eran iguales y el estado garantizaba las necesidades básicas y la formación a sus ciudadanos y, lo peor y a su vez mejor de todo, cuando descubrí que existía algo que se llamaba filosofía, que trataba de dilucidar enigmas como el universo, la aparición de la vida en nuestro planeta, la muerte, el alma, los conceptos de tiempo y espacio, de libertad y moral, materialismo e idealismo, metafísica, ontología, teleología, escatología, etc, etc. Ninguna época estuvo libre de tales vicisitudes del entendimiento; en la prehistoria por ejemplo, el misterio de la fuerzas de la naturaleza, el relámpago, el trueno, el fuego, los terremotos, las glaciaciones, los eclipses, los cometas, la magia, todo aquello que diera lugar a la religión; en la antigüedad, lo mismo más las afugias del pensamiento filosófico, centrado inicialmente en la naturaleza y luego en el ser humano; en la edad media, los misterios de las creencias religiosas, el alma, la muerte, la escolástica, la teología como termómetro y epicentro de todo; y así, en todos los estadios del devenir histórico, en la medida en que hemos continuado con esta "dramaturgia" que es la vida, siguieron apareciendo, nuevas preguntas, nuevas incertidumbres, nuevas perspectivas, un proceso probablemente infinito mientras haya vida. Pero la mayor sorpresa recién la descubro por motivo de la redacción de estas líneas; me estoy preguntando, como es posible tener tan claro el primer encuentro con los fenómenos y conceptos mencionados y por contraposición, no poder establecer cuál fue el primer contacto con aquello que independientemente de nuestras posturas de pensamiento, como pocas cosas predetermina nuestras vidas, nuestros temores e incertidumbres: la muerte; no tengo presente cómo ni cuando me enteré de su existencia; no puedo relacionar algún sepelio al que hubiese asistido en la infancia o en un plano más acorde, la pérdida de alguna forma de vida amada, por ejemplo un animalito, un perro, un gato; sin embargo a los siete años, cuando murió el che, ya tenía el concepto de ella; quizá lo único relacionado fuera que en múltiples ocasiones mi madre mencionaba la muerte de uno de nuestros hermanitos al nacer, lo que le había ocasionado un gran trauma, pero al no haber de por medio una experiencia personal, vivencial, se quedaba como algo anecdótico, insubstancial. Este ha sido uno de los enigmas de mayor vigencia desde nuestra aparición en el planeta; como se puede explicar, que con tan solo suspender una función fisiológica, una persona, un ser vivo, se convierta en una masa inerte que debe ser aislada y enterrada o cremada con premura ante su indetenible proceso de corrupción; es paradigmático que genere tanto temor –a pesar del paliativo de la resurrección que nos ofrece el cristianismo- si la contemplamos como proceso de la existencia, en el que el no ser es la norma, es el todo restándole el ínfimo en comparación tiempo promedio de una vida humana. Esta percepción en la tradición judeocristiana, es el resultado del modelo lineal y escatológico de la existencia; en el caso de otras creencias como el budismo y el taoísmo, éste presenta carácter circular, cíclico ofreciendo a sus seguidores perspectivas diferentes; el caso de los antiguos egipcios se ubica en las antípodas, por cuanto la verdadera vida como lo atestigua* El libro de los muertos, *comenzaba en la muerte. Pero volviendo a temas más mundanos, mi vida siguió su curso, nuestro país siguió su derrotero en la desesperanza, sin que nada cambiara, como no fuera para empeorar. Se fueron sucediendo gobiernos; López Michelsen que según decían "cada vez que hablaba ponía al país a pensar", dejando tácito el carácter vacuo de nuestros cerebros, Pastrana Borrero, el del UPAC con su sonrisita bobalicona, Turbay Ayala, el del corbatín, el polvorete y las juergas, Belisario Betancourt, intelectual y poeta que lloró luego de la tragedia del palacio de justicia, el joven Gaviria, conocido en su momento como "Lucero pascual" por lo de: luz cero, paz cual?, Samper, el presidente del elefante blanco aunque se le abona por intelectual y pantalonudo, Pastrana hijo, uno de los más mediocres en dicha dignidad aunque se le debe reconocer su interés por la paz, el nefasto Uribe, culebrero encantador de ingenuos y siniestro capo de las mafias del narcotráfico, Santos, el camaleón del póker, y por ahora un monigote de apellido Duque, creación del matarife, a quien mejor le iría como animador de televisión; todos ellos, producto de las maquinarias clientelistas, mal endémico que cual hidra mitológica pareciera no tener fin, representantes de élites parasitarias enquistadas en el poder y lacayas a más de cipayas del nefasto imperialismo norteamericano. Rafael Caldera, el presidente de Venezuela, no volvería a Tunja, pues solo regresaría al poder después de cinco lustros, siendo sucedido por la renovación ideológica del coronel Hugo Chávez, suceso que cambiaría substancialmente el ajedrez político de nuestra Latinoamérica. Y hablando de ajedrez, por los años setenta, estuvo muy de moda en el mundo. En el caso de Colombia, seguimos con pasión el match del siglo entre el norteamericano Boby Fischer y el soviético Boris Spassky; tres año antes, había aprendido a jugar como una forma de hacerle el quite a las clases de educación física, las cuales eran para mí una frustración, pues no podía ser el número uno, como lo era en todo lo demás. De orígenes desconocidos, en este juego como en pocas cosas en la vida, se compendia el espectro de funciones del cerebro humano. Se habla de la utilidad de la práctica del ajedrez, en especial para el desarrollo del sentido de la estrategia, el fortalecimiento de la memoria, el desarrollo de la creatividad, el incremento de la inteligencia concebida en términos de la razón, el agudizamiento de la intuición, la predisposición hacia la reflexión y el análisis. Tal vez sea por esta razón, que por lo general, los buenos ajedrecistas presentan ese aspecto taciturno y como de seres enajenados que hace posible distinguirlos casi que a primera vista. Resulta realmente prodigioso poder constatar que a través de un tablero y unas piececitas de estética bellamente concebidas, teniendo al frente un adversario que equilibre nuestras capacidades, se pueda experimentar tanto de lo que habitualmente constituye nuestra respuesta ante estímulos de la vida real. Cuantas veces al fragor de una partida, hemos sentido nuestra autoestima engrandecida a niveles de megalomanía, gracias a la ejecución de una secuencia de movimientos magistralmente concebidos, que han conducido a nuestro adversario a una posición de sumisión, si no de franca desesperación y desamparo? Y al mismo tiempo, cuantas otras hemos sentido el nudo en la garganta, al encontrarnos acorralados en medio de una maniobra, que sólo augura los más nefastos presagios? Ese pequeño mundo puede atrapar de tal modo al buen jugador, que fácilmente le llevará del sentimiento de fraternidad al del egoísmo, de la prepotencia al desamparo, de la incertidumbre a la certeza, de la pasión a la indiferencia, de la emoción al letargo, de la admiración por el contrincante a su inmisericorde descalificación, de la actitud dictatorial a la sumisión, del orgullo a la humillación, del caos a la lógica, de la euforia a la depresión, del refinamiento a la torpeza, del altruismo a la sevicia, de la inspiración a la mediocridad, pasando así mismo, por la pedantería, el regocijo, el perder la noción del tiempo, del mundo, de prácticamente todo; en fin, se puede constituir en una suerte de universo virtual del que en esencia no somos espectadores, sino actores de primera línea, en donde aunque manipuladores de las piezas, son las situaciones creadas por dichos movimientos, las que hacen y deshacen con nosotros, arrastrándonos por los laberintos de la gama de estados anímicos y mentales mencionados. Cualquier buen aficionado, podría dar fe de la pasión que la práctica de este juego puede desencadenar. No es extraño pasar días enteros sumergido en los laberintos de sus estrategias, sin que se sienta apenas necesidad de comer aunque finalmente, el agotamiento tanto mental como físico, obligue a la realización de una necesaria pausa. Cuán difícil, resulta ser un buen jugador y cuanto aún más, descollar en competencias aún de un modesto carácter local. Alrededor de este juego, existe una literatura que hace honor a su mote de deporte ciencia. Aperturas, combinaciones, juego medio, finales, sobre esto se han publicado muchísimos libros. Después del encuentro entre el ruso Garry Kaspárof y el software "Deep blue", el ajedrez entró a formar parte de ese nuevo universo que es la inteligencia artificial. Nuestro flamante campeón finalmente sucumbió estrepitosamente ante la máquina, recordándonos una vez más nuestras limitaciones y vulnerabilidad de humanos, ya no solo ante los misterios del cosmos, las fuerzas de la naturaleza y la comprensión de nosotros mismos, sino adicionalmente ante el volumen de información, generado en todas las áreas del conocimiento y, su oportuna asimilación, análisis y aplicación. Con este traspiés, recibimos un duro golpe, allí en donde somos más sensibles, en aquello que nos garantizaba nuestra superioridad sobre la máquina, especialmente en términos del pensamiento occidental : el criterio, ícono máximo en el altar de la razón. Es curioso que en un país de gentes de mentalidad primaria como el nuestro, este deporte ciencia a manera de interregno, hubiese podido competir aunque de manera efímera con el ciclismo y con el futbol. El caso del ciclismo es paradigmático; a diferencia del futbol cuyo nivel en aquella época era tan en extremo incipiente, al punto que durante décadas vivimos de un cuatro a cuatro que le sacamos a Rusia en un mundial o que se declara día festivo nacional si le llegábamos a sacar un empate a Chile en el Campín, la Vuelta a Colombia en bicicleta era nuestro deporte de mostrar ante el mundo —al menos así lo creíamos entonces-; era todo un acontecimiento que paralizaba al país; iniciada en 1951, esta justa deportiva emulaba las competiciones europeas como el Tour de Francia y el Tour del porvenir italiano; pendientes de la radio, nos enterábamos cada día -de los alrededor de diez que duraba-, sobre los pormenores del desempeño de los héroes que sobre un caballito de acero —como decían los locutores de entonces - superaban las barreras ciclópeas de nuestra escarpada geografía, nos ayudaban a aliviar nuestro complejo de inferioridad ante lo extranjero, a olvidar momentáneamente la acritud de la cotidianidad, en una apuesta por salir de la miseria, caldo de cultivo de una sociedad injusta de tiempos inmemoriales. Efraín Forero, Cochise Rodríguez, Rubén Darío Gómez, Roberto Buitrago, Ramón Hoyos Vallejo, Alvaro Pachón, Carlos Montoya, Miguel Samacá, Rafael Niño, nombres reconocidos, como si de cele-*

bridades del cine se tratara, para quienes vivimos aquellos tiempos, a partir de la elementalidad de un deporte de gentes humildes, hacían soñar a todo un país, servían como elemento de cohesión de un nacionalismo inexistente, sembraban una semilla de esperanza. Por esa misma época, teníamos un profesor de educación física, que era un personaje de lo más curioso; de baja estatura y complexión robusta, lucía siempre gafas oscuras; era zambo de preponderancia india, de una megalomanía como pocas; su actitud ante nosotros era como la de un dictador ante sus víctimas; nos decía "ofidios" y nos daba un trato militar, como si fuéramos reclutas; añoraba los tiempos de la antigua Esparta y con emoción manifestaba que ésta había sido la cima de la cultura humana y que todas las naciones deberían recuperar e implementar su forma de vida; hacía un despliegue de falta de sentido común como pocos; por ejemplo hacía que niños de doce años –como lo era yo entonces-, participáramos obligados en una maratón de treinta kilómetros por carretera destapada de alta montaña, sin que por lo demás tuviésemos preparación alguna para ello; salíamos del colegio a la una de la tarde en un día fuertemente soleado, hasta llegar a un pueblo de nombre Chivatá; allí descansábamos por unos diez minutos y emprendíamos el regreso, llegando al punto de partida hacia las siete de la noche; seis horas corriendo como unos condenados y luego una semana sintiéndonos apaleados y caminando con dificultad. Teóricamente, íbamos a esta maratón voluntariamente, pues antes de partir nos chantajeaba, haciendo que formáramos en fila india, seguido de un giro a noventa grados, de modo que quedábamos de frente a este personaje y entonces nos "arengaba", diciéndonos que los que no usaran "pepiados" -los pantis de las mujeres en esa época se llamaban así, porque tenían estampado de pepitas- y que fueran suficientemente machos, que dieran un paso al frente en señal de querer participar voluntariamente en la maratón. Ante aquello, quien podía atreverse a no dar ese paso; es increíble como el cuerpo humano y la mente, se acomodan a situaciones extremas. El punto donde terminaba la ciudad, según la ruta que debíamos seguir, eran las locaciones del cuartel militar, ubicado a unas quince cuadras del colegio; en condiciones normales se consideraba una lejura a la que nadie iría a pié; bueno, cuando llegamos allí, parecía que habíamos avanzado solo unos metros, pues nuestras mentes estaban enfocadas en los treinta kilómetros que teníamos por delante; mientras nosotros, niños sin estado atlético alguno, íbamos corriendo con la lengua afuera, bajo el inclemente sol y en medio de la polvareda, este profesor iba cual pachá en su campero, escuchando música, con gafas deportivas y tomando refresco; es difícil comprender como podían ocurrir tales actos de barbarie, sin que nadie dijese nada; no puedo imaginar una situación similar en momentos actuales, en que la situación se ha invertido al extremo. Esta frustrante experiencia, me dio el impulso para interesarme por el ajedrez, como una forma de eludir estas mal llamadas clases de educación física; quien me enseñó a mover las piezas curiosamente fue mi madre, pero hacía tanto que no jugaba, quizás décadas, que en la primera partida, ambos terminamos sin rey; como tenía habilidad para las matemáticas y buena concentración, aprendí muy rápido y muy pronto estaba entre los mejores del colegio, jugando en competiciones, llegando incluso a los torneos municipal y departamental; paradójicamente cuando me presenté al municipal juvenil, llevaba unos dos años inactivo, pues estaba dedicado en cuerpo y alma a la guitarra solista; un día mientras transitaba por una de las tantas callecitas estrechas y empinadas de la ciudad, se detuvo a mi lado un taxi, cuyo conductor era un amigo ajedrecista de edad madura, quien me comentó lo del torneo y preguntó si deseaba participar; como estaba tan inactivo respondí que no podía hacerlo por cuanto estaba fuera de nivel; me dijo entonces, que por eso mismo debía aprovechar para participar, por cuanto si era derrotado nada perdía y en cambio de pronto ganaba; con argumentos tan razonables decidí participar. Eramos unos veinte contendientes en edades entre los catorce y dieciocho años; como todos nos conocíamos intuí que tenía grandes posibilidades, por cuanto había uno solo que tenía mejor nivel que el mío, que curiosamente era muy humilde y de niño había sido gamín; luego a través del ajedrez se había superado y ahora era albañil; con este muchacho, nos profesábamos mutua admiración como ajedrecistas y como personas. El torneo se desenvolvió dentro de lo esperado; el muchacho humilde quedó campeón y yo segundo, con los cual adquirimos el derecho de representar a la ciudad en el torneo departamental, en el cual al ser de un nivel superior, quedé quinto. Este juego, despertó en mí durante los años que lo practiqué una pasión como pocas, la cual llega a ser peligrosa, por cuanto es equiparable a una relación sentimental extática; se vive solo para jugar; no se siente ni hambre ni sueño; el mundo desaparece, lo único que existe es el ajedrez; por fortuna en mi auxilio llegó la música como forma de liberación. Un día descubrí en la televisión a un guitarrista de nombre Gentil Montaña, interpretando a Bach; para mí fue todo un acontecimiento; tocaba la guitarra, como si de un piano se tratara, con gran virtuosismo; quedé prendado y desde aquel día soñé con ser solista de guitarra, cosa que dada la dificultad de este instrumento solo logré a medias; la ejecución de la guitarra en su modalidad de solista, implica duplicarse, en cuanto se debe llevar la línea melódica y acompañarse simultáneamente; ello se logra valiéndose de la memoria mecánica y engañando al cerebro, haciéndole creer que está realizando no dos cosas simultáneamente, sino una sola; comencé como muchos, interpretando el Romance anónimo, para pasar luego a obras del repertorio clásico para principiantes, como la tonada renacentista Diferencias sobre Guárdame las vacas de Luis de Narváez, piezas de compositores también renacentistas como Tomás Luis de Victoria, miniaturas de Francisco Tárrega, Fernando Carulli, Fernando Sor, los Choros y estudios de Heitor Villalobos, posteriormente intentos con obras más substanciosas como La catedral de Agustín Barrios Mangoré, los Valses venezolanos de Alirio Díaz, intentos con partes de la Suite popular española de Isaac Albéniz, hasta llegar a partes de las Suites para laúd de Bach. Teniendo en cuenta el repertorio relativamente limitado de la guitarra, por comparación al de instrumentos como el piano o el cello, poder acceder algún día, a la obra de composi-

tores universales como los de los periodos barroco, clásico y romántico, se convirtió en un anhelo aunque las barreras económicas para ello fuesen grandes, pues el costo de un cello que era el otro instrumento que me llamaba poderosamente la atención era altísimo, al alcance solo de burgueses. Cuando regresé de mis estudios en el extranjero, me encontré con el campeón de ajedrez de Boyacá un muchacho muy noble de aspecto seminarista, al que llamaban la" biblia del ajedrez" por su dominio del arsenal teórico de este juego como ninguno en Boyacá´. Le pregunté si había seguido jugando y ruborizado me dijo, que él también se había dado cuenta a tiempo de la vagabundería que representaba el ajedrez y se había dedicado a su carrera universitaria; días antes, había pasado por un club de ajedrez en Bogotá que quedaba sobre la carrera séptima y entré por curiosidad como tratando de retroceder en el tiempo; todo estaba cambiado, ahora era solo una cafetería, pero el dueño seguía siendo el mismo; ya no me recordaba y ante mis preguntas por los cambios, me dijo que por suerte había terminado con ese negocio, que los ajedrecistas eran la peor ralea, que ojalá yo ya no lo fuera. Son las contradicciones y las curiosidades que tiene la vida, creo que para mí, fue uno de los primeros indicios de ese mundo al revés que estamos viviendo desde entonces. En cuanto a lo de la música que me sirvió como "antídoto", tuve la suerte de descubrir su expresión erudita sin estarla buscando; los antecedentes de esta nueva afición, estaban presentes desde mi nacimiento con la música interpretada por mi padre y también en las retretas que eventualmente la Banda departamental de vientos, ofrecía al medio día en la Plaza de Bolívar una vez al mes; el repertorio por lo general estaba conformado por piezas folklóricas, pasodobles y alguna que otra miniatura clásica; era un espectáculo curioso por lo informal y ajeno al tradicional ritual en el que se desarrolla un concierto de música erudita; los espectadores iban llegando, en la medida en que pasaban por la plaza y se acercaban atraídos por la música, rodeando a la banda; esta última, estaba conformada por músicos de diferentes edades, pero en especial ancianos, algunos que por su aspecto grotesco *parecían como sacados de una película de Charles Chaplin; el que interpretaba el bajo por ejemplo, -instrumento que por su descomunal tamaño y forma serpenteante recuerda al* Laocoonte *helenista- era un anciano giboso, alto, enjuto y flacuchento, otros eran enanos y regordetes, vestidos con un uniforme verde petróleo envejecido, que los asimilaba a botones de algún hotel de tercera; aunque el público aplaudía, es vergonzoso recordar que en medio de nuestra ignorancia considerábamos a estos músicos como serviles e inferiores, llegando al extremo que alguien les gritaba "toquen babosos!". Tendría unos trece años, -a comienzos de los setenta- cuando en la ciudad se instituyó un festival cultural de categoría internacional, cuyo énfasis estaba en la música, aunque también participasen eventualmente grupos de balet como el de Caracas y paralelamente se ofrecieran exposiciones y ciclos de conferencias sobre temáticas relacionadas con las distintas manifestaciones del arte. La principal sala de conciertos era la monumental iglesia de San Ignacio de estilo gótico, que había sido sometida a una remodelación profunda y, la habían convertido en sala de conciertos de nivel europeo. La lavandería quedaba contigua a esta iglesia, de modo que solo una pared las separaba, por lo que se escuchaban los conciertos sin estar haciendo parte de ellos. Para un niño que no haya tenido previamente educado el oído es casi imposible que guste de esta música; el concierto de inauguración de la primera versión del festival, estuvo a cargo de la orquesta sinfónica de Colombia; entre las obras que interpretaron entonces, estaba la popular* Sinfonía novena *de Beethoven, que en mi vida había escuchado; al comienzo me pareció horrible y estruendosa, pero con el pasar de los minutos, presentí que allí había algo valioso, digno de ser tenido en cuenta y me senté cerca de la pared a escuchar; al día siguiente, en actitud muy diferente asistí como espectador al segundo concierto, que resultó ser una recital de una soprano europea, acompañada al piano; ahí la cosa se ponía más difícil, pero la escuché hasta el final, la gente la aplaudía muchísimo y decidí que era un universo que tenía que explorar; estos fueron mis inicios como melómano, afición que desde entonces me ha acompañado a lo largo de mi vida y de la que disfrutaré hasta que llegue el final del camino. En cuanto pude, compré grabaciones en los discos de acetato de la época; había una colección de Colcultura a precios muy asequibles y adquirí el Pájaro de fuego de Igor Stravisnsky, orientándome más por lo sugestivo del título, que por alguna idea que pudiera tener respecto de esta obra o del compositor, por cuanto su complejidad hace que su apreciación solo esté al alcance de un melómano experimentado; se trata de una composición vanguardista para ballet, que recrea las tradiciones del imaginario tradicional ruso, cuya música fuera encargada al compositor por el empresario de los famosos ballets rusos de comienzos de siglo Serguey Diáguilef. Sin embargo, este encuentro fortuito me sería de gran utilidad, pues en la medida en que me fui adentrando en este universo, pude acceder con mayor naturalidad inicialmente a obras más acordes con mi condición de principiante, como las polonesas de Chopin, miniaturas de Mozart o los conciertos de Vivaldi, para ir pasando paulatinamente a obras más substanciosas, hasta llegar en mi primera juventud a las intelectuales expresiones contemporáneas de artífices como Schoemberg, Stokhausen, Nono, Boulez y Messiaen. Ingresé luego a la Academia Boyacense de música, que curiosamente, quedaba en la misma cuadra en que vivíamos; parecía como si todo estuviera concentrado allí; el director era un afamado pianista y compositor, con estudios en París, que apreciaba mucho a mi padre, en una suerte de relación uróbica; a diferencia de la formación superior y cosmopolita del director, mi padre era un músico empírico que recreaba el folklore andino de nuestro país, aventajado y virtuoso, con oído absoluto, motivo por el que este maestro lo admiraba y estimaba aún más; para la prueba de admisión, mi padre previamente me había presentado con este señor, quien comenzó diciendo "que si tenía la misma oreja del taita", no había de que preocuparse; ésta consistió, en repetir algunas fórmulas percutivas sobre el pupitre, seguidos de la entonación de la escala diatónica de do mayor. Allí permanecí por unos dos años. Descubrí que la música era mucho más difícil que las matemáticas; el solfeo me pareció algo de una dificultad casi esotérica, motivo por el que con temor, toda la semana estaba pensando en el día en que me correspondía esta clase; para colmo de males, el profesor de esta asignatura, un hombre regordete, de tez morena y edad madura, con bigotito a lo mexicano de las películas de mediados del siglo anterior, era un tirano que desde la primera clase manifestó que si de los como cincuenta estudiantes de la clase entre quienes había desde adultos mayores hasta niños de seis años, pasaban unos cinco, se daba por bien servido; efectivamente la deserción fue muy grande; al segundo año pasamos muy pocos y para el tercero, no aguanté la presión y desistí; de los aprendizajes que he enfrentado en el curso de mi vida, idiomas inglés, francés y ruso, el estudio de ingeniería mecánica en este último, cálculo diferencial, bandola, guitarra solista, cello, pintura, escultura, fotografía, literatura, es lo único que siento que me la ha ganado. La academia funcionaba en una casa colonial, parecida a la de las conejas, en cuanto al patio a manera de parque, pero pequeña; en los corredores que desde arriba enmarcaban el patio, había pequeñas fotografías e ilustraciones con el retrato de los más famosos compositores, Vivaldi, Bach, Mozart, Beethoven, Schuman, Schubert, Chaikóvsky, Wagner, Stravisnky, Debussy etc, etc; los salones eran pequeñas habitaciones en la mayoría de las cuales había un piano de pared; coincidió mi ingreso con mi primera novia; un día la llevé a conocer y nos sentamos a "cacharrear" en uno de los pianos; entre notas y notas, nos dábamos algún inocente besito; al día siguiente cuando llegué, el director como muchos de los alumnos, estaba sentado en el patio que servía de cafetería; tan pronto me vio me llamó y delante de todos, me pegó una regañada que me hizo sentir de lo más miserable; le habían contado lo del besuqueo y me trató de irresponsable e irrespetuoso; me provocaba abrir un hueco en la tierra y meterme; ahora con el paso del tiempo, percibo lo desmesurado de su actitud, tan contrastante con la inteligencia de la profesora que infructuosamente me enseñó a declamar la "Pata pico de cuchara". La rigidez de su actitud, obedecía probablemente a su calidad de direc-*

tor de coros; no he visto a nadie tan parecido a un dictador, como un director de coros. Por otra parte, como toda persona inteligente tenía un sentido del humor muy particular; en cierta ocasión, prorrumpió en la clase de solfeo, manifestando que requería a un grupo de estudiantes que sobresalieran por su buen oído; mientras todos quedamos en suspenso fue señalando a unos ocho entre quienes estuve yo; una vez sacamos pecho, nos condujo al sótano de la escuela, hasta llegar a un inmenso piano de cola que allí estaba; la idea era que subiéramos por las escaleras el piano, hasta uno de los salones ubicados en el segundo piso. Otro aspecto por el que recuerdo esta academia, era la clase de historia de la música; la impartía un profesor cuyo aspecto remitía a un intelectual decimonónico, con sus respectivos barba, gafitas y corbata en forma de cinta; era alguien muy versado en el tema, que por su amabilidad y dotes como pedagogo, hacía de su clase un oasis en medio de tanta tensión que generaban las demás asignaturas. A través de sus conferencias, descubrí que la música no era aquello tan simple y mundano que todos pensaban, sino un arte de gran altura, cuyo estudio exigía además de las condiciones mínimas de sensibilidad y oído, de un alto intelecto. En la vida, las cosas pueden cambiar de manera imprevista e inusitada; un tipo casado con una turca, se hizo amigo de mi padre con objeto de aprender el oficio de la lavandería y, en cuanto pudo montó una competencia con la última tecnología, lo que rápidamente le llevó a la quiebra; tuvo que aceptar un cargo público en la contraloría departamental con un sueldo de miseria, que algún amigo le consiguió para palear la situación; en realidad lo nombraban para incorporarlo a la tuna de la institución, a través de la cual las directivas hacían proselitismo político disfrazado; las máquinas de la lavandería se vendieron solo como chatarra; mi hermano mayor tuvo que asumir parte de las deudas; nos tocó irnos a vivir a las afueras de la ciudad a un barrio pobre, de interés social; nos sentíamos avergonzados; lo que era un trayecto de unos pasos para llegar al colegio, de pronto se convirtió en otro que implicaba atravesar la mitad de la ciudad, unas treinta o cuarenta cuadras; nos tocó comen-

zar a desplazarnos en buses urbanos, que para la época eran en su mayoría chatarras; mi mamá enfrentó la situación con resignación y estoicismo. En mi caso, a veces no se conseguía bus en la noche y me tocaba hacer el trayecto en medio de la oscuridad especialmente el último tramo, unas cuatro cuadras en lo que parecía como un tramo de carretera, sin iluminación alguna, soledad total, pues por allí no vivía nadie, a los lados había solo potreros; milagrosamente nunca fuimos víctimas de un atraco. La nueva casa era pequeña, nos parecía de juguete por comparación a las casonas en donde siempre habíamos vivido; los vecinos eran personas en su mayoría muy humildes; a ojos de ellos debíamos parecer algunos ricos excéntricos o caídos en desgracia; éramos los únicos con televisor y radiola, como se llamaban entonces los antecesores de los equipos de sonido. El ser humano, termina acostumbrándose a cualquier condición; al cabo de unos años no pudimos ser la excepción; en el colegio no faltaba la amiga malintencionada que me dijera "burguesito de suburbio". También formé parte de esa tuna, aunque ese tipo de música nunca me ha gustado, por simplón; a cambio de lo aburrido, me permitió conocer una gran cantidad de pueblos de Boyacá, algunas verdaderas joyas arquitectónicas, como Villa de Leiva, Monguí, Ráquira, Paipa; las correrías por lo general coincidían con fiestas patronales, con sus infaltables corridas de toros, entre las que recuerdo una, en que hacer salir al toro fue toda una lucha y cuando al fin lo hizo no se interesó por el capote lo más mínimo y el pobre torero se la pasó como media hora corriendo detrás de él; en otra ocasión, a falta de sillas en la tribuna me tocó ver la corrida desde el corredor que la separa del ruedo, a través de las rendijas que quedan entre las tablas, cuando de pronto el toro saltó rebasando el muro que tenía por lo menos dos y medio metros de altura y yo que en mi vida me había trepado a un árbol, ni subido a un columpio, con solo haberme subido alguna vez a alguna butaca para cambiar un bombillo por toda proeza, del pánico me encontré sin saberse cómo ni cuando, trepado sobre esta barrera. Quisiera compartir desde mi óptica un poco, lo que era vivir en la Tunja de aquellos años; no había mu-

chas diversiones; era una ciudad pequeña, fría, árida, ubicada en un barranco, en la que el tiempo como en las películas rusas, transcurría en cámara lenta; no crecía porque sus pobladores terminaban pronto mudándose a la capital. El mayor pasatiempo, era algo que se conocía como la "Vuelta al perro", consistente, en caminar circunscribiendo una manzana del sector céntrico, una de cuyas calles pasaba por la Plaza de Bolívar; era una especie de sitio de encuentro mientras se caminaba; se hacía varias veces este recorrido y eventualmente se hacía un receso para tomar onces en una de las múltiple cafeterías; otra diversión, era sentarse a tomar el sol en el monumento a Bolívar ubicado en el centro de la plaza; la diversión de las personas de edad, consistía en ir a misa a una de las múltiples iglesias de la ciudad; por las noches ver la televisión, conformada por solo dos canales, de modo que salir en ella era todo un acontecimiento; tuve el privilegio de hacerlo varias veces como intérprete de tunas y de la Estudiantina Boyacá; cuando ello ocurría, la gente llamaba a sus amigos, para darles la gran noticia; cómo cambian los tiempos; hoy en día, si alguien sale en este medio nadie lo ve ni a nadie le interesa; este tema de la televisión es paradigmático en cuanto a su obsolescencia originada por la internet; mientras que en mi infancia, adolescencia y primera juventud, con excepción de algunos programas culturales y de opinión, éramos esclavos de refritos gringos y nacionales, de noticieros sesgados y "telebobelas", en la actualidad invenciones como "You tube", con su diseño conceptual que trae por inercia aquello que nos interesa, colocan el mundo y el conocimiento a nuestro alcance, cuando se realiza de ellos una utilización consecuente e inteligente; otras diversiones de la época era ir eventualmente al cine; los Viernes y Sábados a tertuliaderos a tomar cerveza; ir a Bogotá a comprar ropa o a pasear; no había familia que no tuviera parientes allí, de modo que la ciudad era una especie de barrio de las periferias de la gran capital; estas eran las formas de esparcimiento; más propias de un pueblo, tal vez eso era lo que seguía siendo Tunja, con las ventajas y desventajas que de ello se derivan. La vida siguió desenvolviéndose con naturalidad según lo esperado, hasta cuando tuve la oportunidad de viajar al extranjero para realizar estudios universitarios, como parte de otro acto del drama. Hasta aquí este sucinto recuento de algunos pasajes en el desempeño del rol dramatúrgico que me correspondiera durante mi infancia y primera juventud, que he querido compartir como una forma de atenuar la tiranía del tiempo y del olvido, que pareciera ser el destino de todo lo humano.

Escena segunda

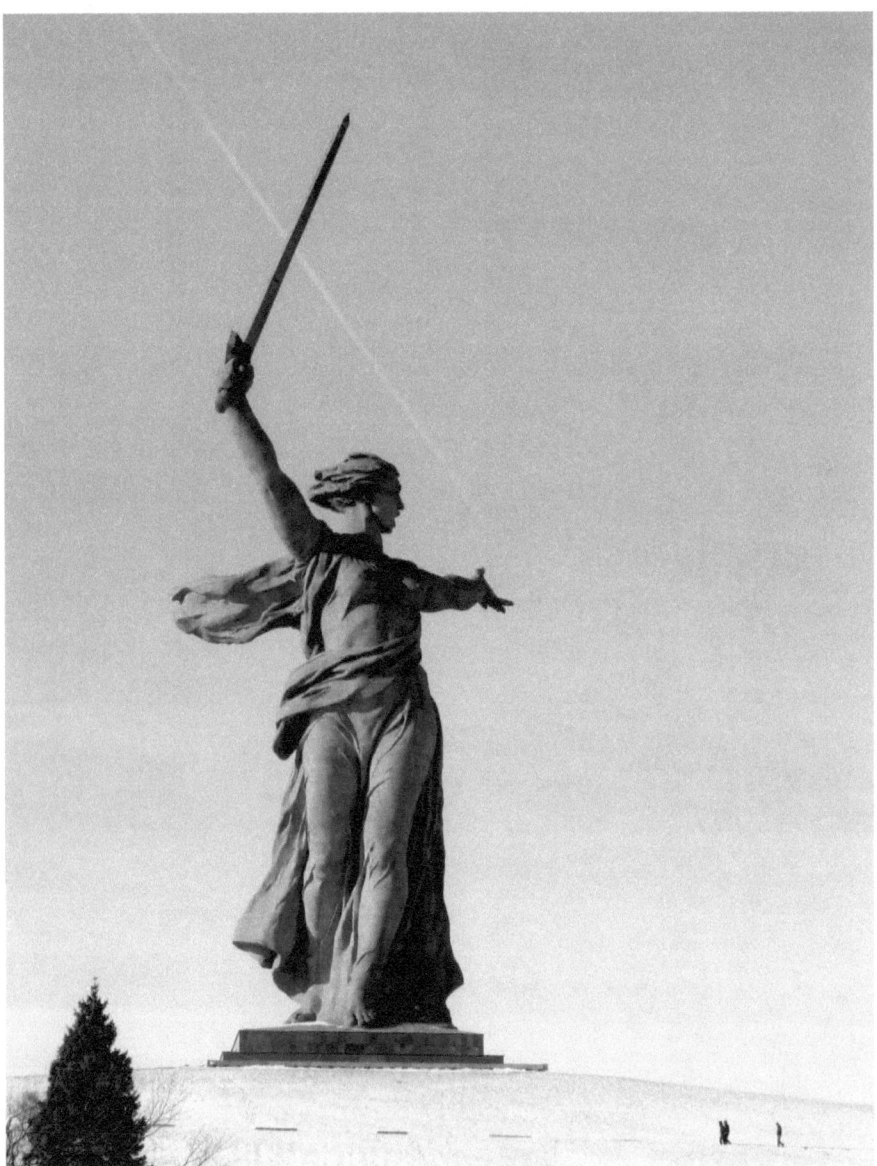

Ilustración 1. Monumento a la madre patria. Complejo de Mamaief Kurgán. Volgogrado. Rusia.

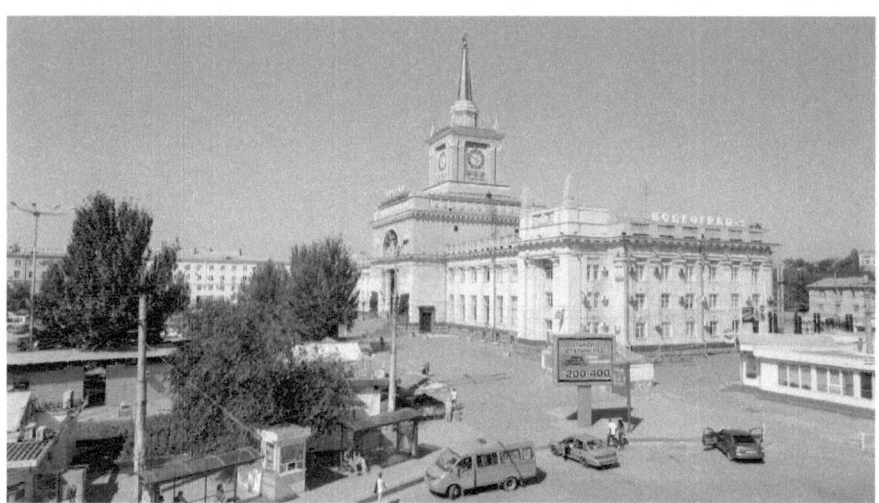

Ilustración 2. Terminal ferroviario de Volgogrado. Rusia.

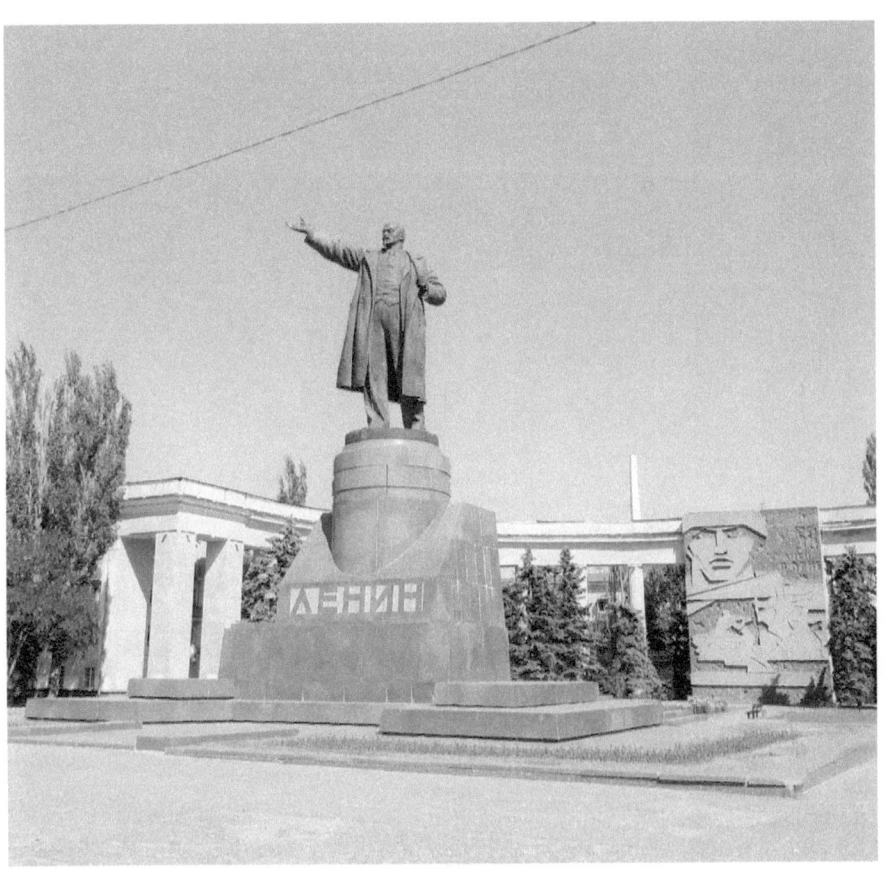
Ilustración 3. Monumento a Lenin. Volgogrado. Rusia.

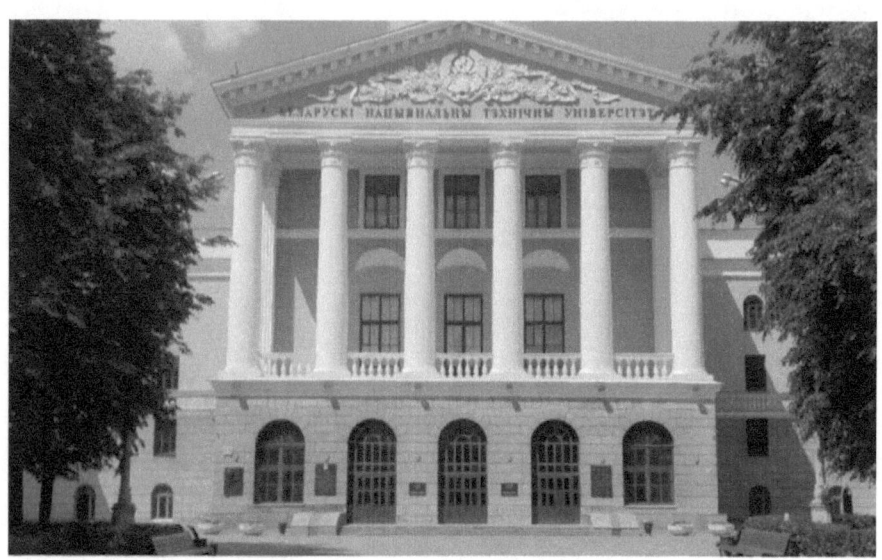

Ilustración 4. Universidad estatal Técnica de Belarús. Edificio central. Minsk. Belarús.

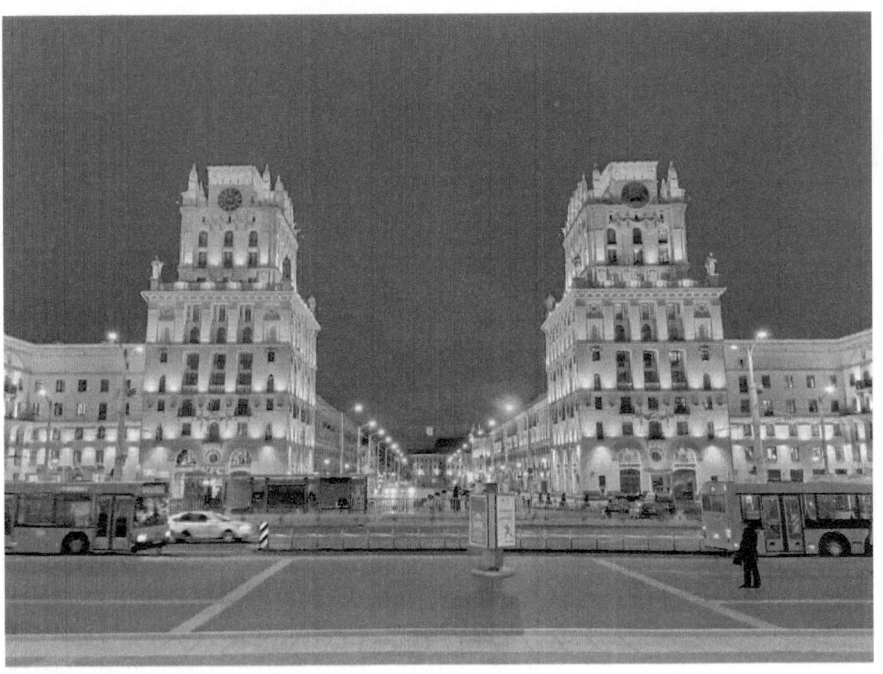
Ilustración 5. Terminal ferroviario de Minsk. Belarús.

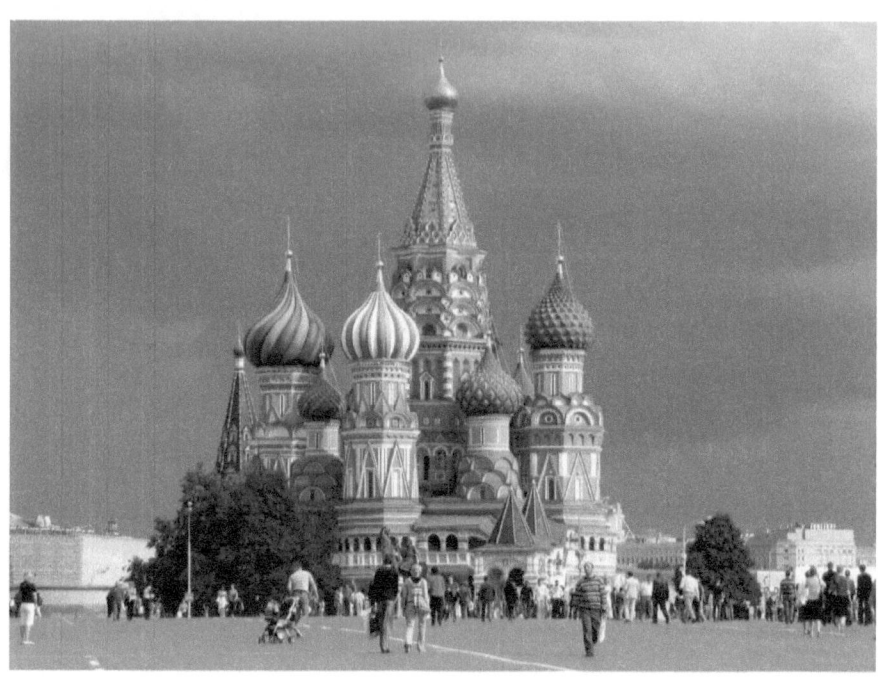

Ilustración 6. Catedral de San Basilio. Plaza Roja de Moscú. Rusia.

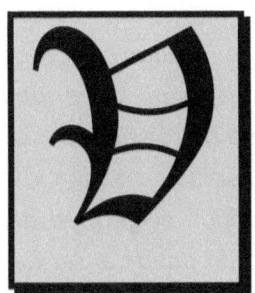istos desde la perspectiva del tiempo, muchas cosas y fenómenos adquieren un valor y carácter diferentes, en convergencia con el pensamiento del sofista Protágoras de Abdera, en su más conocida sentencia *El hombre es la medida de todas las cosas, de las que son en cuanto que son y de las que no son en cuanto no son*[1], sustraída de su universalidad y llevada al plano de lo cotidiano. En otras palabras y acotando su alcance, interpretamos el mundo y un mismo fenómeno, a través de un espectro subjetivo y de un contexto en particular. En consecuencia, los relatos y anécdotas que quiero compartir, a partir de estas líneas, intuyo que hubiesen diferido desde una perspectiva conceptual, de haber sido escritas durante mi primera juventud. Estos textos, son una oportunidad -guardadas las proporciones- para compartir experiencias, a la manera como ya en la antigüedad y sin proponérselo, lo hicieran personajes como el geógrafo Estrabón, el viajero Pausanias y el erudito enciclopedista romano Plinio el viejo, gracias a cuyos aportes los historiadores, han podido reconstruir aspectos de los escenarios físico —cultural y social, de las antiguas culturas de Egipto, Grecia y Roma. En la plenitud de la vida, se siente a veces la necesidad de poder compartir, algunos episodios de nuestro paso por el mundo, como una forma de exorcizar el poder de olvido del tiempo. En mi vida, se presentó la feliz coincidencia, de poder conocer en su cotidianidad, dos formas antagónicas de concebir el mundo, en lo que respecta a su cosmovisión y estructura sociopolítica y económica. Era una época, en que el mundo al igual que hoy estaba dividido. Pareciera ser, su inevitable, trágico y controversial sino,

---

[1] La frase figuraba, según refiere Sexto Empírico, en la obra perdida de Protágoras *Los discursos demoledores*, y ha llegado hasta nosotros a través de la transcripción de varios autores antiguos. Aparte de Diógenes Laercio, es citada por Platón, Aristóteles, Sexto Empírico y Hermias.

como se sigue de la frase El mundo se divide en dos, los que piensan que el mundo se divide en dos y los que no. Dos visiones geoestratégicas y antagónicas se enfrentaban entonces poniendo la integridad del planeta en un estado de constante alarma y peligro, como no lo había estado nunca antes. En medio del desconocimiento propio de mi edad, -contaba entonces con apenas diecinueve años- sentía una especial curiosidad por conocer cómo sería en realidad ese mundo como de fábula, del que unos tanto denostaban y otros por el contrario elogiaban. Según sus admiradores, era un mundo sin necesitados, en donde el germen del egoísmo, no corroía ya el alma humana. Un mundo en donde el ser humano construía una nueva manera más digna de relacionarse con su entorno, una nueva cosmovisión en donde las afugias más inmediatas, tan vívidas para millares por doquier, habían encontrado finalmente satisfacción y las personas podían dedicarse a cultivar su mundo interior y llevar una existencia digna en un ambiente de fraternidad y armonía. Por otra parte estaban los detractores, que consideraban que era una involución, por cuanto coartaba las libertades, reprimía la individualidad y atentaba contra la propiedad privada, en últimas una suerte de leviatán que se cernía sobre el santo grial de los considerados por ellos, -en medio de su mundo maniqueo- como "personas de bien. Había percibido esa rivalidad, en el ámbito del ajedrez, deporte ciencia muy cercano a mí por aquellos días. En los años setenta se enfrentaron por la corona mundial, el norteamericano Bobby Fisher y el soviético Boris Spassky. Los medios de comunicación de la época, convirtieron esta justa deportiva en un termómetro de la tensa situación política entre estas dos naciones. Día a día, seguíamos con pasión el duelo entre estos dos gigantes. Finalmente triunfó Fisher, como un presagio de lo que ocurriría menos de dos décadas después, cuando con asombro fuimos testigos del colapso de la URSS. Durante mi infancia, descubrí que tenía mucha facilidad para el estudio y debido a las buenas calificaciones que obtenía en el colegio, mi hermano mayor me decía que yo era una "potencia" -curiosamente utilizaba exactamente ese término- y que estaba *predestinado para grandes cosas; que cuando creciera, me enviaría a estudiar al extranjero a un país que en ese momento no sabía cuál sería, pero que eso ocurriría de manera inexorable. Me lo dijo tantas veces, que terminé creyéndomelo y, aunque en medio de su espíritu visionario se equivocó en lo de las grandes cosas, acertó en lo otro. Un día, gracias a una beca de estudios otorgada por el Instituto de amistad Colombo-Soviético, partí con decisión y grandes expectativas hacia la patria de Lenin. Mi conocimiento de este país se reducía entonces a lo aprendido en las clases de geografía e historia en el colegio, a alguna información general acerca de personalidades de reconocimiento mundial como los grandes ideólogos y líderes del socialismo, los grandes novelistas del siglo XIX, los compositores universales, los campeones de ajedrez y, en un plano más cotidiano a personajes convertidos en mitos entre nosotros como el legendario arquero de la selección de la URSS, Yasín la araña negra, que jugara en ese memorable partido mundialista, en que empataran con nuestra selección nacional, a cuatro goles, dando lugar a un marasmo del que en el mundo del balompié, nuestro país viviría por alrededor de cuatro décadas. En el aeropuerto El Dorado de Bogotá, al abordar el avión, llevaba conmigo además de las maletas, una guitarra con su estuche y una bandola. Fui el último en abordar, pues el capitán en cuanto vio los instrumentos me apartó de la fila de pasajeros y me dijo que esperara. Una vez se habían organizado todos, me llamó aparte y aclaró, que no podía llevar la guitarra, a no ser que pudiera alojarla en el único espacio del avión disponible para tales efectos. Me condujo hasta el sitio, que resultó ser un pequeño espacio, en donde llevaban la correspondencia, tan pequeño que era imposible acomodarla allí. Me advirtió con sarcasmo, que si no cabía, habría que sacarla del avión, o la otra opción era que no viajara. Los pasajeros, que se estaban dando cuenta de lo que estaba pasando, de inmediato se solidarizaron conmigo, y comenzaron a gritar al unísono y agitando los brazos, que la lleve, que la lleve, que la lleve. Ante esto, el capitán no tuvo otra opción, que organizarla en otro sitio y felizmente, pude llevar mi amada guitarra.*

Fue así, como comenzó mi primer viaje en un avión y, por si fuera poco con un periplo de casi medio mundo por delante. Después de un continuo y agotador viaje, de más de quince horas, siguiendo el itinerario Bogotá, New-york, Cophenague y Gotemburgo, arribamos finalmente a la lejana Moscú, ubicada aproximadamente a once mil kilómetros de Bogotá, es decir a casi una tercera parte del perímetro del ecuador terrestre. Comenzó así lo que representó en mi vida una especie de paréntesis, vistas las cosas desde la perspectiva actual. Un paréntesis, que me permitió conocer –lo digo con modestia- culturas y situaciones que moldearon mi espíritu y me permitieron tener otra perspectiva de la vida, de la existencia y de la naturaleza humana. Otros, como en el caso de Kant, Bach o Magritte, no tuvieron necesidad de salir de su entorno local, para lograr un conocimiento muy profundo y universal, especialmente de la existencia y la espiritualidad, pero se trata como es obvio de casos especiales y personajes excepcionales. En mi primer día en la capital de la URSS[2], al tomar el desayuno en el hotel, me encontré con que era una especie de sopa helada color vino-tinto, con rodajas de huevo cocido y tiras de cebolla larga, con una cucharadita de crema de leche, cuyo nombre conocí posteriormente como borsh. *Nada que ver con lo que usualmente entendemos en Colombia por desayuno. Su aspecto además*

---

[2] La **Unión Soviética** (en ruso: Советский Союз, romanización: *Sovietsky Soyuz*), oficialmente llamada Unión de Repúblicas Socialistas Soviéticas (URSS, en ruso, Союз Советских Социалистических Республик tr.: *Soyuz Sovétskij Sotsialistícheskij Respúblik*; abreviado CCCP, *SSSR*)[5]fue un Estado federal marxista-leninista que existió en Eurasia entre 1922 y 1991. El nombre utilizado informalmente entre sus residentes fue la Unión (*Soyuz*). La Unión Soviética tuvo un sistema político de partido único dominado por el Partido Comunista hasta 1990 y aunque era una unión federal de 15 repúblicas soviéticas subnacionales, el Estado soviético fue estructurado bajo un Gobierno nacional y una economía altamente centralizados. La Revolución de Febrero de 1917, que provocó la caída del Imperio ruso, tuvo como sucesor al Gobierno Provisional Ruso, que fue derrocado por la Revolución de Octubre estableciéndose el Gobierno de los bolcheviques denominado Sovnarkom. A continuación, se desencadenó la Guerra Civil Rusa que fue ganada por el nuevo régimen soviético. En diciembre de 1922 fue creada la Unión Soviética con la fusión de la República Socialista Federativa Soviética de Rusia, la República Federal Socialista Soviética de Transcaucasia, la República Socialista Soviética de Ucrania y la República Socialista Soviética de Bielorrusia.

no era nada apetitoso. Me dije a mismo, que si eso era lo que iba a comer durante los siguientes seis años, lo mejor sería comenzar de inmediato. En la mesa, quedé ubicado al lado de unas chicas de algún país del lejano oriente con las que trataba infructuosamente de comunicarme por señas. Nos trajeron entonces una especie de carne y cuando quise cortar un pedacito, noté que no había cuchillos; tomé entonces una cuchara en calidad de cuchillo y sujetándola con el tenedor, la corté. Esto les causó asombro y mucha gracia a las chinitas, que probablemente asumieron, era lo normal en el sitio de donde yo provenía. La noche anterior, mientras nos trasladábamos del aeropuerto al hotel, ya avanzada la noche- a juzgar por lo desierto de las calles -, hubo momentos de zozobra, pues habíamos sido recibidos por unos estudiantes latinos, que nos guiaron a un bus, pero en la medida en que éste cumplía su trayecto, se iban bajando de uno en uno, de modo que de pronto quedamos solos, sin guía, rodeados de un montón de desconocidos, pues iba lleno - curiosamente, era un bus urbano corriente y después de semejante viaje, íbamos de pié, apretujados en medio de la multitud- y, no teníamos ninguna idea hacia donde nos dirigíamos. Por momentos nos olvidábamos del asunto, cuando divisábamos a la distancia, los avisos luminosos en las sedes de instituciones famosas, como el periódico Právda o Maskóvskie Nóvosti y otras, lo que causaba una especie de euforia. Finalmente y para nuestra tranquilidad, llegamos a un hotel, ubicado en un edificio alto y nos alojaron en los pisos superiores. En ellos, había una gran cantidad de habitaciones a lado y lado de larguísimos pasillos entapetados en rojo. Se trataba de un buen hotel. Al día siguiente, me levanté muy temprano y pude ver por primera vez desde la ventana de mi habitación y en panorámica —la habitación estaba en el piso duodécimo o más arriba- un buen sector de la ciudad. El día era lúgubre, cielos grises, primaban los colores blanco y gris en los edificios; se veía una red de amplias avenidas arborizadas de un verde oscuro y desteñido. Todo esto lo recuerdo muy bien, pues hay cosas que nadie olvida, como el primer día de colegio, la primera novia o el primer carro. Este era mi primer día en Moscú. En este nuevo escenario de mi vida, muchas cosas eran diferentes respecto del mundo conocido; el clima, el paisaje, la alimentación, el idioma, el aspecto anatómico y la forma de vestir de los soviéticos, la configuración de calles y casas, los comercios. Entre tantas cosas nuevas, no había tiempo para la nostalgia. Atrás quedaban, la familia, el terruño natal, los sabores, aromas, costumbres, todo lo que hasta entonces había sido mi mundo. Me impresionó el carácter horizontal en la arquitectura de la ciudad. Por doquier edificios de solo cinco pisos, con diseño muy básico. Ya era entonces una urbe con un área inmensa y el carácter de su apariencia, al parecer obedecía a una directiva gubernamental, según me comentó entonces alguien. Pensé, que podía tratarse de otra forma de diferenciación ideológica. A esta gran metrópoli, regresaría en múltiples ocasiones y gozaría de la monumentalidad de su arquitectura en los sectores históricos, de sitios emblemáticos, como la plaza Roja, una de las más grandes del mundo, con su piso de adoquinado negro brillante. Allí, se yerguen el complejo del kremlin, la catedral de San Basilio y el Museo de historia, estructuras que por su exquisitez visual y arquitectónica, parecen sacadas de un cuento de hadas. También, el mausoleo de Lenin, homenaje al líder de la revolución y personaje más querido por los soviéticos por aquella época. El metro de la ciudad, es otro de las cosas que no se olvidan, es tal su belleza, comodidad y efectividad. En estas visitas, generalmente, me alojaba en la residencia estudiantil de la Universidad Patricio Lumumba, gracias a la hospitalidad de un paisano, Carlos Sánchez, quién cursaba allí estudios de medicina y quien fuera, la primera persona que me animó a conseguir la beca, pues cuando este proyecto apenas comenzaba a gestarse en mi mente, él ya se encontraba en Moscú. Luego de un día de descanso en el hotel, abordamos un bus, que nos llevaría a una central de trenes, para viajar a otra ciudad, en donde cursaría la facultad preparatoria. Me correspondió Volgogrado, llamada así por estar a orillas del Volga. Decían que era una ciudad bonita, y que había una escultura tan descomunal, que se la podía ver desde cualquier sitio en el perímetro urbano. Luego de una larga e inexplicable espera en el bus, que había sido estacionado en las cercanías de la estación de trenes Volgográdskaia, -estimo que fueron por lo menos siete horas -hacia la madrugada, abordamos el tren y partimos. El grupo que viajaba conmigo, estaba conformado por una chica colombiana y otros seis connacionales. Los vagones de los trenes rusos en su interior, generalmente están conformados por secciones llamadas cupés, en cada uno de los cuales, hay cuatro camas y una mesa fija, enfrente de la ventana. Durante el día, generalmente los cuatro pasajeros permanecen sentados y conversando y en la noche cada quién se acuesta a dormir en su cama. Dos camas quedan al nivel del piso y las otras dos encima. Me correspondió una de las de arriba y por ser tan angosticas, a pesar del agotamiento propio del largo viaje, no pude conciliar ni un minuto de sueño, pensando en que si me dormía, cuando diera un bote, caería al piso que estaba a más de metro y medio abajo. Había una especie de canasta de piola con un marco de acero galvanizado empotrado en la pared, que se utilizaba para colocar cosas, el cual me quedaba al alcance de la mano y me la pasé toda noche agarrado, por temor a dormirme y caer. Es irónico, que poco tiempo después y por varios años, llegué a acostumbrarme tanto a esta forma de viajar durmiendo, que por más que daba botes y botes nunca llegué a caerme. Cuando al fin amaneció, a través de la ventana pude visualizar espacios abiertos inmensos, una llanura infinita de un verde oliva desteñido, cielos grises, que dada la inmensidad parecían estar más bajos de lo habitual, parajes en general desolados, donde por kilómetros y kilómetros, no se divisaba alma alguna. El tren estaba atestado de ciudadanos soviéticos y procuré estar muy atento de algunas conversaciones, para poner en práctica, lo conocimientos elementales del idioma, adquiridos en Colombia gracias a la generosidad del profesor de la universidad pedagógica y tecnológica de Colombia, el profesor Carlos Cuervo, quien se había doctorado en historia años atrás, en la universidad Lomonósov de Moscú y quien con abnegación, me impartió clases personalizadas durante varios meses. Me llamó la atención, lo inusual de los nombres de algunos de los viajeros, en especial de los hombres, que sonaban femeninos, Sásha, Balódia, Shúra. Un viaje de más de dos días en este tren, me colocó en sintonía con la inmensidad de lo que era la URSS de aquellos días. Este último era antiguo y lento por lo que lo llamaban "lechero" –nada que ver con los muchos trenes que luego utilicé, que eran modernos, bonitos y muy confortables-; realmente era tan lento que se alcanzaba a divisar la carrilera, y me parecía que podía contar los durmientes, que parecían inmóviles sobre el fondo de letargo infinito de la estepa rusa. La sensación que experimentaba entonces, era de incertidumbre y desasosiego, algo así como estar inmerso en una película del famoso director de cine ruso Andrei Tarkóvsky, con su lentitud característica, en medio de la fatalidad de otra dimensión de tinte existencialista, ingresando a lo que en una de sus magistrales producciones llaman la "zona". Alguien en Moscú, me había asustado, diciéndome que al llegar a la ciudad de destino, a los extranjeros becarios les hacían un examen de conocimientos y que si no daban la talla, los devolvían de inmediato. En medio de mi ingenuidad, di crédito a tan descabellado propósito y la mayor parte del viaje, la pesé estudiando un libro de física y otro de cálculo diferencial, que había llevado conmigo. Como el tren era tan antiguo y rústico y por la forma de vestir de la gente, me sentía como transportado al pasado. Cuando al fin llegamos a Volgogrado, lo primero que me impactó de la ciudad, fue su forma alargada y en la práctica, unidimensional. Se trata de un puerto industrial a orillas del rio Volga. Con propósitos prácticos, luego de la destrucción total a que fuera sometida durante la segunda guerra mundial, la ciudad fue reconstruida a lo largo del río, para facilitar la salida de las mercancías. En épocas del zarismo, su nombre era Tzaritzína, fundada en 1589 y luego de la revolución de Octubre, cambió su nombre a Stalingrado. Se extiende a lo largo de la ribera del río por alrededor de cien kilómetros; en casi todas partes, tenía entonces a lo sumo unos doscientos metros de ancho. Eran finales de otoño y pronto comenzaría el invierno. La vegetación, era todo un espectáculo. El otoño, pintor ce-

lestial, con su paleta que viste los árboles del morado al amarillo cadmio, pasando por todas las gradaciones de los marrones ocres y tierra, e incluyendo los más variados matices del rojo. El colorido estaba no solamente en los árboles, sino también en el piso, en donde se acumulaba el follaje, formando tapetes de inusitada belleza. Recordé entonces, a los pintores impresionistas franceses y pude entrever el porqué de su pasión, por capturar la luz y las variaciones del color dependientes de ella, capturar el momento fugaz e irrepetible bajo la mirada única del artista. Es posible ahora que lo pienso, que allí estuviese el germen de mi pasión actual por el ejercicio de la pintura. En mi país, me había acostumbrado a oír hablar de trenes y tranvías como cosas del pasado. Allí en cambio, eran el más absoluto presente. Muchos tranvías y autobuses, eran conducidos por mujeres rusas, bonitas como la mayoría en ese país. Los primeros días, seguí la costumbre de abordar al azar un bus o un tranvía, y hacer toda la ruta hasta el final, para echar una ojeada a la ciudad. Tal como me lo habían comentado, la estatua símbolo de la ciudad era una presencia ubicua. Su nombre es La madre patria y está ubicada sobre una colina conocida como Mamáief curgán, como parte de un complejo escultórico inmenso. Es una de las estatuas más grandes del mundo. Su tamaño es realmente descomunal; la uña del dedo gordo de un pié, tiene más de un metro cuadrado lo que da una idea de su carácter faraónico. Fue erigida luego de la segunda guerra mundial, como un homenaje de toda la nación a esta ciudad heroica por antonomasia, pues fue allí donde por primera vez emergió cual retoño, en medio del fango de la desolación y la desesperación, una fisura en la implacable máquina de guerra nazi, hasta entonces imparable como una mancha siniestra y oscura, que devoraba cuanto encontraba a su paso por toda Europa. Es una obra escultórica de gran fuerza y belleza elaborada en hormigón, inspirada en las esculturas femeninas de la antigua Grecia conocidas como Niké o Victorias, lo que claramente no es una coincidencia, sino una forma de conmemoración de un gran triunfo militar, tal como se acostumbraba en la Hélade, siendo una de las más conocidas la Victoria alada de Samotracia, actualmente expuesta en el Louvre ; combina la gracia femenina con la fuerza y arrojo del pueblo soviético; su altura, desde los pies hasta la punta de la espada que empuña levantada en una de sus manos, es de ochentaicinco metros y la longitud de la sola espada, veintisiete metros. Su ceño fruncido, evoca con maestría el temperamento y temple de los defensores de la ciudad, que quedara totalmente en ruinas luego de la devastadora incursión de las hordas alemanas. Otras esculturas del complejo, también de gran formato, recrean episodios del heroísmo del Ejército rojo, en los aciagos días de la destrucción de la ciudad a manos del enemigo. Así, para citar algunas de ellas, se muestra a unos soldados envueltos en llamas, convertidos en antorchas humanas, corriendo hacia las posiciones del enemigo, para quemarlos también, hasta morir con ellos. En otra, un soldado moribundo yace en brazos de su madre, cuya expresión y carácter compositivo, remiten a La Piedad de Miguel Angel. Los primeros días en Volgogrado, transcurrían con la somnolencia inherente al cambio horario. Con respecto a Colombia, en Rusia la vida transcurre a la inversa; con una diferencia de ocho horas entre capitales, cuando en un país la gente trabaja o estudia, en el otro descansa o duerme. Pasado un tiempo, en la medida en que las novedades se iban convirtiendo en cotidianidad, paulatinamente volví a sentirme el mismo de siempre y comencé a experimentar la nostalgia, por lo que quedara atrás, que era toda mi vida. Durante la adolescencia, había tratado de imaginar cómo sería vivir en el extranjero, enfrentarse a otra lengua, otras costumbres, otra visión del mundo. En muy poco tiempo, y a pesar de mi juventud, comprendí que el mundo se lleva dentro y, que el cambio de escenario por drástico que sea, al fin de cuentas termina siendo accesorio. Pude constatar, que como cualquier persona, era el resultado de unas circunstancias particulares, algunas de ellas predeterminadas por el azar. Consciente de ello y consecuente con mi deseo de superación, desde el primer día me esforcé por adaptarme a la nueva situación. Escuchar sin entender casi nada, termina provocando agotamiento. Tal vez sea una de las cosas más complicadas de lidiar, para un extranjero. Por suerte en la facultad preparatoria, cuyo propósito, era enseñarnos el idioma y alistarnos para nuestra incorporación al sistema de enseñanza ruso, los profesores tenían una paciencia, como nunca había conocido antes. Hablaban tan despacio, que me recordaban las escenas en cámara lenta del cine y, simultáneamente escribían en un tablero con tiza, lo que iban diciendo y con una caligrafía que podría ser la envidia de los afamados calígrafos chinos. Nunca hubiera imaginado, que podía ser tan complicado, definir con palabras, lo que es una operación aritmética elemental. Quien no sabe que es una suma o una resta. Pero cuando se nos inquiría en la clase de matemáticas al respecto, delante de todo el grupo, que entonces era numeroso, -alrededor de unos cuarenta estudiantes de muchos países especialmente de Latinoamérica, Africa, Asia, medio y lejano oriente- se sentía un temor incontrolable y la más absoluta impotencia, de no poder definir en ese idioma algo tan elemental en la lengua propia. Que complicado volver al comienzo, como cuando nos enfrentamos por primera vez a la escuela en la infancia. Y en la práctica, era eso; volver a la infancia. A pesar de ser adultos, los rusos nos trataban con la misma consideración, delicadeza y cariño que a los niños. Considero, que entre las experiencias maravillosas que puede tener cualquier ser humano, está la de aprender una lengua extranjera y, especialmente si ésta es muy diferente de la materna, en su conceptualidad. Generalmente, cuando los extranjeros, observan un texto en lengua rusa, la primera percepción que se tiene, es la de que se trata de un idioma difícil, porque ni siquiera se puede leer. El alfabeto ruso, se llama cirílico, en honor de un monje bizantino de nombre Cirilo[3], quién se dio a la tarea de inventarlo en el siglo IX, combinando letras de los alfabetos latino y griego y aportando otros de su propia autoría. Esto con el propósito de posibilitar a los pueblos eslavos el conocimiento de la biblia. Este alfabeto, también

---

[3] **Cirilo** (827–869) proveniente de Tesalónica, de origen búlgaro, en el Imperio bizantino, que se convirtiera en misionero del cristianismo primero en Crimea y después en el Imperio de la Gran Moravia.

es utilizado en los idiomas búlgaro, moldavo, ucraniano, bielorruso, serbio, tártaro, mongol, macedonio y otros. La lengua rusa, es tan lejana conceptualmente a nosotros, con una sintaxis tan complicada e inusual, que al comienzo, -fue esta mi experiencia personal- se experimenta como un bloqueo mental, una especie de resistencia del subconsciente, a aceptar que las cosas se puedan expresar a la manera de dicha lengua. Es curioso, que las lenguas romances procediendo del latín, no incluyan en su sintaxis las declinaciones. La lengua rusa al igual que el latín, presenta seis casos de declinación; otras lenguas que presentan este fenómeno gramatical, son el alemán, rumano, griego, islandés, las lenguas eslavas y las indoarias entre las que destaca el sánscrito. Una forma de entender lo que es una declinación, sin recurrir a complicados tecnicismos gramaticales, es a través de la analogía. Las declinaciones son como moldes, que dan forma a una palabra, si se asumiera que ésta es de naturaleza líquida. Es decir, que una palabra nunca tiene una forma definida como ocurre en otras lenguas, sino que dependiendo de razones sintácticas, cambia su forma todo el tiempo. Esto hace que durante su aprendizaje, uno se sienta constantemente, con la impotencia de una persona, que trata de transportar agua de un lugar a otro en el cuenco de su mano, con la fatalidad de no poder nunca lograr su cometido. No basta con memorizar reglas y reglas y significados, como ocurre durante el aprendizaje de otras lenguas, sino que hay que manejar una normativa inmensa, con tal precisión como se manejan las tablas de multiplicar. Los nativos, como es natural, no notan nada de esto, dado que como todos, la aprenden en la infancia y de oído. La contraprestación a todo esto que al comienzo se presenta como un enredijo lindando en lo esotérico, es que cuando se la domina, con muy pocas palabras, se puede decir mucho, es decir es un idioma de una gran precisión. Esto último, resulta un tanto desconcertante, pues a primera vista se creería que es una lengua práctica en sentido peyorativo y como tal, poco maleable para su tratamiento estético. Sin embargo, es sabido del inmenso acervo de la literatura rusa. Como podría explicarse por ejemplo, la contunden-

cia en lo filosófico y conceptual, con que Fedor Dostoievsky[4], a través de Rodion Raskólnikov, el personaje central de su gran novela *Crimen y castigo* (Priestuplénie y nakazánie en ruso), termina casi convenciéndonos en la práctica, sobre la "magnanimidad" del homicidio, casi transfigurado en acto filantrópico, cuando se ejecuta bajo ciertas circunstancias y premisas, pasando por encima de toda moral y ética. El siglo XIX, fue especialmente prolífico para la literatura rusa. Las condiciones de atraso y aislamiento, en las que se encontraba el país, favorecieron una cosmovisión de parte de los escritores rusos, -al margen de su cosmopolitismo, pues en su mayoría pertenecían a la alta nobleza- diferente de la de sus pares europeos coetáneos. Se sumergieron en las profundidades insondables del alma humana, con todos sus demonios, frustraciones, complejos y temores, en un marco de afugias morales y teológicas, lo que con el tiempo, especialmente en el caso de Dostoievski, daría lugar al desarrollo de la psicología, el psicoanálisis y el existencialismo. Los personajes del universo dostoievskiano, en novelas como Memorias del subsuelo, Crimen y castigo y Los hermanos Karamazóv, conforman en su mayoría un contingente de desadaptados, proclives al vicio, al crimen, al nihilismo, pero que en medio de su tragedia, muestran nuevas facetas de la naturaleza humana, que en su complejidad coadyuvan en la ardua e inconmensurable tarea de desentrañar los laberintos de su verdadera esencia. El conde León Tolstoy, a través de su magistral novela Guerra y paz, caracterizada por una polifonía descomunal —en la obra intervienen más de quinientos personajes, perfectamente definidos en sus perfiles psicológicos, sociológicos y anatómicos- , hace un retrato detallado de la Rusia de comienzos del siglo XIX, cuando fuera invadida por los ejércitos Napoleónicos. Las vida de Tolstoy, caracterizada a sus finales por un

---

[4] *Dostoyevski Fiodor (1821-1881), es considerado uno de los precursores del existencialismo y probablemente el mayor representante de la literatura existencialista. Novelas como Crimen y castigo, Memorias del subsuelo, Los endemoniados, Los hermanos Karamázov y El idiota tienen un carácter existencialista en sus temáticas, que enfatizan el libre albedrío del hombre como esencia, particularmente expresado por el renacimiento espiritual a través del sufrimiento, la idea del suicidio, el orgullo herido, la destrucción de los valores familiares y el falaz determinismo que el racionalismo occidental impone al hombre, subyugando su voluntad a las «leyes de la naturaleza».*

profundo misticismo, y la de Dostoevsky, con sus experiencias dolorosas de juventud y su enfermedad, parecen extraídas de su propia novelística. Otras voces de la misma época, que trascendieron al mundo, fueron las de Turguéniev, Lérmontov, Gógol y Chéjov. Recientemente, comencé la lectura de Crimen y castigo en ruso. Un poco tarde es cierto, pero comprendí que no puedo desperdiciar la oportunidad de hacer algo que muchos anhelarían y no pueden: leer una obra maestra como esta, en su lengua original. Durante mi estadía en la Unión, vi una adaptación, para cine en blanco y negro, realizada por un director ruso, con una duración de unas cinco horas. Es la película más larga que he visto en mi vida y dada la complejidad de la temática y la dificultad de comprensión ante tanta disquisición teológica y filosófica, fue una experiencia a la vez que gratificante, agotadora. El otro motivo de mi interés tardío por esta lectura, -recurriendo un poco al humor- es tratar de ser consecuente, con una "máxima" de mi autoría que dice: a aquel que siendo hispanoparlante, y no haya leído El Quijote y Cien años de soledad, hay que echarle fuete. Creo que lo mismo aplica para Crimen y castigo, obra cumbre de la literatura universal. Aunque reconozco, no ser particularmente aficionado al género de la novela, tuve la oportunidad de leer estando en Rusia, entre otras, El don apacible (Tíji Don, en ruso), novela de Mijail Shólojof[5]. Esta obra, ofrece una amplia y desgarradora visión de los años que precedieron a la revolución bolchevique. Bastante extensa - unas siete veces la extensión que pueda tener Cien años de Soledad de García Márquez-, describe minuciosamente a través de pasajes de gran tensión, la inefable tragedia que representaran para la sociedad rusa, los sucesos inmediatamente posteriores a la Revolución de Octubre

---

[5] *Las obras de Shólojov son el reflejo del ambiente y circunstancias históricas del lugar específico. Este autor se movió siempre en la más estricta ortodoxia soviética. Según los críticos, sus escritos son marcados por la contradicción entre la fidelidad a un arte realista[1] que Shólojov llegó a dominar como pocos, madurez literaria precoz para un escritor (a los veintitrés años Shólojov publica El Don apacible, a veces titulada El plácido Don), y la sumisión a los dictados de la propaganda oficialista. Sin duda es el destino de todo escritor debatirse entre llamadas contradictorias. Actualmente su obra sigue siendo muy valorada más allá de consideraciones políticas o temporales, y el Don Apacible se considera una de las novelas rusas más importantes del siglo XX.*

acaecida en 1917, la ruptura al interior de la sociedad, escisión que trascendía al mínimo núcleo familiar, en donde se enfrentaban a muerte entre amigos, entre hermanos, padres e hijos, esposos, todo por motivo de diferencias ideológicas. El intento desesperado de una parte de la sociedad, conformada por la burguesía y los latifundistas, por retener los privilegios de los que habían gozado por siglos, a costa de millones de rusos sometidos a la servidumbre y a las más abyectas condiciones de desamparo, humillación y explotación, está presente a lo largo del relato, así como el heroísmo y la creatividad, de los humildes para impedirles lograr sus egoístas propósitos. Todo esto, como si no fuera suficiente el infierno en que habían convertido al país, los agresores externos del capitalismo y los cosacos blancos que apoyaban su ideario. En las oficinas públicas de la época, era costumbre, tener una fotografía doble; por un lado el zar Nicolás II, por el otro la imagen de Lenin; el lado a mostrar, dependía de si el que llegaba, era pro-zarista o revolucionario. Eran momentos de gran turbulencia a nivel mundial, en el ocaso de la conflagración de la primera guerra mundial. De Máximo Gorki, leí por aquellos años, su novela La madre, *obra enmarcada dentro del realismo socialista, describe en su cotidianidad, la vida de personas humildes, que se ven involucradas en la lucha política, en pos de una reivindicación, de sus duras condiciones de vida y de la clase proletaria. Al final, todos terminan detenidos por la policía zarista y enviados a prisión en Siberia. En otro género literario, la poesía, son famosos los nombres de Pushkin, Iesiénin, Tuerguénief y Maiakóvsky. Es paradójico, que mi primer contacto real con esta forma de literatura, haya sido en ruso. En la facultad preparatoria, nos enseñaron varias poemas, y las declamábamos de memoria. Pero allí quedó este contacto, con esta expresión literaria que siempre me ha sido esquiva, tal vez por el carácter más visual y musical de mi personalidad, en lo que a la esfera de la estética atañe. Nos hablaban mucho de Alexander Pushkin[6], el poeta nacional más querido en*

---

[6] *(1797-1837) La influencia de Byron es percibida según algunos críticos literarios en la poesía de Pushkin: El prisionero del Cáucaso (1821), en el que se describen las costumbres guerreras de los*

Rusia; de su ascendencia abisinia, el carácter librepensador de su personalidad y la manera trágica en que perdió la vida en un duelo, siendo muy joven. Fue la forma, que encontraron las rígidas y feudales estructuras zaristas del siglo XIX, para liberarse de un personaje que les resultaba políticamente incómodo a todas luces, dada su postura ideológica tendiente a reivindicar las condiciones de vida de sus conciudadanos. Creo que después de Lenin, fue el nombre que más escuché, durante los seis años de mi permanencia en la Unión Soviética. Una de las aspectos interesantes del conocimiento de otras lenguas, si se es buen observador, es el hecho de lo que se podría llamar apertura de ventanas mentales, a través de las cuales, se adquiere una visión particular desde diferentes ópticas sobre un mismo fenómeno. Surgen preguntas, sobre giros linguísticos que en condiciones normales, nadie cuestionaría en los predios de su propia lengua. Esto notaba, cuando en medio de las tareas, durante el comienzo del aprendizaje del idioma, formulaba preguntas a los compañeros rusos, al respecto; quedaban pensativos y como admirados. Para ilustrarlo de alguna manera, es como si un extranjero, nos preguntara a los hispanoparlantes, por qué razón la expresión "vino en balde", no se puede entender literalmente como "vino de tomar, servido en un balde". Ejemplos como este, recuerdan el carácter convencional y subjetivo de las lenguas. Cada idioma, al ser el resultado único de una multiplicidad de factores, es un universo que puede ser más apto para ciertas esferas del conocimiento, así como un espectro del cual poder extractar información, respecto del perfil sociológico de sus hablantes nativos. En el caso de la creación literaria, es difícil juzgar si sus particularidades predeterminan las posibilidades estéticas y líricas de expresión, o si a la inversa ciertos factores exógenos, terminan por moldearlo como una herramienta que facilita en mayor o menor grado la explora-

---

circasianos. La fuente de Bajchisarái (1822) que traduce la atmósfera del harén y evocaciones de Crimea, y Los zíngaros (1824). Asimismo Gavriliada (1821), poema blasfemo, que refleja los ideales de Voltaire. De 1824 a 1826 fue confinado en Mijáilovskoye, en una de sus propiedades, lo que le permitió terminar su obra Eugenio Oneguin (1823-1830), escribir su tragedia: Borís Godunov (1824 – 1825), y componer los "cuentos en verso" irónicos y realistas.

ción heurística de mundos ficticios y lúdicos que trasciendan a la universalidad. Aunque como casi todo, en lo relacionado con el ser humano, las contradicciones parecerían ser la norma. Por ejemplo, en lo relacionado a la semántica, nos llevamos sorpresas al tratar de establecer paralelos entre ésta y el perfil psicológico de sus hablantes. Es conocido el carácter práctico y compendiado de ciertas lenguas en su modo coloquial, como el caso del inglés, a diferencia de otras que como el castellano, requieren de mayor cantidad de recursos para expresar lo mismo. Según información de la red, mientras que el castellano dispone de alrededor de doscientas cincuenta mil palabras, el inglés del que se esperaría poseer mucho menos, resulta que cuadruplica esta cantidad. Cosa similar ocurre con el ruso, que dispone de más de ochocientos mil. La lengua rusa, presenta una serie de particularidades, entendibles mediante el establecimiento de paralelos con la nuestra; haciendo énfasis, en aquellos aspectos que los diferencian, uno de los cuales, las declinaciones ya mencioné antes, en el ruso, por ejemplo, el verbo ser o estar no existe; un mismo verbo puede tener múltiples formas, obedeciendo a criterios circunstanciales, por lo que se habla de verbos de movimiento, quizá la parte más compleja de este idioma; para ilustrar esto último, podemos tomar el verbo "ir", el cual en castellano presenta algunas formas que como viajar involucran un medio de transporte; en ruso este verbo adopta una cantidad inimaginable de formas, que dependen de factores adicionales, como la trayectoria del desplazamiento, su frecuencia y otros, resultando en precisión y economía de recursos. En el lenguaje poético, hay cosas que hablan en sus propias lenguas, -caso inexistente en nuestro idioma- como por ejemplo, las estrellas, que hablan en "estrellado". Hay preposiciones y adverbios, que constan de una sola letra, por lo general consonante; para citar un ejemplo, el adverbio de movimiento "hacia" en ruso es "k", así solita; en los géneros, existe también el neutro; el alfabeto, contiene diez vocales -las mismas cinco del castellano, más otras cinco producto de su mezcla- ; la conjugación de verbos en tiempo pasado tiene género, lo que posibilita saber si quien *habla es mujer u hombre. En cuanto a la fonética, presenta una serie de sonidos inexistentes en nuestro castellano y son comunes combinaciones silábicas ajenas a nosotros, como por ejemplo jra, jre, jri, jro, jru, o tla, tle,tli ,tlo, tlu, como en el caso del nautl de los mexicas; los sonidos silbantes son frecuentes y varios fonemas pueden tener carácter duro o blando. En general, se puede decir que es una lengua muy musical, pero a mi parecer, en menor grado que el francés o el portugués. Por alguna razón, la fonética del castellano, gusta mucho a los rusos; era frecuente escuchar a personas cantar con emoción apartes del bolero Solamente una vez, en castellano, aunque no entendieran su mensaje. Al comienzo, este idioma me parecía tan complicado, que no podía creer a los compatriotas que cursaban tercer o cuarto año de medicina, cuando afirmaban que prácticamente lo dominaban; para empeorar la situación, las primeras palabras que debíamos aprender, como por ejemplo los saludos, como en el caso de las expresión zdráztbuitie (forma respetuosa de saludo a los superiores y mayores), la expresión de amabilidad parráluista, (con gusto, por favor), el saludo de navidad S prázdnikom, presentan tal dificultad fonética, que muchos, en especial los caribeños, africanos, árabes y nuestros costeños y paisas nunca podían con ellas. Era tal mi escepticismo, que me prometí a mí mismo, que si podía con ese idioma, podría con cualquier cosa en este mundo. Aunque parezca un poco infantil, esto me ha ayudado a lo largo de mi vida, a enfrentar aprendizajes difíciles, especialmente en la esfera musical, como el caso de la guitarra solista, el cello y la lectura en diferentes claves. Alguna vez, escuché a nuestro reconocido filósofo colombiano Gutiérrez Giradot, manifestar en una entrevista para la televisión, que para entender la filosofía alemana y en particular la monumental obra de Inmanuel Kant[7], ésta debía ser estudiada en alemán, haciendo alusión a particu-*

---

[7] Konigsberg Prusia (1724-1824) Es el primero y más importante representante del criticismo y precursor del idealismo alemán y ,está considerado como uno de los pensadores más influyentes de la Europa moderna y de la filosofía universal. Sus otras obras principales son la *Crítica de la razón práctica*, centrada en la ética; la *Crítica del juicio*, en la que investiga acerca de la estética y la

laridades especiales de dicha lengua. Esto pude comprenderlo, una vez conocí una lengua como el ruso. Y a propósito de Kant, a pesar de sus orígenes germanos, por los azares del destino, su lugar de nacimiento Konigsberg, capital de Prusia oriental, es una ciudad que en tiempos soviéticos pasó a llamarse Kaliningrado, en honor del líder Soviético Mijail Kalinin. El cambio de nombre, se realizó después de 1945, cuando la ciudad fue incorporada a la URSS, luego de expulsar a la población alemana y repoblarla con familias rusas; en la actualidad, sigue perteneciendo a Rusia. Entendí de igual manera, el porqué de la imposibilidad de traducir la poesía; una traducción de este tipo, se ve en la disyuntiva, de sacrificar el sentido o la musicalidad. Afortunadamente, existen lenguajes universales, entre los que se pueden considerar, la gestualidad, la música, las matemáticas y el arte en general. Los espíritus especialmente sensibles, a lo mejor incluirían también al amor. La huella romántica de Rusia, -en su acepción idealista, soñadora y humana-, es palpable especialmente en su folklore. Se trata de canciones de gran lirismo, que hablan de la amistad, la lealtad, el amor, la fraternidad, la nostalgia por la patria, las epopeyas de la revolución y de la guerra. Tradicionalmente, relacionamos la música rusa, con los malabares del kazachot. Nada más lejano a su verdadera esencia. Curiosamente este ritmo, no es ruso sino checo. El folklore ruso muy por el contrario, se caracteriza por su romanticismo y delicadeza, aunque eventualmente también hay danzas con un fuerte componente malabarístico, motivo por el que son más conocidas en el extranjero. Una de las canciones folklóricas más populares es Katiúsha, la cual retrata a la típica muchacha rusa de la época de la gran guerra patria; Ekatherina o Katiusha -en su forma cariñosa-, es una muchacha enamorada que sueña con el regreso de su amado, que se encuentra en el frente luchando por ella y por la patria. Curiosamente, este mismo nombre fue utilizado para nombrar el arma, que a la postre resultaría especialmente letal, a los invasores alemanes en el

---

teleología y *La metafísica de las costumbres* que tiene dos partes, una centrada en la ética, la doctrina de la virtud, y la otra centrada en el *ius*, la doctrina del derecho.[2]

curso de la segunda guerra mundial. En cierta ocasión, fui invitado a la boda de uno de mis compañeros de estudio de nombre Boria. La ceremonia tenía carácter civil y el número de invitados era considerable. Una de las tradiciones en los matrimonios, es que todos los invitados comienzan a gritar al unísono górka! górka!, górka..., palabra que traduce "amargo", para incitar a los novios a besarse, para que se endulce el vino que sin ello estará definitivamente muy amargo. Mis compañeros de estudio rusos, en medio de los vodkas, al unísono entonaban esta canción. Yo los acompañaba, pues la sabía al igual que muchas otras. Cuando se dieron cuenta, me colocaron un micrófono y quedaron sorprendidos, por mi condición de extranjero. En la fiesta, se dirigieron a los presentes, los padres y madres de los novios, los novios a quienes previamente habían juntado los brazos, con una tela blanca, como símbolo de su unión, los amigos; todos con mucha facilidad para hablar en público, tal vez como producto, de la buena formación general. Uno de los padres, mencionó una costumbre, de su región natal, por los lados del Cáucaso, según la cual en los matrimonios disparan con una escopeta al techo del recinto donde se está realizando la fiesta; lo hacen tantas veces que el techo queda como un colador y es una forma de augurar fecundidad a la pareja, en el sentido de que cada orificio representa un hijo. En el momento de mayor euforia, todos los presentes que éramos por lo menos cien, formamos un gran círculo y nos tomamos de los brazos para bailar el casachót, levantando las piernas como se ve en las películas y espectáculos de danza de los pueblos eslavos. Fue una experiencia muy divertida. La contribución de Rusia al mundo de la música universal es ampliamente conocida. Los nombres de Piotr Ilich Chaikovsky[8], Nicolai Rimsky –Kórsakov, Modesto Musórsky, Mijail Glinka, Alexander Glazunóf, Alexander Escriábin, Igor Stravisnky, Serguey Prokófief, Serguey Rajmáninof, Dimitri Shostakovich, pasaron a ser parte

---

[8] (1840-1893) Es autor de algunas de las obras de música clásica más famosas del repertorio actual, como por ejemplo los ballets *El lago de los cisnes*, *La bella durmiente* y *El cascanueces*, la *Obertura 1812*, la obertura-fantasía *Romeo y Julieta*, el *Primer concierto para piano*, el *Concierto para violín*, sus sinfonías Cuarta, Quinta y Sexta y la ópera *Eugenio Oneguin*.

del acervo musical del mundo. Sus solos nombres como se notará, son de por si ya sonoros y musicales. Algunos de ellos, compusieron sus obras en el lenguaje del romanticismo que marcó al siglo XIX; el más popular quizá sea Chaikovsky; otros como en el caso de Igor Stravinsnky, fueron el eslabón que permitió a la música rusa ingresar a la contemporaneidad, con un lenguaje que se apartaba del clasismo y del nacionalismo y que resultaba desconcertante e incomprendido en un comienzo, por su carácter disonante y premonitorio del atonalismo, como es el caso de su obra sinfónica La consagración de la primavera. *En muchas de las obras, de estos grandes compositores, está presente la impronta del folklor y el riquísimo imaginario ruso, razón por la que pasó a la historia el llamado Grupo de los cinco, con su inconfundible sello tradicional ruso. Entre los que pertenecieron al siglo XX, destaca la figura de Dimitri Shostakovich, quien fuera el más comprometido con el sistema, al punto de llegar a ser miembro del soviet supremo. Tocado por la genialidad como pianista desde la infancia y compositor desde su adolescencia, compuso muchas obras que lo catapultaron a la fama mundial. Entre ellas dos sinfonías, inspiradas en la historia de su país:* la sinfonía séptima, *mas conocida como Leningrado y la quinta; la sinfonía séptima, fue compuesta durante el comienzo de la tragedia que pasara a la historia como el Sitio de Leningrado, el cual se extendió por casi tres años y como consecuencia del cual, perdieron la vida alrededor de dos millones de ciudadanos soviéticos y, los sobrevivientes tuvieron que pasar por unas penurias equiparables a las de las criaturas condenadas al averno en la imaginación del Dante. El aporte de Rusia, al mundo de la música erudita es inmenso; si alguien me pidiera consejo, sobre como iniciarse en su conocimiento, le sugeriría las siguientes obras :* El concierto para piano y orquesta N° 2 en Re menor de Serguey Rajmaninof, *el poema sinfónico* En las estepas del centro de Asia de Alexander *Glazunof, el* Poema del Extasis de *Alexander Scriábin,* La sinfonía sexta *más conocida como Patética de Piotr Ilich Chaikovsky, el* Concierto N°2 para piano y orquesta de Serguey *Prokofief y* La consagración de la primavera *de Igor Stravinsky. Estas obras, las escuché en Rusia, hasta casi aprendérmelas de memoria. Desde otra vertiente, virtuosos de la interpretación instrumental, como los chelistas Mijail Rostropóvich, Misha Maisky, Natalia Gutman, el violinista David Oistraj y el pianista Esviatosláv Richter, han sido los grandes ídolos a seguir en el mundo de la ejecución. En la expresión lírica, la figura legendaria, del bajo Feodor Chaliapin[9], tan famoso como el tenor italiano Enrico Carusso. Tuve el privilegio, de escuchar a Sviatoslav Richter, en concierto en Minsk, poco antes de su muerte. Fue una velada apoteósica. Estaba considerado, como el más grande pianista del mundo y si que lo era. Además de su formidable virtuosismo, era un gigante como de dos metros de estatura. Le sacaba al piano todo lo que este podía dar en cuanto a sonoridad y volumen, cuando en medio de la interpretación le aplicaba todo el peso de su cuerpo. El teatro estaba a reventar, había gente sentada incluso en las escaleras y en el mismo escenario. Una anciana, no pudo con la emoción y sufrió un desmayo, por lo que tuvieron que trasladarla al hospital. Mitisláv Rostropóvich, estuvo considerado durante decenios, como el más grande chelista del mundo. Desarrolló, la mayor parte de su exitosa carrera en el extranjero, pues tuvo que exiliarse en su juventud por no estar de acuerdo con la política soviética. Cuando ocurrieron los acontecimientos del derrumbe físico del muro de Berlín a manos de los ciudadanos de Alemania, Rostropovich viajó hasta allí con su cello, y se presentó ante este público, al lado del muro en ruinas. A los pocos meses de mi estancia en Volgogrado, la profesora de ruso Inna Vladimirófna, una mujer amable, que aunque joven todavía nos veía como a sus hijos, me obsequió un disco que es una verdadera joya :* La sinfonía patética o número 6 de Chaikovsky en si menor. *Escuché esta obra muchísimas veces descubriendo en cada audición, nuevas ideas, efectos, sensaciones, disfrutando de su colorida paleta y ambiente*

---

[9] (1873-1938) Debido a su poderosa y flexible voz —junto con su hipnotizante presencia sobre el escenario y su soberbia habilidad para la actuación— se le considera como uno de los más grandes intérpretes de la historia de la ópera, y se le atribuye el establecimiento de la tradición naturalística de la interpretación en la ópera. Fue el más famoso intérprete de Borís Godunov, Mefistófeles, Iván el Terrible y Don Quijote.

de misterio. El comienzo es curioso, pues es una melodía a cargo de los contrabajos en su registro más grave y a un volumen moderado, una atmósfera entre el misterio y el letargo, que mantiene al espectador como adormecido, cuando de repente hay un ataque súbito de percusión que provoca un sobresalto, a la manera efectista de la música de las películas de suspenso. Se trata de una muestra por excelencia, de lo que en el universo musical se conoce como el romanticismo, con su carga pasional, dramatúrgica, espíritu libertario y reivindicación de todo aquello que confiere al ser humano su esencia como tal. El nombre de patética, aunque es una traducción literal de la palabra patetícheskaia, *- que en ruso significa apasionada, emotiva-, terminó siendo premonitoria, por cuanto el compositor , se suicidó una semana luego de su estreno, por motivo de un escándalo pasional, a la edad de tan solo cincuenta y cuatro años. Cabe recordar, que la inclusión del condimento dramatúrgico en la música, comienza con la figura de Claudio Monteverdi, quién en los albores del siglo XVII,* compusiera Orfeo y Euridice, *primera ópera de la historia, cuya trascendencia creó un punto de inflexión en el desarrollo de este noble arte. También escuché asiduamente durante el primer año de mi estadía, el compendio de discos del* Lago de los cisnes, *obra para ballet de exquisita belleza y gran colorido, a la vez que en varias ocasiones pude deleitarme con su puesta en escena. Me considero muy afortunado al haber permanecido durante varios años en un ambiente que permitía confrontar las audiciones de discos, con las ejecuciones de orquestas sinfónicas de primerísimo nivel, y pagando por las entradas sumas irrisorias. Estos eran mis verdaderos primeros pinitos en la incursión al universo de la música universal. Después con el tiempo, podría deleitarme con la música renacentista con énfasis en compositores castellanos para laúd, como Antonio Narváez y Luis de Victoria, con el barroco en especial bajo la atmósfera monumental y celestial de la figura de J.S Bach, y de otros como Vivaldi, Teleman y Handel-, con los clásicos, el romanticismo, la ópera y así por todas las vertientes estéticas, hasta llegar al dodecafonismo, al atonalismo y en* *general a la música contemporánea, cuyo lenguaje bajo una óptica cinestésica, la emparenta con el aporte de Kandinsky en el mundo de la abstracción pictórica. En cierta ocasión, invitaron a la universidad a un compositor bielorruso de música sinfónica, para que nos impartiera una charla, sobre su obra. Era un hombre de edad madura, que nos hizo un recuento de su quehacer como artista, sus giras internacionales y su concepción particular del universo de la música y la composición y, del rol del compositor ante la sociedad y su época. Recientemente, había estado de gira por Italia presentando su obra y, escandalizado, nos comentó sobre un evento al que había asistido allí y lo había dejado atónito. Se trataba de la premier de una composición para piano, que llevaba por título* Un minuto de silencio *en Re menor, cuya ejecución consistía, en que salía el pianista, realizaba la respectiva venia al público el cual aplaudía según el ritual tradicional de la sala de concierto de música sinfónica; hasta ahí todo normal; acto seguido, procedía, a levantar la tapa que cubre el teclado del piano y se sentaba en la silla, sin colocar las manos sobre el teclado. Permanecía de esta forma y en silencio por exactamente un minuto, al cabo del cual se levantaba, bajaba la tapa que cubre el teclado y hacía de nuevo una venia al público, el cual aplaudía calurosamente en señal de aprobación de la "virtuosa ejecución". El pobre señor nos relataba todo esto, casi con consternación, pues lo consideraba como un irrespeto hacia el mundo de la música y hacia el público. Es probable que hubiese sido una versión, de una obra del famoso compositor vanguardista John Cage, quien en 1952 compuso 4′33 ", obra que dura exactamente cuatro minutos y 33 segundos, durante los cuales, el instrumento no emite sonido alguno. Cage declararía luego del estreno, a despecho de la mayoría que la consideraron una suerte de broma, que quizá era su obra más importante por cuanto sublimaba al silencio como componente fundamental de la música, a la vez que constituía una crítica a la personalización de la composición y al mercantilismo que rodeaba al arte. En lo personal, pienso, que podría considerarse como una forma de arte conceptual, expresada en el len-*

guaje musical y una aproximación a la modalidad plástica conocida como happening. En otra de las manifestaciones del arte en que sobresale Rusia, la danza y su escuela de ballet, está el teatro de Balshói que goza de fama mundial. El comienzo del ballet ruso como escuela con perfil propio se remonta a 1907, con el empresario Diego Diaguilev y el coreógrafo Mario Petipa, quienes por dos décadas sorprendieron al mundo con una compañía que superaba a las mejores conocidas en ese entonces y que contaba con una pléyade de bailarines, entre quienes destacaban las figuras de Ana Páblova y Vatslav Nirinski. Balshói, literalmente significa "grande" y si que lo es como expresión estética. Siempre quise, conocer este teatro y su espectáculo, lo cual me fue en la práctica imposible, pues era tal su fama, que la boletería se debía comprar con un año de antelación y el hecho de vivir lejos de Moscú, más las limitaciones de desplazamiento a través del país, inherentes a mi condición de estudiante becario extranjero, dificultaba aún más las cosas. En el primer año, me enamoré de la musicalidad del himno nacional de la Unión Soviética[10]. La verdad, su música es especialmente bella, como si no se

---

[10] ¡Tenaz unión de repúblicas libres
que ha unido por siempre a la gran Rusia!
¡Larga vida al anhelo del pueblo,
unida y fuerte, la Unión Soviética!
¡Gloria madre patria, por tu libertad,
unión de pueblos en gran hermandad!.
¡Oh, partido de Lenin, la fuerza del pueblo
llévanos al triunfo del comunismo!
Tras la tempestad brilló el sol,
y el prócer Lenin alumbro la senda;
alzó a los pueblos a una causa justa,
¡Al trabajo y a las hazañas nos inspiró!
En la victoria del ideal comunista,
vemos el futuro de nuestro país.

tratara de un himno nacional. Como se sabe, tradicionalmente la música de los himnos es de lo más elemental, para que pueda ser entonada por cualquiera, con lo que por lo general presentan una atmósfera marcial, primaria y en lo personal aburrida. No es el caso de este símbolo de la URSS. Conseguí la grabación en disco de acetato y la escuchaba todos los días por horas. Los compañeros rusos, como es apenas natural, pensaban que estaba loco de atar. En este comienzo, una de las diversiones - que por lo demás no eran muchas-, era asistir, todos los domingos en la mañana a la opereta. El teatro estaba ubicado a orillas del río, y me quedaba a una cuadra de distancia de la residencia estudiantil. Siempre eran los mismos actores locales pero la variedad de libretos me parecía infinita. Aquí, el realismo soviético estaba ausente, se interpretaban obras de compositores italianos del siglo XIX. En un año nunca repitieron programa. El teatro era bellísimo, con su arquitectura barroca, sus cortinas rojas de terciopelo, algo así como el Colón de Bogotá pero más bonito.Otra diversión aunque no tan frecuente eran los bailes estudiantiles. Generalmente se realizaban en salones inmensos, que parecían más espacios destinados a bodegaje. No había sillas; todo el mundo permanecía de pié. Las mujeres, colocaban sus bolsos o carteras en el piso, al lado de donde estuviesen bailando. La música era la misma para todos, sin importar la edad, el rock. Las mujeres podían bailar entre sí, cosa que para nosotros es normal. Pero, también aunque no era lo habitual los hombres y, esto si lo dejaba a uno confundido. Al llegar a un país como Rusia, se siente especial curiosidad por los deportes de invierno. Aunque no había sido deportista como tal, tenía el propósito de aprender a esquiar. Hice un intento, pero me pareció terriblemente difícil y lo peor, descubrí entonces, que cuando pisaba la nieve sentía una sensación de lo que llaman "destemple de dientes", algo parecido a cuando alguien

---

¡Y a la bandera ondeante y escarlata,
permaneceremos leales siempre!

roza un tenedor sobre un plato de vajilla; en resumen algo de lo más desagradable. Por esta razón hasta ahí llegaron mis intenciones con el sky. Afortunadamente, esa sensación con la nieve desapareció con el tiempo o no habría podido sobrellevar el invierno, que se extendía por medio año. En cierta ocasión los compañeros rusos de la residencia estudiantil, nos invitaron a patinar sobre el hielo. La pista era un estadio de futbol, cuya pista atlética estaba acondicionada a tal propósito. Era de noche y había centenares de personas de todas las edades y en especial niños. Lo hacían con tanta naturalidad, que a primera vista parecía fácil. Cuando me coloqué los zapatos de patinar, sentí un dolor en la planta de los pies como si estuviera parado directamente sobre las cuchillas. No era posible mantenerme en pié; resbalaba y caía violenta y constantemente al piso; me tocó arrodillarme en el hielo, para no seguir golpeándome. De pronto, se acercó Guena, uno de los amigos rusos de origen gitano y me tomó por un brazo levantándome. Me dijo que le íbamos a dar una vuelta al estadio y así fue. Sólo que esa vuelta, para mí sería lo más parecido a la montaña rusa. Nos desplazábamos a una velocidad como si se tratara de un carro; la mayor parte del tiempo, estuve en posición arrodillado o acostado boca arriba, aferrado a la mano de Guena, para no salir de la pista disparado como un proyectil; sentía ráfagas de viento frío y no podía distinguir nada, era tal la velocidad. Hasta allí fue mi práctica con este tipo de deportes. Decidí mejor volver al ajedrez. Rusia, al ser un país equiparable a un continente por la bastedad de su territorio, es todo un compendio natural de geografía. El país, es famoso por la diversidad y belleza de sus paisajes. Mares cálidos y gélidos, ríos caudalosos y muy largos, lagos inmensos y profundos, desiertos, la estepa infinita, la tundra, los bosques de abedules - árbol nacional- verdaderas manadas estos últimos, de gigantescas jirafas, con su corteza blanca y manchas negras, como la piel de los dálmatas, con su altura de vértigo que desafía a los cielos. Algunas imágenes, eran tan maravillosas, que quedaron para siempre en mi memoria. Los domingos en la mañana durante el invierno, solía extasiarme con su belleza. Salía de la residencia estudiantil muy temprano al malecón, que estaba a sólo dos cuadras. Me sentaba en una de las muchas sillas dispuestas a lo largo de la orilla del río, a observar la majestuosidad de su lento fluir y quedaba extasiado por la magia de sus colores azules argentinos y árticos. Sin proponérmelo, entretejía en mi mente ideas sobre su papel de testigo único, de las luchas, los sueños, nostalgias y esperanzas del pueblo ruso, a lo largo de su milenaria historia. Recordaba aquellos lejanos días en que cursaba la materia de geografía en el colegio, y nos pasaban al tablero, delante del grupo, para responder en un mapa hidrográfico elaborado en un plástico negro, en el que estaban dibujados con líneas azules los principales ríos de Eurasia y al que llamaban "mudo", cual era el rio que representado por una ondulante línea, señalaba con una vara la profesora. El Volga, era entonces una más entre esas inocentes líneas. Qué diferente, era lo que ahora tenía ante mis ojos. Esto daba lugar a meditaciones de tono filosófico, respecto del mundo, de la existencia y de la vida. Sería que el mundo que veíamos, era como esa liniecita azul y su realidad tan infinitamente diferente como el río que tenia ante mi? Le daba esto la razón a Platón y su teoría de la caverna? El Volga, vena vital, que atraviesa el cuerpo de Rusia en sentido norte sur, desde las cercanías de San Petesburgo, hasta su desembocadura en el mar Caspio, ostentando con sus 3530 kilómetros el orgullo de ser el más caudaloso y el más largo de toda Europa; serpenteando en sus meandros cual espejo prístino, para que se miren en él los cielos de la patria, que parecen más bajos por la preeminencia de la planitud de la infinita llanura. El volga, con sus gaviotas en vuelo, estela de minúsculos fragmentos de cometa, siempre besando con devoción las sagradas orillas de la santa Rusia, como devoto hijo con su abnegada madre. Venían a mi memoria, las dolorosas imágenes del famoso cuadro de Iliá Repín[11], "Los cirgado-

---

[11] (1844-1930) pintor y escultor ruso del movimiento artístico de los *Itinerantes*. Sus obras, enmarcadas en el realismo, contienen a menudo una gran profundidad psicológica y exhiben las tensiones del orden social existente. A finales de los años 20 comenzaron a publicarse en la URSS detallados trabajos sobre su obra y alrededor de diez años después fue puesto como ejemplo para ser imitado por los artistas del realismo socialista.

res del Volga", que muestra en época de verano a un conjunto de hombres viejos, miserables, harapientos, halando desde la orilla una embarcación inmensa inmersa en el rio, con la ayuda de manilas sujetas a sus pechos, como si se tratara de bueyes halando una descomunal carga. A través de imágenes como ésta, el gran pintor decimonónico, quiso retratar la injusticia de la servidumbre a la que estuvo abocado el pueblo ruso durante el zarismo. La obra de Repín, se caracteriza por el realismo y carácter de denuncia de sus imágenes. Durante la época soviética, fue adoptada como arquetipo, por los artistas del Realismo soviético Rio abajo, desfilaba una hilera interminable de bloques de hielo inmensos, cada uno de ellos del tamaño equiparable al de un bus. Me parecía entonces, que era como un tren de hielo, que bajaba por un sendero de colores azulados de bellísimo cromatismo. No podía conciliar por otra parte, la visión de ensueño que tenía entonces ante mis ojos, con su transfiguración en un nuevo y dantesco Flegetonte, custodiado en sus ardientes y sangrientas riberas en los dominios del séptimo círculo, por centauros arqueros de cruz gamada, la que debió experimentar durante el medio año de asedio y barbarie, a los que las huestes alemanas sometieran a la ciudad en 1942. Este río, a su paso por Volgogrado es tan ancho, que la sensación que se tiene es la de estar en el mar, pues no se alcanza a divisar la orilla opuesta y en épocas de verano, su color es azul mediterráneo y presenta un oleaje que acaricia playas blancas bellísimas en sus orillas. En la ciudad de Záratov, hay un puente de casi cuatro kilómetros de largo, sobre el rio, lo cual puede dar idea de su ancho. La magia del Volga, quedó como una impronta en mi memoria; permitía, dar rienda suelta a mi imaginación, sentir el viento helado que parecía transmitir más juventud y energía, entrever mundos oníricos insospechados, sentir la emoción de ser en esos momentos parte de algo muy especial, compartir el sentimiento de libertad de las gaviotas al vuelo, poder compartir con este testigo único del devenir de Rusia. Lo amé, especialmente en invierno, pues en verano muy a pesar de su belleza y sus blancas playas, se formaban nubes de zancudos, de las que *era materialmente imposible huir, por cuanto, todo quedaba como mencioné antes, máximo a dos cuadras de su ribera. Eran unos zancudos de los más terribles que he conocido; mi sangre reaccionaba muy mal a su picadura; pies y manos, se me inflamaban de una manera inusual; fue en este sentido, también una experiencia dolorosa, tal vez haciendo honor a la inexorable ambivalencia de las cosas y del mundo. La visión de una cultura, estaría incompleta, sin sus costumbres gastronómicas. Como resultado de su posición geográfica y del carácter hermético del país en lo relacionado con el comercio por aquellos días, la variedad de alimentos era reducida. Lo que más abundaba, era el repollo, preparado de todas las formas imaginadas: hervido, en dulce, en tortilla, en sopas, en jugos, etc, etc. Otros alimentos como el tomate, la papa, el arroz, también eran habituales. En cuanto a carnes, el pollo, el pescado y la res. Una costumbre curiosa, es que colocaban la carne de cerdo cruda en un recipiente lleno de grasa, a la intemperie, durante el invierno y después de un tiempo, se podía comer y sabía bien. El caviar, a veces se conseguía y era relativamente barato. Había un pescado pequeñito, que se comía crudo en las ensaladas y tenía la particularidad de tener solo un lado, es decir sólo un ojo y una aleta. Como dato curioso, en lo relacionado con hábitos alimenticios, lo que en Colombia llamamos los "tres golpes", allí eran similares : desayuno, almuerzo y comida. Esto que parecería obvio, en verdad no lo es tanto. Por ejemplo en el Uruguay, país muy cercano al nuestro si se le compara con Rusia, el concepto de almuerzo o cena, difiere del nuestro. No son el tradicional plato de arroz, papa, carne y ensalada, sino sólo porciones. Un alimento muy típico de Rusia, es la esmetána. La palabra es igual al apellido del célebre compositor checo, el del Moldava. Es una especie de yogur, pero menos ácido, con más cuerpo y de un poder alimenticio asombroso. Con un vaso de esmetána, queda uno casi almorzado. En cuanto a la famosa ensalada rusa, era la misma que conocemos en occidente. Entre los platos populares y exóticos a ojos de un extranjero, está el borsh que ya mencioné antes. Había otros alimentos que detestábamos los extranjeros, como* por ejemplo la catliéta, una suerte de carne artificial parecida a la hamburguesa. En cuanto a frutas, la oferta era mínima: uvas verdes al comienzo del otoño, manzanas y peras pequeñas y frutos secos todo el año. Cuando en las calles aparecían bananos, las colas eran interminables. Ahora, que el país cambió substancialmente, la variedad de alimentos probablemente sea similar a la de los demás países europeos, con lo que mejoró la calidad de vida en este rubro. En las cafeterías, era común, que en las mesas no hubiese sillas; eran mesas para comer de pié. En otras palabras, no eran centros de reunión social como en la mayoría de países, sino lugares para alimentarse como tal. Lo mismo ocurría, con los bebederos de cerveza, aunque allí si, como es obvio, los beodos conversaban largo y tendido. En este tema de la comida, las particularidades del idioma, se hacen una vez más presentes: seco en ruso, literalmente se dice "primero" y sopa "segundo". Esto recuerda a los portugo-parlantes y sus feiras. Otra curiosidad, era el uso del ábaco en los restaurantes estudiantiles. Lo utilizaban en lugar de las tradicionales registradoras y las cuentas las realizaban tanto o más rápido. Había un jugo de tomate, pero no el de árbol, sino el de ensaladas. Era tan espeso, que parecía un mazacote. Con tan sólo verlo, se me cerraba el estómago. Así fue por años, hasta que un día, en pleno invierno, cuando llegué a la residencia estudiantil en la noche, ya habían cerrado el restaurante. Me dirigí a un punto de comidas rápidas que funcionaba en el primer piso, y lo único que había era el bendito jugo mazacote de tomate y pan integral negro. Con tal de no acostarme hambriento, hice un esfuerzo y me le medí al jugo. El primer sorbo, casi no puedo pasarlo, el segundo y tercero fue menos difícil y finalmente, me lo pude tomar. Al terminarlo, me pareció que no era tan malo. Al día siguiente probé de nuevo y comenzó a gustarme y quien lo pudiera creer, a partir de entonces, se convirtió en mi jugo predilecto. Me pregunto cuantas cosas habrá en la vida, que nos perdemos, por nuestras prevenciones y prejuicios. En resumidas cuentas, la comida asequible a los estudiantes extranjeros, no era muy buena, a diferencia de la preparada en las casas de las familias *rusas. Por fortuna, mi compañera Ada, que llegó a Rusia sin tener ni idea de culinaria, allí solita, por intuición, aprendió a cocinar y por varios años pude disfrutar de los manjares que preparaba. Lo otro complicado de lidiar, era el clima. La ciudad de Volgogrado, se encuentra en una zona desértica. Eso significa, que así como en verano el calor es insoportable, en invierno el frío es inclemente. Aquel primer invierno, fue especialmente frío. La temperatura, bajó a menos 35 grados centígrados. La situación fue tan crítica, que los rieles del tren se fracturaron, cosa que no había ocurrido en años según comentaban los lugareños. No es posible permanecer a tales temperaturas por más de diez minutos en la calle. Por bien abrigado que se esté, con el equipo de invierno de rigor, el escozor en las manos, pies, nariz y orejas, en pocos minutos llega a ser insoportable. Por esta razón, al abordar un bus las personas que han estado en su espera, lo hacen como una tromba, con desesperación, sin importar lo que tengan que empujar a otros, con tal de no seguir aguantando el frío. Esto lo viví en especial, en una ocasión, en que me dirigía en el tranvía de la casa a la universidad. El tranvía estaba atestado de pasajeros y faltando unas dos cuadras, me preparé para salir. Cuando el vehículo se detuvo, estaba de primero justo al frente de la puerta de salida ubicada en la parte posterior. Cuando puse un pié sobre la nieve, una multitud de mujeres ancianas y corpulentas, se abalanzó como fieras para entrar en el tranvía, obstaculizándome el paso; empecé a forcejear desesperadamente, para poder abrirme paso, pero todo fue inútil; empujándome, poco a poco me obligaron a caminar hacia atrás de espaldas y de pronto me vi de nuevo en el centro del tranvía, luego de subir los tres o cuatro escalones de la salida, luchando para no caerme; al fin metiendo codo y como pude, me pude bajar mas adelante a unas seis cuadras. Un peligro inminente durante el invierno, es quedarse dormido en la calle. En cierta ocasión, el tema de conversación en la universidad, era acerca de un estudiante africano, que había muerto la noche anterior de la manera más absurda. Había asistido a una fiesta con unos amigos. Cuando iban de regreso a casa, pasaron por un parque y allí se despidieron. Se sintió cansado y al ver una silla, se sentó un momento a tomar aliento, con tan mala suerte, que se durmió, y cuando lo encontraron a la mañana siguiente, estaba muerto. Parece ser que después de unas dos horas bajo temperaturas tan bajas, la hipotermia lleva a la muerte. Durante aquel primer año, estaban presentando en cine, una serie documental sobre la segunda guerra mundial, intitulada "Una guerra desconocida". Se trata de un documental de varias horas de duración, el cual da a conocer de manera descarnada y fidedigna, la gran epopeya que esta tragedia, representó para el pueblo soviético. Tuve la oportunidad de verla en su totalidad, pues nos llevaban de parte de la universidad en horario escolar. En este momento, mientras escribo estas líneas, caigo en cuenta de lo acertado del título. Una guerra desconocida. Al menos en Colombia y supongo, que en muchos otros países, desconocemos lo acontecido a un pueblo, que perdió millones de vidas de sus conciudadanos. A través de este documental, pude compenetrarme con la realidad de este periodo aciago y de barbarie que vivió el mundo. Veinticinco millones de vidas de ciudadanos soviéticos cegadas y la destrucción total de la mayor parte de la infraestructura del país, fue el precio que hubo de pagar la URSS, para extirpar de la faz de la tierra, tan nefasta amenaza a la civilización. Con objeto de demostrar su superioridad, basada en conceptos raciales y en un desprecio por los pueblos eslavos, los nazis decidieron arremeter contra la URSS, una nación cuyo ideario y enfoque humano, se encontraba en la antípodas del nacional socialismo. En los noticieros de la época en Alemania, mostraban a los combatientes soviéticos que habían tomado prisioneros, como "seres inferiores carentes de cualquier rasgo humano"; por el contrario, ellos eran descendientes de la raza más perfecta del mundo, la raza aria. Irónicamente, como han afirmado varios científicos de la lingüística, el pueblo ario originario, que a partir del 1800 a.c se propagó a través de varias oleadas migratorias, por Europa, Asia e India, provenía de las estepas centrales de Asia, es decir de lo que hoy en día son los Urales en Rusia. El término "ario", con el que designaron a dicho pueblo, significa noble en sánscrito y asvéstico. Como se recordará, el concepto de raza Aria, surge a partir de los estudios de la lingüística, que demostraban que muchas lenguas europeas, algunas asiáticas y del Indostán, tenían orígenes comunes y estaban emparentadas con el sánscrito, que hace las veces de latín, para los pueblos de Asia e India. Al comienzo, la máquina de guerra se mostraba omnipotente. En tan sólo una semana, entrando por Polonia, se adueñaron de Bielorrusia. Era tal su efectividad, que en menos de un mes estuvieron a tan sólo unos pocos kilómetros de Moscú. El plan "Barbarroja", nombre con el que los nazis, designaron su incursión en la URSS, preveía la toma de Moscú en un lapso de tres meses. Dicho plan, contemplaba entre otros, la esclavización del pueblo ruso y la ejecución inmediata de menores de edad. Por esta razón, cientos de miles de niños fueron sacados de Moscú y reubicados en otros lugares al oriente del país. Entre los episodios del documental más memorables, está el de la liberación de Stalingrado, que luego sería renombrada como Volgogrado. Hitler consideró de importancia estratégica tomarse esta ciudad, sobre todo por su significado político y por estar en la vía al petróleo del Cáucaso. Por su parte Stalin[12], impartió la orden al ejército Rojo, de por ningún motivo franquear la orilla del Volga, así fuera como último recurso para salvar la vida. Entregar Stalingrado, equivalía a permitir la partición del país en dos. Orden que fue seguida al milímetro, conduciendo a una lucha encarnizada, ya no por la ciudad en sí, sino por cada calle, por cada esquina, por cada casa. Se llegó al extremo, que en un mismo edificio se luchaba por cada piso; soldados nazis y soviéticos, y hasta civiles, "convivían" en diferentes pisos, durante semanas, en medio de balas, metralla y granadas. El resultado,*

---

[12] (1878 -1953) Fue un dictador soviético, secretario general del Comité Central del Partido Comunista de la Unión Soviética entre 1922 y 1952 y presidente del Consejo de Ministros de la Unión Soviética entre 1941 y 1953. Stalin encabezó las delegaciones soviéticas en las conferencias de Yalta y Potsdam, en las que se trazó el mapa de la Europa de posguerra. Después del fallecimiento de Stalin, el nuevo secretario general del PCUS Nikita Jruschov, inició un proceso por el cual se denunció el eufemístico *"Culto a la personalidad"*. Esto dio inicio al proceso político conocido como desestalinización, por el cual se denunciaron los crímenes cometidos por Stalin en contra del Estado soviético y el Partido Comunista. Su punto culminante sucedió durante el XX Congreso del PCUS en 1956, en el cual Jruschov pronunció al cierre del mismo, el conocido *Discurso secreto*.

asombraría al mundo. Por primera vez desde el comienzo de la confrontación en 1939, las huestes nazis conocían una derrota y lo más importante de una magnitud inusitada. La batalla de Stalingrado fue de tal intensidad y barbarie, que pasaría a la historia como una de las confrontaciones bélicas, más sangrientas que la humanidad haya conocido. Se extendió por más de medio año. Perdieron la vida alrededor de dos millones de personas entre militares y civiles. Al final, alrededor de 250.000 combatientes nazis, quedaron bajo el cerco del ejército Rojo y, su comandante el mariscal Paulus hubo de rendirse, para salvar la vida de sus tropas. El mundo fue testigo entonces, a través de los medios de comunicación de la época, de interminables hileras de prisioneros nazis caminando, por las vastas llanuras rusas en pleno invierno, siendo conducidos a su lugar de cautiverio hacia el oriente del país. Este documental, recreaba también otra de las grandes tragedias humanas que pasarían a enriquecer el universo de la infamia: El sitio de Leningrado, más conocido como Los novecientos días de Leningrado. *En el año de 1941, uno de los principales objetivos del Plan Barbarroja, era la toma y destrucción, de esta urbe, a la sazón epicentro cultural y ciudad más occidentalizada de la URSS, con una población entonces de aproximadamente tres millones de almas. En poco tiempo, parte de los cuatro millones de soldados nazis que comenzaron la invasión, se dirigieron a la ciudad creada por Pedro I y orgullo de Rusia dada su belleza e imponencia sin igual entre las metrópolis europeas del este, logrando con la colaboración de los finlandeses establecer un cerco, que la dejó incomunicada del resto del país; las reservas de comida fueron destruidas por los bombardeos del enemigo y los pobladores comenzaron a sufrir una hambruna, que se extendería por ochocientos setenta días y diezmaría a la tercera parte de su población. Como si esto no fuera suficiente, debido a los constantes bombardeos, que se prolongaban durante horas, la ciudad quedó sin servicio de energía y sin agua, y hubo de enfrentar en tales condiciones un invierno de los más crudos en años, con temperaturas de menos treinta grados centígrados en las calles y menos diez en las casas. Todas estas penurias, quedaron registradas en documentos fílmicos de la época, a través de los cuales se puede apreciar la cotidianidad de la ciudad, caracterizada por la presencia de cadáveres en las calles, personas famélicas, que se desplomaban mientras caminaban por espacios públicos, en sus trabajos o en sus casas. Esta convergencia de calamidades, hacen que esta tragedia haya sido única en su inefable fatalidad en el curso del devenir humano. La mortandad, no fue generalizada, gracias a que los propósitos genocidas de la tenaza establecida por las tropas nazis desde el sur y las finlandesas desde el noroeste fueron parcialmente contrarrestadas por una carretera de alrededor de 30 kilómetros, construída bajo las mayores penurias, sobre el lago Ladoga cuando se encontraba congelado, lo que pasaría a la historia como la* Línea de vida. *A través de este medio, se pudo llevar alimentos a la ciudad, pero en una cantidad ínfima para las necesidades, dado el constante asedio de los alemanes que bombardeaban la zona. El hecho de que ésta no fuera tomada durante el primer año del asedio en 1941, estando totalmente rodeada, pareció obedecer, a una estrategia del alto mando alemán, de destruirla y masacrar a sus habitantes, con objeto de no tener que alimentar a tan numerosa población de prisioneros; esperaban que el binomio hambre y frío acabaría con ellos. Aunque Stalin realizó varios intentos por romper el cerco, esto se lograría sólo hasta 1944. Para saciar el hambre, la gente comía lo que fuera; hierba, ratas, cola de carpintería, incluso hubo muchos casos de canibalismo. Luego del bombardeo de los silos de alimentos, en las ruinas de los que habían correspondido al azúcar, multitudes se agolpaban a comer la tierra, que aún presentaba trazas de ésta. Para calentarse, quemaban los muebles de las casas y se llegó incluso a quemar una biblioteca de más de doscientos años de historia, que era uno de los motivos de orgullo de la ciudad. Pero no dieron su brazo a torcer. En las fábricas, en medio de la inanición y las bajas temperaturas, los obreros seguían trabajando, para poder suministrar armas inicialmente a Moscú y luego a los demás frentes; no era raro que uno de estos obreros, viera desplomarse al que estaba en la máquina de al lado, como consecuencia de la explosión de un bomba o simplemente víctima de la hambruna. Como una forma de mantener la moral de la población, se intentó por todos los medios, mantener la vida cultural y deportiva de la ciudad. La sinfonía séptima de Shostakovich, compuesta como un tributo al heroísmo de los Leningradences, fue estrenada en medio del cerco, por una orquesta debilitada y casi moribunda; algunos de los espectadores, tuvieron que ser llevados por sus familiares en camillas, al no poder valerse por si mismos. Shostakovich, comenzó a componerla estando hambriento y debilitado en la ciudad sitiada, pero como el ejército, lograra sacarlo a través de la línea de vida, terminó de componerla afuera; por esta razón, la partitura, hubo de ser arrojada desde un avión militar. Actividades multitudinarias como esta, mantuvieron la moral y permitieron a muchos sobrevivir. Cuando visité esta ciudad, pude apreciar de primera mano el esplendor de la aristocracia zarista. Caminando por la avenida Nievsky, se disfruta de la vista de bellísimos jardines, edificios de arquitectura barroca, herencia de la influencia francesa. La catedral de san Isaac, rivaliza en el esplendor de su fachada con la catedral de san Pedro en Roma, con el domo de la de Florencia y con la de San Pablo en Londres. Por aquellos años, funcionaba como un museo, conocido como Museo de la religión y el ateísmo. No era fácil conciliar entonces tanta belleza y esplendor, con las imágenes conmovedoras y lúgubres de aquellos tiempos de ignominia. Visto todo esto desde una óptica optimista, se debe agradecer, que a pesar del cruento bombardeo y asedio de la artillería enemiga durante un periodo de tiempo tan largo, edificios tan representativos como el Ermitage, y la catedral de San Isaac, unos entre tantos tesoros con los que cuenta esta ciudad, hubiesen salido incólumes. En otro aparte de esta serie, mostraban unas imágenes documentales de lo que ocurrió al poco tiempo de la incursión de los nazis en Lituania. Generalmente al comienzo, luego de su arribo a cualquier poblado o ciudad soviética, los alemanes carnetizaban a la población, para poder identificar y capturar a quienes pertenecieran al partido comunista o fuesen judíos. Así lo hicieron en Vilnius, la capital de Lituania. Una vez capturada su presa, llevaron a todas estas personas, -una multitud que incluía mujeres ancianos y niños; había incluso mujeres con bebés de brazos, - a la plaza principal y procedieron a desnudarlos. Previamente, con la ayuda de buldóceres, habían cavado un foso inmenso y profundo. Luego a punta de culata, los llevaron hasta el borde de este foso, que de tan profundo, más parecía un precipicio y los empujaron, para que cayeran de espaldas, resbalando por el barranco hasta el fondo. Una vez estuvieron todos abajo, los buldóceres, procedieron a llenar sus palas con la misma tierra que había sido extraída y comenzaron a arrojarla sobre esta multitud. Los gritos de terror eran espantosos, inefables; algunas personas se resistían a morir y sacaban y agitaban sus brazos y manos, que era lo único que se les veía, pues quedaron enterrados vivos. Todo este horror, fue filmado por los nazis y estas películas, milagrosamente no alcanzaron a ser destruidas; cuando al cabo de unos años, el ejército Rojo recuperó la ciudad, el mundo pudo enterarse de primera mano sobre éste, uno entre miles de genocidios, perpetrados por estos asesinos. El documental también incluía dantescas escenas de los campos de concentración de Treblinka y del gueto de Varsovia. Esto de los guetos, era muy común por toda la URSS. Así por ejemplo, en Minsk, también hubo un gueto de judíos. De esto vine a enterarme, recientemente, ojeando un libro sobre el holocausto titulado* El libro negro, *escrito por Vasili Grossman e Ilyá Ehrenburg. No me queda claro, como es que no escuché sobre esto durante los años de mi estadía en la ciudad. Fieles a la tradición según la cual, la historia la escriben los vencedores, en occidente se ha tratado de dar una importancia desproporcionada al papel que jugó el invierno ruso durante la guerra. Es cierto, que el invierno de 1941, fue especialmente crudo; que la maquinaria bélica, se paralizaba por las bajas temperaturas y que las personas se entumecían, pero olvidan que esto jugaba para todos. El invierno no distinguía de nacionalidades ni de ideologías. Parecen olvidar en cambio estos historiadores, que es muy diferente estar combatiendo en el extranjero en pos de unos objetivos estratégicos , adosados de "patrioterismo", a estar defendiendo su gente, su ciudad, su barrio, su familia. Esto último en mi opinión, es lo que condujo a resultados tan asombrosos. Caso diferente, fue el de la invasión Napoleónica del siglo XIX. Napoleón, en su afán de someter a toda Europa, internó sus tropas en la inmensidad del imperio Ruso, en vísperas del invierno. El zar, aconsejado por sus generales, aplicó la estrategia de tierra arrasada. A donde quiera que llegaran los franceses, sólo encontraban desolación y ruinas, situación que se repitió hasta su arribo a Moscú. Como parte de la estrategia, el ejército del zar, cortó la línea de abastecimiento de los franceses, de modo que aunque dueños de media Rusia, se vieron abocados a regresar en pleno invierno, sin comida y poco abrigo; la batalla de Borodinó, aunque terminó en un empate, contribuyó a la desmoralización de los invasores. Resulta obvio que en esta situación, el invierno fue protagonista y factor decisivo, en la derrota de las huestes napoleónicas. A veces, resulta inevitable preguntarse sobra las ironías del mundo. Cómo puede entenderse, que en el seno de una sociedad que ha dado al mundo hombres como Bach, Beethoven, Leibnitz , Kant, Schiller, Goethe, Durero y tantos otros pensadores e ingenios, cumbre del talento y sabiduría humanas, se haya dado la simiente de tan nefasta barbarie como lo fue el nacional-socialismo. Se conoce de una serie de factores, que probablemente desencadenaron este lamentable episodio. El Tratado de Versalles [13] es uno de ellos;*

---

[13] El **Tratado de Versalles** fue un tratado de paz que se firmó en la ciudad de Versalles al final de la Primera Guerra Mundial por más de 50 países. Este tratado terminó oficialmente con el estado de guerra entre la Alemania del segundo reich y los Aliados de la Primera Guerra Mundial. Fue firmado el 28 de junio de 1919 en la Galería de los Espejos del Palacio de Versalles, exactamente cinco años después del atentado de Sarajevo en el que fue asesinado el archiduque Francisco Fernando, la causa directa de la Primera Guerra Mundial. A pesar de que el armisticio fue firmado meses antes (11 de noviembre de 1918) para poner fin a los combates en el campo de batalla, se necesitaron seis meses de negociaciones en la Conferencia de Paz de París para concluir el tratado de paz. El Tratado de Versalles entró en vigor el 10 de enero de 1920. El tratado de Versalles fue objeto de múltiples críticas. Las frustraciones y los desequilibrios que hizo nacer, jugaron un rol importante de las décadas que siguieron. Hitler se opuso desde que comenzó su ascensión política, al tratado de Versalles, que hizo pesar todas las consecuencias de la guerra en los hombros de Alemania. En efecto según el artículo 231, Alemania es considerada como la responsable de la guerra. El economista británico John Maynard Keynes, que participó en las negociaciones, lo consideró una «paz cartaginesa".

indudablemente colocó al pueblo alemán entre la espada y la pared, al imponer una indemnización descomunal, para reparar los daños ocasionados a los vencedores de la primera guerra mundial. Generaciones de alemanes, debían trabajar para Francia e Inglaterra, durante decenios y, mientras tanto arrastrar una vida miserable. Por los años veinte, Alemania experimentó una inflación como no se había visto nunca antes. Los precios aumentaban no de un día para otro, sino a cada hora. Cuentan que para ir a comprar el pan, había que llevar montañas de devaluados billetes en carretilla. Y en este escenario de ingobernabilidad e incertidumbre, apareció un excéntrico y pintoresco personaje, con algunas ideas "redentoras": Adolfo Hitler[14]. Los males del pueblo alemán según éste, habían sido ocasionados por los términos humillantes del tratado referido y por una economía secuestrada por los judíos. La solución por tanto, estaba en el desconocimiento de dicho pacto y en la aniquilación de los invasores judíos. Tanta desolación y desesperanza, fueron campo fértil para que una nación humillada, unas personas que a diario padecían hambre y frío, vieran en las promesas del futuro genocida de innegables dotes histriónicas y oratorias, y sin la menor sospecha del infierno que les esperaría en el futuro cercano, una posibilidad redentora; en la medida en que este personaje fue adquiriendo notoriedad política, luego de un quijotesco y fallido intento de golpe de estado en el año de 1924 en Munich, la aristocracia alemana fue tomando nota, de una

---

[14] político, militar y escritor alemán, canciller imperial desde 1933 y *Führer* —líder— de Alemania desde 1934 hasta su muerte. Llevó al poder al Partido Nacionalsocialista Obrero Alemán o Partido Nazi, y lideró un régimen totalitario durante el período conocido como Tercer Reich o Alemania nazi. Además, fue quien dirigió a Alemania durante la Segunda Guerra Mundial, que inició con el propósito principal de cumplir sus planes expansionistas en Europa. Ascendió al poder durante un período de crisis económica, social y política, acentuada por los efectos de la Gran Depresión de 1929 y el descontento y frustración popular en Alemania como consecuencia de la derrota en la Primera Guerra Mundial. A lo largo de su mandato político utilizó la propaganda estatal y su carismática oratoria para persuadir a las masas, enfatizando su oposición al Tratado de Versalles de 1919, al pueblo judío, al pacifismo y al comunismo internacional, particularmente el soviético-bolchevique. A la vez, resaltaba el nacionalismo alemán, el militarismo, el racismo, la llamada preservación de la raza aria, el pangermanismo y la anexión o recuperación armada de territorios europeos perdidos por el Imperio Alemán, después de la Primera Guerra Mundial. Después de reestructurar la industria y la economía y, de frenar en poco tiempo la inflación y el desempleo, Hitler se ganó el apoyo popular. Rearmó y organizó las fuerzas armadas.

oportunidad, para hacerse con el poder y luego deshacerse del proyecto de tiranillo. Pero que equivocados cálculos hicieron, pues a la vuelta de una década, para 1933 tendrían a un flamante canciller- fiurer, apostado en la cima del poder y con una aplastante mayoría en el parlamento. La tiranía, el abuso y el desprecio por los más elementales valores y derechos humanos, estuvieron entonces a la orden del día. Los partidos políticos desaparecieron como por arte de magia y la amenaza de una Alemania poderosamente armada, se cernía de nuevo sobre Europa. Pero las solas promesas, no eran suficientes. Se requería de una propaganda efectiva y lo más importante embaucar a la población a través del poder mediático de la época, que aunque infantil en sus alcances si se le compara al que estamos padeciendo hoy día, fue eficaz para los propósitos del momento. Fue así, como el régimen le vendió al pueblo la idea, de prosperidad a través del nacional socialismo, el partido gobernante, omnipotente y único. En conversaciones con compañeros de estudio de la entonces Alemania oriental, me comentaban que sus abuelos habían sido engañados, a través de los mensajes que se difundían en la televisión. Que por ejemplo, la invasión de Checoeslovaquia, era presentada como una gesta libertadora, a la cual había respondido con beneplácito el pueblo de este país. Y que la expoliación de esa economía, del mismo modo había sido presentada, como una contribución a la patria germana. Estos abuelos, que en ese momento eran la juventud germana, pensaban entonces, en términos de "acaso que podía tener de malo socialismo más nacionalismo. El primero abogaba por una sociedad más justa y el segundo enaltecía el orgullo alemán." De esta manera muchos fueron engañados y los escépticos, no pudieron hacer nada, ante la amenaza de terminar presos en un campo de concentración o abatidos al doblar cualquier esquina. En la ciudad de Volgogrado, por doquier se encontraban las huellas de esta tragedia. Complejos esculturales en bronce o piedra, enalteciendo el valor y el arrojo del soldado soviético. Calles con nombres de héroes locales y nacionales. Ancianos que mostraban con orgullo sus medallas sobre sus chaquetas, como testimonio de su heroísmo durante aquel periodo, cosa tan habitual, que ya casi nadie les prestaba mayor atención. Otras personas de edad avanzada, que habían conocido aquellos días, no perdían la oportunidad de decirle a todos, casi todo el tiempo, que la guerra no podría volver nunca. Tanto lo escuché, durante seis años, que llegué a creerlo, al menos en los límites de este martirizado país. Por esto mismo, me siento confundido en el presente, con lo que está ocurriendo actualmente, con una parte de Ucrania, en donde vive una minoría rusa, las repúblicas de Daniets y Lugansk, las cuales no estuvieron de acuerdo con el asalto al poder perpetrado por una facción fascista, apoyada por USA, la cual mediante argucias engañó a una parte de la sociedad y rompió el hilo constitucional, y desde entonces viene sembrando el terror, en el territorio de esta repúblicas. Definitivamente, desde hace unos años, el mundo está literalmente al revés. Mediante el monopolio de los medios de comunicación, los "dueños del mundo", día a día crean un mundo virtual a su medida. Un ejemplo patético que da cuenta de ello, es el caso de la hermana república Bolivariana de Venezuela. Un país, en donde en los últimos dieciocho años, se han realizado diecinueve certámenes electorales, y a pesar de ello su actual gobierno es tachado de dictadura. Todavía peor, si tenemos en cuenta que el 98% de los medios de prensa escrita y hablada y la televisión, están en manos de la oposición y esta última, conspira a diario en contra del gobierno, llegando al extremo de pedir una intervención armada en su propio país, sin ser importunados en lo más mínimo por lo que en realidad es alta traición en cualquier lugar del mundo. Una "dictadura" que permita tales despropósitos, solo podría existir en el mundo de la ficción. Se ha desatado una persecución al gobierno Bolivariano y chavista de este país, como no se recuerda en la historia reciente. Los argumentos de la oposición y del gran capital internacional, representados en la política injerencista del gobierno de los EEUU y sus lacayos, y repicados incesantemente, por las corporaciones mediáticas a su servicio,- hecho que recuerda las teorías de Gebels- , confunden al ciudadano de a pie, haciendo ver las consecuencias de su agresión, como los desatinos del gobierno y los argumentos generadores de una supuesta crisis humanitaria. No hacen falta tres dedos de frente, para darse cuenta del verdadero motivo de interés del imperio norteamericano por esta nación, tan claramente expresado por el expresidente Obama, cuando de manera incomprensible, por lo inesperado, caracterizara a la patria de Bolívar como "amenaza extraordinaria e inusual" para su país. En territorio venezolano, se encuentra la quinta parte de las reservas petroleras del mundo. Este motín, explica el desaforado interés que está exacerbando el hambre expoliadora de esta decadente potencia. Además, las políticas integracionistas a nivel regional, representadas en organismos como la Unasur, la Celac y el Alba,- herencia de Hugo Chávez-, y el carácter social de sus políticas al interior del estado venezolano, contradicen el egoísmo inherente a la doctrina neoliberal y las parasitarias estructuras de orden capitalista a la vez que obstaculizan su "normal" funcionamiento. No es este el espacio, para seguir profundizando en este tema; al respecto, se tiene la visión de mentes preclaras en el ámbito del análisis político internacional, como es el caso de los artículos especializados y publicaciones diversas del analista argentino Atilio Borón y del lingüista y politólogo norteamericano Noán Chomsky, por citar algunos. Todo lo que no sea dócil a los deseos y dictámenes de los nuevos amos, es calificado de terrorismo y debe desaparecer de la faz de la tierra. Es tal la enajenación, que muchos creen ciegamente, todo lo que se les inocula desde estos centros de poder mediático. Pero tal como lo demuestra la historia, nada es para siempre. Quien hubiera imaginado por ejemplo, en los tiempos de los faraones del antiguo Egipto, que ese milenario imperio, algún día llegaría a su ocaso; que los hombres, suplantarían a Amón y a los demás dioses, por otros. O que el legado de Cesar y Augusto, llegaría máximo, al siglo XV, con la caída de Bizancio, en poder del imperio Otomano. O en un caso más reciente, el ocaso del imperio chino, cuando el confucionismo que había sostenido las dinastías desde tiempos inmemoriales, entró en crisis, generando el desbarajuste que colocaría a esta nación en el camino del socialismo, con un perfil, bastante particular y ambivalente por cierto. El caso de Colombia, es paradigmático. El paramilitarismo, con su estela de corrupción y muerte, se tomó al país. Un segmento de la población, aún y a pesar de todas las evidencias condenatorias, sigue fielmente a un "pequeño mesías", comprometido con el crimen y la barbarie; apostado sobre pies de barro, aún pretende perpetuarse en el poder utilizando las más abyectas estratagemas. Mientras tanto, el pueblo sigue en la más absoluta ceguera y haciendo ostentación de un oso bochornoso ante el mundo, como lo fue el reciente plebiscito refrendatorio del acuerdo de paz con la guerrilla, verdadera muestra de estulticia por parte de una parte de la población. En Brasil, una presidenta honesta, fue depuesta mediante un golpe parlamentario, a pesar de haber sido elegida por 58 millones de brasileños. Su crimen: haberse negado a proteger a los congresistas corruptos del parlamento brasilero, amén de no haber entregado el país, a los intereses del imperio norteamericano. Si todos siguiéramos los tres principios Kantianos, el mundo sería un paraíso. Pensar por sí mismo, colocarse en el lugar del otro y finalmente, ser consecuente. Que sencillos y que sabios. Pero no. Parecen tener razón, los naturalistas que teorizan, sobre la evolución del cerebro humano. Según algunos de ellos, hay una parte interna en el cerebelo, que se quedó en su estado primitivo. Debe ser esta parte, la que aflora, cuando se comete tanta barbarie e injusticia. Al contrario, de lo que pregonaba la propaganda imperialista, respecto del pueblo ruso, encontré que en la cotidianidad, no se trataba de personas violentas ni autoritarias, sino de todo lo contrario. El pueblo ruso, es lo que está plasmado en su literatura, en su música, en su folklore. Es un pueblo romántico en el sentido de su idealismo, su altruismo, su generosidad. Y también soñador a cual más. En la época soviética, los abismos sociales habían sido superados. Las personas del común, que eran la inmensa mayoría tenían un nivel de vida equivalente al de un estrato cuatro alto en nuestras sociedades tercermundistas. Tenían apartamento, carro, finca en su gran mayoría. La diferencia, de pronto era para las grandes *personalidades de la ciencia y el arte, que no podían tener el mismo nivel de vida y privilegios, que el de sus pares en los países capitalistas. En una sociedad tan culturizada, los científicos estaban por doquier. No solo en las universidades, donde su presencia era de por sí era abrumadora. Recuerdo por ejemplo, a un profesor de Metalografía, que con tan sólo 25 años, era miembro de la academia de ciencias, máximo honor para un científico en ese país. Cuando comenzamos su curso, en la bibliografía había un libro suyo. Cuando fui a pedirlo en la biblioteca, descubrí, que ya había publicado más de diez títulos relacionados con esta ciencia. En las universidades, la presentación de exámenes, era particularmente complicada. No solo por el rigor de las carreras - en mi caso la ingeniería mecánica- sino por el carácter oral de las pruebas y el abismo entre profesor y alumno. Nos sentíamos, como un ratoncito al lado de un león. En muchas ocasiones, tuve que sufrir el dolor ajeno, pues para la mayoría de los compañeros extranjeros, el idioma era una barrera casi infranqueable. Por poco se orinaban del susto en dichas pruebas, a pesar de ser buenos estudiantes. En mi caso, tuve la suerte de tener una gran facilidad para desenvolverme en este idioma, a lo cual contribuyeron probablemente, un oído musical y una relativamente buena memoria. A veces sin embargo, como ocurría en las clases prácticas de filosofía, me sentía muy distante de la elocuencia de mis compañeros rusos. Cuando tomaban la palabra, podían disertar horas enteras en temas abstractos y complicados, sobre textos de los filósofos de la antigua Grecia, o sobre Leibniz, Hume, Kant, Engels, Hegel, Marx , utilizando los más apropiados tecnicismos, con absoluta propiedad y dominio. Se movían con naturalidad, por las vertientes idealistas y materialistas, por las del materialismo dialéctico y el materialismo histórico. Pero esta admiración, terminó un día de manera abrupta. En una de las clases, uno de los más carismáticos del curso, estaba en medio de una intervención ante el grupo, cuando de pronto, no pudo seguir y todo el grupo estalló en hilaridad. Todos rieron, menos los extranjeros. Cuando averigüé el motivo, alguien me comentó, que era una práctica generalizada, leer subrepti-*

ciamente del texto de estudio, aparentando que se estaba improvisando. En otras palabras, eran unos maestros del tele-pronter. Que la interrupción súbita, obedecía a que al libro que estaba leyendo, le faltaba una página. Por mi parte, a diferencia de esto, mis intervenciones siempre eran improvisadas, lo que causaba muy buena impresión tanto en los profesores como en mis compañeros. Con este apunte anecdótico, no pretendo poner en ningún momento en tela de juicio la calidad de la educación de este país. Por el contrario, al margen de mi formación en ella, objetivamente podría dar testimonio de su alto nivel. Al comienzo, me sentía inseguro, debido a la excelente preparación que traían los compañeros rusos desde el colegio. Y es que no podía ser de otro modo. En la sociedad soviética, una prioridad era la educación. Esto se reflejaba, como ya mencioné antes, en la cantidad de científicos, en una sociedad profesionalizada en su mayor parte y en los grandes logros en todos los campos, realizados por este país. Tal vez una de las debilidades en el modelo socialista de la Unión Soviética, lo constituía a mi modo de ver y aunque parezca paradójico, la misma igualdad de oportunidades, en el sentido de que al haber mucha competencia la gente comenzaba a actuar más por intereses personales que colectivos; se declaraban internacionalistas, fieles seguidores del socialismo, pero se notaba por ejemplo en el caso de muchos de mis compañeros de estudio, que era sólo una fachada. Se utilizaba el discurso marxista, de una manera inercial, como ocurre en los movimientos religiosos. Tal vez, el mayor peligro para una sociedad, es cuando la política transmuta en religión. Por esto mismo, la perestroika, sobre la cual trataré más adelante, fue un fenómeno tan sorprendente. En cualquier grupo humano, cuando existen unos códigos que regulan su funcionamiento, generalmente todos los miembros del mismo, se esfuerzan porque todos los respeten, pues en la medida en que eso ocurra, tienen garantizado un escenario propicio, en el cual poder lograr sus objetivos individuales. Tal estado de cosas, fue paradigmático, en el caso de las monarquías Europeas de los siglos XIV al XIX, caracterizadas por su absolutismo. Quién estaba con el rey gozaba de su *confianza, tenía especiales privilegios, razón por la que por ningún motivo, podía tolerar la deserción de otro, ni mucho menos arriesgarse a caer en desgracia por alguna desobediencia. Los primeros interesados en la perpetuidad de tal organización, eran los miembros de las cortes. Esto, lo vislumbró muy bien Nicolás Maquiavelo[15], quién a través de su obra* El príncipe, *establece un código de comportamiento y actuación, para los gobernantes, luego de haber estudiado el comportamiento de muchos de ellos en distintas épocas, comenzando por los antiguos griegos, y haber realizado una profunda y concienzuda reflexión sobre el proceder de los mismos. Maquiavelo, pertenecía a la clase culta de Florencia, fue contemporáneo de Miguel Angel, ocupó importantes cargos en la administración de Florencia, durante el interregno republicano que desterró a los Medici. Su nombre pasó a la historia, pues con esta obra, se da comienzo a la política moderna. La maquinaria del estado soviético, era gigantesca. Estaba conformada, por todo un contingente de líderes jerárquicamente posicionados y fanáticamente fieles, a unos postulados establecidos por la doctrina marxista–leninista. Cualquier iniciativa propia, que se apartara de los mismos, sería considerada como revisionismo, lo que era sinónimo de traición. La situación económica y los problemas en el funcionamiento del estado, tuvieron que ser demasiado graves, para que se le hubiera permitido a un secretario general, por omnipotente que hubiese sido su investidura, dar un giro tan brusco al*

---

[15](Florencia, 1469- 1527)   fue un diplomático, funcionario público, filósofo político y escritor italiano, considerado padre de la Ciencia Política moderna.[1] Fue así mismo una figura relevante del Renacimiento italiano. En 1513 escribió su tratado de doctrina política titulado *El príncipe*, publicado póstumamente en 1531 en Roma. Aunque nunca lo dijo, se le atribuye la frase *el fin justifica los medios*, ya que resume muchas de las ideas contenidas en el capítulo XVIII de *El príncipe*: solo el resultado justifica la acción. Fue además el creador del concepto de la razón de estado, fundamental en Política. Maquiavelo lo expone en sus *Discursos sobre la primera década de Tito Livio* (lib. III, cap. 41 "Que la patria se debe defender siempre con ignominia o con gloria, y de cualquier manera estará defendida"): En los *Discursos*, Maquiavelo se declara partidario de la república, partiendo del supuesto de que toda comunidad tiene dos espíritus contrapuestos: el del pueblo y el de los grandes (que quieren gobernar al pueblo), que están en constante conflicto. Para Maquiavelo el mejor régimen es una República bien organizada (toma como ejemplo la República Romana), aquella que logre dar participación a los dos partidos de la comunidad, para de esta manera contener el conflicto político, dentro de la esfera pública.

timón del estado soviético. Esos al comienzo tímidos cambios, desembocarían en el colapso de todo un sistema que involucraba a varios países y a millones de personas. La figura de Karl Marx[16], marcó la segunda mitad del siglo XIX. Al igual, que la mayoría de los revolucionarios a través de la historia, pertenecía a la clase acomodada. Su padre había sido abogado. En su país Prusia, desde muy joven se había mostrado como alguien inquieto, por comprender el funcionamiento de la sociedad de la época y sus grandes contradicciones. Debido a esto, pronto fue señalado por los poderes conservadores vigentes, como alguien peligroso e indeseable y, se vio en la necesidad de exiliarse. Marchó a Francia y luego a Bélgica, hasta donde llegó el brazo de sus enemigos, por lo que terminó en Inglaterra. En Londres, asistió a conferencias de Hegel quién aportaba una nueva visión de la sociedad, desde la dialéctica entendida como la solución de las contradicciones sociales. Se convirtió en asiduo visitante de la sala de lectura del Museo británico. Había leído una obra de

---

[16] (Tréveris 1818-Londres 1883) Fue un filósofo, economista, periodista, intelectual y militante comunista prusiano de origen judío. En su vasta e influyente obra, abarca diferentes campos del pensamiento en la filosofía, la historia, la ciencia política, la sociología y la economía; aunque no limitó su trabajo solamente a la investigación, pues además incursionó en la práctica del periodismo y la política, proponiendo siempre en su pensamiento, una unión entre teoría y práctica. Junto a Friedrich Engels, es el padre del socialismo científico, del comunismo moderno, del marxismo y del materialismo histórico. Sus escritos más conocidos son el *Manifiesto del Partido Comunista* (en coautoría con Engels) y *El Capital*. Las teorías de Marx sobre la sociedad, la economía y la política, que se conocen colectivamente como el marxismo, sostienen que todas las sociedades avanzan a través de la dialéctica de la lucha de clases. Fue muy crítico de la forma socioeconómica vigente de la sociedad, el capitalismo, al que llamó la "dictadura de la burguesía", afirmando que se llevaba a cabo por las acaudaladas clases dueñas de los medios de producción, para su propio beneficio. Y teorizó que, como los anteriores sistemas socioeconómicos, inevitablemente se producirían tensiones internas, producidas por las leyes dialécticas, que lo llevarían a su reemplazo por un nuevo sistema a cargo de una nueva clase social, el proletariado. Sostuvo que la sociedad bajo el socialismo, sería regida por la clase obrera en lo que llamó la "dictadura del proletariado", el "Estado obrero" o "democracia obrera". Creía que el socialismo sería, a su vez, finalmente reemplazado por una sociedad sin Estado y sin clases, llamada comunismo puro. Junto con la creencia en la inevitabilidad del socialismo y del comunismo, Marx luchó activamente para la aplicación del primero (el socialismo), argumentando que los teóricos sociales y las personas desfavorecidas debían realizar una acción revolucionaria organizada para derrocar el capitalismo y lograr un cambio socioeconómico.

Fridrich Engels¹⁷, La situación de la clase obrera en Inglaterra, la cual dejaba al descubierto la dramática situación de miseria, en la que vivían millones de obreros en esta nación, muchos de ellos mujeres y niños, lo que le quedó dando vueltas en la mente y allí, durante diez años, se dedicó a investigar en diversas fuentes y escribió muchos de sus textos, incluida su obra más famosa El *capital.* Esta obra, de carácter especialmente económico, sorprendió por su enfoque novedoso, sobre el desarrollo de la sociedad. Al contrario de las teorías existentes hasta ese momento, colocaba a la cultura material y concretamente a las formas de producción, como el factor determinante de lo que llamó la superestructura, entendiéndose por ello al estado y sus instituciones, a la vez que determinaba las particularidades de la estructura social. Desenmascara el carácter explotador de las formas de producción capitalista, en donde los propietarios acumulan riqueza, a costa de la miseria de sus empleados. Para este pensador- sociólogo y economista de profesión, hay dos momentos cruciales en la transformación del mundo, que son la invención de la agricultura y la revolución industrial. Poco más de un siglo después, el sociólogo norteamericano Alvin Toffler, agrega a estos dos eventos, un tercero de crucial importancia, la informática, cuyas ondas de choque aún hoy día seguimos experimentando, para darnos una visión global de lo que ha sido la evolución de la sociedad, en su

---

[17] (Barmen-Elberfeld, Prusia1820-Londres 1895), fue un filósofo y revolucionario alemán. Amigo y colaborador de Karl Marx, fue coautor con él de obras fundamentales para el nacimiento de los movimientos socialista, comunista y sindical, y dirigente político de la Primera Internacional y de la Segunda Internacional. La amistad con Marx, al que reconocía una superior capacidad teórica y mayor originalidad en las ideas, duró cuarenta años de estrecha colaboración. En adelante Engels se convirtió en el sostén de Marx, al que mantuvo junto a su familia, durante los años en que se dedicaba a elaborar *El capital*. Su primera obra en común fue un opúsculo, *Crítica de la crítica crítica: contra Bruno Bauer y compañía*, en el que los autores atacaban a los restos de los «jóvenes hegelianos» idealistas y oponían a este el materialismo que habían adoptado.[36]

obra *La tercera ola*, que para quienes tuvimos la fortuna de leerla por los años 80, constituyó todo un descubrimiento. Pero, por ahora volvamos a mi historia personal, más adelante elucubraremos de nuevo sobre estos tópicos. Terminada la facultad preparatoria, gracias a un buen record de calificaciones, fui enviado al Instituto Politécnico de Bielorrusia, con sede en la capital de esta república, la ciudad de Minsk. Bielorrusia que entonces era una de las quince repúblicas de la URSS, es hoy en día un país independiente, ubicado al este de Polonia. Minsk, está ubicada más o menos a mitad de camino entre Varsovia y Moscú. Por los años ochenta del siglo anterior, era una urbe de alrededor de un millón de habitantes, muy bien planificada, como todas las ciudades de la URSS, con amplias avenidas y jardines por doquier. El nombre de este país, significa Rusia blanca y, obedece al hecho, de haber sido la primera región de la Rusia pre-zarista , en ser liberada del yugo mongol, allá por el siglo XVI. Como se recordará, la dinastía de Gengis Kan iniciada en 1205, de cuyos pormenores conocemos a través de los escritos de Marco Polo, se extendía desde Mongolia, pasando por la china e India. El viajero veneciano, logró la amistad de Kublai Kan, nieto de Gengis. Los mongoles, llegaron incluso a la Rus de Kiev en el siglo XIII y sometieron a los eslavos durante tres siglos. Bielorrusia, también conoció del martirio de las huestes hitlerianas. Por allí, comenzó la invasión del país de los soviets, a través del punto fronterizo de Brest, en la frontera con Polonia en 1941. Los nazis, atacaron de imprevisto, bajo la excusa de una supuesta incursión de tropas soviéticas, en la entonces ocupada Polonia, haciendo caso omiso del Pacto de no agresión, firmado dos años antes, por Ribbentrop y Molotóv, ministros de relaciones exteriores en ese momento de Alemania y la URSS, respectivamente. Los críticos del socialismo soviético , de manera interesada han querido ver en este pacto, una alianza entre estos dos sistemas con objeto de establecer su esfera de influencia , sobre naciones de Europa Oriental como Polonia, los países Bálticos, Rumania y Finlandia; nada más fuera de contexto, y de toda lógica, al tratarse de dos modelos tan contradictorios entre si. Uno caracterizado *por sus políticas internacionalistas, el otro por el odio, el ingerencismo y su afán de expoliación sin límites. Incluso en su momento, este tratado fue duramente criticado en ambos estados, por considerarse los mismos mutuamente principales enemigos. Stalin consiente, de la debilidad de sus recursos, para enfrentar a una Alemania armada hasta los dientes, trató de establecer acuerdos con los gobiernos de Francia e Inglaterra, los cuales no se lograron –los gobiernos de estas naciones, le apostaban a un mutuo aniquilamiento de sus enemigos, representados por Alemania y la URSS –y como consecuencia, se vio abocado a la realización de este acuerdo. Con el colapso de la URSS, nuevos documentos han salido a la luz; la existencia de unas cláusulas secretas, en virtud de las cuales, estas dos naciones , se repartirían los territorios de las naciones mencionadas arriba. Sin embargo, esto estaría por ser esclarecido, bajo el rigor de estudios históricos, ajenos al marco de intereses políticos, lo que en el mundo actual suena a utopía. Un mes, había sido el plazo estimado por el reich, para hacerse con un país territorialmente del tamaño de Rumania (alrededor de la quinta parte de Colombia). La realidad, fue más cruda. En tan sólo una semana, lograron su cometido. En las universidades soviéticas se daba gran importancia al estudio de la historia y la filosofía, independientemente de la carrera. Gracias a ello, pude tener una mejor visión del mundo. El instituto Politécnico de Bielorrusia[18], era como los de su tipo entonces, una universidad especializada, en este caso en ingenierías y arquitectura. El término de "universidad", a diferencia de la costumbre en occidente, se utilizaba para las instituciones, de formación humanística. El campus universitario, ocupaba un área de*

---

[18] *La historia de la UNTB comienza desde el año 1920, cuando el Colegio Politécnico de Minsk se convirtió en el Instituto Politécnico Estatal de Belarús. Esta decisión se adoptó en respuesta a la urgente necesidad de la formación de especialistas técnicos. Durante los ultimos 90 años la Universidad Nacional Técnica de Belarús lleva a cabo la capacitación de los especialistas de alta calificación, que tienen conocimientos profesionales excelentes en el ámbito de ciencias técnicas. En la actualidad, la Universidad Nacional Técnica de Belarús ofrece en sus 17 facultades a los ciudadanos belarusos y extranjeros una amplia gama de programas educativos para la formación de los especialistas, másters y estudiantes de doctorado, que abarcan casi todas las áreas de la economía moderna. Tal propuesta atractiva da a todos los interesados la oportunidad de hacer realidad sus ambiciosas aspiraciones bajo la dirección de profesores intelectuales altamente calificados.*

unas cuatro manzanas, con edificios de varios pisos. La facultad que me correspondió, era la de Automóviles y Tractores y estaba patrocinada, por una fábrica de volquetas carboneras de nombre BELAZ . Esta última estaba ubicada en una localidad aledaña, de nombre Ródina. La primera vez que estuve en esta fábrica, a muchos les causó curiosidad, la admiración que mostré al ver un torno. En Colombia, nunca había visto uno. Los obreros rusos, me preguntaban, si era que en Colombia no habían, lo cual es como en pleno siglo XXI, preguntarle a alguien, si en su país hay carros. En estas prácticas, conocí a un obrero, de edad madura y pequeña estatura, cuyo caso me llamó la atención. Era un 20 de Julio, estaba en la fábrica y este personaje se dirigió hacia mi sin que nos conociéramos. Me extendió su mano y me felicitó por la efemérides. Quedé sorprendido y sin saber que decir, pues no comprendía de que se trataba; me reprochó entonces, el haberme olvidado del día de independencia de Colombia; con verguenza recibí la felicitación, pues no me acordaba. Así comenzó una amistad, que perduró durante la práctica, alrededor de un mes. No podía conciliar la presencia humilde de este obrero, con su sofisticada manera de expresarse y su erudición general. Hablábamos de filosofía, de historia, de literatura, de música. A su lado, notaba que tenía mucho por aprender. Su conocimiento de los países latinoamericanos era asombroso. En la medida en que gané su confianza, pude comprender el porqué del asunto. Se trataba de un científico, que había caído en desgracia y tenía por cárcel esa fábrica. Llevaba confinado allí varios años. Su delito, haber proseguido a escondidas, un proyecto de investigación, sobre el genoma humano, pese a la prohibición del gobierno. Al parecer, en el proceso de lograr sus grandes metas, el sistema cometía errores como este, situación a todas luces difícil de entender. En la universidad, la gran mayoría de los estudiantes eran soviéticos y había extranjeros de muchos países, en especial, africanos, latinos y asiáticos. En mi caso, tenía en mi grupo, compañeros de Siria, Sudán, Laos, Madagascar y Yemen del sur. El vínculo entre nosotros, era el idioma ruso. Aunque éramos buenos compañeros de estudio, no era *común desarrollar una amistad como tal, debido a las grandes barreras culturales que nos separaban. Por ejemplo la fonética del idioma árabe, para mí resultaba de lo más desagradable por su contenido gutural; escuchar hablar a los árabes, es lo más parecido a escuchar personas que pelean; por otra parte, las relaciones entre varones, solían ser demasiado cercanas en lo físico y afectivo, lo cual nos resultaba incómodo, pues trataban de relacionarse con nosotros de la misma manera. En cuanto a los Africanos, su manera de ser, en algunas ocasiones parecía en cierto modo grotesca y de mal gusto, pues muchos de ellos no solían guardar las distancias en el trato personal, que nos son tan naturales a los latinos. Por ejemplo, en cierta ocasión, uno de ellos, me pidió el favor de prestarle una tina, que utilizábamos para lavar la ropa. Pasaron dos días y nada que me la devolvía, por lo que me dirigí a su habitación en la residencia estudiantil para pedírsela. Abrió la puerta y me dejó allí esperando; luego de unos minutos, salió con la tina llena de orina y así me la entregó y cerró la puerta antes de que pudiera decirle nada. Resulta, que era un fin de semana y había tenido a dos muchachas rusas de las fáciles, a escondidas en su habitación y, como no podían salir al baño, pues serían descubiertas y expulsadas de la residencia, era ese el motivo del préstamo de latina. Por otra parte, noté que entre los mismos africanos, había barreras culturales, que obstaculizaban su interrelación. De hecho, en este sentido, Africa es un continente muy diferente a Latinoamérica, no solo por estar conformado, por una mayor cantidad de países y etnias,- en la actualidad, son cincuenta y cuatro estados- sino por las grandes diferencias culturales al interior de las mismas. Mientras que Latinoamérica, habla el mismo idioma, y se tiene un legado cultural hispánico común desde el rio Bravo, hasta la Patagonia - con algunas poquísimas excepciones-, en el caso de Africa, prácticamente cada país tiene varias lenguas natales habladas por segmentos representativos de su población y, por si fuera poco, hablan oficialmente la lengua de quienes los colonizaron y sometieron a esclavitud y expoliación. En la práctica, esto se percibía, en la facilidad con la que nos relacionábamos todos* los latinos, así no fuéramos formalmente conocidos, mientras que entre los estudiantes africanos, esto no ocurría. Por ejemplo, los compañeros de Nigeria, no se saludaban con los de Tanzania; ambos países están en el mismo continente, pero separados por una gran distancia, tanto en lo físico como en lo cultural. En el caso de Madagascar y Mauricio, dos naciones insulares cercanas a la costa centro-oriental de Africa, no se consideraban africanos y se enojaban, cuando se les consideraba como tal. Caso irónico, pues los árabes de la costa del mediterráneo occidental, aglutinados en la región conocida como Magreb (Marruecos, Sáhara Occidental, Argelia, Túnez, Argelia, Mauritania y Libia), si se consideraban con orgullo, miembros del continente negro. Entre los africanos, había unas diferencias sociales, que no se veían entre los demás compañeros. Muchos eran muy humildes y otros pertenecían a la alta sociedad. Recuerdo por ejemplo, a un conocido, que era vecino de piso. Nos tratábamos, a pesar de no estar directamente relacionados en los estudios, porque era un muchacho muy educado y distinguido. En cierta ocasión, me invitó a su habitación para conversar. Sobre una mesita, tenía una foto, en donde posaban por lo menos medio centenar de personas negras, la mayoría muchachos y niños. Posaban también un grupo de mujeres adultas y en el centro un militar de alto rango. Todos estaban de pie, con excepción del hombre. Me comentó que se trataba de sus diez mamás y sus cuarenta y cinco hermanos, junto con su padre. Resulta que el papá, era el ministro de defensa de su país. Descubrí cosas, que antes no podía imaginar. Por ejemplo, que los latinoamericanos, somos de los pocos pueblos monolingües del mundo. En Africa y Asia es común que la gente hable en su lengua natal y en la del país colonizador. Por lo general, los africanos hablaban inglés y francés, al igual que los árabes. Esto significa, que con el ruso hablaban tres lenguas como mínimo. Descubrí también, que una de las mejores formas de comprender una cultura y su cosmovisión es a través de su lengua. Si comparamos a las lenguas castellana que hablamos en Latinoamérica y la rusa, desde el punto de vista de la ortografía por ejemplo, descubrimos que esta última, es *innecesaria en términos linguísticos. Es claro, que nuestras dificultades ortográficas, obedecen en la mayoría de los casos a distorsiones en la fonética. Pero desde una óptica social, en el caso de Latinoamérica, termina cumpliendo un rol discriminatorio, por cuanto es fácil detectar a través del lenguaje escrito a una persona poco preparada. En el idioma ruso, al no existir la ortografía, esto no es posible. Muchos hispanoparlantes, se sienten mortificados por las normas de acentuación. No sospechan que estas son en realidad una herramienta de gran utilidad para los extranjeros y para nosotros mismos al momento de pronunciar una palabra desconocida. Esto lo noté, cuando durante mis primeros pasos en el aprendizaje del idioma ruso, descubrí que carecía de normas de acentuación. Esto significa, que la única forma de saber como se pronuncia una palabra escrita es escuchándola. Por esta razón me veía en la necesidad de tildar con la ayuda de algún compañero ruso, cuanta palabra tuviera más de dos sílabas, es decir prácticamente todas. Noté también, que entre diferentes países que hablan la misma lengua, cada quién considera que fonéticamente, la habla en modo neutral, mientras que los demás lo hacen cantado. En lo que sí había consenso, es en que los colombianos, pronunciamos con claridad todos los sonidos, a diferencia de los naturales de otros países hermanos. Descubrí algunos de los mitos que manejamos los colombianos, elevándolos a realidades motivo de orgullo nacional. El mayor de ellos, el del himno nacional. Es común escuchar en nuestro país, que el himno nacional de Colombia, es el segundo más bello del mundo, después de la Marsellesa. Todos los colombianos, repicábamos esto con orgullo, ante los compañeros de otros países. Generalmente, eran personas tan educadas, que sonreían y no opinaban. Sin embargo, no faltaba el franco, que nos refutara, cuestionándonos, como era posible considerar a su himno patrio como segundo y no como debe ser : el primero en el mundo. Es como si alguien aceptara que su mamá, no es la mejor del mundo. Me cuestioné, bajo qué condiciones podría ser cierto esto del himno; tendría que haber por ejemplo, un concurso mundial de himnos nacionales; nada más desca-*

bellado e insensato. Otro mito muy común entre colombianos, es la creencia en que el castellano es el idioma más difícil del mundo. En la experiencia de compartir con personas de muchos países, la mayoría opinaba que nuestro idioma era una maravilla por lo fácil. Y es que el sólo hecho de pronunciarse como se escribe ya de por sí es una gran ventaja. Personalmente opino, que al menos comparado con el ruso es un idioma relativamente sencillo. En otras palabras, emitir juicios de valor, sobre categorías subjetivas, es sólo de necios e ignorantes. Esto me ayudó a no seguir haciendo el ridículo. Quizá lo más importante de todo esto, me hice consciente, de que la naturaleza humana, es la misma en todas partes. No distingue de razas, ni de grados de desarrollo cultural, económico o político. A través del trato cotidiano, con personas de culturas tan lejanas, fui percibiendo las mismas pasiones, sueños, temores, mezquindades. Definitivamente al fin de cuentas, se trata de seres humanos con las mismas virtudes y defectos. Años más tarde, en la obra Memorias de Adriano, *de Margarita Yourcernar, me encontré con ideas similares, en la reflexiones del personaje central, el emperador Adriano. En el caso de las familias soviéticas, al margen del carácter humanista del socialismo, los padres soñaban con el acenso social de los hijos, a través del matrimonio, de las amistades, los parentescos; luchaban por un mejor nivel social, representado por el dinero y las influencias, aunque en teoría se decía lo contrario. Aunque era común encontrar a la mujer en trabajos rudos, que en nuestros países, son sólo para hombres, como en albañilería, operación de máquinas en plantas metalúrgicas y similares, de todas maneras se dejaba entrever el machismo. Recuerdo por ejemplo, que en cierta ocasión, me desplazaba de la casa a la universidad en un trolebús, en pleno invierno. La mayoría de los conductores de estos buses eran mujeres maduras, las que por lo general eran de contextura robusta. De pronto, el troli se detuvo, al desprenderse una tiranta de la línea de energía. La conductora se colocó sus guantes y se aprestaba a encaramarse en el techo para colocar la tiranta; algo de lo más peligroso, dada la presencia de hielo en el mismo. De inmediato, se escuchó el clamor de la mayoría de pasajeros, en especial de las mujeres, prohibiéndole subir y, en cambio solicitando a un hombre, la realización de esta tarea. Así como un mercado es una especie de espectro social a través del cual se pueden entrever las particularidades culturales de una sociedad, descubrí que otra forma de conseguir este propósito, es viajando en bus urbano. En una ocasión, en que me desplazaba en un bus por la ciudad, en el puesto inmediatamente adelante, estaban sentados dos rusos. En estos casos, si uno está sólo, es inevitable escuchar una conversación ajena. Uno de ellos, se lamentaba de la actitud hostil de su mujer. Cómo es posible -se dolía- que la mujer puede hacer lo que le dé la gana con uno y en cambio, si es uno el que la maltrata, hasta a la cárcel puede ir a parar. Mi mujer el otro día, me escalabró con una sartén. Fui a poner la queja a la milicia. Por respuesta recibí miradas burlonas y hasta me dijeron, que si no me daba pena ser tan guevón, que me amarrara los pantalones. Otra vez, en condiciones similares, escuché la conversación de dos colegialas muy bonitas. Una le contaba a la otra, que había estado en una fiesta y había conocido a un muchacho que le había gustado. A la solicitud de describirlo, dijo : alto, de buena familia, con plata y bueno para tomar. Es una situación que parece tomada de cualquiera de nuestros países, con la diferencia de lo del licor. Definitivamente, pareciera que las mujeres son las mismas en todo el mundo, al margen de culturas e ideologías; se dejan impresionar por el poder, lo extranjero y lo exótico. En un programa para TV, sobre el tema del machismo en Cuba, una anciana decía: el hombre es hombre y la mujer es mujer y eso no lo cambia ni Fidel. Pero el mundo de las tradiciones, difiere a este respecto. Cada país, cada región incluso dentro de un mismo país, tiene su propio y particular imaginario. En el caso de Rusia, esto se puede ilustrar, a través de situaciones, como la que describo a continuación. En el apartamento, que compartíamos con una pareja rusa de edad madura, vivía una abuela de edad bastante avanzada. Una madrugada murió y aunque no participamos de ninguno de los rituales tradicionales, por ser extranjeros, -estaba prohibido alquilar a los extranjeros-si pude advertir algunas particularidades. Lo primero que hizo la hija de la difunta, luego de avisar a las autoridades forenses, fue llenar la sala hasta el techo con cajas de vodka y comprar mucha comida. La costumbre, es que luego del entierro, durante una semana se reúnen la familia y los amigos cercanos, a recordar al difunto y tomar y comer en su memoria. Luego de esto, al siguiente mes se repitió este ritual aunque por menos tiempo. Parece ser que lo normal en estas situaciones, es que luego de un deceso corren ríos de vodka. Durante el entierro, no utilizaron carroza fúnebre, las cuales por lo demás tal vez no existían, sino que contrataron un bus y en el pasillo en todo el centro, colocaron el féretro abierto mientras los dolientes y amigos, ocupaban las sillas del bus atestado. Para nosotros, todo esto resulta extraño, surrealista, pero para ellos era y probablemente siga siendo lo normal. En otro ejemplo, bajo otro contexto, en cierta ocasión invitamos a unos amigos rusos a un almuerzo preparado en casa. En el menú, se incluían papas saladas, a la manera como las preparamos en Colombia, es decir con hollejo. Todos los rusos, sin excepción, comieron las papas, pero luego de retirarles el hollejo. Por más que les explicamos que la gracia de la preparación estaba en la presencia de la corteza, se negaron a comerlas de esa manera. Probablemente para ellos, la situación era, como si a la inversa fuéramos nosotros los invitados y nos ofrecieran bananos para comer, con cáscara incluida, o aún más extremo un tamal, con hoja incluida; no lo aceptaríamos por nada del mundo. Los patrones culturales pueden llegar a ser muy fuertes; si se dan en situaciones cotidianas como las descritas, cabe esperar que en otras relacionadas con tradiciones en las que estén de por medio creencias, y normas morales, su arraigo se deje sentir de manera más contundente. Llama también la atención, las coincidencias que se pueden presentar en la gastronomía. Por ejemplo, hay un plato típico de un municipio de Boyacá, conocido como indios, consistente en una masa de maíz con inclusión de carnes, envueltas en hoja de tallo y amarradas con cabuya y del tamaño de una empanada. En cierta ocasión, me invitaron a una comida de mongoles y había un plato tradicional de lo más parecido, casi igual. En cuanto a otras costumbres, durante el mes de Diciembre que era el de la navidad pero sin connotación religiosa, era costumbre al dirigirse tanto a personas conocidas como desconocidas, en el momento de saludarlas, decir algo que equivalía a "feliz navidad". En el lenguaje corporal, la forma de expresar que alguien era tonto, era golpeando la oreja por detrás con el dedo índice apuntando hacia arriba y en movimiento pendular repetitivo. Para expresar que estaba embriagado, servía de nuevo la oreja, esta vez golpeando de nuevo con el índice, como cuando se juega a las canicas. Entre músicos, para expresar que una mujer estaba irresistible, se decía "tiene un oído..." ; para expresar que alguien tenía bonita letra, decían "escribe como Pushkin. Una vez nos invitaron compañeros de Nigeria a almorzar y nos impresionó un poco lo tocante con la higiene; cuando se trata de comida típica, se sientan en el suelo y colocan las ollas con la comida también en el piso y cada quien va sacando directamente con la mano lo que va a comer y lo llevan a la boca. Uno de las ollas contenía tomates y remolacha en forma como de compota muy líquida. Cuando estos amigos africanos comían, a algunos les chorreaba de la boca y el aspecto era como de sangre, como si se tratara de antropófagos. Para completar lo grotesco de la escena, de pronto golpearon a la puerta ; se trataba de la milicia, quienes acostumbraban a pasar por las habitaciones de los estudiantes negros, pues habitualmente tenían chicas prostitutas rusas; como estábamos en invierno, había poca luz y nos iluminaron con linternas, quedando sorprendidos , que en lugar de chicas hubiese muchachos blancos con ellos. Otra tradición del pueblo ruso es el vodka. Es la bebida más popular. Se conoce desde la edad media. Su nombre proviene de la palabra agua, que en ruso es vadá. Es una forma del diminutivo de ésta, de modo que se podría traducir como "agüita". Puede ser elaborada, a partir de almidones como el trigo, el maíz o la patata. Su contenido de alcohol es del orden del cuarenta por ciento, y el resto es agua natural, en el caso del vodka ruso. Su particularidad, respecto a otras bebidas alcohólicas conocidas, es que en la práctica, es una mezcla de alcohol y agua, mientras las demás bebidas tienen algo más que les da una sabor y aroma característicos. El vodka es elaborado en varios países además de Rusia, siendo los principales, Finlandia, Polonia y Ucrania. Se elabora incluso en otras latitudes como el Japón y USA. El tema de la afición de los rusos por la bebida, se remonta a la época zarista y aún más atrás. En los años de mi permanencia, a pesar de ser poco aficionado a la bebida tuve que tomar en muchas ocasiones, pues es una costumbre de tanto arraigo, que llega a ser obligatoria; en cualquier reunión social, o entre conocidos y amigos. Popularmente, a la acción de tomar, la llaman "litrobol", asimilándola con humor a un deporte. Llegué a encontrarle el gusto y aún hoy día, es mi bebida preferida. Si un ruso ofrece un vodka y uno no acepta, se lo toman a pecho y hasta como un desprecio o dependiendo del estado de alcoholemia del oferente, hasta como una afrenta. En algunas regiones de Rusia , el tema es especialmente álgido. Así por ejemplo, en épocas del zarismo, el famoso escritor Antón Chéjof [19] visitó Krasnaiarsk, situada en los Urales; habiendo quedado conmocionado por el tema de la bebida, más tarde escribió " las fuerzas vivas y el pueblo, toman de la noche a la mañana, beben de manera inconcebible, torpemente, sin medida. Después de las dos primeras frases, los notables le hacen a uno una pregunta: y si bebiéramos un vodka? " En las fábricas, la gente tomaba; milagrosamente los accidentes de trabajo no eran más numerosos, de lo inferido en los promedios estadísticos. También en las salas de cine. No era extraño, en la mitad de la película escuchar el ruido de una botella rodando por entre la silletería y las risotadas de la gente que no se hacían esperar. Cuando dos amigos, se reunían a tomar, llegaba un momento en que la conversación era de lo más cómica, pues casi siempre uno le preguntaba al otro "ti meniá ubarráesh", que literalmente signifi-*

---

[19] (1860-1904) médico, escritor y dramaturgo ruso. Encuadrable en la corriente más psicológica del realismo y el naturalismo, fue un maestro del relato corto, siendo considerado como uno de los más importantes escritores de este género en la historia de la literatura. Como dramaturgo se enclava dentro del naturalismo, aunque con ciertos toques de simbolismo, y escribió unas cuantas obras, de las cuales son las más conocidas *La gaviota* (1896).

ca "tú me respetas?", a lo que el otro respondía que sí, pero el primero en medio de su borrachera, se empecinaba en que no, y en ocasiones el asunto podía terminar en trifulca. El estado, desde hace siglos ha tenido que tomar medidas para evitar el consumo desaforado. Los principales esfuerzos se realizaron durante varias épocas del periodo soviético, desde el mismo comienzo de la revolución, por los años veinte sin que se hubiese obtenido resultados satisfactorios. De estos intentos, uno de los más notables fue el que realizó recientemente el líder de la perestroika [20] Mijail Gorbachóv, quien consiente de su negativa incidencia en la productividad de la economía y en la salubridad, tomó medidas como el aumento del precio de compra del vodka, la disminución de la producción y de la cantidad de puntos de distribución, la sanción a personas que fueran encontradas bebiendo en el trabajo o en sitios públicos como los parques o en las calles. A pesar de su alta popularidad entre la población, por su inteligencia y nueva visión como líder del estado, eso fue suficiente para que comenzaran a verle de otra manera. La gente, se sentía mortificada por tener que hacer colas de horas para poder comprar una botella de vodka, que necesitaban por ejemplo para la celebración de una fiesta familiar; y no se diga, de los beodos, que se contaban entonces como ahora por millares. A pesar de haberse obtenido en poco tiempo algunos resultados prometedores, como la reducción de la accidentalidad motivada por alcoholemia, o la cantidad de muertes por la ingesta etílica, el gobierno tuvo que dar marcha atrás, pues en remplazo del licor que se había dejado de producir, proliferaron los alambiques ilegales que producían un vodka de menor calidad conocido como "sa-

---

[20] es conocida como la reforma económica destinada a desarrollar una nueva estructura de la economía interna de la Unión Soviética, y fue llevada a la práctica en todo el territorio de la Unión Soviética por Mijaíl Gorbachov, un mes después de que tomara el poder. La visión que Mijaíl Gorbachov tenía para el futuro era, fundamentalmente, reorganizar el sistema socialista para poder conservarlo. Dentro de sus planes de cambio estaba que la sociedad soviética pudiera transformarse para que estuviera lista y pudiera contribuir a la creación de un nuevo sistema económico dentro del socialismo, en la Unión Soviética. Este proceso estuvo lleno de conversiones hacia la democracia en la política y en los miembros del Kremlin, trayendo consigo una enorme cantidad de consecuencias en la economía y en la sociedad, que culminaron con la era de Gorbachov y la consecuente disolución de la URSS.

magón", y con ello el número de intoxicaciones comenzó a dispararse. Además, las arcas del estado también se vieron afectadas. Según la organización mundial de la salud, un consumo anual percápita de alcohol superior o igual a ocho litros pone en peligro la salud. En los años posteriores a la desaparición de la URSS, dicha cifra llegó hasta los catorce litros, algo inadmisible que reflejaba el grado de postración de la población, y el empeoramiento de la calidad de vida, ante la incertidumbre de una transformación de modelo económico, realizado de manera abrupta y sin preparación alguna. Una vez estuve de vacaciones en un pueblo cerca de Minsk; se veía todos los días un espectáculo muy particular. Como a las seis de la tarde, pasaba una camioneta de la milicia recogiendo borrachos que quedaban literalmente dormidos tirados en las calles. En este pueblo esto ya era una costumbre, algo normal. En ciudades como Minsk o Volgogrado, había muchos bebederos de cerveza, aunque relativamente pocas tabernas y bailaderos. La gente por lo general tomaba en sus casas. Lo hacían de manera inteligente por cuanto acompañaban siempre el vodka con la comida, en especial conservas de pepino y tomate, que con su acidez neutralizan la alcalinidad del alcohol y por tanto sus efectos dionisiacos. Los hombres tomaban el vodka no en copas sino en vasos, como si de jugo se tratara, y lo hacían en dos o tres sorbos. Las mujeres en cambio en varios pequeños sorbos. Usualmente, nos molestaban diciéndonos que tomáramos como hombres, pues lo normal para los extranjeros era la forma de tomar de las mujeres rusas. Borracho, es una palabra muy popular y se dice "piani". Parece ser que uno de los atributos de los hombres a ojos de las mujeres, es ser buen bebedor. Los compañeros de estudio rusos que compartían habitación con nosotros en la residencia estudiantil, tomaban todos los sábados y lo hacían de una manera desenfrenada y sin acompañamiento de comida ; una vez se terminaba el licor , seguían con cuanto frasco de perfume tuvieran a la mano, luego de lo cual se iban a la calle, no importaba la hora, en busca de más licor. Algunos atribuían este fenómeno a lo rutinario de la vida en el contexto socialista, lo que en parte es posible que *correspondiera a la realidad. El último decenio del siglo pasado, fue una dura prueba para la sociedad soviética, que vio cómo su mundo se derrumbaba como un castillo de naipes. Se devaluó la moneda, con lo que muchos perdieron los ahorros de toda una vida; las garantías sociales del anterior sistema benefactor, que aseguraba la vivienda, educación y salubridad gratuitas, desaparecieron de la noche a la mañana. A pesar de las falencias que pudiera haber tenido este experimento social, conocido como La unión soviética, muchos vimos con nostalgia, como desaparecía el esfuerzo de varias generaciones de hombres y mujeres, que lo habían dado todo, por lograr un mundo mejor. Entre las muchas cosas positivas, de las que pude ser testigo presencial, estaban el civismo de la gente, su carácter generoso para con el extranjero, la gratuidad y grado de cubrimiento de la salud y la educación, las oportunidades de trabajo, el buen estado de los espacios públicos como calles, parques, palacios del deporte, palacios de la cultura; un sistema eficiente de transporte tanto municipal como nacional, unos servicios públicos de alta confiabilidad. A propósito de esto último, durante los seis años de mi permanencia, nunca hubo una interrupción del servicio eléctrico domiciliar. Tampoco un movimiento telúrico, como si la naturaleza se hubiera congraciado con esta parte del mundo, al hacer tan estable la placa tectónica europea. En el contexto mundial, la cosmovisión que tenemos de los países del continente Africano, es mas o menos la misma que ellos tienen de nosotros: países atrasados, que tratan de imitar a USA y Europa. La cotidianidad en las universidades de la URSS, era similar a la de un colegio de los nuestros. Un abismo entre profesores y alumnos. Los profesores nos trataban como a niños. No era raro que alguien fuese expulsado de una clase, por estar charlando, o que no pudiera entrar por llegar tres minutos tarde. Los horarios eran rígidos; no existía el concepto de electivas y se estudiaba seis días a la semana. Si uno no asistía a una clase, sin importar el motivo, a la siguiente el profesor lo llamaba aparte y le daba opciones para dictarle una clase personalizada; por este motivo no faltábamos a clase por nada del mundo. A veces durante el desa-*

rrollo de proyectos, no era raro que el profesor se apareciera en la noche, en la residencia estudiantil para supervisar si realmente uno estaba trabajando, u otro le estaba ayudando. Los exámenes semestrales de comienzo de año, casi coincidían con el año nuevo. Por esta razón para el 31 de Diciembre, estábamos en plena preparación de algún examen, que por lo general era el tres o cuatro de Enero. Para estas fechas, justo a las doce, hacíamos un receso en la preparación del examen y nos estrechábamos la mano. De pronto, algún compañero aparecía con una botella de champán y nos tomábamos una copita. Esa fue durante varios años mi celebración de año nuevo. Definitivamente, todo muy diferente a nuestras universidades en Colombia. Los compañeros rusos, no intimaban con los extranjeros, aunque en el caso de las mujeres era diferente, pues había incluso noviazgos y matrimonios; por alguna razón, a los rusos varones no se les permitía tal tipo de relación con las muchachas extranjeras. Tal vez, en todo esto tenían que ver las políticas restrictivas de movilidad y residencia, vigentes entonces y, la condición especial de los extranjeros que sólo podían residir en el país en calidad de estudiantes becarios o funcionarios de embajadas. Estas últimas, eran de imposible acceso a los ciudadanos soviéticos; generalmente, la calle en donde estaba ubicada una embajada, estaba cerrada a los transeúntes y para poder acceder se debía presentar el pasaporte de extranjero a los milicianos allí apostados. Los ciudadanos soviéticos, además de no poder viajar libremente al extranjero, tampoco podían vivir en una ciudad diferente, sin contar previamente con una autorización del gobierno. También influía, cierto sentido de superioridad, pues aunque no lo manifestaban abiertamente, había trazos de racismo. Cualquiera que no tuviera el cabello rubio y los ojos azules o suficientemente claros, era negro. Esto resultaba muy curioso, pues al lado de ellos, los extranjeros generalmente lucíamos sofisticados, como resultado de las carencias de la industria ligera de la URSS; definitivamente, era una sociedad de contrastes abismales; mientras por una parte, estaban a nivel mundial a la vanguardia en la tecnología aeroespacial, por otro el vestuario era rudo en especial el de los hombres y se llegaba a extremos, como la escasez de papel higiénico, bombillos o cuadernos, algo inimaginable para nosotros. La gente, sentía curiosidad por saber cómo se vivía en el capitalismo. Como en todas partes, había mucha desinformación. Para el ruso del común, América latina, los países tercermundistas del medio y lejano oriente y de Africa, eran lo mismo. Países atrasados con gente viviendo en la miseria, en chozas, a merced de la naturaleza y las enfermedades. Cuando mostrábamos postales, en mi caso, de Bogotá con su complejo arquitectónico de rascacielos, quedaban confundidos y les costaba entender que fuera así. Pero esto parece ser común denominador en muchas partes. En Colombia por ejemplo, el ciudadano medio tiene un imaginario sobre Africa, basado en estereotipos establecidos a partir de las imágenes mediáticas que habitualmente nos muestran las hambrunas y niños famélicos. Nos ocurre algo parecido a lo que les ocurre a los europeos, respecto de nosotros. Antes que recordar a países de alto nivel de vida, como es el caso de Sudáfrica o la otrora Libia de Gadafi, o de un pasado milenario esplendoroso como en el caso de Egipto y Sudán, traemos a nuestra memoria, las de los países más pobres de este continente como Burquina-Faso o la actual Kenia, o países víctimas de la tragedia reciente como el caso de Ruanda o Liberia. Un día estaba caminando por el centro de Minsk. Al momento de pasar una calle, un policía de tránsito hizo sonar su silbato y me interceptó para multarme. Resulta que allí, los semáforos no eran sólo para los coches, sino también para los peatones. Al presentar mi pasaporte, me valí entonces de mi condición de extranjero desconocedor de esta norma para suavizar mi falta. El oficial se quedó mirándome y dijo: está bien camarada , pero no olvide , usted no está en Africa! En otra ocasión, en invierno, caminaba por una calle, sobre el blanco inmaculado de la nieve y en medio del silencio propio de esta estación, con el vestuario invernal de rigor, que incluía el gorro de piel conocido como shapka, todo cubierto, con excepción de la cara, cuando a mi encuentro, por la misma acera venían dos colegialas. Me quedé mirándolas con la indiscreción natural de un mu-

chacho. Las chicas, por su parte, me miraron con curiosidad, y en cuanto estaban a mi espalda, escuché que una le decía a la otra: huy! tan negro! Por lo que alcancé a percibir, en Europa en general, el conocimiento geográfico sobre América latina es de lo más pobre. A Colombia, generalmente la confunden con Bolivia y la ubican en Africa. Un aspecto a resaltar de los soviéticos por aquellos días, era el civismo generalizado. Calles limpias, parques inmaculados; a nadie le pasaba por la mente tirar al piso un papelito por pequeñito que fuera. Llevaba unas pocas semanas de haber llegado y estaba conociendo la ciudad. Era verano y hacía mucho calor. Estaba comiendo un helado y comencé a visualizar en donde había un cesto de basura, para arrojar el palillo; terminé el helado y cansado de llevarlo humedecido y pegachento en la mano, decidí dejarlo caer al piso. A unos metros pasaba un señor, el cual se dirigió de inmediato a mí y, cortésmente me reprendió por tan desobligante e inusual acción, a la vez que me indicó en donde podía botarlo. Toda una demostración de cultura ciudadana. Después de esto y hasta la actualidad, jamás volví a arrojar nada en espacio público. Crecimos imaginando, que Moscú era la Moscú de Natalí una canción hermosa, que describe lugares de la ciudad como la plaza Roja y las costumbres de los estudiantes universitarios de los años sesenta. Para mi sorpresa, en Minsk ningún ruso la conocía. Luego descubrí, que realmente era francesa. De manera similar, un día noté que la montaña rusa la del parque de juegos mecánicos, allí la llamaban montaña americana. También, que cuando los niños jugaban a la guerra, los malos eran los gringos y los chinos. Cuando se quería llamar a un gato, se le decía ksi, ksi, ksi; nada del conocido míchico, míchico; ese día descubrí que los gatos, también entienden en diferentes lenguas. Un día, presentaron por la televisión, el teatro de Títeres y marionetas Obratzov de Moscú, en honor de su creador el famoso titiritero Serguey Obratzov. Tal vez, haya sido una de las ocasiones en que más he reído en mi vida. El espectáculo que estaban presentado entonces, estaba relacionado con la música. Se trataba de una orquesta sinfónica en miniatura, que estaba ensayando.

Cada títere, según supe después, era manipulado simultáneamente hasta por diez personas, con la ayuda de largas varas de madera, con lo que lograban tal precisión en los movimientos, que éstas, parecían estar vivas. Como se trataba de un ensayo, repetían y repetían el mismo pasaje, el cual hacia el final, tenía como protagonista al percusionista, quién en el momento preciso debía ejecutar el instrumento requerido, que no era el habitual tambor, el gong o el triángulo, sino un inodoro de los típicos de Rusia y otros países, en el que la cisterna se encuentra elevada, para aprovechar la gravedad al descargarlo. El percusionista entonces jalaba de la cuerda y se escuchaba el conocido sonido del inodoro, cuando terminamos nuestras necesidades. El director entonces, descontento se tomaba la cabeza con las manos lamentándose, reconvenía a los músicos y de nuevo se repetía todo y así varias veces. El efecto sobre los espectadores, era impresionante. Todos estallábamos en carcajadas. Era una escena, además de divertida, surrealista en cierto modo. Estando en Minsk, un día me enteré que había una biblioteca, en la que en vez de libros había discos de música. Me causó mucha curiosidad, por lo novedoso de la idea y me fui a conocerla. En su aspecto general, era muy parecida a una biblioteca tradicional, sólo que sobre cada mesa, había varios tocadiscos. Uno se registraba y accedía a una sala, en donde en ficheros, se podía buscar música universal de todos los periodos. Probé, con las Bachianas del compositor brasilero Heitor Villa-lobos. Luego de una breve espera, al lado de uno de los innumerables tocadiscos, apareció una funcionaria, con el disco y unos audífonos. Allí estuve, por espacio de varias horas deleitándome con esta maravillosa obra. La verdad, este tipo de biblioteca -en realidad fonoteca- era de lo más más original. Regresé eventualmente algunas veces, pero como comprar música clásica, era tan asequible, prefería escuchar en la casa, con discos propios. Estos discos, que por entonces eran de acetato, tenían la desventaja de que como el sonido se obtenía a partir de la fricción de una aguja, era inevitable que se escuchara un ruido que perturbaba la nitidez del sonido. A veces, me acordaba de un amigo músico de Tunja de mi época de adolescente, al que una vez visité en su casa y estaba embelesado, escuchando una colección de discos que había comprado días antes –Las estaciones de Vivaldi-en un tocadiscos, que era lo último en tecnología entonces. De pronto, como todo un visionario, se quedó mirando al vacío y dijo: lástima de ese ruido, parece como si estuvieran tostando maíz al lado del tocadiscos. Algún día, alguien se inventará algo, para acabar con ese problema. Me inquirió, sobre qué se me ocurría, como solución a este respecto. Guardé silencio, pues no se me ocurrió nada. Acto seguido dijo, tal vez con la energía laser. Lo asombroso de todo esto, es que era alguien cuyos conocimientos de física eran los de un bachiller, es decir casi nada. El primer equipo de sonido laser, apareció en Nueva York, unos seis años después en 1981, lo recuerdo muy bien pues me encontraba allí de vacaciones y la gente hablaba maravillada sobre este invento. Uno de los sitios emblemáticos de Moscú, es la Feria de exposiciones y adelantos. Fue construida en la época soviética, para exhibir ante el mundo, los adelantos en tecnología, logrados en poco tiempo por este país. Tuve la oportunidad, de visitarla en una ocasión. Una de las cosas que más me impresionó, fue una estación espacial Sóyus, palabra que en ruso significa "unión", a la que se podía tener acceso haciendo una larga fila de visitantes. Era muy curioso ver los espacios reducidos, en donde los astronautas debían vivir por espacio de varios meses en condiciones de ingravidez. La comida consistía en una especie de purés, con una presentación parecida a la de los tubos de pasta dental. Había un inodoro, instalado en el techo y mirando hacia abajo. Las camas eran angostas, como para niños. Todo era pequeñito y reducido. Aquello era algo que sólo podía verse allí o en USA. Rusia, fue pionero en la conquista del espacio. Los nombres de Valentina Tereskóva y Yuri Gagárin, pasaron a la historia por haber sido los primeros seres humanos, en abandonar nuestro planeta y permanecer durante horas en el espacio exterior, orbitando la tierra. El entrenamiento físico de un astronauta es tanto o más riguroso, que el de un atleta olímpico y sus capacidades intelectuales, deben corresponder a un nivel muy superior.

Años antes, se había enviado al espacio a la perrita Laika, primer ser vivo en ser colocado en órbita, la cual pereció como consecuencia del desconocimiento por parte de los científicos, sobre los efectos de la ingravidez y condiciones extremas de temperatura y aceleración en el espacio exterior; su sacrificio permitió tomar correctivos, que posteriormente darían su fruto al poder enviar a seres humanos al espacio. Laika, era una perrita callejera de Moscú; su nombre significa "ladradora", y fue seleccionada, por su resistencia al hambre y al frío y sometida a un entrenamiento previo. Gagarin murió trágicamente mientras volaba un avión, a la edad de 34 años. Antes de abordar el cohete que lo llevaría al espacio exterior, dijo "nos fuimos!", en ruso "pashlí", expresión que a partir de ese momento se popularizó y es usada por todos en Rusia para indicar el inicio de una actividad cualquiera, en especial si implica alguna dificultad como también para realizar un brindis. Otro sitio emblemático de la capital rusa, es la galería Tretiakóv. Fue fundada en 1856, por el coleccionista Pavel Tretiakóv quien al final de su vida, la donó al gobierno convirtiéndose en un museo estatal. En sus bodegas reposan alrededor de 130.000 obras de arte; algunas de ellas, de pintores de reconocimiento mundial como Andrei Rubliof[21], Iliá Repín, Marc Shagal, Kazimir Malévich y Basili Kandinsky. La visité en una ocasión y entre lo que más recuerdo, está un cuadro de gran formato, de Esniegúrochka la reina de las nieves, quien posa sobre un trineo en movimiento, en pleno invierno. Este personaje es de un cuento de hadas ruso, según el cual nació de la pareja primavera e invierno y en su adolescencia se sentía infeliz pues no podía sentir amor. Su madre apiadándose de ella, le concedió este don, pero tan pronto como lo sintió, su corazón se calentó y ella se derritió. La historia, fue tomada por Rimsky- korsakov quien la inmortalizó en su ópera Esniegúrochka. Otro personaje del imaginario ruso es Died maróz o abuelo de las nieves, que es el equivalente de papá

---

[21] Hay poca información sobre la vida de Rubliov. No se sabe dónde nació, pero probablemente vivió en el monasterio de la Santísima Trinidad y San Sergio en tiempos del patriarcado de Nikon de Rádonezh, que se convirtió en higúmeno tras la muerte de San Sergio de Rádonezh en 1392.

Noel. Ambos acompañan las navidades rusas. Durante el socialismo, se seguía celebrando el 25 de Diciembre, con las tradiciones del árbol y los trineos guiados por Diéd Maróz, *pero como se comprenderá, despojada de toda connotación religiosa. Una particularidad en Rusia, es lo relacionado con los nombres de las personas. La costumbre, es muy diferente a la de otros países. Lo hijos sólo heredan el apellido paterno. El de la madre, desaparece. A cambio de este, se utiliza el nombre del padre, acomodado al caso de que el hijo sea hombre o mujer. A manera de ejemplo, si el padre se llama Mijail Stepánov y tiene dos hijos, Vladimir y Ekaterina, los nombres de estos últimos serán Vladimir Mijaílovich Stepánov y Eketherina Mijaílovna Stepánov. Por eso, es que tantos aparentes apellidos, termina en "ich" para el caso de los hombres o en "ovna" para el de las mujeres. Había una muñeca de nombre* Nievaliáshka, *la cual tiene la particularidad de que su parte inferior es como una pelota y su centro de gravedad es tan bajo, que no importa cuanto se le incline, ella siempre regresa a su posición vertical normal. Era costumbre, que cuando una chica quería manifestarle a un varón, que quería ser su novia, se la enviaba de regalo. Uno de los suvenires más populares de Rusia, son las matroshkas. Consisten en una cantidad de muñecas huecas, que se acomodan una entre otra y cuya cantidad, puede oscilar de 5 a 19, siempre en números impares. Su material es la madera y están pintadas de colores vivos en barniz fino. Su origen se remonta a finales del siglo XIX, inspiradas según parece en unas muñecas japonesas, que en conjunto representaban a siete deidades, y se podía alojar una entre otra. Luego de la perestroika, gracias a las mayores libertades, aparecieron matroshkas, que narran el ciclo político de Rusia. Una muñeca grande que representa a Gorbachóv y otras cada vez más pequeñas, con las figuras Breznev, Krushov, Stalin y Lenin. Bielorrusia, es un país hermoso. Muy verde. En Minsk su capital, las zonas públicas presentan un excelente estado; jardines muy bien cuidados y muchos árboles. La gente, aunque tienen su propio idioma que es el bielorruso, habla ruso y étnicamente son iguales a los rusos. Es un país industriali-*

zado; ya para entonces, tenían fábricas de automóviles y tractores y muchas otras. En la universidad, todavía se nos trataba, con cierta consideración por ser extranjeros, pero ya no como en la preparatoria. Mi grupo, estaba conformado por unas veinte personas, la mayoría de los cuales eran rusos. No era muy usual, que la universidad organizara excursiones, pero recuerdo una en las cercanías de Bielorrusia. Al norte de Bielorrusia, se encuentra Lituania, un país pequeño en territorio, pero con mucha historia. Su existencia como nación, data del siglo XIII. Los avatares, la sometieron durante un tiempo al yugo mongol, del cual se liberó, para luego unirse con Polonia en una sola nación. Más tarde, en el siglo XVIII, bajo el reinado de Catalina II de Rusia, fue anexada al imperio zarista. Los constantes cambios del escenario político, ocasionados por las dos guerras mundiales del siglo XX, significaron inestabilidad y ciclos de pérdida y recuperación de su independencia. Durante la primera guerra mundial, cayó en manos de los alemanes, logrando liberarse en 1918. Al cabo de solo veinte años, perdió de nuevo su soberanía, al ser anexada por una de las potencias triunfantes de la segunda guerra mundial, la Unión Soviética. Esta situación se prolongaría, hasta el colapso de la URSS, con lo cual logró restablecer de nuevo su soberanía. Siendo aún una de las repúblicas soviéticas, tuve la oportunidad de conocer a su capital Vilnius. Era entonces, una ciudad pequeña, encantadora y muy europea. Su arquitectura, recordaba más a Alemania que a Rusia. La separaban de Minsk unas tres horas en autobús. El propósito de la excursión, era conocer la ciudad y en especial la universidad de Vilnius. El edificio central, más parecía un museo de estilo barroco. Los pisos eran de madera tipo parqués y las lámparas de cristal de lágrimas. También había muchos tapetes rojos. Como era Domingo, no había actividad académica. Era tanto el lujo, que más parecía una universidad para príncipes. En la ciudad, las calles eran angostas y adoquinadas. Las personas con las que nos cruzábamos, no hablaban ruso o eran reticentes a ello. Ahora, revisando el prontuario de vicisitudes políticas de este país, entiendo el porqué. De pronto, llegamos a una plaza que a primera vista, resultaba bastante extraña. El piso estaba levantado como medio metro respecto del nivel de la calle y cubierto por inmensas placas de mármol negro muy fino. Cuando nos acercamos a uno de los bordes, comprendimos de qué se trataba. Sobre las placas de mármol, estaban escritos cientos o miles de nombres en letras blancas, de las personas pertenecientes al partido comunista que habían sido enterradas aquí vivas, junto con sus familiares. Era ni más ni menos, el foso que habían excavado los nazis, mostrado en la serie documental *Una guerra desconocida* y allí yacían sus víctimas. Volviendo a mi cotidianidad como estudiante becario en Rusia, quisiera compartir algunos aspectos de otras culturas, que solo se pueden conocer en la convivencia diaria y eventualmente, se pueden convertir en situaciones incómodas. Por ejemplo el caso de la higiene. Tenemos la costumbre de asumir, que nuestras normas de higiene son universales y nos encontramos con sorpresas. Los latinos nos caracterizamos por la costumbre de ducharnos frecuentemente. Para los europeos esto no es motivo de admiración como se creería, sino por el contrario, síntoma de padecer alguna enfermedad. De hecho se duchan eventualmente, por lo que los malos olores son frecuentes en sitios públicos. En la residencia estudiantil, teníamos una ducha comunal. El agua todo el año, era caliente. Nadie utilizaba agua fría. Un día, estando en invierno, no había agua caliente, de modo que nadie acudió a ducharse. Acostumbrado al agua fría, casi helada de Tunja mi ciudad natal, no tuve ningún inconveniente en ir a ducharme. La administración de la residencia estudiantil, se alarmó y hasta llamaron al médico, pues pensaban me iba a enfermar seriamente. Sin embargo nada ocurrió. El caso de los estudiantes africanos negros era paradigmático. Muchos de ellos, podían ducharse hasta dos veces al día y el humor pesado de su cuerpo, se mantenía como si no se hubiesen duchado durante días. Los árabes, tampoco se caracterizaban por buenos hábitos de higiene. El baño turco, es una tradición para los rusos. Los de la época soviética, eran inmensos, del tamaño de casi una manzana de área. Los había sólo para mujeres, o sólo para hombres. Asistí algunas *veces al comienzo. La primera vez, me impresionó lo inusual de sentirse parte de una multitud desnuda, en medio de una niebla de vapor y un calor infernal. Había hombres de todas las edades. Desde niños, hasta ancianos. Me parecía, encontrarme en medio de uno de los círculos del infierno de Dante especialmente porque era habitual, en medio de esa niebla, ver a hombres desnudos, golpeando en la espalda a otros, con un puñado de ramas de eucaliptus o algo parecido a manera de látigo; lo hacían de manera violenta, para que fuera efectivo como un tratamiento benéfico para la piel. En el recinto, por doquier, había sillas de piedra que rememoraban lo que debieron ser en su momento las termas romanas. Era en general, una escena digna de un Passolini, el famoso director de cine italiano. Todo el mundo se sentaba en dichas sillas, estando desnudo, lo cual me pareció asqueroso y arriesgado. Por prevención llené de agua hirviendo una tina que me habían entregado a la entrada y la vacié varias veces antes de sentarme. Lo curioso es que al día siguiente, mis compañeros de estudio –pues nos habían llevado a todos- estaban en total normalidad, mientras que yo no podía sentarme bien, tenía que hacerlo sobre sólo "dos letras", pues me había quemado. Todo por ser prevenido, y "cuidadoso", las ironías de la vida. Un día, notamos que los compañeros árabes, tenían una costumbre extraña cuando iban al baño. Generalmente llevaban un vaso con agua y no era para enjuagarse la boca, sino para utilizar agua en lugar de papel higiénico, luego de hacer sus necesidades fisiológicas. Esto nos resultó asqueroso en extremo y decidimos nunca más saludar de mano a un árabe, ni recibir de su parte una bebida o alimento servida en su casa. A la inversa, cuando ellos se enteraron de como solucionábamos nosotros los mismos menesteres, el asombro y rechazo fue similar. Esto demuestra una vez más, lo relativo que pueden ser las cosas, y como los juicios de valor en especial cuando están de por medio patrones culturales, pueden distorsionar la realidad, dependiendo del cristal a través del cual sea observado un mismo fenómeno. En la convivencia cotidiana, descubrí, que la forma de vida en diferentes países es muy parecida. Por ejemplo, los compañeros de Nigeria Sami y Jonathan, nos contaban como habían sido sus años de estudio en la infancia y en el colegio; era como estar viendo lo que yo había vivido; lo más importante era aprender a obedecer y a cumplir horarios. La misma educación de tipo fabril, los mismos horarios, la misma cotidianidad al interior de las escuelas. Incluso, los dichos de la sabiduría popular, que teóricamente deberían ser diferentes, pues expresan particularidades culturales y además generalmente, se conforman buscando una musicalidad, para asegurar su efectividad, son comunes en culturas distantes. Así, una vez, que estábamos departiendo con estudiantes de Angola, en medio de la conversación, uno de ellos mientras nos contaba un pasaje anecdótico ocurrido en su país, de pronto utilizó el dicho, plata en mano y culo en tierra, con la mayor naturalidad del mundo. En el caso de los latinoamericanos, noté unos denominadores comunes. Por ejemplo, sin excepción, cuando tocábamos temas relacionados con geografía, todos habían aprendido en el colegio que su país había perdido grandes extensiones de tierra a manos de sus vecinos. Algunos, como en el caso de los peruanos, se ufanaban de su antepasado precolombino y cuando lo hacían nos miraban por encima del hombro. Los cubanos, se caracterizaban por ser muy amistosos, fraternales y alegres. Los venezolanos eran los más cercanos a nosotros; nos tratábamos como si fuéramos del mismo país; no en vano se dice que somos países hermanos; esto no ocurría con ninguna de las otras nacionalidades latinoamericanas. Había algo en las expresiones cotidianas de los colombianos, que parecía al comienzo extraño a los demás latinos, pero que una vez acostumbrados les resultaba muy divertido y se convertía en motivo de chanzas. Una de ellas, era nuestra costumbre de referirnos a las mujeres jóvenes, con el término "viejas". La otra, el decirnos entre nosotros "hermano". Con el tiempo, nos llamaban "los monjes" y cuando nos saludaban, por ejemplo en mi caso muchos me hacían una venia y me decían "hermano Jaime su bendición". De manera similar, los peruanos, se decían entre sí y también a los demás "cuñado", los dominicanos "tigre", los venezolanos "chamo", los costarri-*

censes *"toriado"*, los mexicanos *"manito"*, los bolivianos *"chango"*. Es una lástima, que no pude captar este tipo de sutilezas, entre los compañeros europeos, asiáticos y africanos. A los rusos, los llamábamos *"bolos"*. Nunca supe lo que quería significar el término, pero se entendía su carácter peyorativo. Probablemente hacía alusión a cierta ingenuidad. Una de las cosas llamativas, era ver a los dominicanos jugando futbol. Más que juego, lo que había era discusiones interminables. Entre los latinos, se distinguían porque no podían permanecer un minuto en silencio y por su buen conocimiento de asuntos políticos, especialmente de su país. A esto contribuía el hecho de haber conseguido la beca a través del partido comunista y a haber vivido bajo una de las dictaduras más feroces del continente, la de Leonidas Trujillo, conocido como el Chivo. No he tenido la oportunidad, de leer La fiesta del chivo de Vargas Llosa, pero intuyo, que le debió ser muy fácil escribirla, pues la calidad y cantidad de anécdotas, sobre este personaje, supera todo lo imaginable. Recuerdo una de ellas, que cuenta sobre las dotes dancísticas del tirano. En cierta ocasión estando en una de las habituales fiestas, en las que por supuesto era el centro de la atención, apareció un bailarín de merengue de calidad profesional y desubicado al extremo, llamando la atención y admiración de los allí presentes. Esto despertó los celos del dictador, pues presumía ser el mejor bailarín de la isla; de inmediato llamó a uno de sus subalternos y le inquirió, sobre quién era el personaje y en cual dependencia se desempeñaba, para destituirlo de inmediato. Ante la respuesta de que lamentablemente, no era funcionario público, ripostó: pues nómbrenlo y destitúyanlo! Es difícil comprender como una sociedad conformada por alrededor de tres millones de personas en ese entonces, se dejó someter tan brutalmente por un sólo hombre, durante treinta años. Era tal su saña, que ni las fronteras podían escapar al alcance de su mano siniestra, como lo atestigua el hecho de secuestrar a un periodista extranjero en EEUU y llevarlo a la isla, para proceder a torturarlo y asesinarlo, por haber dado una conferencia en la que denunciaba ante el mundo las atrocidades de este régimen; el genocidio *de que fueron objeto los humildes haitianos residentes en el país y el atentado que le hizo a Rómulo Betancur, presidente entonces en Venezuela. De esta oscura etapa de la vida del pueblo dominicano, pasaron a ser leyenda tres muchachas hermanas de apellido Mirabal, inmortalizadas como "las mariposas". Entre ellas sobresalió especialmente Minerva. De familia progresista de clase alta, se opusieron a la dictadura, dando muestra de un valor y arrojo admirables, hasta que finalmente fueron encarceladas, torturadas y vilmente asesinadas en una carretera, lo que representaría el comienzo del fin de la dictadura. Esto ocurrió un 25 de Noviembre del año 1960; en su honor, se adoptó esta fecha, para celebrar el día mundial de la igualdad de género. Tuve la fortuna, de compartir varios años de mi vida con una muchacha dominicana, de tal temperamento, inteligencia y generosidad, que sus compatriotas, decían parecía ser la encarnación de Minerva Mirabal. Su nombre, Carmen Marte Almonte, pero todos la llamaban Ada. De carácter fuerte, bonita y carismática, se distinguía por la chispa e ingenio en su conversación; era a la vez un alma sensible y filántropa, a la que conmovían las injusticias del mundo. Siempre estaba en disposición de escuchar y ayudar a cualquier necesitado. En su país por ejemplo, ayudaba en cuanto podía a negros haitianos menesterosos y enfermos, que acudían a su casa en busca de comida o ropa. Era de tal generosidad, que pertenecía a ese tipo de personas que como dicen, se sacan la comida de la boca, para ofrecerla a los demás. Era muy despierta, me hacía reír cuando frecuentemente me decía "cuando tu ibas yo ya venía...". Sentía especial cariño por la abuela de nuestros caseros rusos, una señora que no podía valerse por si misma. Ada la cuidó como si fuera su propia abuela por varios años, incluso la bañaba y la vestía. Gran conocedora de la historia política de su país y admiradora de las ideas libertarias, tenía a su vez grandes dotes para el ballet clásico y había estado en la liga nacional de atletismo. Siempre tenía el apunte y la anécdota a flor de labios, para hacer reír a todos, por lo que era muy popular en la comunidad latina de la ciudad. Recuerdo por ejemplo, una anécdota, de cuando estaba trami-*

tando documentos, para la solicitud de la beca, en la sede del partido comunista de su país. Había un documento, cuya fecha no era conveniente. En una época, en que todos los documentos se escribían por medios mecánicos, en tales situaciones se requería ubicar una máquina, que tuviera exactamente el mismo tipo de letras. En vista de que la máquina en que había sido escrito el documento era antigua y por tanto ya era escaza, hubo de Insistir probando en muchas máquinas, hasta que luego de casi un año dio con la que era. En otra oportunidad, siendo adolescente, estuvo de turismo en Medellín y quedó fascinada con la ropa y los zapatos por lo que se gastó pronto en esto el dinero que llevaba. Como no le alcanzara para comprar un tercer par de zapatos que también le gustaban, en el mismo almacén se las arregló para robárselos, con la sorpresa que al llegar al hotel, ambos eran izquierdos. No tuvo problema en ir al día siguiente a este almacén y hacerse con el derecho que le faltaba. Historias tan alocadas como estas, hacían que fuese una compañía muy divertida y fascinante. Su principal afición era la lectura; hablaba inglés fluido; en muchas ocasiones, me admiró su tesón, para enfrentar cualquier situación por difícil que fuera, sin perder la compostura en lo más mínimo; estudiaba historia en la Universidad de Bielorrusia y por aquella época, leía mucho a Freud y Hellman Hesse; escuchábamos regularmente la emisora española La voz de España, que era la única de habla hispana que entraba al espectro radiofónico de la URSS y me leía noticias de Latinoamérica del periódico cubano Gramma, que conseguíamos a través de los compañeros de este país; esto de la lectura realizada por otro para mí, lo he disfrutado toda la vida, probablemente, porque en mi infancia, cuando aún no sabía leer, mi hermana Nana me leía frecuentemente. Nunca tuvimos televisor, pues por aquella época yo odiaba la televisión fuera de donde fuera; las pocas veces que la vi, fue al comienzo de carrera, en la residencia estudiantil y más por acostumbrar el oído a la fonética rusa. Pasaban muchísimas películas sobre la segunda guerra mundial, lo cual se tornaba monótono, además de inducir cierto estado depresivo, ante tanto sufrimiento. También pre-

sentaban algunas comedias; los noticieros con las mismas noticias estereotipadas de actos públicos en los que participaban los principales líderes del partido y se vanagloriaba al socialismo y criticaba al capitalismo y después , medio noticiero dedicado al deporte y a las condiciones meteorológicas de todas las repúblicas de la Unión; las alocuciones al país por parte de Breznev, que duraban horas y en las que siempre decía lo mismo; también la transmisión de partidos de hokey sobre el hielo, deporte muy popular en el país en aquella época y conciertos de música folklórica y de farándula, como también de obras sinfónicas. Nunca tendré como agradecer todo lo que Ada hizo por mí; con el correr de los años, reconozco su intuición visionaria, pues en tono crítico, frecuentemente me decía, que dado el desbarajuste que percibía a diario, no le veía más de diez años de existencia a la URSS, cosa que entonces me parecía una tontería; asombrosamente el tiempo le daría la razón. Haciendo honor a su nombre de pila fue mi hada madrina. Durante aquellos años, en que mi familia estaba al otro lado del mundo, ella lo fue todo para mí. A través suyo, conocí lo que es la generosidad, el amor y la entrega incondicional. Aunque era prohibido por nuestra condición de extranjeros, vivimos durante varios años en casa de una familia rusa, conformada por Basili, un señor que era ingeniero eléctrico y su esposa Ina, funcionaria de los ferrocarriles; tenían dos hijos ya profesionales y casados , los cuales se habían organizado aparte, motivo por el que nos alquilaron dos habitaciones. Eran personas de temperamento jovial y muy amistosas y aunque nunca trataban con nosotros temas de corte ideológico, se dejaba entrever que no eran devotos del sistema; a veces escuchaba decir a Basili, eti kamunisti urré nam nadaiéla , lo que se puede traducir como, estos comunistas nos tienen mamados. Como ya eran adultos mayores, nos veían como a niños, de lo que me daba cuenta, porque nos llevaban la razón en todo, y parodiaban cosas que decíamos mientras sonreían y se miraban socarronamente entre ellos. Un día Basili me hizo reir muchísimo, por motivo de un secador de pelo. Resulta que Ada tenía un secador y un día en su ausencia, sentí curiosi-

dad propia de estudiante de ingeniería, por saber cómo era su interior, de modo que lo desarmé, con tan mala suerte que al quitar los tornillos que unían las dos mitades de la carcaza, estas saltaron separándose y salieron volando buena parte de sus componentes internos por todo el lugar. Infructuosamente traté de armarlo de nuevo, antes del regreso de Ada; era una tarea muy incómoda y engorrosa; cuando Basili e Ina se enteraron de los sucedido, se burlaron con ingenio y cada vez que en el apartamento, se mencionaba sobre algún aparato que presentaba alguna anomalía por mínima que fuera, de inmediato me miraban y decían que era otra misión para el "reparador" de la casa, es decir para mí. Al poco tiempo, Ada le pidió a Basili el favor de arreglarlo, lo que intentó durante todo un día en vano, dando lugar a que se cambiaran los papeles. Cuando llegué de la universidad ese día y le pregunté sobre el secador, estaba abatido; no entendía, como ese endemoniado aparato, en cuanto se juntaban de nuevo las dos mitades, se desarmaba por dentro. El asunto del secador terminó en que tuvimos que comprar uno nuevo, pues en el taller especializado de reparaciones tampoco pudieron con él. Era un sitio muy agradable para vivir; el típico apartamento de familia soviética de la época; espacios un poco reducidos, un recibidor en donde cambiarse los zapatos por pantuflas caseras, lo que era ritual obligatorio tan pronto alguien llegaba, tapetes en las paredes como elemento decorativos, muebles cómodos y bonitos, un radiecito en la cocina, que sintonizaba una sola emisora del estado y el cual debía estar prendido durante todo el día, no había sala y el lugar de reuniones siempre era alrededor de la comida en el comedor y con el televisor prendido, asi nadie le prestara atención. Con ellos compartimos muchos almuerzos y vodkas, una costumbre muy arraigada en Rusia, el tener invitados y atenderlos con generosidad y abundancia. En una de esas veladas, una vez me preguntaron si quería más raviolis, a lo que sintiéndome demasiado lleno contesté, "gracias ya soy ballena", lo que provocó la hilaridad en la mesa. Resulta que por efecto de los vodkas, confundí la palabra kid (ballena) con la palabra cit(satisfecho en cuanto al comer). En cuanto a Ada, desafortunadamente el destino terminó separándonos, pues terminé carrera dos años antes y ella al concluir, decidió residenciarse en USA. Todos tenemos en nuestro haber pérdidas importantes en la vida, considero en lo personal, que esta para mi es una de ellas. En cuanto a los rusos de la época, que tuve oportunidad de conocer, eran en general personas generosas y resignadas. Se cuidaban de no comentar sobre ciertos temas sensibles a la ideología prevaleciente. Personas amables en su mayoría, generosas, amistosas. Tenía un profesor de guitarra, a quién recuerdo por su temperamento alegre y amistoso; se llamaba Vladimir Biélishef. Era un ruso joven y socarrón, que dictaba la cátedra de guitarra en el conservatorio. Aceptó ser mi profesor de guitarra, a cambio de que le trajera un blue jean del extranjero. Un día me comentó, que su principal pasatiempo, era la pesca. Yo no podía y aún no puedo entender, que puede tener eso de interesante. En fin, por sus temas de conversación, lo consideraba una persona simple. Esto fue así, hasta que descubrí que también jugaba ajedrez. Por aquella, época mi nivel en este juego, era bastante aceptable. Jugamos dos partidas y me sorprendió su nivel de juego inusualmente profundo. A partir de ese momento, comencé a verlo diferente. No era nada de lo que me había imaginado. Definitivamente muchas veces las apariencias engañan y, lo mejor es no subestimar a nadie. En cuanto a los compañeros de estudio rusos, eran muchachos inteligentes, con sentido del humor. Todo el tiempo estaban bromeando, eran descomplicados. Las chicas rusas, se caracterizaban por su delicadeza y belleza, eran muy tratables y amables. La actividad artística, por aquella época era muy activa en el país. Puedo dar cuenta de ello, en lo relacionado con la música, que era entonces y sigue siendo mi principal pasión en la vida. En las temporadas de la filarmónica de Minsk, invitaban a solistas de otros países europeos. Mi principal interés, estaba entonces centrado en el mundo de la guitarra. Tuve el privilegio de conocer personalmente, a grandes celebridades de la guitarra clásica, especialmente de Argentina y Cuba. Nombres como, Ernesto Bitetti, Victor Pelegrini, María Luisa Anido, Los brillantes,

Antonio Rodriguez, han dejado su impronta a nivel mundial en lo relacionado con la ejecución de este instrumento. Toda una tarde, estuvimos conversando con Ernesto Bitetti, de quién me impresionó además de su virtuosismo, su sencillez y amabilidad. Para entonces, estaba tan enamorado de la guitarra, que asistía a cuanto evento se relacionara con ella. Así, en cierta ocasión, me enteré que un guitarrista francés realizaría una presentación en un colegio de la ciudad. Era algo de lo más inusual y supuse, que se trataría de un intérprete de alcance modesto. Asistí de todos modos y su presentación fue tan especial, que me quedó para toda la vida. Era un hombre maduro, de alrededor de cincuenta años. Cuando salió al escenario, que era un teatro para unas seiscientas personas, comenzó a afinar la guitarra y parecía que no le cuadraba por ningún lado. Los asistentes empezamos a ponernos nerviosos y nos mirábamos uno a otros, tratando de comprender caso tan extraño. Pasaron unos dos o tres minutos que me parecieron una eternidad, cuando de pronto el tipo paró y nos miró de súbito, soltando una carcajada, lo que nos preocupó aún más. Acto seguido comenzó a tocar, con una maestría, como no he visto en mi vida. Y así nos tuvo, alrededor de una hora con la boca abierta. Se trataba de un virtuoso de la guitarra, con letras mayúsculas. Los soviéticos, se distinguían por ser nacionalistas e internacionalistas al mismo tiempo. Un pueblo con tantas personalidades sobresalientes a nivel mundial, no podría comportarse de otro modo. No se debe olvidar, que el pueblo soviético, pasó prácticamente del feudalismo al socialismo, aunque la revolución de Octubre fuera posible, entre otros factores, a cierto grado de industrialización. Sólo después de la Perestroika, vinieron a conocer el capitalismo como tal. Hasta antes de Pedro I el grande, Rusia era uno de los países más atrasados de Europa. Uno de los parámetros, para medir el grado de desarrollo de los países, es la cantidad y calidad de sus universidades. Mientras que la universidad de París considerada una de las más antiguas del mundo, data del siglo XII, la universidad más antigua de Rusia, que es la universidad estatal de Lomonósov, fue fundada cinco siglos después. Para

1500, había más de setenta universidades en Europa. Ninguna de ellas en Rusia. Es por esto, que el actual grado de desarrollo de este país es tan admirable. Mucho de esto, no hubiera sido posible sin el socialismo. La llegada de Rusia al socialismo, luego de los memorables sucesos de la revolución de Octubre en 1917, fue una sorpresa para el mundo. De acuerdo al pensamiento Marxista, el socialismo estaba predestinado, para sociedades altamente industrializadas, como era el caso de Alemania ó Inglaterra. El artífice de este trascendental hecho, fue Vliadimir Ilich Uliánov, más conocido como Lenin. Su gran mérito, haber digerido, luego de años de estudios político-filosóficos y de una observación atenta y análisis de la sociedad rusa y, de finalmente haber llevado a la práctica los postulados y la visión marxista adaptados a las condiciones de la Rusia zarista de comienzos del siglo XX. Este pensador y héroe, era el ciudadano más admirado y respetado por la sociedad soviética. En su memoria, generalmente las principales avenidas de las ciudades llevaban su nombre, se habían erigido monumentales esculturas en bronce y mármol por todo el país; a través de vallas publicitarias se recordaban a la población sus postulados; uno de ellos, estaba en todas las universidades, decía: estudiar, estudiar, estudiar. Su cadáver se conserva aún hoy día momificado en el mausoleo de la plaza roja en Moscú. Lenin personificaba, todos los valores que los ciudadanos debían seguir; el amor a la patria, el internacionalismo, el altruismo, la generosidad, la ética, la humildad, la pasión por el estudio y el trabajo. Aunque pertenecía a una familia intelectual acomodada, -su padre era funcionario del aparato zarista-algunos acontecimientos tanto de la política nacional, como de su entorno familiar, allanaron el camino, para que diera un viraje a su vida y se convirtiera poco después, en uno de los líderes más importantes a nivel mundial del pasado siglo. Entre estos acontecimientos, hay uno en especial que conmocionó al país. Se trata del recordado Domingo sangriento, que pasara a la historia como un capítulo más de la infamia. Ocurrió el 9 de enero de 1905. Aunque cuarenta y cinco años antes, el imperio zarista, había comenzado el proceso de ponerse a tono* *con el mundo capitalista, con algunas tímidas transformaciones en los ámbitos económico social y cultural, la maquinaria absolutista, que permitía al zar manejar el país como una hacienda de su propiedad de dimensiones continentales, seguía manteniendo sus estructuras feudales intactas. De hecho en el tema político, no había habido ningún cambio, a pesar de acontecimientos de comienzos de siglo como el de la sublevación de los Decabristas en 1825, que había aglutinado a un numeroso grupo de aristócratas de la oficialidad zarista, que habiendo participado en las maniobras que habían derrotado a Napoleón, habían tenido la oportunidad de conocer de primera mano especialmente en Francia, las reformas estructurales que en lo político habían tenido lugar en varias naciones Europeas. Transformaciones, que fruto de ese renacer del espíritu libertario y humano que fuera la Ilustración, permitían la irrupción del pensamiento liberal, que limitaba el otrora poder absolutista de las monarquías, todo lo cual hacía ver a su Rusia natal, como una sociedad anacrónica e injusta. Por este motivo, se organizaron en una sociedad secreta y el 25 de Diciembre de 1825, al morir el zar Alejandro I, vieron una oportunidad en su sucesor el príncipe Constantino de ideas de avanzada, para el logro de sus propósitos; desafortunadamente este último había abdicado al trono tres años antes, por lo que la corona recaía en Nicolás I, el hermano menor del zar fallecido, el que se caracterizaba por su mentalidad conservadora. Ante tales circunstancias, reunieron un contingente de 300 soldados y se sublevaron. La respuesta del nuevo zar sería contundente; al día siguiente muchos fueron apresados y en poco tiempo todos fueron a parar a Siberia. Así desaparecería el movimiento Decabrista, pero la semilla que habían sembrado, germinaría posteriormente, con los sucesos de Octubre de 1917. Medio siglo después, en 1881, caía asesinado el zar Alejandro II al que sucedería Alejandro III, aún más conservador que su padre. Inició una persecución encarnizada de los intelectuales, de los que no profesaban la religión ortodoxa y de los judíos. Fruto de estos años de persecución, sería el contacto con el marxismo, por parte de algunos de estos intelectuales, que tuvieron que marchar al exilio. En la mañana del Domingo sangriento, una manifestación pacífica de campesinos y obreros acudió al palacio de invierno en San Petesburgo, con objeto de hacer saber de sus penurias al zar, al que consideraban como un padre y al que asumían no responsable de las mismas. Para este año de 1905, el país pasaba dificultades económicas, como consecuencia de la guerra con el Japón, la que terminaría perdiendo. En medio de su ignorancia e ingenuidad, los manifestantes pensaban que el monarca no estaba enterado de sus problemas y que los solucionaría en cuanto se enterara; de modo que su objetivo, era sencillamente informarlo sobre sus condiciones de miseria. Como respuesta, tuvieron una descarga de la artillería imperial, en resultado de lo cual, según los periódicos de la época, perdieron la vida alrededor de dos mil personas, entre hombres mujeres y niños, que habían participado en dicha manifestación. Los días que siguieron conmocionaron al país. Las protestas y huelgas no se hicieron esperar. Para evitar mayor deterioro de su imagen, al cabo de un tiempo finalmente el zar Nicolás II, decidió realizar una serie de concesiones, entre las que se encontraba la creación de un poder legislativo –la duma-, y la introducción del sufragio universal, para la elección de la mitad de la misma. Por su parte, seguiría presidiendo el ejecutivo, la dirección de las fuerzas armadas y las decisiones de este incipiente órgano legislativo deberían contar con su visto bueno. Como se comprenderá, en el fondo las cosas seguirían iguales, e incluso al poco tiempo la duma sería disuelta. Se iban creando de esta manera, las condiciones, que darían lugar doce años después a la revolución más importante del siglo XX. Gracias a la incipiente cinematografía de la época se tiene un testimonio visual, de parte de los acontecimientos de aquel aciago año de 1905. Tan sólo veinte años después, el gobierno soviético, encargó al gran director de cine Serguey Einsestein nacido en Riga, la realización de una película, que recreara los acontecimientos que se desarrollaron en Odesa, cuando ocurrió el amotinamiento del acorazado Patiomkin. Los marineros de este navío de guerra de la marina zarista, hubieron de amotinarse, ante los constantes atro-*

pellos y humillaciones de que eran objeto por parte de los oficiales. La población de la ciudad puerto de Odesa, al enterarse de este hecho, brindó total respaldo a los amotinados y se sumó con ello, a la ola revolucionaria, que se propagaba por toda la nación y que había tenido como epicentro a San Petesburgo, siendo la chispa, el fatídico Domingo sangriento. En respuesta, la policía zarista, haciendo despliegue nuevamente de una brutalidad descomunal, - no tuvo reparos en asesinar a mujeres, niños y ancianos - disparó sobre la multitud, que desesperada corría escaleras abajo en el malecón, para salvar sus vidas. La realidad, como ya sabemos, puede superar con creces a la ficción. Siete décadas después de estos trágicos acontecimientos, una vez desaparecida la URSS, el autor intelectual de los mismos, el zar Nicolás II junto con su familia, serían declarados mártires y beatificados por la iglesia ortodoxa rusa, por ser una "adorable y santa familia". Con santos así, para que demonios, dirían algunos, apartando como corresponde a los hijos, que en el momento de su muerte a manos de los bolcheviques eran niños inocentes. Esta película, está considerada como la mejor o una de las mejores en la historia del cine mundial; a pesar de pertenecer a la época del cine mudo, o tal vez por ello mismo, -si se consideran las falencias tecnológicas del momento – según los estudiosos de la cinematografía, tiene un carácter magistral, caracterizado por lo novedoso y efectista de la edición de imágenes, realizada por el propio Einsestein, la fotografía expresionista, conmovedora y de alto contenido estético y en ocasiones también simbólico, el hábil manejo de cámaras en diversos planos y desde variadas ópticas, la música de Dimitri Shostakovich agregada a la última versión remasterizada que confiere una atmósfera heroica o trágica a la mayor parte de las escenas, todo lo que sumado a un guión claro y muy bien narrado, una escenografía de carácter testimonial –las locaciones, seguían siendo en la práctica las mismas que cuando ocurrieron los hechos, al igual que la moda del vestuario que había cambiado muy poco, la mayoría de los actores eran ciudadanos del común elegidos mediante la asombrosa intuición psicológica del director- da como re-

sultado, un film altamente conmovedor, que mantiene en vilo al espectador hasta su desenlace final. Vladimir Uliánov, que sería actor principal en el cataclismo revolucionario que se avecinaba y que acabaría con tres siglos de opresión por parte de la familia Románov, hubo de marchar al exilio, pasados diez años luego de la muerte de su hermano mayor Alexander, acaecida en 1887 a manos de la justicia zarista, cuya causa obedeciera a la militancia de este último en las filas anarquistas lo que le conduciría a atentar ese mismo año contra la vida del zar Alejandro III. El anarquismo, llegó un poco tarde a Rusia, luego de encontrar adeptos durante la segunda mitad del siglo XIX, especialmente en países como Francia e Italia. Uno de los más importantes filósofos del siglo XIX en Rusia es Mijail Bakunin, quien descollara en las filas del anarquismo e interactuara con Karl Marx y Prudhon. Para el ciudadano del común, el anarquismo es una suerte de sinónimo de terrorismo, tal como lo entendemos hoy día. A tal confusión, se llegó, por los métodos utilizados por algunos de sus seguidores para alcanzar sus objetivos. Sin embargo, se trata en realidad de una corriente de pensamiento de alto contenido humanista, -aboga por la igualdad y la libertad -cuya diferencia principal con otras corrientes sociopolíticas como el socialismo, estriba en que niega cualquier forma de autoridad, sea esta estatal, jurídica, económica o religiosa, que coarte las libertades del individuo. Sus detractores, ven en él una utopía por el carácter en exceso libertario de su perspectiva. El estado, sería suplantado por un sistema de organizaciones colectivas o sindicatos de interacción mutua igualitaria, según el modelo colectivista de Bakunin. Al anarquismo, pertenecían entonces una cantidad importante de organizaciones gremiales, tanto en Europa como en América. Cuando se celebró la Primera internacional (Organización internacional de trabajadores obreros), en Londres en 1864, en ella tomaron parte figuras de la talla de Marx, Engels y Bakunin. Sin embargo a pesar de lo mucho en común entre los idearios socialista y anarquista, los seguidores de estas facciones, terminarían convirtiéndose con el tiempo en enemigos irreconciliables. Hoy en día, cuando ya no existe el socialismo estatal soviético, ni el movimiento anarquista con la efervescencia que se le conociera hasta comienzos del siglo XX, las ideas libertarias siguen latentes a través de otras formas de lucha, como en el caso de los ambientalistas, los Indignados, las feministas y otros. Volviendo a la figura de Lenin, la tragedia que representó la muerte de su hermano mayor Alexander, propició su incursión en la agitación política, motivo por el cual, fue expulsado de la universidad de Kazán, institución en donde realizaba estudios de derecho. Más tarde, lograría como autodidacta, graduarse abogado en Moscú, luego de presentar los respectivos exámenes. En 1897 como consecuencia de su actividad política encaminada a terminar con el absolutismo, fue desterrado a Siberia, donde permanecería hasta 1900, tiempo que aprovechó para reflexionar sobre el curso a seguir en sus propósitos libertarios. Este mismo año de manera ilegal partió al exilio y en Leipzig, junto con Plejánov y otros revolucionarios rusos, creó un periódico de nombre ISKRA (La chispa), destinado a los obreros rusos, a través del cual comenzó a preparar ideológicamente, a los futuros revolucionarios. Por seguridad, tuvo que marchar a Londres y posteriormente a Ginebra, en donde permanecería varios años como ilegal, los que aprovechó, para seguir compenetrándose con la obra de Marx y Engels y, reflexionando profundamente sobre la manera de aplicarla a las condiciones concretas de su patria. Durante la fallida revolución de 1905, regresó al país, para intentar encausar el descontento, pero al no encontrar condiciones, hubo de ocultarse y marchar a Finlandia, para regresar de nuevo a Ginebra en 1908, en donde permanecería, hasta su regreso definitivo nueve años después. Los alemanes, que en ese momento de la primera guerra mundial, militaban en el bando contrario de Rusia, vieron en él, una oportunidad para desestabilizar al gobierno zarista y contribuyeron a su regreso a Rusia. Luego de viajar en secreto a través de Europa, al arribar a la estación de trenes de San Petesburgo procedente de Finlandia, encontró que la guerra y la estela de miseria y muerte que dejaba tras de sí, aunadas a las inhumanas condiciones de vida en las que vivían millones de campesinos miserables sumidos en la servidumbre desde tiempos inmemoriales, habían sido tierra fértil, a las nuevas ideas procedentes de occidente y que propendían, por un mundo más justo. De inmediato, se colocó a la cabeza del movimiento revolucionario y con su carisma e inteligencia, sus capacidades como orador y estratega, en poco tiempo logró derrumbar al zarismo y fundó el primer país socialista del mundo. Los cambios en la Rusia de los primeros años de la revolución, fueron asombrosos, a pesar de la descomunal agresión de que fuera objeto por parte de sus enemigos. En muy poco tiempo, el país de los soviets, se colocaría a la vanguardia en la tecnología aeroespacial, se electrificaría una buena parte de su inmenso territorio que entonces era de alrededor de 18 millones de kilómetros cuadrados; se abrieron fábricas a lo largo y ancho de su geografía, se realizaron campañas de alfabetización. Todo esto condujo a su transformación en un país de avanzada, que en lo militar, se convirtió rápidamente en potencia mundial, luego de esfuerzos titánicos y de haber podido sortear exitosamente, la brutal agresión del mundo capitalista, en cabeza de las potencias del momento como Inglaterra y Francia. De manera inesperada, ocurriría un suceso, que daría un viraje al proceso revolucionario soviético: la enfermedad y posterior deceso de Lenin, en 1924, a la edad de cincuenta y cuatro años. Dos figuras se perfilaban para la sucesión, Iosef Rugashvil más conocido como Stalin y León Trotsky, ambos arrojados guerreros, que habían demostrado ampliamente desde los sucesos de 1905 su compromiso con la causa revolucionaria. Trotsky de origen judío, adicionalmente, era un intelectual autodidacta y un brillante orador. La ambición y astucia del primero, harían que la balanza se inclinase a su favor. Comenzaría de esta manera una rivalidad entre estos dos líderes que terminaría con la persecución a Trotsky y a su familia, su expulsión del partido y del país y su posterior asesinato en México, en donde se había exiliado por intermediación del pintor Diego Rivera ante el presidente Lázaro Cárdenas. Figura contradictoria, venerada por unos y odiada por otros, Stalin pasaría a la historia, como un líder que manejó al país con mano de hierro, por varios decenios, haciendo honor a su apellido, que en ruso significa acero. Todos hemos escuchado de las purgas estalinistas, que prácticamente acabaron con la oficialidad del ejército Rojo, haciéndolo especialmente vulnerable a la invasión nazi de la segunda guerra mundial y que llevó a miles de rusos al exilio y a la muerte. Durante mi estadía en el país, la gente evitaba el tema de Stalin. Se decía en voz baja, que había sido una etapa negra de la historia del país. Había tenido que tomar decisiones difíciles, durante la mayor parte de los alrededor de veinte años de su gobierno. Se había dejado llevar por sus ambiciones de poder, por sus fantasmas, por un delirio de persecución, producto del cual, el ejército Rojo tan glorioso en un pasado reciente, había quedado diezmado y parte de la dirigencia política, había corrido igual suerte. Evidencia de ello, había sido, la facilidad, con que el invasor había penetrado en el suelo abanderado de la revolución mundial. Hay un episodio de su vida, que ha dado lugar a múltiples interpretaciones entre el mito y la verdad y que ha alimentado la fantasía de los creadores y el interés de algunos historiadores. Una de ellas, se desarrolla a continuación. En plena guerra, su hijo mayor, ingeniero de profesión, a la sazón teniente del ejército Rojo, había caído prisionero en los campos de Bielorrusia, y había sido confinado en un campo de concentración en Alemania. Su nombre era Iakov. Según dicen, las relaciones entre padre e hijo no habían sido las mejores. El primogénito del líder, nunca había tratado de sacar partido de su condición. Tanto, que a pesar del apellido y del parecido, ni sus mismos compañeros de armas lo sabían. Pero estando preso, de alguna manera, fue delatado. Existen varias hipótesis, acerca de la manera como el líder procedió en este particular caso. Según una de ellas, quedó inicialmente en estado de confusión. No tenía a quién pedir consejo, debido al celo con el que guardaba su posición de líder máximo. Trató de relajarse, acudiendo a su principal afición: el cine. Tenía por costumbre, frecuentemente reunir a sus más cercanos, para compartir películas. Disfrutaba del cine norteamericano, en especial del western y aventuras de Tarzán, sin importar el tinte ideológico que eventualmente pudiese haber en ellas. La afición, se había fortalecido, por la conciencia, en la efectividad propagandística de este medio de expresión, como resultado de lo cual, había ordenado la producción de una serie de films, que recurrían a grandes íconos de la historia lejana y reciente del país, como Alexander Nievsky, Pedro I y Lenín, encaminadas a avivar el sentimiento patriótico, tan necesario en momentos de oscuros presagios en el contexto de la política mundial. Como parte de la leyenda, dicen que con frecuencia al final de la velada, preguntaba, por la salud de alguno que estaba ausente, y entonces se debía entender, que lo más seguro sus esbirros ya habían ejecutado su decisión, respecto del pobre desdichado. Luego de ser informado, Hitler envió un mensaje, con una propuesta entre humanitaria y estratégica. Canjear al hijo de Stalin, por el Mariscal Paulus. Cuando se enteró, no sabía qué hacer. Todos reaccionamos de manera similar en tales situaciones; cómo conciliar el interés personal con el común. Pero en el caso de él, con el agravante, de anteponer, su deber de padre, con el de la vida de millones de sus conciudadanos. Largamente, lo estuvo pensando. Si salvaba a su hijo, cuál sería la actitud de los padres de los miles de soldados, que estaban en cautiverio y aún peor, el de los que ya habían perdido a sus hijos. Como quedaría, su responsabilidad de líder, si bastaba un caso puntual, para contrariar, lo que él creía y propugnaba, y había sido el norte de su proceder en la vida. Además, como permitirse mostrar debilidad, en un momento, en que su ejemplo, sería definitivo. Por otra parte, si no accedía, como le podría responder a su conciencia, que después de todo y a despecho de muchos, la tenía, en las seguras y continuas recriminaciones, que le estaría recordando día tras día, haber sido un padre desnaturalizado. La historia, le recuerda, más que como el líder que salvó a su país de la tragedia, como el caudillo que avasalló a su pueblo, sembrando el terror y la muerte. Pero, en tales situaciones, hasta el más frío y calculador, reconoce lo frágil de su naturaleza. En ese estado de indecisión, estuvo toda la noche, dándole y dándole vueltas al asunto. Al siguiente día, pudo entrever que todo se hacía claro. Dicen que respondió "Un maris-

cal, no se cambia por un soldado". Cierto o no, al poco tiempo, su hijo fue asesinado en cautiverio. En tiempos de la ilustración, hubiese sido levantado en hombros; en los del romanticismo, vilipendiado. En cuanto a otro personaje, "popular" en occidente como es Rasputín, mis compañeros de estudio, sólo decían, que había sido "una prostituta", dando a entender su carácter servil e interesado. En cuanto a disidentes de ese entonces como el científico Andrei Sajárof, decían que era un ser abominable, una basura. Hoy en día, cuando muchas de esas ideas se han transfigurado y algunos de estos personajes han sido reivindicados a nivel de seudo- héroes, como en el caso del científico Andrei Sajarov, premio nobel de física, queda el sinsabor del relativismo de los tiempos y contextos. En la cotidianidad de la capital, era frecuente ver personas leyendo novelas en el metro. Este metro es único en el mundo. Es uno de los más bellos y lujosos. Las estaciones, construidas en mármol, parecen museos; tienen esculturas clásicas y lámparas de lágrimas de bacarat. Su estructura, tiene la forma de un anillo que circunscribe a la ciudad, atravesado por varios radios de modo que cubren toda el área. El aseo y la pulcritud, en esa época, eran inmaculadas. La diferencia en los comercios, al comparar países como Italia o Alemania, con Rusia, eran abismales. En los de esta última, se carecía de la variedad y calidad de las otras. La industria de alimentos y bienes de consumo, adolecía de un atraso de decenios. Esta, era una de las secuelas de la guerra fría. Sin embargo, la gente consciente de los beneficios en rubros de primera necesidad, como la salud la educación y la vivienda, no le conferían mayor importancia. En esto del abastecimiento, se podía apreciar un fenómeno curioso. Mientras en los supermercados, había muy poca oferta y calidad deficiente, en las mesas de los hogares, había todo lo necesario. De hecho, existía un mercado negro paralelo promovido, por redes de influencias, que originaba una economía paralela e ilegal. Pero, así eran las cosas, y las personas de este modo, solucionaban las dificultades. Escaseaban productos de primera necesidad. A cambio de ello, los costos del transporte, los libros, las entradas a espectáculos como la ópera eran irriso-

rios. Las escuelas eran bellas y muy bien dotadas. Las universidades o institutos de educación superior, también contaban con infraestructuras locativas a la altura. La malla vial de las ciudades era excelente, con muchas zonas verdes. Había propaganda política por todas partes. Las banderas rojas y las fotos de Lenin eran omnipresentes. En contraprestación, las largas alocuciones de Leonid Breznev por la televisión, a la sazón, secretario del partido comunista de la URSS, - la cúspide del poder-, tengo la percepción de que eran ignoradas por la mayoría. El problema del alcoholismo era palpable. A ello contribuían, el rigor del invierno, la tradición cultural y la monotonía de la vida. La policía, que entonces se conocía como milicia, realmente tenía carácter humano. Por toda arma, cargaban un bolillo. Nada de armas de fuego, ni siquiera esposas. En más de una ocasión, fui testigo de la agresión de un infractor hacia un miliciano. Algo inconcebible en países capitalistas. Eran escenas surrealistas, dignas de un René Magritte, haciendo gala de la más pura descontextualización de la realidad. La forma que caracterizaba al arte, por aquellos tiempos, era el Realismo socialista. Tanto en el campo literario, como en el de las artes plásticas y el cine, el denominador común, era la glorificación del proletariado y del partido comunista. Obreros en fábricas, ciudadanos en mítines hondeando inmensas banderas rojas o portando fotografías de los líderes del partido, imágenes épicas del ejército rojo en pleno fragor de la batalla en defensa de la patria. Ni por equivocación el arte abstracto. Se olvidaron del constructivismo, de Tatlín[22], Malevich, Naún Gabo y Kandinsky, y de sus importantes aportes al mundo de las artes plásticas. En los museos, era corriente, ver bustos en bronce de obreros rasos, al lado de líderes políticos o de otras personalidades. Sin duda, era una época dura para los artistas. En

---

[22] pintor y escultor ruso, constructivista, que abarcó múltiples facetas: escultura, pintura, proyectos arquitectónicos, objetos inventados, de diseño, y decorados teatrales.[1] En 1914 fundó el Constructivismo.

lo personal, considero que un artista, puede estar o no comprometido con un ideario político, pero no se le pueden cortar las alas a su imaginación, no se puede restringir su quehacer a unos lineamientos ajenos a la estética, contradictorios a su naturaleza librepensadora como ser humano y creador. Pienso que en esto, el sistema perdió su norte humano, se equivocó. La religión por aquellos años, había perdido la importancia de antaño. Recordemos, que durante el periodo zarista, a esta nación se la conocía como la santa Rusia. Una sociedad rígidamente jerarquizada bajo un corsé de carácter feudal, bien se avenía, con una profunda religiosidad, en este caso la iglesia cristiana ortodoxa. Recordemos, que ésta aparece, como resultado de desavenencias en el siglo XI, entre el obispado del imperio romano de Oriente, y el papa. Durante el socialismo, la gente puso en práctica la máxima marxista, la religión es el opio del pueblo. Esta sociedad vivió alrededor de siete decenios sin necesidad de un Dios, poniendo en tela de juicio la razón de ser de las religiones tradicionales y sus aparatos eclesiásticos. Demostró que se puede prescindir de la religión y en especial del clero, que ha demostrado a través de la historia, ser un factor de atraso e injusticia. La religión, aunque a mi modo ver, tiene aspectos positivos, como la generación de autoconfianza -creer-, e inculcar valores como la generosidad o la honradez, al mismo tiempo se erige como un obstáculo para el progreso humano. No se requiere revisar el prontuario criminal de la iglesia católica, durante las cruzadas y la época de la inquisición, para confirmar esto. Basta, con mirar el mundo actual, con sus grandes injusticias, en donde un sector ínfimo de la población, expolia la riqueza del planeta, mientras a diario, millones mueren de hambre, de desnutrición, de enfermedad. A nombre de un Dios, se han cometido los más tenebrosos crímenes de la humanidad. El hombre prehistórico, inicialmente, creó la idea de dios, para protegerse mentalmente de los fenómenos naturales que escapaban a su comprensión y le sumían en la incertidumbre y el desamparo. Más tarde, aquellos que pretendían regir los destinos de otros, notaron que la fuerza del temor supra-terrenal era más efectiva *que la intimidación humana, para el logro de sus propósitos de dominación. De esta manera, primero el chamán y luego el clero, sirvieron de enlace entre dioses y humanos. Pero a lo largo del devenir histórico, no todos se han sometido a esta intermediación; tal es el caso de Bonaparte, cuando se auto-coronó emperador y además persiguió a la inquisición. La verdadera razón de ser de la religión para las élites, es el sometimiento de una inmensa mayoría de la sociedad, a sus intereses. Cuando pensamos en el desarrollo humano, en los grandes inventos, vienen a la mente aquellos decisivos, como el habla, la escritura, el fuego, la rueda. Y, si a la inversa, consideramos los peores, aquellos sin cuya existencia, el mundo sería mejor, muchos tendrían en mente a la religión. En la actualidad, con la invención del terrorismo, para reemplazar al comunismo, como una nueva justificación, para proseguir la escalada de violencia de unos países que ostentan el poder, para con los débiles, se intenta desprestigiar al islam, como una religión de la intolerancia. Resulta, que repasando la historia, este credo se propagó rápidamente por varios continentes, como ningún otro antes, precisamente por su carácter tolerante. Cuando conquistaron el norte de áfrica y llegaron a España, respetaron las creencias y cultura de los lugareños. Definitivamente, cuando se trata de expoliación, las excusas pueden ser las más inverosímiles. En época de vacaciones, generalmente tenía la oportunidad de viajar por Europa. Pasé algunos temporadas en ciudades como Berlín, Dulserdof, Roma, Londres, Varsovia, Budapest, Venecia. Quiero compartir algunas anécdotas, relacionadas con estos viajes. La primera ciudad que tuve la oportunidad de conocer, por fuera de la URSS, fue Berlín. Se trataba entonces, de una urbe muy particular, que reflejaba como ninguna otra, los estragos y secuelas de la segunda guerra mundial. Estaba dividida en dos partes, ideológicamente antagónicas. Al oriente, la Berlín oriental, con su vida pausada, sus avenidas adornadas por bellos jardines, las omnipresentes imágenes de los precursores del socialismo, Marx, Engels, Hegel, sus comercios, que recordaban, lo que vemos en las películas de los años cincuenta. Al occidente, la vitrina del capitalismo, con toda la abundancia, el lujo y la alta tecnología. Arquitectónicamente, la parte oriental, tenía mayor identidad, pues las autoridades se habían preocupado más por devolverle a la ciudad su personalidad prusiana. En la parte occidental, una arquitectura que podía ser la de una ciudad de EE UU, a pesar de su atractivo, nada que ver con el esplendor de la ciudad heredera de Prusia. A tal división de la ciudad, se llegó como consecuencia del reparto de que fuera objeto, por parte de las naciones vencedoras. Inicialmente, había cuatro sectores: inglés, francés, estadounidense y soviético. Con el comienzo de la guerra fría, los sectores capitalistas se unieron. Iniciando la década del sesenta la relación entre las dos potencias del momento, la URSS y USA, había llegado a tal grado de tensión, que de la noche a la mañana, el gobierno de la Alemania Oriental, siguiendo los dictámenes de la metrópoli en Moscú, decidió tender una cerca que dividía la ciudad, lo que más tarde de manera tendenciosa, se conocería en el mundo como el muro de Berlín o la cortina de hierro. Según la autoridades germano-orientales, la medida se tomó en virtud de salvaguardar la seguridad del país, seriamente vulnerada por los espías occidentales. En los días previos, se había presentado un conato de enfrentamiento entre tanques rusos y occidentales en la calles céntricas de la ciudad, lo cual estuvo a punto de convertirse en el comienzo de una conflagración. Un escenario tan fuera de contexto, hasta rayar en el absurdo, ha alimentado por décadas al mundo de la ficción. De mi humilde cosecha en este campo, a continuación, incluyo un relato breve que lleva por título* Extranjeros, *que intenta mostrar de manera desnuda, la fatalidad con que los Berlineses hubieron de enfrentarse hasta época reciente: "No atinaba a entender, en que momento había ocurrido tanta locura. Ahora solo podía ver a Martina, desde la azotea del edificio y hablar con ella por teléfono. Ellos que desde niños habían sido tan unidos y que al llegar a la pubertad se habían enamorado. Todo había comenzado, con la repartición del país, luego de la derrota- si es que podía así llamarse- pues lo que había ocurrido en la práctica, era la liberación de manos del tirano, que lo había llevado al abismo y a una destrucción total. Tenía la fe puesta, en que pronto las cosas volverían a su cauce; el país se recuperaría y volvería a ocupar su sitio de liderazgo en el mundo, pero basado en lo que realmente siempre la ha identificado: la pujanza y disciplina de su gente. Muchas veces, había tratado de tranquilizar a Martina con estas expectativas, en las diarias visitas de enamorados que realizaba al edificio de enfrente, donde la muchacha vivía con sus padres. Cuando los sectores bajo el dominio de los países aliados capitalistas se unieron, pensó que se trataba del primer paso para la recuperación de la autonomía, por lo que fue testigo del contagio colectivo de optimismo, que se respiró por aquellos días. Había quedado la amarga experiencia de la anterior conflagración y del exabrupto de Versalles, que los vencedores no iban a repetir. Sólo faltaba, que el otro aliado hiciera lo propio, y quedara el camino libre a la plena unificación y entonces comenzaría el proceso, que sería largo y difícil, pero esperanzador. Pero que equivocado estaba. A veces los acontecimientos se desarrollan de manera inverosímil. La tensión entre los antiguos aliados, se hacía cada vez más tirante. El nuevo orden geopolítico, los conduciría a una confrontación de nuevo tipo. Poco antes, había tenido lugar una escaramuza entre los dos ejércitos en el centro de la ciudad, en la que hubo incluso presencia de tanques. Por fortuna, no trascendió en una tragedia. Asi siguieron las cosas, hasta que un día, se levantó temprano como era su costumbre y dirigió su vista a la ventana de la amada, que vivía en un piso un poco más arriba del suyo. Miró después hacia abajo y noto algo extraño en la calle. Había todo un contingente de obreros custodiados por soldados soviéticos, que estaban instalando una malla a lo largo del separador de la calle. Bajó de inmediato para averiguar de que se trataba y un vecino, lo puso al tanto de lo que había escuchado en la radio. El gobierno del sector oriental, preocupado por la seguridad de su población, había tomado la decisión intempestiva, de establecer una línea fronteriza, a lo largo de la ciudad. Lo que le estaba ocurriendo era como una pesadilla. Resulta, que por el delirio de persecución de unos lunáticos ahora él y su novia se habían convertido en extranjeros, que no podían ni visitarse a pesar de vivir enfrente. Hasta cuando se prolongaría tal despropósito, era una incertidumbre. El tiempo, se encargaría de responder a esta pregunta y de contribuir a sanar esta herida". Había una estación del metro, que servía de punto fronterizo entre las dos Berlín; se trata de la estación Friedrichstraße. Allí, como en ningún otro lugar, se sentía el escalofrío de la guerra fría. Estaba militarizada, había cámaras de televisión por todo lado, el ambiente era de tensión constante. Curiosamente, el punto exacto que servía de paso a los transeúntes, entre las dos partes de la ciudad, parecía de ficción, pues en contraposición a su importancia, se trataba de una puerta de madera, de lo más informal, que me recordaba, las puertas de los colegios, que separan a un patio de la calle. La diferencia era, que había que presentar el pasaporte y visa a los soldados apostados allí y armados hasta los dientes. La primera vez que fui, a esta ciudad venía procedente de Dulserdoff, en donde pasé unos días, alojado en casa de un tío de Ernesto Perdomo, uno de mis más cercanos compañeros colombianos de estudio en Minsk. Después de un viaje de lo más inusual en tren, llegué a Berlín, hacia las dos de la madrugada. Me sentía con el temor propio, de quien se encuentra en un ambiente desconocido, sin hablar el idioma y a semejante hora. Por qué tuve que viajar a hora tan absurda, es algo que ya no recuerdo. En un papelito, llevaba una dirección, y escrita una frase, en la que solicitaba, me llevasen allí. Tomé un taxi, que en Berlín en esa época siempre era un Mercedes Benz, traté de entablar conversación con el conductor y resulta, que no hablaba nada de inglés. Le pasé entonces el papelito, que fue mi salvación, y al rato de haber transitado por calles desiertas y oscuras, llegamos a un sector tradicional de la ciudad y nos detuvimos, al frente de un edificio antiguo, de varias plantas. La entrada, era una verja de hierro descomunal, y no había visos de portería. Total, parecía que tendría que devolverme con el taxista de nuevo a la estación de trenes, pues en tales circunstancias, cuando no existían los celulares, nunca sabría en que apartamento vivía la persona, en donde se encontraba alojada Ada quién había viajado días antes y estaba alojada en el departamento de un compatriota suyo. Esperamos unos minutos, que me parecieron eternos y de pronto, apareció de milagro alguien que vivía allí, y mientras comenzaba a abrir la chapa, el taxista se aproximó y le preguntó por esta persona. El alivio que sentí, cuando dio señas de conocerla y amablemente, avisó de mi presencia. De inmediato, bajó mi compañera dominicana, poniendo fin a algo que parecía una pesadilla. Uno de los sitios que más llamaban la atención, en la parte occidental de la ciudad, era la iglesia del Recuerdo, de estilo neorománico, construida en honor del emperador Guillermo, la cual hasta la fecha, se conserva en el estado de destrucción en que quedara al terminar la guerra. Así lo decidieron las autoridades alemanas, como una forma de tener presente la estulticia de las guerras. Años más tarde, fueron agregadas otras partes modernas, para conferir seguridad estructural al deteriorado edificio. Ubicada en la plaza Breitscheidplatz, junto a la avenida de Kurfürstendamm en Charlottenburg, se yergue como la única sobreviviente, de los bombardeos a los que fuera sometida la ciudad, por parte de la aviación aliada, en retaliación, por la barbarie de los nazis. Una noche, caminando con mi compañera Ada, por las inmediaciones de este sitio, que ya se encontraba desolado, a nuestro encuentro por la misma acera, venía un grupo numeroso de los jóvenes que entonces llamaban Punks, con su vestuario negro de cuero, sus tatuajes y su actitud amenazante. Eran por lo menos veinte. Tenían fama, por su violencia y xenofobia. Sentí temor, por lo que pudiera pasar, en especial, con mi compañera y nos preguntamos, qué era lo mejor que podíamos hacer, si huir o seguir caminando a su encuentro como si nada. Nos arriesgamos por lo segundo, con tan buena suerte, que apenas nos miraron y siguieron de largo. Otro sitio de interés de la ciudad, es el museo altar de Pérgamo. En el siglo XIX, los arqueólogos alemanes, descubrieron en la península de Anatolia, cerca a las costas del mediterráneo, en lo que hoy es territorio de Turquía, las ruinas de la ciudad de Pérgamo, una de las ciudades estado griegas, diseminadas, por las costas del mediterráneo. El altar, tiene el tamaño de una plaza pequeña-*

cerca de 35 metros de largo, por 33 de ancho- y data del siglo II a. c. Está conformado, por unas escalinatas, a lo largo de las cuales hay numerosas placas en mármol, en las que en la técnica del altorrelieve, fueron esculpidas figuras de la mitología griega que representan una gigantomaquia y la historia de Telémaco. La construcción del altar, data de la época helénica, es decir posterior a Alejandro. Muchos de estos frisos, fueron encontrados en el momento de las excavaciones realizadas por los arqueólogos alemanes durante el siglo XIX, haciendo parte de cimientos de casas otomanas, como si de cualquier material de construcción se tratara. El altar, fue trasladado luego en su totalidad, de Turquía a Berlín, en virtud de un acuerdo entre los líderes prusianos y turcos. Las figuras, expresan gran dramatismo y son testimonio, de la perfección de la escultura helénica. Es lamentable haber estado en la ciudad en múltiples ocasiones y no haber conocido esta maravilla, por desconocimiento de su existencia en ese entonces, a pesar de haberme interesado siempre por los aspectos culturales de las ciudades que tuve la oportunidad de visitar. En otra de mis visitas a esta ciudad, ocurrió un hecho que a pesar del paso de los años, no deja de ponerme nervioso cuando lo recuerdo. Las cosas, que entretejen el destino y la fatalidad, a partir de circunstancias cotidianas e intrascendentes en apariencia. Había decidido en esa ocasión, sorprender a mis caseros Ina y Basili, llevándoles una libra de nuestro afamado café colombiano. El día del regreso, aprovecharía, que en la estación del metro del punto fronterizo, había una caseta en donde lo vendían y, que el metro se detenía allí unos diez minutos, mientras los guardias fronterizos, realizaban la revisión de pasaportes y los controles de rigor. Días antes, comprando unos rapidógrafos que necesitaba para la elaboración de los planos de mi tesis de grado, en una papelería de la ciudad, me había cruzado con otro estudiante de ingeniería que también cursaba estudios en Rusia. Sunday era un muchacho Africano de Tanzania, de buena conversación y, resolvimos viajar juntos. Cuando llegó el momento del regreso, abordamos el metro que nos conduciría al otro lado de la ciudad a través de Friedrichstraße.

Allí abordaríamos el tren que nos llevaría a Rusia. Desde el vagón, que venía prácticamente vacío, había ubicado la caseta donde vendían el café. El tren se detuvo a unos 150 metros. Tenía justo el tiempo, para hacer la compra según lo planeado; caminando por entre la multitud, me dirigí a la caseta; el lugar como siempre, emanaba tensión. Cámaras de televisión y soldados fuertemente armados; también muchas personas, que no se sabía si estaban en espera del metro, o vigilando a las otras. En mi elemental inglés, pedí una libra de café colombiano, la cual me entregaron con amabilidad. Procedí a pagar, pero me dijeron que no recibían dólares, sólo marcos occidentales. Recordé entonces, que en la maleta que estaba en el tren, debía tener un remanente en esta moneda. Me disculpé con el vendedor y prometí regresar de inmediato. Olvidándome del entorno, comencé a correr con desesperación, pues corría el riesgo de que el tren me dejara o de no poder llevar el café. En mi mente, sólo estaba el objetivo de comprar el café, como si en ello me fuera la vida. Alcancé a avanzar unos cincuenta metros, cuando de pronto súbitamente aparecieron frente ante mí cerrándome el paso, dos soldados alemanes, armados hasta los dientes, apuntándome con sus metralletas y con un perro pastor alemán, que me mostraba sus amenazadoras fauces y trataba de abalanzarse sobre mí, de lo que me salvaba la correa con que lo controlaba uno de ellos. Nada más parecido, a las clásicas imágenes de las películas de nazis. Ellos me gritaban cosas en alemán que no podía entender, mientras manoteaban con violencia y reacomodan sus metralletas; era tal la sorpresa, que la mente me quedó en blanco y quedé paralizado. Lo único que entendía era, cuando me gritaban la palabra "pasport". La gente que estaba en los alrededores, se quedó mirando el espectáculo con asombro y temor. Era tal mi angustia, que no atinaba a encontrar mi pasaporte, en el bolsillo en que habitualmente lo llevaba, pues lo había colocado en otro. Ante esto, cada uno me tomó de un brazo y me llevaron obligado con destino incierto. Nos detuvimos a unos doscientos metros y me introdujeron en una oficina. Estos doscientos metros, fueron suficientes para calmarme y caer en cuenta, que quienes me llevaban prisionero, eran los alemanes orientales aliados, es decir los amigos de los rusos. En la oficina, había un oficial, a quién los soldados rindieron un informe sobre mi caso. Se trataba de un capitán del ejército de la Alemania oriental, quien a diferencia de los soldados, me observaba con cierta conmiseración. Al fin atiné a encontrar mi pasaporte y se lo entregué. El oficial, dándose cuenta de que se trataba de un estudiante extranjero de la Unión Soviética, me preguntó en un buen ruso, sobre lo sucedido. Luego de las explicaciones del caso, me preguntó además si viajaba con alguien y pidió una descripción de la maleta y su contenido. Sintiéndome ya más tranquilo, le contesté con lujo de detalles. Me solicitó entonces ir juntos hasta el vagón donde se encontraba la persona con quién viajaba. Cuando nos aproximamos al tren, noté que eran por lo menos diez o más vagones y no podía distinguir aquel en el cual yo venía, todos eran iguales y no estaban numerados. En las ventanas, por ningún lado había asomo de un africano. El tren comenzaba a alistarse para partir y el oficial me miraba como dudando de mi historia. Sentí escalofríos, de pensar que perdería el tren y sobre lo que podía pasar conmigo en este caso, dadas las circunstancias. Cuando todo parecía perdido, alcancé a divisar al bendito africano en un vagón al fondo, cuya ausencia me comentó después obedecía a que había ido al baño. Me volvió el alma al cuerpo y nos encaminamos a buscar la maleta. Todo coincidía con la descripción; maleta de cuero blanco con azul, libro de literatura rusa, y ropa tal. El oficial, con franca simpatía, me miró y me dijo: Joven, no se si Ud. alcanza a comprender el alcance de lo sucedido hoy; no se le vuelva a ocurrir nunca semejante locura. Ud. estuvo en inminente peligro de muerte! En el año 83, planeé mis vacaciones de verano, para conocer París. Era un anhelo que tenía de tiempo atrás. Esta ciudad tiene un carisma especial, en particular, para los que amamos el arte. Además de su gran riqueza arquitectónica y museística, era en París, en donde durante la primera mitad del siglo anterior, se daban cita los grandes artistas, para producir y vivir. París, era entonces el epicentro mundial del arte. El Lou-

vre, está entre los más grandes museos del mundo. Su colección, posee una serie de obras, que son íconos en el mundo del arte. Me refiero entre otras, a la Victoria de Samotracia, La venus de Milo, La Gioconda de Leonardo, La balsa de Medusa de Girecoult, la coronación de Napoleón, la escultura en donde está plasmado el famoso código de Hamurabi, etc, etc. Tenía muchas expectativas por este viaje, como no las tuve por ningún otro antes. Pero el destino quiso que no se realizara. En aquella época los Colombianos, podíamos movilizarnos libremente por Europa, sin necesidad de visas. Pero justo, en ese año, por primera vez un país europeo comenzó a exigirnos visa: Francia. El motivo, según se comentaba, obedecía a la aparición de bandas de carteristas colombianos en las calles de París. Cuando solicité la visa en la embajada de Francia en Moscú, me trataron de manera displicente. Tenía que presentar un boleto de viaje a España o Portugal, reservaciones de hotel, una cantidad de dinero para la estadía, y no permanecer más de una semana en Francia. Sintiéndome tan mal tratado, abandoné de inmediato ese plan, y decidí dirigirme a Inglaterra. Tomé un tren en Minsk y viajé durante dos días continuos, hasta llegar al puerto de Hoeck van Holland en Holanda. Fue un viaje estresante, por cuanto viajaba sólo y temía que si me quedaba dormido, podían robarme el dinero que llevaba. En este puerto, abordé un barco inglés de nombre San Nícholas. Era inmenso, tenía unos trecientos metros de longitud y en altura era como un edificio de cinco pisos. Estaba dotado, de centro comercial, casino, piscinas, discotecas, en fin de todo. Como el viaje fue en la noche y zarpamos hacia las once , estos establecimientos ya estaban cerrados y casi todo el tiempo la pasé en el compartimento de pasajeros temporales, que era algo parecido como a un teatro de lujo, sobre todo por el aspecto y disposición de la silletería. Una vez llegamos al puerto de Harwich en Inglaterra, para pasar al punto fronterizo, salimos por un túnel como el utilizado en los aeropuertos. Cuando me correspondió el turno de presentar documentos, luego de hacer la cola correspondiente, los oficiales encargados, que eran de la marina inglesa, tan pronto como notaron los visados soviéti-

cos de mi pasaporte, se hablaron entre ellos agitando los brazos, como protestando airadamente, me miraron con rabia, de manera inquisidora y amenazante, me interrogaron respecto si venía de Rusia. En ese momento, como producto de lo inusual de la situación, el estar sólo y el cansancio de más de dos días sin dormir, me asusté y no sabía ni que hacer. Solo atiné a decir, para suavizar la situación, que venía no de Rusia sino de Bielorrusia. Me hacían sentir como un peligroso delincuente. Finalmente, se compadecieron probablemente de verme tan indefenso, me devolvieron el pasaporte y me permitieron ingresar al país. Tomé entonces un tren, que en unas dos horas me llevó a Londres. Allí me alojé en una posada que desde Minsk alguien me había recomendado, de nombre "Two sisters", ubicada en el centro de la ciudad. Había una sala de estar, en donde tenían un televisor de pared y justo en ese momento, estaban transmitiendo una ceremonia que tenía lugar en vivo, desde un estadio de una ciudad de Corea del sur. Gran parte de la grama, estaba cubierta de féretros y había mucha gente llorando. Sólo entonces, pude entender el inusual recibimiento del que había sido objeto en el puerto de Harwich. Dos días antes, mientras me encontraba viajando en el tren, un avión comercial surcoreano, había sido derribado por un proyectil de la fuerza aérea soviética, sobre aguas territoriales de Rusia. Según el noticiero, era un crimen abominable perpetrado por los comunistas de Rusia, que había consternado al mundo. Cuando regresé a Minsk, casi nadie sabía nada sobre este asunto y sólo después la televisión emitió alguna información. En aquella época, este tipo de noticias, no se daban a conocer a la población con el debido cubrimiento y oportunidad. Pasaron los años y en el imaginario del mundo capitalista, quedó la imagen del leviatán soviético, que había segado la vida de inocentes surcoreanos. Fueron en vano las explicaciones del gobierno soviético, sobre lo sucedido, desde el punto de vista de los tratados internacionales y la seguridad nacional. Durante dos horas, habían escoltado y realizado múltiples advertencias a la tripulación del avión surcoreano, recalcando que se encontraban sobrevolando ilegalmente, territorio soviético de alto interés estratégico. Pasaba el tiempo y la tripulación, inexplicablemente no contestaba y el avión se seguía internando más y más en territorio ruso. Hubo un momento, en que se aproximaba a una base militar muy importante, y temiendo lo que podría pasar, se dio la orden de disparar. Todo esto, se vino a conocer unos treinta años después, una vez terminada la guerra fría, información que fue suministrada por los mismos Estados Unidos, a través de documentos desclasificados. Incluso, la cadena Discovery, emitió un programa dramatizando lo sucedido. Como se podrá apreciar, se trató de una provocación para desacreditar al enemigo en el contexto de la guerra fría, lo que funcionó por unos años hasta que finalmente saliera a la luz la verdad. En el trayecto de aquel viaje a Inglaterra, ocurrió una situación, inusual. Al llegar a la estación de trenes de Amsterdam, debía realizar cambio de tren, para proseguir hacia el puerto de Hock Van Holand, desde donde zarparía en barco hacia Inglaterra. Amsterdam, es una ciudad de un encanto especial. Su arquitectura tiene mucho de común con la alemana. Edificios con techos inclinados de alta pendiente, construcciones livianas con mucha gracia y delicadeza. Calles adoquinadas, muy organizadas y limpias. Canales que recuerdan a Venecia. En la época del renacimiento, se encontraba bajo el control del imperio español, con el nombre de Flandes. En el siglo XVII, se independiza y se convierte en potencia mundial, transformación a la que contribuyeron, el cosmopolitismo de sus pobladores y el desarrollo de la navegación comercial. Voy a detenerme un poco, en las particularidades de este país, dada su importancia cultural e histórica en el contexto mundial. Holanda, se ha distinguido, por ser tierra de librepensadores y artistas. Allí nació y vivió Baruk de Spinoza[23], uno de los filósofos más influyentes, en las transformaciones ideológicas, que posteriormente, nos condujeron a la modernidad. Uno de sus grandes

---

[23] filósofo neerlandés de origen sefardí portugués, heredero crítico del cartesianismo, considerado uno de los tres grandes racionalistas de la filosofía del siglo XVII, junto con el francés René Descartes y el alemán Gottfried Leibniz. Hostigado por su crítica racionalista de la ortodoxia religiosa, su obra cayó en el olvido hasta que fue reivindicada por grandes filósofos alemanes de principios del siglo XIX. Según Renan, «Schleiermacher, Goethe, Hegel, Schelling proclaman todos a una voz que Spinoza es el padre del pensamiento moderno».[1]

aportes fue el Panteísmo, corriente filosófica según la cual, los seres humanos y todo lo que hay en la naturaleza y el universo, somos parte de una entidad superior. De esta manera, contradiciendo las ideas escolásticas prevalecientes durante siglos y que colocaban al ser humano y la razón en un segundo plano, supeditados a la teología, libera el pensamiento humano y transmite el mensaje, de una vida cuyo disfrute se debe lograr ahora y no postergado hasta después de la muerte. Oriundo de Holanda, también es Erasmo de Rotterdam. Conocido como el humanista por antonomasia del siglo XVI; puso todo su esfuerzo e inteligencia, al servicio del hombre, criticando la corrupción del clero y toda forma de coartar las libertades. En su juventud, se había ordenado sacerdote y posteriormente, se graduó en teología por la universidad de París. En poco tiempo, fue llamado a dictar clases en varias universidades de Inglaterra. Su fama y prestigio crecieron por toda Europa. En los momentos álgidos que sucedieron a la denuncia de Lutero que precipitó el sisma del catolicismo, fue presionado a tomar partido por uno de los bandos, situación a la que fue renuente, por contradecir su espíritu científico y libertario. En Holanda, pasó veinte años de su vida el pensador y matemático francés René Descartes, el del Discurso del método. El país era entonces un escenario ideal, para estas mentes brillantes, que estaban conformando, lo que más tarde se conocería como la Primera revolución científica. Holanda y en general los países bajos también sobresalen, por la calidad de sus pintores. Entre los más conocidos están, Jan Van Eyck, Holben, Geronimus Bosch[24], Roger Van der Weyden, Hugo Van der

---

[24] pintor nacido al norte del Ducado de Brabante, en los actuales Países Bajos, autor de una obra excepcional tanto por la extraordinaria inventiva de sus figuraciones y los asuntos tratados como por su técnica, al que Erwin Panofsky calificó como artista «lejano e inaccesible» dentro de la tradición de la pintura flamenca a la que pertenece.[3]

El Bosco no fechó ninguno de sus cuadros y son relativamente pocos los que llevan una firma que pueda considerarse no apócrifa. Lo que se conoce de su vida y de su familia procede de las escasas referencias que aparecen en los archivos municipales de 's-Hertogenbosch y, en especial, en los libros de cuentas de la cofradía de Nuestra Señora, de la que fue miembro jurado. De su actividad artística tan solo se documentan algunos trabajos menores no conservados y el encargo de un

Goes y Johannes Vermeer. Estos artistas, desarrollaron un estilo propio, que enriqueció al del resto del continente, en especial a los italianos del quattrocento. La técnica del óleo, llegó a Italia, en el siglo XV procedente de Holanda. Los orígenes del surrealismo y el simbolismo, se remontan a la pintura del Bosco, mientras la obra de Vermeer, se nos presenta hoy día, como testimonio de la cotidianidad de la Flandes de la época. A partir de obras como el Matrimonio Arnolfini, los historiadores y sociólogos, pueden reconstruir la cultura material de la época, la forma de vida típica de una nueva clase social, la burguesía que se habría paso en el contexto de un mundo cambiante. Tal es el grado de detalle de la representación de esta obra. Volviendo al viaje con destino a Londres, hube de esperar unas horas en la estación de trenes de Amsterdam. Antes había dado una vueltas por la ciudad y pasé al frente del famoso Concertgebow, una de las salas de concierto más famosas de Europa. La ciudad definitivamente, lucía como una Venecia gigante. Para los viajes, por lo general llevo conmigo algún libro o revista, para aliviar estos momentos de espera. Estando leyendo, en la sala de espera de la estación de trenes, de pronto levanté la vista y noté, que había un hombre de edad madura, que me estaba observando atentamente y al sentirse descubierto, apartó de súbito la mirada. Seguí leyendo y pasado un rato, al mirar en otra dirección, se repitió la situación con el mismo personaje, lo cual me produjo incertidumbre y temor. Podría tratarse de un ladrón, o aún peor, me podía estar confundiendo con alguien, relacionado con quien sabe que asuntos. Por seguridad, decidí alejarme de este sitio y procurar mantenerme en otra parte de la estación, en donde hubiese mucha gente. Pasó el tiempo y el personaje desapareció, y me sentí más tranquilo. Me dirigí luego al baño, a afeitarme. En ese momento, el lugar estaba desierto. Había varios lavamanos contiguos. Comencé a afeitarme y de pronto, vi a través del espejo, que en la puerta de entra-

---

Juicio Final que en 1504 le hizo Felipe el Hermoso. Ninguna obra se le puede atribuir con absoluta seguridad y las características de su singular estilo se han podido fijar *da estaba de nuevo este personaje. Entonces sentí miedo. Se acercó y se ubicó, justo en el lavamanos de al lado, cuando había por lo menos diez. Comenzó a lavarse las manos y me miraba de reojo, como esperando que le dijera algo. Pasó un minuto que me pareció una eternidad, cerró la llave, se secó las manos y abandonó el lugar. Nunca supe de qué se trataba todo aquello. Una posibilidad, es que se tratase de un espía o un mafioso, que esperaba encontrarse con alguien, cuya apariencia coincidía con la mía. Sentí alivio, que todo terminara para bien y pude seguir mi camino. Visité en dos oportunidades Venecia. Es una de las más encantadoras ciudades de Europa, pletórica en historia. Fundada hacia el siglo V, como parte del imperio romano de Occidente, posteriormente, se independizó como ciudad estado, con gobierno monárquico elegible aunque suene un poco extraño esto último. No en vano, desde la edad media, la república de Venecia, sirvió como punto de empalme, entre occidente y oriente; de allí, la fuerte influencia de Bizancio, en su arquitectura. De Venecia, era Marco polo, el afamado viajero del siglo XIII, a través de cuyos relatos, occidente supo del gran imperio Mongol, presidido por Kublai Kan. Venecia desde siempre ha sido un epicentro cultural. Allí nació en 1678 Antonio Vivaldi, piedra angular del barroco musical. También el hombre de mundo Giácomo Casanova. Durante el renacimiento, las escuela veneciana de pintura, dio a luz celebridades, de la talla de Tiziano Veselio, Giorgione, Tiépolo y Tintoretto. Arquitectónicamente, su más notable particularidad, son los canales, que a manera de calles la recorren. El más importante, es el Gran canal, que la atraviesa en su totalidad y de cuya evolución, las pinturas de Canaletto, son fidedigno testimonio. Venecia está conformada por más de cuatrocientas islas pequeñas. En el centro de la ciudad, está la plaza de San Marcos, llamada así, por la catedral bizantina que se alza en uno de sus costados. Fue construida, para guardar los restos del evangelista Marcos. Otros edificios notables, son el Palacio de los Dux o gobernantes de la ciudad, de marcada arquitectura gótica y la torre, de gran altura, que servía como vigía, para controlar los navíos que arribaban a la ciudad.*

Muchos palacios y casonas, se encontraban entonces en relativo estado de deterioro, lo que le daba un toque más auténtico a la arquitectura y atmósfera de longevidad a la ciudad. Quizá el inconveniente que pueda tener Venecia, además de las inundaciones durante las mareas altas, es cierto olor a agua detenida, el que como es natural solo es percibido por los visitantes. Las calles, son estrechas y adoquinadas. Hay, o había en aquella época, muchas tiendas de artesanías de vidrio de gran belleza. Quedé tan encantado con Venecia, que sentí de corazón ganas de quedarme a vivir para siempre. Cuando abandoné la ciudad sentí una gran nostalgia. En una segunda visita, iba camino a Nápoles, en compañía de Ada y de unos conocidos de Perú y Costarrica. Recuerdo mucho que estos amigos me pidieron que les tomara una foto, cuando nos encontrábamos en el principal puente del canal principal. Les sugerí que saliéramos del mismo, para que el fondo de la foto fuese una panorámica más interesante, pero en su simplicidad, insistieron en posar delante de un kiosco de revistas. Se trataba de muchachos que debido a su juventud y escasa formación, no tenían conciencia de la trascendencia de la ciudad. En otra de las salidas de vacaciones, nos dirigimos a Roma. El trayecto fue a través de Varsovia, Viena y Roma. Usualmente la ruta más utilizada, era a través de Berlín y Venecia. Por Varsovia, había pasado en múltiples ocasiones, pero sólo de paso. En este viaje, nos detuvimos durante un día. Era el momento álgido, de la desestabilización provocada por el movimiento Solidaridad. Varsovia entonces, era una ciudad moderna, con amplias autopistas. Debido a la crisis, estaban pasando por una tremenda inflación; con un dólar, se podía comprar un montón de cosas. Dadas estas condiciones, no pudimos viajar por tierra, sino por vía aérea. El aeropuerto quedaba bastante alejado de la ciudad, por lo que tomamos un taxi. Previamente habíamos averiguado, cuantos zlotes, costaba la carrera. En la mitad del camino, por seguridad, le preguntamos al taxista, si tenía cambio, pues los billetes que teníamos eran de alta denominación y mencionamos sobre la información que acerca de su costo nos habían dado. El taxista se enfureció y manifestó que el precio era mucho mayor, como veinte veces más, según él. Como no estuvimos de acuerdo y nos quejamos del atropello, paró abruptamente y nos dejó tirados en medio de la carretera. Afortunadamente era de día y pudimos conseguir otro transporte. Una vez en Varsovia, dimos un paseo por la ciudad. Uno de los compañeros de viaje, llevaba un dibujo en perspectiva, que le habían hecho a propósito, para poder orientarnos y para nuestro asombro, los sitios de interés estaban dibujados con gran precisión y   lujo de detalles. La fisonomía, de los polacos, me pareció muy similar a los rusos, pero pronto nos dimos cuenta, de cierto rechazo y acritud, cuando preguntábamos algo en ruso, por lo que nos tocó probar mejor con el inglés. Polonia, terminó dependiendo de la URSS como consecuencia de la liberación de su territorio por parte del ejército rojo. Por aquellos días, estando en esta ciudad, no podía dejar de pensar en uno de los polacos más famosos, el compositor Frederic Chopin de cuya música me había enamorado en cuanto empecé a conocerla. Chopin, es uno de los grandes representantes del romanticismo. Además de compositor fue también gran intérprete de piano con reconocimiento en toda Europa. En las calles, se veían jóvenes con pancartas, que apoyaban al movimiento sindicalista Solidaridad, que propugnaba por apertura política y libertades. Hacia el medio día, fuimos al hotel Metropol, en ese entonces, el más lujoso de Varsovia. Sabíamos que por la crisis, por unos pocos dólares podíamos tener una comida de príncipes. En efecto, era un hotel muy lujoso, funcionaba en un complejo arquitectónico tipo época victoriana, entapetado por todas partes, con mesas de mármol y demás lujos, como se ve en las películas ambientadas en el siglo XIX. Pedimos platos internacionales y nos tomamos varias cervezas. Por todo eso, pagamos sólo unos diez dólares por cabeza; algo de locura. Años después, al ver una película que lleva por título *El pianista* del conocido director Roman Polansky, la cual es una adaptación de las memorias del músico polaco de origen judío Wladyslaw Szpilman, no pude evitar sentirme especialmente conmovido. Arquitectónicamente, el escenario de tanta violencia y brutalidad en el gueto de Varsovia recreado en la pelí-

cula, era muy similar a los sitios de la ciudad que había conocido. Al anochecer, proseguimos nuestro viaje, esta vez en tren, hacia Viena. A la mañana siguiente, cuando arribamos al terminal de trenes, nos dirigimos a la cafetería de la estación. Allí estaban publicitando nuestro café colombiano. Viajaba junto con mi compañera Ada y otros compañeros dominicanos, un grupo pequeño, de unas cinco personas. Quise entonces, aprovechar para brindar una atención a estos compañeros y pedí tinto para todos. Cuando me trajeron la cuenta, cada tinto costaba unos seis dólares. No pude contener entonces mi indignación, por lo que a todas luces era un robo a mano armada. Comencé a gritar, que eran unos ladrones hijos de mala madre. De pronto noté, que entre las personas que se encontraban en ese momento en el recinto sentadas en otras mesas, había una pareja de jóvenes un poco mayores que nosotros, y estaban encantados de la situación y muertos de la risa. Se acercaron a nuestra mesa y nos saludaron en un muy buen español. Me dijeron entonces, que yo encarnaba, lo que era todo un latino, con su natural y encantadora en palabras de ellos, carga emocional. Total, les caí de maravilla gracias al incidente. Los invitamos a sentarse con nosotros y nos contaron que eran estudiantes de idiomas, con especialidad en lenguas romances. Con la mayor naturalidad, nos preguntaron sobre nuestros planes en Viena y nos dejaron sus datos, para que los llamáramos, cosa que hicimos más tarde. Eran como las cuatro de la tarde. La chica, pasó a recogernos en un Renault muy suntuoso de la época. Era una rubia encantadora. Nos invitó inicialmente, a tomar unas onces en una cafetería del centro de la ciudad. Viena es la ciudad más elegante y aristocrática que he visto en mi vida. Las calles eran peatonales y adoquinadas. Había comercios de lo más elegante y suntuoso. Entramos a una cafetería, en un edificio de estilo barroco, que más parecía un museo. El piso era alfombrado, las mesas eran de mármol y las lámparas de lágrimas de cristal de bacarat. Pedimos biscochos y gaseosas. En un sitio así, las cosas debían salir por un ojo de la cara; apenas nos mirábamos de reojo, imaginando lo que nos iban a cobrar. Cuando trajeron la cuen-

ta, para sorpresa nuestra, la chica no permitió que pagásemos un centavo; se comportó como toda un hada madrina. Luego, nos llevó a pasear por la ciudad, en especial por su sector histórico. Me sentí remontado a los tiempos de los grandes imperios. Viena, fue un centro de poder durante los siglos XVIII y XIX. Fue la capital del imperio Austriaco que luego se llamaría Astro-húngaro, que incluía a los países actuales, desde Italia, hasta Polonia y temporalmente, abarcó todo el siglo XIX. El imperio Austriaco, tenía un carácter muy conservador y trató infructuosamente de oponerse al poder Napoleónico. Este grandioso pasado histórico, explica la opulencia y lujo de su arquitectura. En el casco histórico, se pueden apreciar edificios y monumentos de diferentes épocas. De la edad media por ejemplo, está la catedral de san Esteban, con su estilo gótico e imponente monumentalidad, la cual contaba en el siglo XVIII con un coro de niños, entre quienes se encontraba Joseph Haydn. De la época imperial, los palacios Imperial y Belvedere, de estilo barroco. El edificio del parlamento, de estilo clásico griego, que recuerda al Partenón. En su fachada, un complejo escultural, presidido por Atenea pártenos, la diosa guerrera, con su casco y su lanza. Todo esto lo vimos en la noche, todo muy iluminado. Estas imágenes, tampoco se borran de mi mente, tal vez, por la gran emoción que experimenté entonces, mientras hacíamos el trayecto con nuestra bella hada madrina y pensaba en que estaba compartiendo espacios e imágenes, con genialidades de la talla de Mozart, Haydn, Freud, Einstein y Schoemberg. Como si todo esto hubiese sido poco, al momento de despedirnos, pues seguíamos hacia Roma, nos ofreció posada, cuando viniéramos de regreso. Los Vieneses, a primera vista me parecieron los mismos alemanes, y le hice esta observación a nuestra anfitriona, lo que resultó ser una imprudencia, pues los Austriacos se consideran muy diferentes de los alemanes, según me explicó ella, especialmente por no tener su frialdad, por ser un pueblo cálido, cosa que dado el comportamiento de esta chica, resultaba casi un pleonasmo. Luego de permanecer por una semana en Roma, la llamamos al pasar por Viena y efectivamente, salió a nuestro encuentro.

Nos condujo hasta un apartamento, que según nos comentó era de propiedad de su hermano, quien se encontraba en ese momento de gira de conciertos, pues era un concertista de órgano. Nos instaló en el apartamento y quedamos como dueños y señores del mismo, durante esa noche. No podíamos salir de la admiración, por lo inusual de todo aquello. Esta chica, apenas sí sabía nada de nosotros y nos dio un tratamiento como si fuésemos viejos y queridos amigos. Nos hizo sentir como si fuéramos casi de su familia. Que distante, a la desconfianza que sentimos en nuestros países, por los desconocidos. Antes de conciliar el sueño, bromeábamos entre nosotros imaginando que el hermano podía ser un alemán grandote tipo fascista, que podía llegar en cualquier momento y que como no sabía quienes éramos, nos podía levantar a plomo, pensando que éramos algunos vagabundos que habían invadido su casa. Finalmente nada de esto sucedió y al día siguiente nos encontramos de nuevo con ella y nos llevó al terminal de trenes, desde donde proseguimos nuestro viaje de regreso a Rusia. En esta misma ocasión, visitamos en Viena a un médico uruguayo, amigo de Ricardo Matto, uno de los dominicanos que viajaban con nosotros. Vivía, en un lujoso edificio de apartamentos. Se trataba de una persona muy amable. Por su aspecto físico, no parecía latino, sino alemán. Nos contó que uno de sus hijos, pertenecía al coro de los niños cantores de Viena, agrupación musical de fama mundial. También, que pese a su posición social y económica, en este edificio, era discriminado por el sólo hecho de ser latino. Casos como este, evidencian que el mejor sitio para vivir, a pesar de sus deficiencias, es el país propio. En esta visita, me sacaron una guitarra y canté una de las canciones más conocidas de nuestro folklore colombiano andino; el pasillo Pescador lucero y rio. *Este médico, era de una educación y una sensibilidad excepcionales, lo que se evidenció en el medio de la canción, pues se emocionó y comenzó a llorar. Manifestó, que era una de las canc|iones más bellas, que había escuchado en su vida. Para mí también fue muy emocionante, que alguien de un país tan lejano al nuestro fuera tan receptivo a nuestro folklore. En varias opor-*

tunidades estuve en Roma. Es una ciudad con muchas historias y su gentes, tienen la belleza y la gracia latinas a flor de piel. La fundación de la ciudad, se remonta al siglo VIII a.c y ha sido asociado al mito de los gemelos Rómulo y Remo, amamantados por una loba, razón por la cual, este animal es el símbolo de la ciudad. Roma también es el nombre del imperio más grande que ha existido. Sus dominios iban, desde la península ibérica al oeste, hasta el medio oriente; y desde Bretaña, la actual Inglaterra al norte, hasta los reinos del norte de Africa, como Egipto, Abisinia, Nubia y Libia. Este poderío, fue posible, gracias a la conformación de un ejército de gran poder y a una red de carreteras, que unía todas sus partes, algunas de las cuales aún existen hoy día. Es paradójico que una cultura con orígenes tan humildes, al cabo de unos pocos siglos se catapultara a la cima del poder del mundo antiguo. En sus comienzos eran un pueblo de pastores que fueron subyugados por el poder más cercano, en el contexto de la península Itálica, los Etruscos. Roma gracias a su formidable maquinaria bélica, fue sometiendo a otros centros de poder. Primero cayó Etruria, luego Macedonia, Egipto y los demás reinos de oriente. Los romanos, tuvieron la sensatez e inteligencia de adoptar el legado de Grecia como cimiento de su civilización. Es posible que por este motivo sus intereses tuvieran un carácter pragmático, en especial en la política, y que la creación y la estética pasasen a un segundo plano. Entre los grandes aportes de Roma, tenemos el derecho romano, base de la jurisprudencia actual y el desarrollo de la ingeniería civil, en especial en lo relacionado con grandes sitios de esparcimiento, acueductos y carreteras. Es vergonzoso reconocerlo, pero en las muchas ocasiones en que me encontraba con tramos del acueducto romano en mis paseos por la ciudad, me preguntaba por qué esa muralla en arquería era un acueducto. Me daba pena preguntar y alguna vez lo hice, pero la persona a la que pregunté tampoco sabía. Solo muchos después, me encontré con ilustraciones y pude entender cómo funcionaba el acueducto y que papel desempeñaba esa compleja estructura de arcos. Algo parecido me ocurrió con el Panteón. Pasé muchas veces por frente a él y siempre estaba cerrado. No había señalización alguna, que diese razón de que se trataba. En aquella época, estaba cerrado al público y de cierta forma abandonado. La primera impresión, al llegar a la plaza de San Pedro, es inolvidable. Es tal su majestuosidad, que es inevitable, sentir una gran emoción. No en vano su catedral es el templo mayor de la cristiandad. La plaza, está enmarcada por una hilera de altísimas columnas, dispuestas de manera circular. Hay una estatua gigantesca de San Pedro. El interior de la catedral es un derroche de lujo y buen gusto. Hay un púlpito gigantesco, de estilo barroco diseñado por Bernini, con unas columnas que giran en hélice sobre sí mismas, recubiertas en laminilla de oro. A la entrada, estaba La piedad, la famosa escultura de Miguel Angel. Por aquellos días la habían colocado dentro de una urna de cristal especial como medida de seguridad, pues poco antes había sido agredida por un loco que martillo en mano le había propiciado serios daños. Es admirable que Miguel Angel [25] contara con tan solo 21 años, cuando fue esculpida. Su maestría, supera todo lo imaginable. No puede uno quedarse indiferente ante el inefable realismo de la expresión de dolor de la joven virgen, al sostener en sus brazos a su hijo moribundo. El mármol se convierte en carne en manos de Buonarroti. La zona de contacto del cuerpo del hijo y la mano de la madre, se hunde bajo su presión como si de carne viva se tratara. El dolor de la joven madre que sostiene a su hijo que ya expele su último aliento, está implícito en la piedra desafiando toda realidad. El vaticano, es el estado más pequeño del mundo. Ocupa

---

[25] arquitecto, escultor y pintor italiano renntista, considerado uno de los más grandes artistas de la historia tanto por sus esculturas como por sus pinturas y obra arquitectónica. Desarrolló su labor artística a lo largo de más de setenta años entre Florencia y Roma, que era donde vivían sus grandes mecenas, la familia Médici de Florencia y los diferentes papas romanos.

Fue el primer artista occidental del que se publicaron dos biografías en vida: *Le vite de' più eccellenti pittori, scultori e architettori*, de Giorgio Vasari, publicada en 1550 en su primera edición, en la cual fue el único artista vivo incluido, y *Vita de Michelangelo Buonarroti*, escrita en 1553 por Ascanio Condivi, pintor y discípulo de Miguel Ángel, que recoge los datos facilitados por el mismo Buonarroti. Fue muy admirado por sus contemporáneos, que le llamaban *el Divino*.

unas pocas manzanas de área. A la entrada están los guardias suizos, a quienes se debe presentar el pasaporte para poder acceder. En su interior está el museo, uno de los grandes del mundo. En su colección hay especialmente esculturas de las antiguas culturas, tanto de occidente como del medio y lejano oriente. La primera escultura importante que me encontré, fue el famoso Laocoonte, considerada como la piedra fundacional de los Museos vaticanos; recrea la leyenda del castigo al que fuera sometido el sacerdote troyano Laocoonte junto con sus dos hijos, por haber contrariado con loables fines la voluntad de Poseidón, en los aciagos días de la caída de Troya a manos de los aqueos, que habían acudido al rescate de Helena. Elaborada por los escultores Apolodoro de Rodas, Agesandro y Polidoro hacia el s. II ac, y redescubierta en 1506, se trata probablemente de una obra exenta original por cuanto no existen copias; su expresividad es conmovedora; el grito de sufrimiento del sacerdote, congelado en el tiempo en medio marmóreo, aún resuena en todo su dramatismo transcurridos veintidós siglos; su rico estilo expresionista se transmitirá por vía del manierismo, a cultores del barroco como Bernini, Bologna y Cellini. Otra obra famosa, de alrededor del 350 ac., es el Apolo Belvedere, copia en mármol de un original de bronce hoy extraviado, atribuida a Leocáres. Muestra al dios en el esplendor de su eterna juventud como estereotipo del ideal griego de belleza; su nombre obedece al de la sala de su ubicación al interior del museo vaticano y representará a su vez un hito para escultores del Neoclasicismo como Cánova y Thorvandsel. Otras obras que vale la pena admirar, son el Apoxiomeno y el Apolo Sauróctono. El redescubrimiento de todas estas maravillosas esculturas despertó un enorme interés por el coleccionismo, entre las cortes europeas de la época. Los nobles de Italia, en el caso de las familias Medici de Florencia, Sforza de Urbino, y Gonzaga de Mantua, por citar algunos ejemplos, trataron de rodearse de estas esculturas y de pinturas de los más notables exponentes renacentistas, así como de poetas, humanistas y pensadores, para dar mayor esplendor a sus cortes y, dotar de una base intelectual a su poder antes sustentado sólo por la primacía de las armas. El museo, también cuenta con una colección importante de objetos arqueológicos, de las culturas de oriente medio y de Egipto. En los sótanos del vaticano, están los sepulcros de los papas. Sobre los mismos, en la mayoría de los casos se encontraba una escultura en mármol del correspondiente papa, en posición yacente y en actitud de sueño eterno. Me impresionó la tumba de un papa, que había visto en la televisión cuando nos visitó en Colombia en 1968. Se trataba de Pablo VI. La tumba estaba descuidada, llena de polvo y telarañas. Me recordó la frase de la sabiduría popular: terminada la partida, rey y peón, vuelven al mismo cajón. Tanta pompa y abundancia en vida, para terminar como cualquier mortal. Estas son las lecciones que continuamente nos da la vida. De igual modo, en el cementerio central de Bogotá, están las tumbas de varios presidentes de Colombia. Hay unas del siglo de XIX, en el más completo abandono, hasta con basura. Cosas como estas, nos recuerdan lo efímero de la riqueza y la fama temporal, cuando están sustentadas en factores banales e intrascendentes. En medio de la visita por el museo vaticano, entramos a un recinto pequeño, en donde había mucha gente y lo más curioso, muchos yacían bocarriba sobre el piso. Miré hacia arriba para ver de que se trataba y me encontré, con unas imágenes familiares: la creación del mundo por Miguel Angel. Era la famosa capilla Sixtina, llamada así, por el Papa Sixto, quién encargó su construcción. Durante el papado de Julio II, Miguel Angel recibió el encargo de pintar unos frescos sobre el techo, en reemplazo de una decoración inicial que era intrascendentemente decorativa. Miguel Angel, que no era pintor sino escultor, aceptó el encargo a regañadientes dada la jerarquía del comitente. Quien había convencido al papa para este encargo, fue el arquitecto Bramante, que sentía celos profesionales de Miguel Angel, y sabedor de su casi inexistente experiencia con el fresco, quería hacerlo fracasar para que perdiera el favoritismo del papa. A pesar de todo esto, y luego de un esfuerzo sobrehumano que requirió de varios meses, asistido por sus colaboradores entregó la obra al papa, el cual quedó literalmente boquiabierto ante la maestría y majestuosidad de las imágenes que ilustraban la creación del mundo y diversos pasajes de la narración bíblica. Fue un esfuerzo tal, que terminó deteriorando su salud, pues además de lo incómodo de la posición yacente sobre los andamios, se alimentaba mal y dormía muy poco. Años más tardes, ya en su madurez tardía, Miguel Angel, pinta al fresco, El juicio final, sobre la pared del altar mayor de la capilla. Fue una labor descomunal; pintó más de trecientas figuras humanas, dotando de un gran realismo y expresividad a los acontecimientos allí representados. Al comienzo la obra fue motivo de escándalo, por cuanto todos los personajes se mostraban desnudos. No eran compatibles unas imágenes que incitaban a la pasión y deleite de la carne, con la de un recinto sagrado de oración y recogimiento, especialmente en aquella época. Llegaron a contemplar incluso su destrucción, pero por suerte no faltaron las personalidades que se mostraron a favor y se esforzaron por minimizar la carga de erotismo que podía transmitir la misma. Mientras Miguel Angel, colocaba su impronta en la capilla Sixtina, simultáneamente al otro lado del mundo, en 1538 en tierras agrestes del nuevo mundo, el conquistador Gonzalo Giménez de Quesada, fundaba la ciudad de Bogotá, erigiendo unas humildes chocitas y rodeado por nativos chibchas, iniciando una historia, cuyos pormenores aún no atinamos a poner en orden. Definitivamente, somos el "nuevo mundo". Uno de los sitios más emblemáticos de la ciudad, es el circo romano. Recuerdo con humor una anécdota relacionada con esta monumental pieza arquitectónica de la antiguedad. Me encontraba al frente de la entrada, con la indecisión de si entraba o no. Sería una pena no entrar a conocerlo, -pensé entonces-. Pero ya estaba de regreso y el dinero se estaba agotando. Seguía indeciso, apostado al frente de este ícono de Roma, sumergido en mis pensamientos, generados por la magnificencia arquitectónica del lugar y su simbología. En sus años mozos, el coloso se erigía dada su monumentalidad y belleza, como un desafío a la metrópoli de la filosofía y la belleza, que entonces yacía vencida a sus pies. Ares había vencido a Apolo y el mundo estaba a merced, de un pueblo de mente práctica y orígenes humildes. Fue testigo — continuaba en mis elucubraciones- de tanta violencia; por sus arenas fluyeron ríos de sangre, que entonces provocaban no el dolor y conmiseración en los espectadores, sino al contrario, su beneplácito y éxtasis por lo que entonces se consideraba un espectáculo de esparcimiento y diversión. Aunque la violencia, ha sido el común denominador de la historia desde tiempos inmemoriales, nunca como entonces había sido expresado tal desprecio por la vida humana. Regocijarse en las vejaciones de los hombres, tomando como pretexto su condición de esclavos, o su pertenencia a una entonces oscura e insignificante secta religiosa, es algo que escapa a nuestro entendimiento. Pero en aquellos tiempos, se confundía con la rutina. Era una suerte de deporte del momento, que quisiéramos creer, hacía las veces de válvula de escape, aligerando la acritud de la vida para la mayoría de la población de esta metrópolis que ya contaba con alrededor de un millón de almas. Cómo conciliar semejante brutalidad ausente hasta en las peores bestias, con la fuente primigenia de nuestra actual jurisprudencia. Muchos de estos espectadores, probablemente llegaban a sus casas a acariciar a sus hijos o a sus mascotas, a solazarse en la belleza de las copias escultóricas traídas desde Grecia, o a embriagarse bajo el influjo de la la poesía de Marcial y Virgilio. Tarea sobrehumana sumergirse en la complejidad de la mente humana, insondable laberinto de contradicciones. Que se sentirá al interior de estos muros, testigos de tanta indolencia, pensaba, mientras seguía dudando si entrar o no. Sería una pena después arrepentirse, cada vez que viera la imagen tan publicitada de este acicate turístico de la ciudad. De modo que tomé la decisión y compré el boleto. Luego de subir por un corto tramo de escalera, accedí a una plataforma estructural rodeada de barandas, ajena al edificio, cuyo propósito, era brindar a los turistas un lugar desde el cual poder ver a distancia las arquerías, tribunas y los sótanos del coliseo; esto último, dado que no había piso de arena en el ruedo tal como acostumbramos ver en las películas. Seguía absorto en mis pensamientos, imaginaba a los patricios ocupando los palcos de honor, rodeados de bellas mujeres y disfrutando del espectáculo; al emperador extendiendo su brazo indeciso, que predeterminaría el destino de los combatientes ; la arena manchada de sangre y la plebe excitada y gritando, cuando de pronto fui devuelto al presente de manera abrupta. Dos turistas españoles de edad madura, acababan de llegar y se apostaron a mi lado; uno inquirió al otro, con poderosa voz : el coño e la madre tío, lo que no entiendo , es por donde era que salían los toros! En el año 83, estuve en Nueva York, invitado por mi compañera Ada, para pasar unos días en la ciudad, alojado en casa de sus familiares. Se trata de una ciudad inmensa, llamada por muchas razones la capital del mundo. Está dividida en cinco sectores: Manhatan, Queens, Brooklyn, Bronx y Long Island. Estuve alojado inicialmente en Queens y luego en Bronx. Lo primero que me impresionó de la ciudad, fue lo que vi en este último. Se trata de un distrito pobre de la ciudad, en donde viven especialmente inmigrantes latinos. En la década de los 80, había una parte inmensa, de este sector, que parecía surrealista. Manzanas y manzanas de edificios abandonados y en ruinas, como si hubiese habido allí una guerra. En medio de esas ruinas, algunas personas indigentes, inmersas en la drogadicción. Nada más opuesto a la idea del sueño americano. El sitio en donde estuve alojado, era un viejo edificio de apartamentos. Las calles y fachadas, presentaban un aspecto como el de las películas, cuando el cine era en blanco y negro. El dueño del apartamento era un dominicano de edad madura al que llamaban Cuto. Un señor muy educado y generoso, que vivía con su esposa y dos hijos. Todo el tiempo y especialmente en la noche, se escuchaba pasar a los bomberos, algo de por sí extraño, pero que se explicaba porque los habitantes de los sectores pobres, acostumbraban a incendiar sus edificios, para beneficiarse del seguro. Había un contraste extremo, entre el exterior y el interior del apartamento. Cuando llegué por primera vez, me sentía como nervioso, por lo desaliñado que se veía todo. Pero en cuanto se abrió la puerta del apartamento, el cambio fue drástico. Era muy bonito, amplio, aseado y ordenado y dotado de todo tipo de comodidades. En una palabra, con tan sólo cruzar *una puerta, se pasaba de la pobreza a la abundancia. Mi estadía se prolongó por alrededor de un mes. Era verano y la temperatura en las calles llegaba a los cuarenta grados centígrados. Desde mi llegada, me presentaron a los muchachos de mi edad de la casa. Eran Bienvenido, el hijo de Cuto y un primo suyo, que trabajaba de celador. Había rivalidad, entre los muchachos latinos y los gringos. Un día Bienvenido, me convidó a conocer Manhatan. Para llegar allí, había que abordar primero un bus, que pasando por el puente de Brooklyn nos llevaba a la estación de metro más cercana, para luego seguir en el metro y de nuevo tomar otro bus, hasta llegar al centro de Manhatan. Generalmente, cuando uno se encuentra en un sitio desconocido y es conducido por otra persona, no se fija en el trayecto. Aquel día, por alguna razón, yo me había memorizado todos los detalles. El nombre del bus, la ruta, el sitio donde abordamos el metro etc. Fue, como si hubiera adivinado lo que estaba por suceder. Al llegar al sitio de destino, Bienvenido me dijo, tigre tengo un compromiso y te tengo que dejar. Con el mundo que tienes, no creo que tengas problemas para volver a casa sólo. Me entregó un papelito con el teléfono de la casa, por si algo pasaba y despareció. Quedé entre sorprendido y decepcionado, por lo que a todas luces era una burla o un desafío. Sin embargo, como me había fijado en todo, me puse a caminar por la isla, para conocer las librerías. Esa es la parte bonita y lujosa de la ciudad. Hacia las siete de la noche, inicié el retorno, que implicaba alrededor de una hora y media. Recordé todos los detalles y hacia las ocho y media de la noche, llegué a la casa. Para mi sorpresa, toda la familia, estaba reunida en la sala alrededor del teléfono, muy preocupados y esperando mi llamada de auxilio. Cuando me vieron, quedaron sorprendidos y me elogiaron mucho, a la vez que reprendieron a Bienvenido, por su actitud irresponsable. Otro día, estábamos en un parque cercano a la casa, con el primo de Bienvenido. De pronto, pasaron unos gringos y comenzaron a insultarse mutuamente en inglés. Cuando los gringos trataron de acercarse desafiantes, el primo, sacó un puñal grandísimo, con el que los amenazó. Los gringos retrocedieron y nos fuimos a casa.*

Allí el muchacho, le contó a los vecinos lo sucedido, y en un santiamén, se armó un grupo de unos quince a veinte muchachos, decididos para ir a darles su merecido a los gringos. Sin tener nada que ver, me vi envuelto en aquel asunto, y casi tuve que ir con ellos. Siendo consciente de mi situación de extranjero latino y, además el hecho de estar estudiando en Rusia, no podía por nada del mundo participar de aquella trifulca. Tampoco podía decir abiertamente que no iba, pues me hubieran tachado de cobarde. Milagrosamente y haciendo uso del poder de convicción que tenía por aquellos días, los pude disuadir de sus propósitos. La idea del viaje, además de conocer la ciudad, era trabajar, para ganar unos dólares, lo que se suponía era relativamente fácil. Por este motivo llevé un mínimo de dinero. Desafortunadamente por aquellos días, ni los mismos residentes conseguían trabajo, de modo que lo que había llevado se agotó pronto y pasé algunos apuros. Para colmo de males, los zapatos que había llevado, que eran unos mocasines amarillos de fabricación rumana, muy bonitos y cómodos, se rompieron. A uno de ellos, le salió un agujero por debajo. Cuando me di cuenta, había estado caminando por largo tiempo y me había salido una ampolla en la planta del pié la cual se infectó. Tuve que permanecer por este motivo, varios días confinado en la casa. Afortunadamente Cuto, me prestó una maravilla de libro, que me tuvo muy entretenido. Se trataba de una obra del escritor y expresidente dominicano Juán Boch, titulada: De Cristóbal Colón a Fidel Castro, *que se podría definir como un compendio de la historia latinoamericana, muy bien argumentado y agradable de leer, que abarca cinco siglos y analiza los sucesos políticos y sociales que dieron cuerpo e identidad a nuestro continente, a la vez que narra historias locales de personajes, desde los conquistadores españoles, piratas, bucaneros y filibusteros, pasando por los procesos emancipadores del siglo XIX , hasta las dictaduras del siglo XX y los procesos libertarios , como el caso de Cuba , La Nicaragua de Sandino y la Guatemala de Jacobo Arbenz*[26]. *En una*

---

[26] militar y político guatemalteco, ministro de la Defensa Nacional (1944-1951) y presidente de Guatemala (1951-1954). Perteneció al grupo de militares que protagonizaron la Revolución de

palabra, una obra muy completa y de lectura recomendable. Acompañaba las lecturas escuchando discos de guitarra de un flamenquista español de nombre Sabicas, que había comprado en Manhatan. Grecia, que era el nombre de la esposa de Cuto, una dominicana muy generosa y descomplicada, apenas me miraba y se persignaba. No podía entender, como un muchacho de vintiún años, podía pasar horas escuchando esa música tan extraña para su gusto. Para solucionar el problema de la ampolla, me llevaron al médico. Los servicios de salud, en USA, son carísimos. Por mirarme el pié y reventar la ampolla con un alfiler, cosa que le tomó al médico tan solo unos dos minutos, cobró cincuenta dólares. Como me daba pena, mencionar lo del zapato, seguí saliendo a la calle, colocándole papel periódico, el cual como es natural se deterioraba rápido y seguía la molestia en el pié. La situación se complicaba aún más por las altas temperaturas del verano newyorquino, que rondaban los cuarenta grados centígrados. Afortunadamente, por aquellos días, llegó a la ciudad un amigo dominicano de Minsk, Hilario guzmán, a quién conté mis infortunios y con la generosidad que le caracterizaba, me llevó a una tienda y me compró unos tenis muy cómodos. Por estas limitaciones, sólo pude conocer algunos sitios de la ciudad. En Manhatan, había unas librerías espectaculares, inmensas y muy completas. Mi compañera me envió una buena suma desde Sto. Domingo y en una sola tarde, me gasté casi todo en libros y discos. Este ha sido mi talón de Aquiles toda la vida, la que comparto con Erasmo de Rotterdam, de quien se cuenta, que cuando le llegaba dinero, lo primero que hacía era comprar libros y si le sobraba algo, pensaba en ropa o comida. Visité el museo de Historia natural, y el planetario. Me perdí el de Arte moderno y el Metropoli-

---

1944. Fue conocido como el «soldado del pueblo».El 27 de junio de 1954 fue derrocado por un golpe de Estado dirigido por el Gobierno de Estados Unidos, con el patrocinio de la United Fruit Company y ejecutado por la CIA mediante la operación PBSUCCESS, que lo sustituyó por una junta militar que finalmente entregó el poder al coronel Carlos Castillo Armas. Fue acusado de comunista por atacar los intereses de los monopolios fruteros norteamericanos principalmente con la reforma agraria, y por dar cabida entre su círculo íntimo de asesores a los miembros del Partido Guatemalteco del Trabajo, que era el partido comunista de Guatemala. Tras el golpe tuvo que escapar a un tortuoso exilio en México donde se separó de su esposa e hijos, sufrió una férrea campaña de desprestigio orquestada por la CIA y su hija Arabella se suicidó en Colombia en 1965.

tano, por los quebrantos de salud. En el Museo de historia natural, hay un dinosaurio fosilizado como de unos cien metros de longitud y de la altura como de un edificio de unos cinco pisos. Algo descomunal. Había maquetas pequeñas en cerámica, que recreaban en miniatura el hábitat de los pueblos aborígenes del país. Dentro de la colección, que es inmensa, había objetos arqueológicos de la mayoría de culturas aborígenes de todo el continente. En el caso de Colombia, tienen una colección de orfebrería muisca, que rivaliza con la del museo del oro en Bogotá. En cuanto a la cotidianidad urbana, me impresionó negativamente el metro. Con excepción de la estación central, por aquella época, el metro en su conjunto era tenebroso. Este metro, fue uno de los primeros en el mundo, se construyó en 1904. Las estaciones eran viejas, estaban descuidadas, había hasta mugre en el piso. A veces, no podía uno bajarse, en la estación requerida, pues cuando paraba el tren, y se abrían las puertas, la estación estaba desierta; no había un alma. Ni modos de bajarse, pues se podría ser presa fácil de los delincuentes. El contraste con el metro de Moscú, no podía ser más extremo. Las calles del centro de Manhatan, son estrechas y oscuras, por los altos edificios que las rodean. El central park, es un espacio inmenso, a donde acuden a recrearse, muchos Newyorkinos. Allí presencié un concierto de jazz de estilo dixiland. Pude ver, que en el país considerado el más rico del planeta, hay también mucha gente pobre. El gran aporte de este país a la cultura mundial, en mi criterio, es el jazz. Desafortunadamente, por aquella época, por estar embebido en la música clásica, despreciaba cualquier otro género incluido éste. Años más tarde en Colombia, tuve la oportunidad de descubrirlo y de tomar conciencia de su riqueza y complejidad. Los músicos de este género, son verdaderos magos. Mediante la improvisación, crean la música en tiempo real, como no ocurre en ninguna otra de las manifestaciones ni de la música, ni del arte en general, exceptuando tal vez el happening. También de cuando en vez, realizábamos viajes por la Unión Soviética. Basili, era un amigo de la universidad procedente de la ciudad cercana de Gómel. Era un muchacho de temperamento des-

complicado y jovial. Nos conocíamos, porque era vecino de piso en la residencia estudiantil. Frecuentemente me decía, que no podía entender cómo alguien tan joven, podía gustar tanto de la música clásica, que era una música demasiado seria, para gente más adulta. En esta época, realmente me encontraba viviendo un misticismo con la música universal. Escuchaba día y noche, en especial a Bach, Beethoven y Rajmáninof como también las obras más famosas para guitarra, como el concierto de Aranjuez de Joaquín Rodrigo, las transcripciones de Bach para guitarra realizadas por Andrés Segovia, las obras de Heitor Villa-Lobos, y muchas otras más. Basili en cambio, escuchaba al cantante de moda que en dicho momento era el italiano Adriano Chelentano, al grupo ABBA de Suecia, y a la cantante rusa Alla Pugachova. La misma música que escuchaban, la mayoría de muchachos de la universidad. En cierta ocasión, Basili, se apareció con la idea de ir a Riga a conocer el órgano de la ciudad. Curiosamente, a pesar de mi afición por la música, no tenía noticia, sobre la fama de dicho instrumento. Tal vez en esto tenía que ver el hecho de que en ese momento, no era de mi predilección. La idea, era ir en tren, junto con Ada mi compañera dominicana. Riga, es la capital de la República de Letonia y está ubicada a unos cuatrocientos setenta kilómetros al norte de Minsk. Es un puerto sobre el mar báltico y su población, al igual que la de Lituania y Estonia es sajona, es decir del mismo grupo que los alemanes. Luego de unas seis horas en tren, arribamos a esta interesante ciudad, cuya fundación, se remonta al comienzo del siglo XIII y hoy en día sigue siendo la más importante del Báltico. Al poco tiempo de su nacimiento, pasó a estar dominada por un ducado alemán, situación que se mantuvo en toda la región Báltica, por vario siglos. Esto, explica la amplia influencia alemana en su arquitectura y los rasgos germanos de su población. Durante el reinado de Pedro I el grande, Riga pasó a ser parte del imperio zarista, luego de la guerra ruso-sueca. Al concluir la primera guerra mundial, Letonia recupera su independencia, pero la pierde de nuevo dos decenios después, como resultado de la segunda guerra mundial y el triunfo de la Unión Soviética, pa-

sando de nuevo a ser parte de ésta. Actualmente su población, es de setecientos mil habitantes, de modo que para la época en que la conocí, por los años ochenta, estimo podría ser del mismo orden, si se tiene en cuenta, que el comportamiento del crecimiento demográfico en Europa tiende incluso a decrecer, a diferencia del de las naciones tercermundistas. El sector histórico de la ciudad, tiene callecitas adoquinadas muy bellas, que recuerdan a la edad media. Pasados tres decenios, no es mucho lo que conservo en la memoria, pues sólo estuve allí un día. Quizá lo que más recuerdo de la ciudad, es un imponente mirador, consistente en una alta torre, coronada por una azotea circular. Desde ella, se divisa la totalidad de la ciudad. Cuando los alemanes llegaron, en el curso de la segunda guerra mundial, destruyeron el mirador. Había grandes fotografías, en una especie de museo que entonces funcionaba allí, en las que se podía apreciar la destrucción entonces causada. En cuanto al órgano, que era el motivo de la visita, nos encontramos con la sorpresa de que estaba en restauración y se podía visitar tan sólo en un año, de modo que nos quedamos con las ganas. Además de este contratiempo, Ada mi compañera, enfermó de algo que no sabíamos que era, presentaba debilidad y fiebre. Nos vimos en una situación complicada, por cuanto el viaje lo habíamos realizado sin permiso de la universidad, de modo que no podíamos ir al hospital, pues nos podían detener y temíamos por lo que le pudiera pasar a Basili, con quien las autoridades hubiesen podido ser muy rigurosas, en su calidad de ciudadano soviético. Para colmo de males, estábamos en pleno invierno, y con temperaturas de menos veinticinco grados bajo cero, no podíamos permanecer en la calle y menos con mi compañera enferma. Tampoco podíamos ir a un hotel, pues nos pedirían el permiso de la universidad, que no teníamos y nos denunciarían a la policía. Basili, se las arregló para que nos permitieran el acceso a una habitación de hotel, que previamente había tomado. Allí estuvimos todo el tiempo, hasta que Ada, se recuperó. Por esta razón, no pudimos conocer la ciudad como hubiésemos querido. Ahora, gracias a internet, pude apreciar las imágenes del órgano que entonces no pudimos ver. Está en el interior de la catedral de Riga, la cual es un templo luterano de estilo gótico. Fue construido en 1211 y consta de alrededor de siete mil tubos, el más pequeño de los cuales tiene un diámetro de trece milímetros, mientras el más grande una longitud de siete metros. Afortunadamente, antes de esto, había estado en Colonia Alemania, ubicada a orillas del Rhin y tuve la oportunidad de conocer el órgano de su catedral. Es un instrumento gigantesco, está ubicado sobre una plataforma circular que descansa sobre una base de concreto a manera de columna, de modo que cuando se camina por la iglesia, uno pasa por debajo del instrumento y se concientiza de su descomunal tamaño y siente la profundidad y vibraciones de su registro grave. La catedral de colonia, es un templo católico de estilo gótico, cuya construcción se comenzó en 1248 y sería concluido sólo seis siglos después, en lo cual incidió su complejidad y tamaño e interrupciones de las obras por dificultades económicas o falta de interés. Está considerada como la más alta del mundo, con 157 metros. Las puertas, presentan una gran cantidad de figuras de santos, muy esbeltas, en el típico estilo gótico. Su interior es oscuro a pesar de la cantidad de ventanas ojivales con bellísimas vidrieras, lo que hace que uno se sienta transportado al medioevo, como en las escenas de la adaptación al cine de la novela El nombre de la rosa de Humberto Eco. El órgano, era el instrumento preferido por Johan Sebastián Bach, el gran genio de Eisenach. Es el más apropiado, para expresar la magnificencia de la divinidad, por su poderío sonoro y por sus colorido tímbrico. En este instrumento, probablemente componía sus piezas sacras, entre las cuales figuran más de doscientas cantatas. Su obra está conformada, por alrededor de mil doscientas composiciones, entre vocales sacras, profanas y música instrumental. Ha sido uno de los compositores más prolíficos que ha dado la humanidad, y la calidad de sus creaciones es asimilable a complejos de catedrales celestiales de naturaleza sonora, que transportan el alma de quien escucha, hasta su comunicación con el universo y las verdades tan buscadas por los filósofos a lo largo de todos los tiempos. Bach, es el más grande compositor *de la historia. Fue el último gran compositor del contrapunto, razón por la cual al iniciarse el periodo clásico, su obra fue considerada obsoleta y cayó en el olvido durante siglo y medio. Al comenzar el siglo XIX, el compositor francés Félix Mendelson Bartholdy, rescató este invaluable tesoro y desde entonces, pasó a tener el protagonismo merecido. A diferencia de los pintores italianos del renacimiento como en el caso de Miguel Angel, Bach en vida no tuvo el reconocimiento merecido. La aristocracia de Turingia, veía a los músicos de la corte como simples lacayos. Una excepción a este trato fue Handel, quién fuera contemporáneo de Bach y se llevó todos los laureles gracias no solo a su calidad como compositor, sino a la posición social y económica de su familia. Sin pretender, se puede decir, que todos los artistas en los diferentes géneros estéticos, han creado obras de calidad variable, acorde con su condición humana. Bach, escapa a este designio. No se puede encontrar la más leve fisura en ninguna de sus obras. Su obra es el mejor acercamiento al concepto de perfección. Definitivamente como dicen algunos, era un océano con nombre de arroyo; la palabra bach en alemán, significa arroyo. El compendio de su obra, fue realizado a través de un catálogo, por el musicólogo Wolfgan Schmider en 1950 , razón por la cual, el título de sus obras, va precedido de las letras BWV, en alemán es Bach werke Verzeinich. (Thematisch-systematisches Verzeichnis der musikalischen Werke von Johann Sebastián Bach (Catálogo temático sistemático de las obras musicales de Johann Sebastián Bach). En unas vacaciones, en Leningrado, conocí a Min Jan. Era una muchacha vietnamita, que estudiaba en Piatigorsk , pequeña ciudad del Cáucaso. De temperamento alegre y alma dulce, a pesar de ser pequeña de estatura, tenía mucha energía. Estudiaba idiomas, con especialidad en francés. A pesar de nuestras grandes diferencias culturales, encontramos empatía y establecimos una relación sentimental. Decidí entonces, ir hasta el Cáucaso a visitarla. De Minsk a Piatigórsk, hay alrededor de mil seiscientos kilómetros por vía férrea hacia el sur de Rusia. Piatigórsk, es un lugar de descanso, al que acuden los visitantes, en busca de salud, gracias a sus aguas termales de carác-*

ter medicinal. El viaje en tren, dura casi dos días. En aquella ocasión, teniendo en cuenta lo largo del trayecto, entablé amistad con los compañeros rusos del cupé. Usualmente, se conversaba durante los viajes, pero sin llegar a tocar cosas personales. Esta vez, pudo haber sido un error de mi parte, pues viajaba de manera ilegal al no contar con el permiso de la universidad. Uno de ellos, teniendo en cuenta mi acento y apariencia, preguntó que si yo era gruzino. Hay una república autónoma de dicho nombre y sus pobladores son trigueños, muy parecidos a los latinos. Tienen fama de ser pendencieros y hábiles para los negocios, de modo que les profesan respeto y cierto temor. Para no despertar sospechas, dije que sí lo era. Los rusos, se caracterizan por su generosidad y carácter descomplicado. Al segundo día ya éramos amigos. Me llevé luego un gran susto, pues uno de ellos, había estado en el restaurante del tren y al regresar, me comentó que había conocido a un compatriota mío, o sea a alguien de Gruzia, que le había comentado sobre mí, y que ahora mismo vendría a saludarme. Esto significaba, que quedaría al descubierto y se enterarían que era un extranjero y me vería en problemas. Milagrosamente, esta persona nunca se presentó y pude llegar a Piatigorsk, sin mayores contratiempos. Piatigorsk en ruso, significa cinco montañas. La palabra existe también como apellido. Hay un famoso chelista de nombre Igor Piatigorsk. Por aquella época, era un pueblito de lo más bello. Parecía como sacado de un cuento de hadas; por doquier había fuentes de agua que en la noche iluminaban con los más diversos colores, de modo que parecían fuegos pirotécnicos; las calles y casas parecían también de fantasía. Está rodeado por las montañas del Cáucaso, las cuales están cubiertas por frondosos bosques de pinos de color verde oscuro. Allí la naturaleza es muy diferente de lo que conocí de Rusia, tal vez porque ya es medio oriente. La primera vez que escuché hablar del Cáucaso, fue en las clases de literatura del bachillerato, cuando nos hablaban de un famoso poeta ruso autor de una composición, que lleva por título *Prisionero del Cáucaso*. Estando en el sitio, todo aquello tomaba sentido, cosa que experimenté en mis viajes por varios *países del viejo continente. En sus cercanías está la frontera con Turquía. En este idílico escenario pasé unos días en la compañía de Min, a través de quien pude tener un acercamiento al admirable pueblo de Vietnam, del que hasta ese momento tenía una visión muy pobre y sólo relacionada con la guerra, por las noticias que a diario publicaban en primera página los diarios El Tiempo y El Espectador, durante los años de ésta. Por aquella época, todos incluidas las mujeres prestaban el servicio militar. Min había sido soldado y como tal sabía manejar armas y tenía mucha fuerza a pesar de su aparente delicadeza. Sólo siete años atrás, la brutal agresión norteamericana había dejado devastado al país, eso sí luego de sufrir una derrota que aún hoy día nos es difícil comprender; la mayor potencia militar del mundo, vencida luego de diez años de inmisericordes bombardeos, --en los que fueron lanzadas miles de toneladas de bombas y de napalm sobre el territorio de esta pequeña nación del lejano oriente-, por un ejército de pequeños soldados de origen campesino, cuya estrategia en lo militar era la guerra de guerrillas, teniendo por principal arma el amor por su patria y el deseo de vivir con honor y dignidad . Este conflicto bélico, se desencadenaría como consecuencia de la independencia de este país de Francia, en los años inmediatos a la terminación de la segunda guerra mundial y de la guerra civil orquestada por EEUU, que se desencadenaría en el contexto de la guerra fría y haciendo eco del fantasma comunista, caballito de batalla de entonces, utilizado por el imperio norteamericano para masacrar pueblos a nombre de la democracia y la libertad tal como la entienden ellos. A la cabeza de este proceso libertario, que continuaría con otras formas y objetivos de lucha, estaría su gran líder Ho Chi Min. Por aquellos años, los chinos amenazaban continuamente la frontera, por lo que los consideraban como sus peores enemigos. Min me enseñó a comer el arroz con los palitos, lo que al comienzo me fue difícil. Tenía unos ojos almendrados lindos y su piel era muy blanca. Eramos una pareja de lo más inusual, dado que a ojos de los lugareños, siempre pasé por árabe. Me hacía reir mucho, cuando frecuentemente me decía, que nosotros te-*

níamos los ojos muy grandes. Me pregunto que habrá sido de su vida y agradezco por los momentos que compartió conmigo. Por los días en que nos conocimos en Leningrado (hoy San Petesburgo), tuve la oportunidad, de conocer uno de los museos más importantes del mundo, el Hermitage, ubicado a orillas del Nieva. Más conocido como Palacio de invierno, fue la sede de gobierno de los zares, hasta Noviembre de 1917. Es un complejo arquitectónico, conformado por cinco edificios, de los cuales el más conocido es el Hermitage, nombre tomado del término francés hermitage, que significa casa del ermitaño. Su construcción, comenzó a mediados del siglo XVIII por iniciativa de la emperatriz Isabel I. Alcanzó su máximo esplendor en el siglo siguiente, durante el reinado de Catalina II de Rusia, quién era amante del arte y se dedicó a comprar obras por toda Europa, llegando a reunir una importante colección de más de treinta mil obras, entre pinturas, dibujos y esculturas. Entre las pinturas, se encuentran obras del gótico, el renacimiento, el barroco, el clasicismo y el arte moderno. Leonardo, Rubens, Rafael, Tiziano, Caravaggio, Rembrandt, Van Dyck, Granweld, Picaso, Manet, por citar algunos nombres. Entre las esculturas, trecientas piezas de arte antiguo y renacentista. Durante esta época, se adquirieron las mayores colecciones del museo, el cual para ese momento no existía como tal, pues la colección tenía un carácter personal y privado. Durante el siglo XIX, el zar Nicolás I compra la colección completa de la emperatriz Josefina de Francia, con lo que aumenta significativamente la colección del Hermitage y, en el año de 1851, decidió convertirlo en museo estatal imperial, con lo que el público aristócrata pudo tener acceso a él. Finalmente, tras la caída del imperio zarista, las autoridades soviéticas lo convierten en museo estatal, con entrada libre y gratuita para todos los ciudadanos. La colección del museo, consta de más de tres millones de piezas, abarcando, desde la prehistoria, hasta el siglo XX y culturas de Europa y Asia especialmente, lo cual hace que sea uno de los más importantes museos de este tipo en el mundo. Entre las pinturas dignas de ser mencionadas, están la *Madonna Litta* de Leonardo, la *Sagrada familia* de Rafael, Da-

nae de Tiziano, La lamentación *de Veronese,* Muchacho tocando el Laud *de Caravaggio. Entre las esculturas, quince piezas de Antonio Cánova, una de Miguel Angel y cinco de Rodin. Las salas son de un gran lujo, con columnas de mármol en los estilos clásicos griegos; los pisos en maderas finas y mármol, los muros pintados en su mayoría de blanco, con adornos en laminilla de oro; la decoración de estilo barroco por la influencia francesa, que se había tomado toda Europa por aquella época. Otro museo de gran importancia es el Phuskin de Moscú, fundado en el año de 1907, en las cercanías del Kremlin, en honor del poeta nacional y héroe Alexander Pushkin, con el propósito de redistribuir las joyas del Hermitage. Lo visité en una ocasión, recuerdo que era un día muy soleado en horas de la mañana, quedando impresionado por su arquitectura que recuerda al Hermitage, diferenciándose su fachada, más parecida al museo británico, con columnas de estilo jónico. Cuenta con más de quinientas mil piezas de arte, así como obras arqueológicas de la antigüedad; momias egipcias, esculturas sumerias, griegas y egipcias, orfebrería y alfarería de todos los continentes. En pintura, una gran colección en la que destacan la italiana y flamenca renacentista, los impresionistas y también pintura del siglo XX. De nuevo en Minsk, un día ocurrió algo de lo más divertido relacionado de nuevo con Gruzia. Me subí un día a un bus. Era invierno y el transporte siempre estaba atestado. Caminé hasta la parte media del pasillo y como no había donde sentarse, me quedé allí. Del sitio donde estaba a la salida del bus, el pasillo estaba vacío. De pronto comenzaron a subir más personas, las cuales se colocaban hacia delante de donde me encontraba hasta que comenzaron a apretujarse, sin llegar a rozarse conmigo. Una señora que estaba cerca, reclamó a un ruso grandote, que estaba justo de pié a mi lado, por qué era que no se corría, a lo que este contestó con ironía: si y que quiere, que empuje al gruzino? Como pensaban que era gruzino, a pesar de lo pequeño y flaquito en comparación con ellos, les infundía temor. Como serán de fregados estos gruzinos. Cuando regresé de Rusia a Colombia, un día un primo me convidó a ir a la curia en Tunja, para hablar con el arzobispo.*

Por aquellos días, estaba buscando empleo y tenía dificultades, por varios factores, como la situación de desempleo, mal endémico de países como el nuestro y, el haber estudiado en la URSS. El arzobispo, nos recibió muy amablemente. Le parecía interesante mi experiencia de vida en Rusia. Luego de una conversación formal, me miró con cierta solemnidad y me dijo: joven dígame con sinceridad si sus convicciones religiosas tuvieron algún cambio, luego de su paso por Rusia, a lo que contesté de inmediato que ninguno. En ese momento, alguien entró con una razón importante para el arzobispo, quién se disculpó y nos despidió, no sin antes hacerme saber su complacencia por mi respuesta. Todo esto para mí resultó ser de lo más curioso, por cuanto la interrupción no me permitió completar mi respuesta. No alcancé a decirle que mis convicciones no habían cambiado luego de mi estadía en Rusia, por cuanto ya habían cambiado desde antes de salir de Colombia, cuando descubrí la filosofía, en quinto grado de bachillerato y me pude entonces quitar el velo que tenía sobre mis ojos y que no me permitía ver la realidad del fenómeno religioso y su carácter alienante. En cuanto pude liberarme del mismo, comencé a descubrir y a comprender el mundo, proceso en el que aún continúo. A veces, me hago reflexiones como ésta. Que pasaría, si pudiéramos remontarnos en el tiempo e ir hasta el antiguo Egipto de los faraones del año 2000 a.c y preguntarle a un transeúnte desprevenido, cuando cree que se acabe el culto a Amón. Con toda seguridad y después de escandalizarse, nos contestaría que estamos locos de remate. En su escala de tiempo, no hay cabida para tales herejías. De manera similar, actuaría un creyente de la actualidad ante la misma pregunta. Esto nos recuerda la incertidumbre de la que está impregnado el devenir de la historia. Los fenómenos sociales, son de tal complejidad, que a diferencia de los físicos, en muchos casos no se pueden pronosticar con modelos matemáticos. Si por ejemplo, quisiéramos conocer en este momento cómo será la geopolítica del mundo en un milenio hacia el futuro, todo lo que establezcamos basándonos en datos históricos no saldrá del tópico de las conjeturas. Los deportes, fueron durante mucho tiempo, un tema de grandes logros en la URSS. Entre ellos, se destacó el ajedrez. Cuando llegué al país por primera vez, en el año 1979, tenía grandes expectativas, respecto de las posibilidades de aprendizaje en este deporte ciencia. Imaginaba que todo el mundo lo practicaba. Para mi sorpresa, encontré que no era así, y que el común de los que jugaban, lo hacían a un nivel elemental. Comencé jugando en los ratos de ocio, con los compañeros de habitación en la residencia estudiantil, quienes admirados por la facilidad con que los vencía le comentaban a otros compañeros, siendo la pobreza de su juego y en momento alguno virtud de parte mía, la responsable. El asunto, llegó al extremo de que un buen día, se apareció en la habitación un amigo ruso, con un muchacho de unos dieciocho años, gordito y con unas gafas como lupas. Se trataba nada más ni nada menos, que del campeón juvenil de la ciudad. Tratándose de este país, como ya se podrá imaginar, no se trataba de cualquier ajedrecista. Para llegar a tal posición, por lo menos se trataba de alguien cercano a maestro internacional. Me manifestó, que había oído hablar sobre mí, y que tenía curiosidad por conocer mi juego. Tan desinformados, estarían los que así le habían comentado sobre mí. Por mi parte como era apenas natural, le hice saber que no tenía ni pizca de nivel como para que una partida conmigo, pudiera ser de algún interés para él. El muchacho entendió de inmediato, agradeció y se marchó. Años después, tuve la inmensa fortuna de que el campeonato nacional de ajedrez de la URSS tuviera a Minsk como sede. Las partidas tenían lugar en uno de los teatros de cine de la ciudad. Pude asistir a una sola sesión, justo dos días antes de abandonar para siempre la ciudad. En ella se estaban enfrentando, nada más y nada menos que el legendario Tigran Petrosián y un adolescente, que en ese momento era un desconocido de apellido Kaspárof. Como sabemos, al poco tiempo este muchacho se convertiría en campeón mundial. La URSS fue durante décadas el país que más campeones mundiales diera al mundo. Entre los exponentes más destacados están Mijail Chigorin, Mijail Botvinnik, Tigran Petrosian, Viktor Korchnoi, Mijail Tahl, Boris Spassky, Anatoly Karpov y Garry Kasparov. El ajedrez ha sido una de las pasiones de mi vida. Es un perfecto simulador de la misma, pues puede despertar una buena parte del espectro de las emociones humanas. Tiene eso si, el inconveniente de inducir tal pasión, que absorbe a tal punto, que quién lo practica no encuentra tiempo ni para comer ni dormir. Alrededor de este juego, he conocido personas y situaciones. Por ejemplo conocí a alguien muy particular. Aunque fue una amistad efímera y circunstancial, quedó en mi memoria. En unas vacaciones, en un pueblito en las cercanías de Minsk, conocí a Moajcén. Era un estudiante afgano con una personalidad muy particular. Un día me encontraba jugando ajedrez en un espacio abierto y de pronto aparecieron unos desconocidos y se pararon a mirar. Eran de Afganistán. Uno de ellos, vestido de manera pobre y anticuada que recordaba a nuestros campesinos en Boyacá, me pidió que jugáramos una partida. Pero, definitivamente, las apariencias engañan. Mientras jugábamos, se conglomeró una multitud de latinos y Afganos, alrededor nuestro, viendo la partida. Hasta entonces, generalmente había calibrado a un contendor desconocido, a partir de su apariencia física. El buen jugador de ajedrez, generalmente presenta un aspecto circunspecto, introvertido e intelectual. Moajcén, no tenía nada de esto. Su aspecto era el de una persona simple, eso si un poco socarrona. Por este motivo, al pensar que sería presa fácil, jugué sin prestar mayor atención. De pronto noté, que me encontraba en situación de peligro, de modo que comencé a jugar mejor. Pero en la medida que iba afinando mi juego, mi contendor hacía lo propio aún mejor, hasta llevarme a una situación de derrota humillante y estruendosa, como no había conocido en mi vida. Entonces, sentí rabia como pocas veces en este tipo de situaciones y tumbé mi rey, cosa de muy mala educación en un ajedrecista. De hecho nunca antes lo había hecho, era tal el trago amargo que entonces me embargaba. Tomé aire y le propuse entonces que jugáramos otra partida. Le mandé entonces como se dice, todos los fierros y seguí jugando con tanta rabia y de una manera tan contundente, que en pocas jugadas, lo volví añicos; el afgano, haciendo uso de su socarronería, me miró sonriendo y me dijo :

um... tú juegas... tu juegas...Continuamos jugando varias partidas, la mayoría de las cuales terminó en tablas. Ese fue el comienzo de una amistad, que aunque breve, aún recuerdo con humor. Al día siguiente, debíamos asistir a una escuelita que estaba en construcción, en donde trabajaríamos, según directiva de la universidad, más por tenernos entretenidos y alejados del licor, que por que lo necesitáramos. Al llegar al sitio, nos preguntaron que si alguien tenía algún conocimiento o experiencia en trabajos de albañilería. Como todos éramos estudiantes universitarios, nadie sabía nada. Solamente uno levantó la mano y manifestó tener algún conocimiento. Se trataba de Moajcén. Acto seguido, se encaramó a una pared, tomó una plomada y comenzó a nivelarla. Todos quedamos impresionados. Posteriormente, cuando le pregunté que de donde conocía esas cosas, con su risita típica, me dijo que de ninguna parte; que simplemente, cuando llegamos al sitio, había observado atentamente al que estaba manejando la plomada y procedió a imitarlo. Los demás en cambio, tuvimos que vérnoslas, con actividades rudas y agotadoras, como lanzar ladrillos al rayo del sol o cargar un pesado balde lleno con mezcla de cemento. El último día de esas vacaciones, nos reunieron a todos los participantes, que éramos cientos de muchos países, en un teatro, para que mostráramos nuestras habilidades artísticas en el escenario. Fuimos pasando país por país. Unos bailaban, otros cantaban, otros recitaban. Yo había llevado mi guitarra, y con los otros compañeros colombianos, entonamos unas canciones. De pronto, le tocó el turno a Afganistán y nadie se atrevía a subir al escenario. Entonces, Moajcén, que estaba sentado a mi lado, me pidió prestada la guitarra. Quedé asombrado, pues hasta donde sabía, no era músico. Subió sólo al escenario, se sentó en una silla y comenzó a rasgar la guitarra, sin tener ni idea de ello, a la vez que entonaba una letanía, que más parecía un lamento lleno de melismas árabes como en la música flamenca. Hizo todo esto, con tal seriedad y aparente pasión, que cuando terminó, fue aplaudido. Todo el mundo quedó convencido, que así era el folklore Afgano. Moajcén luego de hacer muchas venias, bajó del escenario y al entregarme la guitarra, me sonrió, con su tradicional risita socarrona a la vez que me guiñaba un ojo, como hacen los viejos zorros en las películas gringas. Yo quedé con la boca abierta. Hasta el presente, no he vuelto a conocer a nadie con tanta inteligencia emocional y dominio de si mismo como Moajcén. Lo único, que pudo liberarme del hechizo del ajedréz, fue la música. La balalaika, es el instrumento musical más representativo de Rusia, junto con el vaián o acordeón. Entre mis proyectos estaba aprender a tocarla. Sin embargo, esto no fue posible, por razones técnicas. Resulta, que el movimiento de la mano derecha, cuando ataca las cuerdas, es perjudicial para la interpretación de la guitarra, cosa sobre la cual me previno el profesor de esta última. Otro instrumento es la domra, *que es parecido a una mandolina, pero con forma que recuerda al laúd; para poder sostenerlo, tiene una cinta que sale de su parte inferior y sobre la cual se sienta el intérprete. En la universidad había una orquesta de cuerdas típicas muy profesional, conformada por unos cincuenta ejecutantes. Lamentablemente, ni intenté pertenecer a ella, por no tener conocimiento de ninguno de los instrumentos que utilizaban. Entre las obras musicales que disfrutaba por aquella época, ocupa un lugar preponderante el* Concierto N° 2 para piano y orquesta en re menor, de Serguey Rajmaninof. *Es una obra romántica de un exuberante lirismo y marcada pasión. Cuenta la historia, que la compuso luego de un tratamiento antidepresivo, al que hubo de someterse, como consecuencia del fracaso de una de sus sinfonías, el cual resultó tan efectivo, que este concierto es una de las obras maestras de la literatura universal para piano. Otras obras, los conciertos brandemburgueses de Bach, las suites para cello solo del mismo compositor, las 32 sonatas de Beethoven para piano, la ópera* Boris Godunóf *de Músorsky y otras. Respecto de esta ópera, tuve la gran fortuna, que fuera la primera que pude apreciar en vivo. Se trata de una de las joyas de este género. El libreto está basado en hechos históricos acaecidos al interior de la realeza rusa, durante el siglo XVI, cuando un noble o boyardo -como se les decía antes de la revolución- de nombre Boris Godunóf, [27]a la sazón regente de la corona, mediante intrigas, se hace con el poder, haciéndose coronar zar de todas las Rusias. En la primera escena, la escenografía es grandiosa. La plaza roja de Moscú, al amanecer en pleno invierno; se celebra una misa presidida por el zar. Todo es majestuoso, la música, los coros, el vestuario, la escenografía. El grupo de cantantes era tan numeroso, que cuando había un silencio y movían una parte de su cuerpo al mismo tiempo, se escuchaba el roce de las ropas como una especie de gran murmullo. Realmente, una experiencia única. Pero mi relación con la música no se reducía tan solo a la de espectador. Desde adolescente, comencé a practicar la guitarra y la bandola al lado de mi padre, quien dedicó toda su vida a la composición e interpretación de la música colombiana andina. Me enamoré de la guitarra solista, luego de ver en cierta ocasión una presentación de Gentil montaña por la televisión. Fue todo un descubrimiento, ser testigo de cómo la guitarra, se convertía en un piano portátil, en manos de este virtuoso. Desde entonces, le dediqué buena parte de mi vida al estudio de este instrumento, sin lograr nunca dominarlo; es tal su grado de dificultad. La ciudad de Moscú, es una de las grandes metrópolis de Europa, con una población actual de 12 millones de habitantes. Su año de fundación, a orillas del rio Moskóva, a diferencia, del de sus pares europeas y de muchas del nuevo mundo se desconoce. Por este motivo, sus inicios han sido ubicados en el siglo XII, a partir de documentos historiográficos en que su nombre aparece por primera vez asociado a la morada de un boyardo de nombre Cuchka en lo que luego sería el Principado de Moscú, uno de varios de la zona, antes de su unificación irónicamente resultante de la invasión mongola que se extendería hasta el siglo XVI. Una vez liberado del yugo mongol, el principado se convertiría con el pasar de los años en el estado de Moskovia, y luego de dos siglos de luchas intestinas en pos de la unificación*

---

[27] (ruso: Борис Фёдорович Годунов) (c. 1551 — 13 de abril de 1605) fue regente *de facto* del Zarato ruso desde 1584 a 1598 y luego se convirtió en el primer zar no perteneciente a la dinastía Riúrik ejerciendo el poder como tal desde 1598 a 1605.

de la nación, la Santa Rusia emergería finalmente como el imperio territorialmente más grande de Europa y una potencia de la época a ser tenida en cuenta. Entretanto, Moscú sería la capital imperial hasta el año de 1712, cuando la sede de gobierno fue trasladada a San Petesburgo, la ciudad concebida y construida por Pedro I el grande, como una forma de occidentalizar al país y ostentar su poder ante las otras monarquías del vecindario. El epicentro de la ciudad, es el complejo del kremlin, sede de gobierno de nuevo, a partir del año de 1917, por decisión de la dirigencia del partido bolchevique. Se trata de una especie de ciudad medieval en miniatura, dentro de la gran urbe, rodeada de una extensa muralla de ladrillo, con varias torres, coronadas por el águila imperial hasta el ocaso de los Románof y por estrellas rojas de rubí en la época soviética. Aunque sus orígenes se remontan a los mismos comienzos de la ciudad, sólo en el siglo XIV, se construiría los palacios y edificios religiosos, que le conferirían su identidad, como sede de la monarquía. Hay varias iglesias con la arquitectura distintiva rusa, coronadas por cúpulas doradas en forma de gota de aceite. Entre ellas, la catedral de la Asunción (1326), la Iglesia de Nuestro Salvador (1330), la Catedral de San Miguel (1333), y en el centro del Kremlin fue levantada una atalaya, conocida como la torre del campanario de San Iván (1329). Tuve la oportunidad, de conocer una parte del interior del Kremlin, y uno de los recuerdos que aún conservo en mi memoria, es la Catedral de la Asunción y los íconos presentes en sus paredes, obra del famoso pintor del medioevo Andrei Rubrió́f, inmortalizado en una película del afamado director de cine soviético Andrei Tarkosvsky. Las otras catedrales estaban en ese momento cerradas, por lo que hube de contentarme, con el disfrute de la contemplación de sus imponentes fachadas. Pude echar un vistazo también al palacio de los congresos y a los bellísimos jardines que rodean todos estos edificios. Había en uno de ellos, una bala de cañón descomunalmente grande. En esta misma plaza, se encuentra otro de los íconos rusos, la Catedral de San Basilio. Su verdadero nombre es Catedral de la Intercesión de la Virgen junto al foso, pero se la conoce más por el otro nombre, en virtud de encontrarse allí la tumba de este santo. Su construcción se remonta a mediados del siglo XVI, por iniciativa del zar Iván el Terrible para conmemorar la conquista del Kanato de Kazán. El concepto arquitectónico inicial, tenía por propósito construir un grupo de capillas, dedicadas a cada uno de los santos en cuyo día el zar había ganado una batalla, pero finalmente la construcción de una torre central unificaría el complejo en una sola catedral. Este estilo, tan inusual y casi único, ha dado lugar a debates respecto de cual es en sí su estilo arquitectónico. Aunque la configuración de las cúpulas evocan al estilo bizantino e incluso al indio, algunos consideran que existe una clara influencia de las antiguas iglesias rusas de madera. El carácter de este debate ha sido tan variado, que incluso algunos sorprendentemente, ven vestigios del estilo renacentista italiano y de la arquitectura germana. En lo personal, además del natural encanto de este edificio único en su configuración y detalles de su exterior, me impresionó el hecho de la liviandad de las cúpulas; cuando uno está allí al pié de la iglesia, al mirar hacia arriba, nota que las cúpulas, están amarradas con manilas y se mueven por la acción del viento; de esto se infiere que su material dado su descomunal tamaño, debe ser muy liviano, como si fueran de plástico, lo que resulta imposible, tratándose del siglo XVI. En cuanto a su interior, desdice de la magnificencia exterior, al tratarse de un espacio reducido y oscuro, sin mayor ornamento de interés artístico. En un jardín frente a la iglesia se levanta el Monumento a Minin y Pozharsky, una estatua de bronce en honor a Dmitri Pozharski y Kuzmá Minin, quienes reunieron voluntarios para el ejército que luchó contra los invasores polacos, que en asociación con los lituanos se tomaran temporalmente la ciudad. Cada pueblo, cuenta con unos patrones culturales, que están presentes, en su cultura popular, en forma de mitos, refranes, folklore, todo lo cual nos da una visión de su psiquis, su yo interior y en general de su imaginario. La creatividad, se puede manifestar también de maneras extrañas. Un parámetro que puede medir el grado de conocimiento de un idioma, son las groserías. El idioma ruso tiene muchísimas, al-

gunas de ellas ni existen en castellano. Cuando estaba recién llegado al país, escuchábamos con muchísima frecuencia, la palabra" blied", la cual no atinábamos a encontrar en el diccionario y cuando preguntábamos por su significado, nadie quería dar cuenta de ello. Más tarde, nos enteramos, que era la palabra "puta". Los hombres, la utilizan como la muletilla más frecuente. En una conversación entre amigos, no es exagerado decir, que se pronuncia por lo menos, cada cinco palabras. El equivalente, en el caso de las mujeres es "cashmár", que significa pesadilla. El pueblo ruso, tiene también su sentido del humor. Pasado un tiempo de luto por la muerte del líder Leonid Breznev, circulaban estos dos chistes: se reunió el soviet supremo, para decidir, a quién se le concedía el honor de enterrarlo. La pugna estaba entre las representaciones de Rusia, Ukrania y la minoría judía. Los rusos, decían ser los indicados, dado su rol fundador de la URSS y ser mayoría en el país. Los ukranianos por su parte, decían ser ellos, por cuanto además de fundadores, eran la república que garantizaba el alimento a las demás. Finalmente los judíos arguían tener prelación, por ser la nacionalidad que más gloria en el campo científico había ofrecido al país. Luego de esta última declaración, todos los no judíos, se quedaron atónitos mirándose a los ojos, y en coro unánime, dirigiéndose a los judíos, gritaron: Uds. serían los últimos a quienes conferiríamos tal honor, pues Uds. enterraron a Cristo y resucitó al tercer día! Por aquella época, había una cantante muy popular, que hacía las veces de Madona -la cantante gringa-, que llevaba por nombre Alla Pugachova. El chiste era este: Se encuentran dos amigos y uno le pregunta al otro: dentro de mil años, que dirán las enciclopedias, sobre Bréznev . A lo que el otro responde: dirán algo así: político mediocre de la era de Pugachóva. Los recursos imaginativos, a veces pueden estar asociados a las nacionalidades. Recuerdo por ejemplo un episodio, de una disputa en la universidad, entre dos estudiantes, uno árabe y el otro del áfrica negra. El árabe, para mostrar su superioridad, le decía al otro, que mientras los suyos estaban inventando el álgebra, los del otro, estaban todavía encaramados en los árboles, disputándose, las bananas con los chimpancés, a lo que ripostó el africano, manifestando que midiera sus palabras, a tiempo que le mostraba su bíceps; que comparara la fortaleza de los negros africanos, con la delgadez por desnutrición de los famélicos árabes. Aunque estudiantes de continentes diferentes, eventualmente compartieran además de las actividades académicas, otras de carácter social, las amistades se daban generalmente entre los de un mismo continente, cuando su cultura y lenguas coincidían o eran cercanas. Pero cuando se presentaban disputas que podían hasta llegar a las manos, ahí la norma era la opuesta. Afloraban entonces las diferencias raciales y culturales. El ser humano, presenta ciertos patrones predecibles, cuando se le mira desde una óptica general bajo el filtro antropológico, lo que no es óbice para que eventualmente surjan sorpresas como la ilustrada a través de la anécdota que comparto a continuación. Jhony, era un estudiante de Tanzania que compartía con sus compatriotas su pequeña contextura y carácter circunspecto. Era un muchacho amigable, con una mirada triste. Alguien en apariencia de carácter entre nervioso y tranquilo. En fin, muy diferente a los estudiantes negros de otros países de ese inmenso continente. Un día, en el pasillo de la residencia estudiantil, se armó una trifulca entre los tanzanianos y los rusos. Los primeros, eran los de contextura más pequeña mientras los otros, los más grandotes. No se supo cual fue el motivo de la disputa, pero lo curioso fue la manera como se desarrollaron los hechos. Nosotros aunque por lo general tratábamos de no inmiscuirnos en asuntos ajenos, aquel día dada la tremenda algarabía, salimos al corredor. Un ruso grandote manoteaba , mientras discutía acaloradamente, a cierta distancia con Jhony, que de pequeñito, más parecía un miquito al lado del gigantón. Apenas sentíamos escalofríos, por lo que pudiera ocurrir con este muchacho, al cual apreciábamos, por su trato mesurado y amabilidad. No nos íbamos a involucrar, por varias razones. Uno usualmente en tales situaciones vuelve por su familia, que en aquellas circunstancias eran nuestros compatriotas. Todos los demás eran sólo conocidos y como tal no sentíamos el compromiso moral, como para inmiscuirnos. De pronto cuando los ánimos estaban llegando a su punto álgido, Jhony, emprendió veloz carrera hacia su adversario, se levantó por los aires y se abalanzó sobre éste, abrazándolo con sus piernas por la cintura, mientras que simultáneamente y con gran agilidad, cual péndulo desplazó primero hacia atrás y luego hacia adelante su cabeza, descargando brutal golpe sobre la frente de su oponente. El gigante ruso, se desplomó sobre el piso de ipzo-facto, quedando privado. Nada más parecido al relato bíblico y en su simbología a los sucesos de la tragedia de mediados del siglo pasado en Vietnam. Al poco rato llegó la ambulancia y se lo llevaron al hospital. Así se resolvió en cosa de segundos, lo que presagiaba una tragedia con resultados diametralmente opuestos. No podíamos salir de la sorpresa. Después de esto, veíamos diferente a Jhony, como todo un David primigenio. En otra ocasión, fui testigo de una situación muy inusual, rayando en el surrealismo. Una tarde, me encontraba subiendo por las escaleras de la residencia estudiantil, cuando al llegar a la altura del cuarto piso, tuve que correr desesperadamente para protegerme. Una bola humana, venía rodando lentamente escaleras abajo. Sí, aunque suene raro era una bola grandota y humana. Rodaba dejando ver un amasijo de pies, manos, cabezas y demás partes de cuerpos. Me quedé atónito, mirando con asombro aquel espectáculo, que superaba cualquier escena de Buñuel o del universo daliniano. Creo que mi expresión entonces, debió ser similar a la del Dante acompañando por Virgilio,-una mezcla de curiosidad y asombro- en su periplo por los anillos de infierno, tal como los representara Doré, en sus espléndidos grabados. Y así siguieron dando tumbos, hasta llegar al primer piso, en donde ya esperaba la policía. No se cuantas personas serían, pero estimo que eran por los menos diez entre hombres y mujeres. Ante lo inusual del asunto, haciendo de lado la discreción que siempre me ha caracterizado respecto de la privacidad de los demás, pregunté entre los compañeros por la razón de gran grotesco y lamentablemente espectáculo. La situación, se había originado según me comentaron, a raíz de una cita a ciegas. Un extranjero conocido, había hecho amistad con un ruso y lo invitó a su habitación, para compartir unos tragos con su chica y con una amiga de ésta, que según le había adelantado al ruso era de las fáciles. Esta última, tampoco sabía nada, de quien sería el compañero de turno. El caso, es que los amigos llevaban ya algún tiempo departiendo tragos, cuando llegaron las dos chicas. Todo ocurrió tan rápido, que cuando la chica invitada, se dio cuenta de quien se trataba, era demasiado tarde. El ruso grandote, estalló en ira, al ver que su esposa, se prestaba para tales menesteres y perdida toda cordura, agarró a golpes a todo el que estuviera a su alcance. Este fue el comienzo del asunto. Ante el escándalo, acudieron los compatriotas del extranjero, y salieron todos al pasillo, en medio de insultos y golpes. Las dos mujeres terminaron mechoniándose y los hombres por la borrachera, también terminaron en el piso, formándose esa bola humana que bajó peldaño a peldaño los cinco pisos, rememorando algunas de las grotescas escenas de que fuera partícipe el caballero de la triste figura, como aquella de la Maritornes. Debemos reconocer, la grandeza de los árabes, por haber conservado el legado de la antigua Grecia. Gracias, a las traducciones del griego al árabe, realizadas, durante los siglos VIII y IX, el mundo occidental, pudo conocer el pensamiento y la literatura de la Antigua Grecia. De no haber sido por esto, este valioso conocimiento, se habría perdido para siempre. Por otra parte, también contribuyeron al desarrollo del pensamiento filosófico, a través de Avicena [28] y Ave-

---

[28] (por su nombre latinizado) es el nombre por el que se conoce en la tradición occidental a **Abū ʿAlī al-Husayn ibn ʿAbd Allāh ibn Sīnā** (en persa: ابو علی الحسین بن عبد الله بن سینا ; en árabe: ابو علي الحسين بن عبد الله بن سينا ; Bujará, Gran Jorasán, c. 980 – Hamadán, 1037). Fue médico, filósofo, científico, polímata, musulmán, de nacionalidad persa por nacimiento.[1] Escribió cerca de trescientos libros sobre diferentes temas, predominantemente de filosofía y medicina.

Sus textos más famosos son *El libro de la curación* y *El canon de medicina*, también conocido como *Canon de Avicena*. Sus discípulos le llamaban Cheikh el-Raïs, es decir 'príncipe de los sabios', o el más grande de los médicos, el Maestro por excelencia, o en fin el tercer Maestro (después de Aristóteles y Al-Farabi).

rroes, los dos más grandes filósofos árabes de la edad media, ambos profundos conocedores del pensamiento socrático y platónico. Durante este estadio, para el siglo IX, el epicentro cultural del mundo estaba en Bagdad. La ciudad contaba con varias universidades y muchas bibliotecas. La vida es irónica; hoy día, es una ciudad casi en ruinas; su población, se debate entre la miseria y el desamparo. La barbarie, parece haber arreciado, en la época que vivimos. El egoísmo humano, vuelve a colocar su impronta en el mundo. Hay un renacer del conservadurismo y el fascismo, especialmente en Europa. Las políticas neoliberales, implementadas a partir de los 80 por líderes como Tatcher y Reagan, han sido terreno propicio para este fenómeno. A través de las llamadas revoluciones de colores, el capitalismo ha descubierto un nuevo método de expoliación de los pueblos. Ya no son necesarios los golpes militares tan frecuentes durante el siglo pasado. Ahora, son suficientes una campaña de difamación, a través de los centros de poder mediático, una oposición oportunista y traidora y que los poderes legislativo o judicial, estén en manos de estos últimos. El fenómeno, se ha repetido, últimamente en Ucrania, Paraguay, Honduras, siendo el de Brasil el caso más reciente. Por otra parte, en la geopolítica mundial, poco a poco, se viene restableciendo el poder imperante en décadas previas a la revolución industrial. Los polos de poder en el mundo, eran entonces China e India. Ahora de nuevo, la China se erige como la gran potencia mundial. Su industria ha inundado el mundo y puesto en jaque a las potencias tradicionales, tanto las europeas como USA. Es común escuchar que el chino es el idioma más difícil del mundo. Tal vez la mayoría lo dice, sin tener mayor conocimiento sobre el asunto, teniendo como argumento el hecho de la carencia de alfabeto y a cambio de ello un complejo sistema de escritura conformado por ideogramas, que llegan a ser alrededor de ochenta mil. Recientemente, tuve la oportunidad de enterarme sobre algunos aspectos del idioma chino, desconocidos por la mayoría. Esto me ha permitido, tener una visión más amplia, sobre el universo conceptual de los idiomas. La semántica del idioma chino, está basada en la entonación de *las palabras. Tienen cuatro formas para pronunciar una misma palabra: ascendente, bajo ascendente, descendente y bajo descendente. Esto significa que una palabra, puede tener como mínimo cuatro significados. Por si esto fuera poco, además puede llegar a tener hasta cuarenta acepciones, dependiendo del contexto en una frase. Es irónico pensar, que durante la guerra fría, chinos y rusos, se consideraban los principales enemigos mutuamente. Veían con mejores ojos, incluso a sus más enconados enemigos ideológicos. En Rusia, los odiaban especialmente, por su política agresiva hacia Vietnam. Por aquellos años, china era un país de campesinos casi feudal, hundido en la miseria, bajo un régimen político que rayaba en el fanatismo. Nada que ver, con la floreciente nación de hoy en día, que ya se ha convertido en la primera economía comercial del mundo. Estando en segundo año de universidad, teniendo en cuenta mi interés por materias ajenas a la ingeniería, como historia y filosofía y mi facilidad con el idioma, el profesor de historia me solicitó asistir a un encuentro de estudiantes, en un centro olímpico de sky sobre el hielo ubicado en Ráubich, una localidad vecina de Minsk. El motivo, la celebración del natalicio de Lenin. La idea era que asistiera en representación de los estudiantes latinoamericanos de la universidad y leyera un discurso, que él previamente había preparado. Por aquellos años, conservaba el perfeccionismo que me caracterizó en mis años escolares en Colombia. Consecuente con esto, decidí que no iba a leer, sino que pronunciaría el discurso de memoria. Eran unas diez páginas a máquina. Pero fui todavía más lejos. Durante las dos semanas que faltaban para el evento, me puse a entrenar ante un espejo, para lograr una expresión, que pareciera lo más cercano, a una intervención improvisada. Como resultado, pronuncié el discurso, en un teatro grande, ante un auditorio de por lo menos mil personas, entre profesores y estudiantes de muchas nacionalidades. Los compañeros latinos que me distinguían, se quedaron boquiabiertos. Era la primera vez que veían a un extranjero improvisar en ruso de manera tan sorprendente. Fui muy aplaudido y felicitado, especialmente, por tratarse de alguien tan joven, de segundo año. A la* semana siguiente, recibí por escrito una invitación de parte del soviet de la ciudad, para algo que querían decirme. Era una situación bastante extraña e inusual. Al comienzo no sabía que hacer. Le comenté a varios amigos y me aconsejaron que lo mejor era asistir, para ver de qué se trataba. Nunca había asistido a este sitio, ni siquiera sabía donde quedaba. En una oficina confortable, me recibieron dos señores rusos, con mucha amabilidad. Me comentaron, que me habían visto en Ráubich durante el discurso, y que habían quedado muy impresionados. Que posteriormente habían revisado mi hoja de vida en la universidad y que de allí habían sacado conclusiones, que habían sido el motivo de la invitación. Tenían una propuesta, que era el sueño de muchos estudiantes extranjeros: convertirme en un cuadro del partido comunista de la Unión Soviética. Esto, generaba toda una serie de privilegios. Ser tan solo miembro del partido era el sueño de muchos, tanto rusos como extranjeros. Ahora, ser cuadro, es decir futuro líder, mucho más. Entre los privilegios, estaba la facilidad de movilización tanto dentro del país, como por Europa, cuando lo deseara, vacaciones en los mejores centros turísticos, opción de magister y doctorado, etc, etc. En la colonia colombiana de la cual formábamos parte alrededor de cuarenta estudiantes, en su mayoría de ingeniería y medicina, había conocido casos de varios compañeros, que siendo de lo más conservador ideológicamente, cuando se enteraban de los beneficios que podían recibir al ser miembros del partido, se declaraban de inmediato comunistas. Cuando estas personas se enteraron del ofrecimiento que se me estaba haciendo, se morían de la envidia y no podían aceptarlo. De dónde, alguien que no había movido un dedo, para tan magro logro, de la noche a la mañana, lo tenía servido en bandeja de plata. Cada persona, es el resultado de una serie de factores: el entorno nacional, social y familiar, las particularidades personales, las aficiones etc. En mi caso personal, a lo largo de mi vida, me han percibido como alguien transparente, magnánimo, sincero a veces hasta rayar en la ingenuidad. Siento especial dificultad para decir mentiras, en verdad no es algo a lo que pueda ser proclive. No está dentro de mi esencia. En la situación que estoy relatando era imposible que todo esto no aflorara. A sabiendas de posibles dificultades que podrían generarse, fui totalmente sincero. Agradecí la invitación, y manifesté no poder aceptarla, por cuanto no podía engañarme a mí mismo y mucho menos a otros. Desde mi punto de vista, aunque era consiente de todo lo bueno del sistema socialista de la URSS, no podía dejar de ver y cuestionar sus debilidades, tales como la no libertad de movimiento, la carencia de libertad de expresión y prensa. Manifesté estas cosas, con la mayor sinceridad posible. Si hay algo que he aprendido, es que cuando se habla con el corazón, no hay ser humano que se resista. Los dos señores, que eran concejales de la ciudad, me miraron emocionados y me manifestaron, que cualquier duda que hubieran podido tener sobre mi integridad y capacidades, para ser un cuadro del partido, con esto había quedado disipada. Propusieron un compás de espera de dos meses, para que pensara sobre el asunto. Pasado este tiempo, recibí invitación para una nueva cita, esta vez en un lugar informal, en un parque de la ciudad. Agradecí de nuevo por el elogio que era la propuesta, pero manifesté de nuevo que los argumentos presentados en la anterior ocasión seguían vigentes y que en definitiva, no podía aceptar. Los concejales, me felicitaron de nuevo. En ningún momento me criticaron y manifestaron, que la invitación quedaba abierta, durante los tres años de carrera que me quedaban, y que me recibirían con los brazos abiertos en el momento que cambiara de parecer. Esta fue una experiencia muy gratificante. Vista desde la perspectiva de los años, demuestra que el sistema, escogía sus miembros, anteponiendo valores humanos y éticos, no podría pensar que mi caso haya sido aislado. Mucho se ha debatido sobre las causas de la debacle del socialismo europeo de finales de los ochenta. Como pudo ocurrir, que un sistema que involucraba a muchos países, se derrumbara prácticamente de la noche a la mañana. Durante mi estadía en Rusia, nada hacía presagiar, que estos acontecimientos pudieran ocurrir en un futuro tan inmediato. Por el contrario, el campo socialista, seguía ganando adeptos en el mundo, como en el caso de la Nica-

ragua Sandinista y la lucha en El Salvador. Es cierto, que la forma de vida de los países socialistas europeos, era modesta, respecto de la de los países capitalistas del mismo continente. Pero el grueso de la población, tenía asegurado lo requerido para una vida digna. Salubridad y educación gratuitas, facilidad para consecución de empleo y vivienda. Si algo he aprendido en la vida, es que el ser humano nunca está satisfecho con lo que tiene. Unas teorías, tratan de encontrar en la improductividad y la corrupción administrativa el talón de Aquiles del sistema. Otras, en el tedio de la gente, ante la falta de oportunidades. Había empleo y dinero, pero muy poco para comprar. Otras en la falta de libertades. Está también el planteamiento de una crisis ideológica, de una sociedad desencantada, ante una teoría que no coincidía con la realidad. Puede que haya una parte de verdad en todas ellas. Por ejemplo, en lo tocante a la ideología, en teoría el Marxismo Leninismo, estaba investido de una base que incluso trascendía la racionalidad y llegaba a ser científica, ignorando la carga emocional inherente a este campo de la actividad humana. En la práctica, las personas, decían ser convergentes con toda esta estructura doctrinaria, pero muchas veces, por su expresión y manera de tratar los temas, se notaba que en su interior, pensaban de manera diferente. Por ejemplo en las clases de filosofía en la universidad, se podía sentir cierta atmósfera de escepticismo disfrazado de humor. A veces, las cosas se decían con ironía. En occidente, es frecuente la utilización de términos como represión, para etiquetar al sistema soviético, como si luego del infortunio de la era de Stalin, nada hubiese cambiado. En los seis años, que estuve en el país, no presencié un solo acto de arbitrariedad. Por el contrario, la milicia, nombre con el que se conocía a la policía, se mostraba demasiado humana, si se la compara con sus pares en nuestros países capitalistas. En cuanto a la crisis económica, si la había, no se sentía en la cotidianidad, a no ser que se refiriera a ciertos problemas de abastecimiento, inherentes a las economías fuertemente centralizadas. Como entender, que en medio de una crisis económica, en ciudades como Minsk, la malla vial de la ciudad, estuviese en perfecto estado, o que se construyera un super metro en menos de dos años , o que la prestación de servicios, fuese tan eficiente que en seis años, no hubiese desde mi percepción , ni un solo corte del fluído eléctrico? Sin embargo, es innegable, que el peso económico de sostener la guerra fría, parece llegó a un punto de no retorno. La industria militar es una de las más rentables en el mundo. Uno de los contendientes en este duelo, USA, tenía por mercado a prácticamente el mundo entero. Los rusos, por el contrario, tenían grandes limitaciones para comerciar con el capitalismo y se veían limitados al campo socialista, al que además tenían que subvencionar. La era Reagan, con su guerra de las galaxias, llevó la situación al extremo. El resquebrajamiento comenzó por Polonia. En las varias ocasiones que estuve de paso por Varsovia, pude palpar el rechazo de buena parte de la gente hacia los rusos. Un caso más, de las consecuencias de la repartición artificial , a la que se vieron avocadas las fronteras de muchos países de Europa y Asia después de la segunda guerra mundial. Cuando el ejército Rojo, en su triunfal marcha hacia territorio germano, liberó a los países de la Europa Oriental, facilitó las cosas, para que los movimientos socialistas de estos países se hicieran con el poder. Polonia se ha caracterizado a lo largo de la historia, por su profunda religiosidad. Y fue la religión, la que llevó a los acontecimientos de rebeldía, liderados por el sindicato Solidaridad. Unos años antes, había sido elegido "coincidencialmente " papa, un polaco, autonombrado como Juán Pablo II. Su pontificado, se caracterizó por una persecución encarnizada al movimiento social dentro del seno de la iglesia católica, conocido como Teología de la liberación, siendo uno de sus representantes más conocidos el sacerdote Leonardo Bolf de Brasil. Este movimiento, propugnaba por la refrendación y aplicación a la cotidianidad de ideas básicas del cristianismo como la solidaridad y protección de los más débiles. Este nuevo papa, se encargó, de trasladar a los representantes de este a su juicio "peligroso movimiento", a lugares distantes del mundo, de modo que en poco tiempo fue prácticamente desmantelado.

El sindicato solidaridad y su líder Lech Waleza[29], fueron abiertamente patrocinados por el Vaticano y los EEUU. Recuerdo que por los días, en que tomó notoriedad este fenómeno en Polonia, a Rusia comenzaron a llegar contingentes de estudiantes polacos, como medida preventiva, al peligro que se cernía sobre el gobierno socialista de ese país. La táctica de los enemigos del socialismo fue efectiva y en muy poco tiempo, el mundo vería con asombro, la llegada de este obrero de astilleros al poder. Esto fue posible, porque justo en Rusia, se había iniciado un proceso de transformaciones conocido como la Perestroika. Muchas veces, en época de vacaciones, pasé por Polonia. En uno de estos viajes, ocurrió algo que me perece significativo. Hay cosas en la vida, que se imponen por su propio peso. Estando de paso por Varsovia, en la estación de trenes, estaba sentado, esperando la llegada del tren, que me llevaría a Minsk. Había comprado en Italia, unos cuentos de Walt Disney en inglés, con el propósito de llevárselos a Timórka, el nieto de mis caseros Ina y Basili. Como quedaba tiempo por esperar, saqué uno de los cuentos para ojearlo, el cual estaban en formato grande y edición de lujo. La sala en que me encontraba, era para pasajeros con destino al extranjero y por tanto, estaba cerrada y separada por grandes paneles de vidrio de otra sala contigua para rutas nacionales. Justo, a mi espalda, estaban estos páneles. De pronto, volví a mirar hacia atrás y me encontré, con un mundo de caritas, apretujadas y pegadas al vidrio. Una multitud de niños polacos, estaban fascinados con los muñequitos, que por primera vez en su vida, estaban viendo en las ilustraciones del libro. Estaban realmente embelesados. Allí estuvieron hasta que me fui a abordar el tren. Definitivamente, la genialidad de Walt Disney, es algo que escapa a barreras idiomáticas, culturales o ideológicas. Estos niños, no sabían nada sobre estos personajes, mucho menos de donde provenían. Lo único que sabían, era el placer que su imagen les proporcionaba. Este es un

---

[29] [ˈlɛx vaˈwẽŋsa] (?·i) (Popowo, voivodato de Cuyavia y Pomerania, 29 de septiembre de 1943) es un político polaco, antiguo sindicalista y activista de los derechos humanos. Fue cofundador de Solidaridad, el primer sindicato libre en el Bloque del Este, ganó el Premio Nobel de la Paz en 1983, y fue presidente de Polonia de 1990 a 1995, siendo sucedido por Aleksander Kwaśniewski.

caso cotidiano de auténtica universalidad; la universalidad, trasciende cualquier tipo de fronteras, llega a la esencia misma del alma humana. Es el sello de las grandes obras, en el mundo del arte, una de las cuales a criterio de muchos, es el libro más conocido de Gabo nuestro nobel. Cien años de soledad, es una especie de mil y una noches, en la que cada día y cada noche, están contenidos varias veces a manera de párrafos. Cada página, es un compendio de historias, que despiertan emoción y llevan al lector a una especie de embriaguez dado el carácter desbordado de su fantasía. Es un universo, en el que sin importar la cotidianidad todo es posible. Esta novela, recuerda a los fractales del universo matemático, con sus aparentes contradicciones, como aquella, de tener un área finita, contenida en un contorno infinito. Es un libro a la manera del libro de arena de Borges. Sólo, que no es el libro, el que crea las historias al abrirlo al azar en cualquier página, sino el mismo lector es el creador en su imaginación, puesta en estado de alta actividad heurística. Otra de las aristas de la universalidad, es la multiplicidad de intereses. Durante el renacimiento, descollaron alrededor de una veintena de genios, que eran al mismo tiempo arquitectos, escultores, pintores, escritores, ingenieros. Dedicaban su interés a áreas del saber tan diferentes, con la misma genialidad. Los más conocidos, son Leonardo y sobre todo Batista Alberti. A Alberti, debemos el poder tener un testimonio real, de la arquitectura, a partir del siglo XV. Hasta entonces, la representación del mundo, tenía un carácter subjetivo. Alberti, sienta las bases de la perspectiva, con lo que además, la pintura al involucrar conceptos matemáticos, pasa a ser considerada como una de las artes liberales, mejorando el estatus social de los artistas plásticos. En otra dimensión, los progresos en el mundo de la astronomía, dan una nueva visión sobre los cielos, tal como habían sido configurados por el pensamiento medieval, a partir de los estudios del monje polaco Nicolás Copérnico. Y con esta figura, retomamos las transformaciones políticas de la URSS, de las que venimos tratando en páginas anteriores. Luego de los sucesos de Polonia relacionados con Solidaridad, se dieron una serie de acontecimientos que transformarían una vez más el mundo. Los inicios de este fenómeno, tuvieron lugar al poco tiempo de la muerte de Breznev acaecida en 1982. EL cargo de secretario del partido comunista de la URSS, era la cúspide del poder. A la muerte de Breznev, los más opcionados para sucederle, eran otros ancianos octogenarios. De este modo, en el lapso de menos de dos años, se sucedieron en el poder Yuri Andrópof, Constantin Chernénko y Mijail Gorbachóv. Durante el breve tiempo que estuvo Andrópof al mando, se comenzó a hablar de una política anticorrupción en marcha, la cual llegaba, no solo a los funcionarios públicos, sino también a los estudiantes universitarios. La milicia, realizaba por ejemplo, redadas en los cines, en busca de infractores que estuvieran por fuera del trabajo o clases. Esto, naturalmente, se conocía no a través de los medios, sino de las conversaciones cotidianas. Cuando ocurrió el tercer deceso en línea, entre la clase gobernante quedó claro, que no podían seguir haciendo el ridículo ante el mundo, nombrando y nombrando ancianos próximos a la muerte, de modo que optaron por colocar en el máximo cargo, a un hombre relativamente joven que contaba entonces con 54 años, Mijail Gorbachóv. La propuesta, la realizó el entonces canciller Serguey Gromico. Gorbachóv, era consciente, de un deterioro de la economía del país, y de los graves problemas de corrupción administrativa, que aquejaban el funcionamiento de la maquinaria estatal. Procedía de la región del Cáucaso y había sido protegido de Chernienko. Era el benjamín del politburó del partido y tenía una brillante hoja de vida. Durante su juventud, mostró ser de mente abierta, incluso leía a escritores soviéticos, que por entonces se encontraban proscritos. Una vez elegido, de inmediato manifestó la necesidad de introducir cambios estructurales, que permitieran superar las dificultades y dar un carácter más humano al socialismo. Su idea, en ningún momento, era terminar con el sistema vigente, sino por el contrario fortalecerlo. Desafortunadamente para él, se concatenaron una serie de sucesos, que finalmente conducirían a la debacle. Este pensamiento, era compartido por la clase intelectual y por facciones dentro del partido y del aparato de estado. Sin embargo, había una mayoría de políticos, con visión conservadora, quienes se oponían a cualquier cambio, que modificara sus privilegios. Contra ellos, tendría que luchar Gorbachóv, para poder llevar adelante sus planes reformistas. Las primeras medidas, encaminadas a dar un nuevo carácter a la política de la URSS, tuvieron como escenario al contexto internacional. Gorbachóv, pronto establecería contacto, con sus pares Ronald Reagan, Margareth Tacher, Helmut Kohl y Francois Miterrand. Tenía propuestas, encaminadas a fortalecer la paz mundial, mediante la disminución del arsenal nuclear. Se mostró ante la prensa internacional, como un líder soviético de un perfil desconocido hasta entonces. Era muy claro y espontáneo en sus respuestas, no evadía ningún tema y gozaba de un carisma y especial encanto. Como una demostración práctica, de su nueva visión geopolítica, ordenó el retiro inmediato de las tropas soviéticas de Afganistán, lo cual para la URSS, se había convertido en algo parecido de lo que fuera Vietnam para los EEUU. El ejército Rojo a pesar de su inmenso poderío, terminó siendo vencido por un pueblo que a través de la historia, ha demostrado que no conoce el sometimiento. Reagan, había iniciado por aquel entonces el rearme de USA conocido como la Guerra de las galaxias[30]. Algunos di-

---

[30] Al comenzar, los 80, el presidente de EEUU, Ronald Reagan, lanzó la Iniciativa de Defensa Estratégica, conocida también como "guerra de las galaxias". Pero Washington no logró alcanzar los objetivos fijados. EEUU no consiguió crear un gran paraguas nuclear capaz de detectar y destruir todos los misiles lanzados contra cualquier parte del territorio estadounidense. Pero esto no benefició a la URSS. Enormes gastos militares y fuertes desequilibrios en la industria llevaron al país a la crisis. La Iniciativa de Defensa Estratégica fue un concepto del escudo antimisiles que contemplaba el uso del espacio con fines defensivos y se basaba en una combinación de varios medios de destrucción, incluidos los basados en nuevos principios físicos como rayos de microondas, de partículas, láser de rayos X, etc Se estudiaban las posibilidades de derribar los misiles balísticos intercontinentales en las cuatro fases de su trayectoria. Por ejemplo, se propuso la posibilidad de emplear láser de rayos X generado por explosiones nucleares. El autor y promotor de esta idea fue el científico estadounidense Edward Teller, que a finales de los cuarenta dirigía el proyecto del desarrollo de una bomba termonuclear.

cen, que este programa, fue el que a la postre, llevaría a la economía Soviética a la bancarrota. Se llegó a un acuerdo, sobre eliminación de proyectiles de alcance cercano y medio. En el orden interno, uno de los éxitos de Gorbachóv, sería la democratización de la política, mediante la elección por sufragio secreto del Consejo de diputados del pueblo, con lo que el poder de facto, era arrebatado por primera vez en decenios al PCUS (partido comunista de la Unión Soviética). Gorbachóv, fue nombrado Presidente de la Unión Soviética. Sin embargo, al interior de la URSS, en vista del nuevo carácter de la dirigencia en cabeza de Gorbachóv, comenzaron a aflorar los nacionalismos. Inicialmente, fue Letonia. Su dirigencia vio la oportunidad de resolver un asunto pendiente desde la segunda guerra mundial; exigían soberanía y representación antes las Naciones Unidas. Luego, Azerbaiyán y Armenia, reeditaron un antiguo problema de fronteras, por una región conocida como el Alto Carabaj, una república autónoma perteneciente a Azerbaiyán. Se presentaron protestas y graves disturbios, que fueron violentamente sofocados tanto en Bakú como en Ierevan, lo cual representó un duro revés para la Perestroika de Gorbachóv y ambas facciones acudieron a Moscú para dirimir sus diferencias. Uno de los problemas, que siempre había estado latente, desde la época de Lenin, era el de las nacionalidades, es decir la forma como nacionalidades muy distantes tanto étnica como culturalmente, podía convivir en un solo país, sin que surgieran rivalidades entre ellas. Aunque en teoría, se daba por hecho, que este había sido resuelto en los primeros años de la revolución, la práctica, luego de la apertura iniciada por la perestroika , demostraría lo contrario. Había que aplicar una política de "glasznost", término que en ruso significa transparencia. Todo encaminado, hacia un restablecimiento de libertades y superación de prácticas corruptas en el manejo del estado, como también de transformaciones estructurales en la economía, que le permitieran salir del anquilosamiento. En teoría, la Glasnost, debía garantizar el éxito de La Perestroika, lo que en la práctica y contra todos los vaticinios, resultó al *contrario. El éxito de la primera, determinó el fracaso de la segunda, como veremos más adelante. Entre las medidas, más notorias e inmediatas, desde la percepción por parte de la población, estaba la de una flexibilización en la producción, tendiente a permitir la iniciativa individual en la prestación de servicios y suministro de algunos productos. Antes de esto, vender cualquier cosa, por ejemplo ropa, era un delito. Había gente que de todos modos, se las arreglaba, para este tipo de actividad; eran algo así como unos vendedores puerta a puerta, con la diferencia, que lo hacían tomando muchas precauciones y con temor, como si se tratara de comercio de drogas. Algo por lo demás risible. A nivel internacional una de las primeras consecuencias de la perestroika, fue el comienzo de la desarticulación del bloque socialista. En Hungría, con el beneplácito de las autoridades de la URSS, se abrieron las fronteras, para permitir el libre tránsito de sus ciudadanos. Esto originó el éxodo de grandes multitudes de ciudadanos de la Alemania oriental, deseosos de emigrar hacia Occidente, utilizando como puente el territorio magiar. Todo esto hubiese sido inconcebible pocos años atrás. Los líderes más conservadores de otros países, como el caso de Alemania oriental, Bulgaria y Rumania, veían con preocupación la posibilidad de derrumbamiento de sus gobiernos y trataron de presionar a Gorbachóv, para que tomara medidas represivas. Este último, consecuente con sus ideas y los compromisos adquiridos con occidente, no quiso transigir. Desafortunadamente, al interior del partido comunista de la URSS, aparecieron facciones, que exigían una profundización y aceleración de las medidas de cambio, haciendo caso omiso de la inmadurez del escenario entonces vigente. Comenzó a perfilarse entonces, una figura procedente de los Urales, Boris Yeltsin, que no desaprovechaba oportunidad para criticar abiertamente la manera como Gorbachóv conducía el proceso y, que se convertiría más tarde en su gran contradictor y enemigo. Gorbachof por su parte, tenía planeada una transición, a una sociedad socialista con democracia real, cuyo proceso no ocasionara mayores perturbaciones a la economía y el bienestar de los ciudadanos. La situación eco-*

nómica del país, empeoró notoriamente. Ante la negativa de Gorbachóv a la liberalización de precios, los productores, no encontraban mayor aliciente para destrabar las ruedas de la economía. Los anaqueles de los supermercados, estaban quedando vacíos y la amenaza de una hambruna, se hacía latente. La popularidad del presidente al interior del país, se deterioraba mas con cada día que pasaba. Occidente, se negó a ofrecerle un empréstito, que le hubiese permitido salir del atolladero, por cuanto apostaban por una Unión Soviética, favorable a ellos, pero en manos de alguien con perfil emocional, como era el caso de Yeltsin. En 1990, la república de Lituania, fue más allá de sus antecesoras y proclamó su independencia, rompiendo todo vínculo con la URSS. Gorbachóv, no podía permitir, esto a riesgo de que se derrumbara el sistema como un castillo de naipes. Fuerzas militares soviéticas, ingresaron a Vilnius su capital, para imponer el orden. La sociedad lituana que estaba enardecida, salió a defender el nuevo orden y el resultado, fue de cientos de muertos. Más tarde, Gorbachóv, pediría perdón en público y diría, que no había tenido que ver en lo sucedido. La siguiente república en declarar su independencia, fue la propia Rusia en 1990, limitando seriamente el poder de la URSS. Al siguiente año, en 1991, se realizaría un plebiscito refrendatorio, donde la mayoría de la población, votó por el sí y Boris Yeltsin, fue elegido presidente. Previamente, Gorbachóv había introducido importantes cambios en el aparato de estado, nombrando a Guennady Yanaiev vicepresidente, a Vladimir Kruichkóv como director del KGB, Dimitri Yazov como ministro de la defensa y Boris Pugo ministro del interior. Decisiones de las que tendría que arrepentirse, como veremos más adelante. El canciller Shevernádze, fue el primero en avizorar, la amenaza que se cernía sobre el país; en el pleno del partido, mencionó por primera vez el término dictadura, a la vez que presentó renuncia a su cargo. Poco a poco, Gorbachov se iba quedando sin aliados, a pesar de su aún considerable popularidad en el extranjero. Para Julio de 1991, el gobierno estaba preparando un nuevo tratado de la unión, por el cual las quince repúblicas adquirían autonomía política y económica, pero tendrían en común el ejército, la representación diplomática y un presidente. Este sería el detonante para las acciones que durante los días comprendidos entre el 19 y el 21 de Agosto, conmocionaron a la URSS y al mundo. Mientras el presidente se encontraba iniciando sus vacaciones en su casa de campo de Foros en Crimea, un grupo de líderes confabulados, conformado por ocho funcionarios del alto gobierno, entre quienes estaban el vicepresidente Yanaiév, el director del KGB Kriuchov y el ministro de defensa Yazóv, contando con el apoyo previo de facciones del ejército, decidieron declarar el estado de emergencia, con el propósito, de salvar al país del proceso de desintegración en el que se encontraba inmerso. Paralelamente, enviaron contingentes para rodear la dacha del presidente, a la vez que le cortaban toda posibilidad de comunicación con el exterior. Detuvieron a varios diputados del soviet del pueblo que consideraban peligrosos y tenían previsto detener también a Yélsin, cosa que finalmente no hicieron, sin que se haya podido establecer su motivo. Enviaron una comitiva hasta el presidente, para obligarlo a firmar un documento, en el que declaraba la ley de emergencia, con lo que pensaban, Gorbachov meditaría y desandaría sus pasos. Sin embargo, éste se negó rotundamente. En el Kremlin, los golpistas, procedieron entonces a declarar el estado de sitio, El vicepresidente Yanayev, se declaró presidente provisional interino, hasta normalizar la situación del país. Dio a conocer un comunicado, según el cual el presidente no podía seguir en sus funciones por motivo de enfermedad. Para el día siguiente, se dispuso la toma de las calles de Moscú por contingentes de tanquistas del ejército Rojo. Boris Yeltsin, tomó entonces la firme determinación de desenmascarar el golpe y acudió con sus asesores al edificio del consejo de diputados del pueblo, conocido entonces como la casa blanca, por el color del mármol en su fachada. Una facción de tanques del ejército, había asumido su defensa. Yeltsin se encaramó en uno de ellos y leyó una arenga, declarando como un acto criminal la acción de los golpistas. Estas imágenes de inmediato le dieron la vuelta al mundo. Como es natural el presidente de USA y sus aliados, hicieron lo imposible, para evitar que el golpe prosperara. No pretendo hacer cábalas, pero hoy día nos podemos preguntar, que hubiese ocurrido de prosperar el golpe o la "medida de salvamento de la URSS", según con el cristal que se le quiera ver. Si la URSS, finalmente hubiese vuelto a sus antiguos cauces y finalmente se hubiera estabilizado de nuevo, Gorbachóv se hubiera convertido en villano y los golpistas en héroes. Tal vez, no estaríamos en un momento de tanto peligro como ahora, en el que el mundo una vez superada la guerra fría -que mal o bien, establecía un equilibrio de poderes- se transfiguró en unipolar, con una sola potencia de un poderío militar y económico, que supera al de todos los demás países del mundo juntos, con una visión expoliadora y desconocedora de los tratados internacionales que buscan el bienestar común e incluso de las más elementales normas de convivencia como el respeto a la autonomía de las naciones. Pero las cosas sucedieron en detrimento de la URSS. Al tercer día, los golpistas que por lo que muestran las evidencias, habían improvisado demasiado, dieron marcha atrás, incluso intentaron regresar al presidente a Moscú, como una forma de suavizar, la retaliación que sobre ellos se cernía. Gorbachóv, regresó en un avión enviado por Yeltsin, lo que hizo ver a este último como el héroe de la jornada. A los pocos días, los dos líderes se presentaron ante el concejo de diputados del pueblo de la Federación Rusa -era este, el nuevo nombre de la república exsoviética- y Yeltsin embriagado de poder, humilló a un más debilitado Gorbachóv, presionándolo ante el pleno de diputados, cuyo número era de alrededor de mil quinientos, a firmar un decreto expedido por la República de Rusia, en donde, se declaraba ilegal al PCUS (partido comunista de la URSS), por su participación en el fallido intento de golpe de estado, cosa a la que Gorbachov, se negó rotundamente. El PCUS, era precisamente el aglutinante, que había mantenido unido al sistema por casi siete décadas. Yeltsin entonces firmó el decreto que proscribía la actividad del partido en toda Rusia y ordenaba de inmediato la confiscación de sus bienes. Como consecuencia del fracaso de la intentona, los líderes rebeldes fueron inmediatamente detenidos y más tarde sometidos a juicio. Finalmente, fueron beneficiados por una ley de amnistía, con la excepción de Pugo, quién se suicidó junto con su mujer, apenas se concientizaron de su fracaso. Gorbachóv, todavía tenía la esperanza de salvar la Unión y citó a una reunión en Alma- Ata, en donde logró el compromiso de nueve de las quince repúblicas. Pero las fuerzas centrífugas de los nacionalismos, seguían colapsando la integridad del país y, sin que lo supiera, en Bielorrusia, tendría lugar un hecho, que marcaría el fin de la unión. Los presidentes de Rusia, Ucrania y Bielorrusia, se reunieron en los bosques de Bielavérra y firmaron un documento, por el cual, creaban un nuevo organismo denominado CEI, Comunidad de estados independientes, unido sólo por lazos de amistad, dando el puntillazo final a la Unión Soviética. Al poco tiempo, Gorbachóv dimitió de su cargo y se declaró oficialmente la extinción de La URSS. Pronto, una a una, las quince naciones que habían conformado la URSS, fueron declarando su independencia. Con estos cambios, se derrumbó el socialismo de tipo soviético en Europa, y sus estados miembros ingresaron al modo de vida capitalista. Rusia pasó a llamarse República federativa de Rusia, y comenzó todo un proceso de reconversión de su economía al nuevo modelo. Durante la primera década, se sintieron los estragos de este cambio abrupto, realizado sin transición ni preparación alguna. Se decretó la liberación de precios y el salto improvisado a una economía de mercado. Se disparó la inflación y los ciudadanos, vieron como desaparecían de la noche a la mañana los ahorros de toda una vida. Los primeros damnificados, fueron los empleados públicos y los maestros y profesores. La población en su conjunto pasó a la pobreza, desaparecieron como por encanto, todos los logros sociales de la revolución que protegían a la población. Rusia pasó de ser la segunda superpotencia mundial, a ser un país casi tercermundista, sometido a los designios del gran vencedor, el imperio norteamericano. Muchos ciudadanos, culpaban al gobierno por el caos y pronto añorarían lo que habían perdido. Para 1993, el partido comunista volvió a la legalidad y comenzó a competir en igualdad de condiciones, con otros partidos, que aparecían tan rápido como despa-

recían. Los aduladores del capitalismo, inventaron teorías surrealistas, como aquella del fin de la historia, del Sr. Fukuyama. El mundo entró entonces en una nueva faceta, de carácter unipolar. Una sola potencia, comenzaba a dirigir los destinos del planeta. Se afianzó un nuevo modelo económico, el neoliberalismo, como la gran panacea para solucionar los problemas del mundo. Transcurridos casi dos decenios, en el año 2017, en el que escribo estas memorias, se cumple un siglo de ese magno evento que etiqueta al siglo XX, la revolución de Octubre. A lo largo de esa especie de cinta temporal que es la historia, y que parece desenrollarse signada por el sello de la incertidumbre, existen en algunos siglos en especial, hitos de diversa índole con preponderancia en lo político, que moldearon para bien o para mal a la sociedad y que establecieron puntos de referencia o inflexión, a partir de los cuales, se darían desarrollos en los ámbitos social-político, económico y cultural, cuya influencia predeterminaría al mundo tal como lo conocemos hoy día. Tal es el caso, del siglo de oro de la antigua Grecia que sentara las bases de la cultura occidental, el ocaso del imperio romano que daría paso a las tinieblas del medievo, el retorno de la luz y la razón con la eclosión del Renacimiento italiano, la Primera revolución científica fruto del anterior y que creara nuevos espacios de entendimiento y comprensión del mundo, el Iluminismo que seguiría a la Revolución francesa, contribuyendo a consolidar la búsqueda del Humanismo, la revolución industrial que liberara al hombre de las penurias del trabajo físico, pero que a su vez creara las condiciones para su enajenación y explotación despiadada, la revolución Darwiniana que echara por tierra el creacionismo, convulsionando a las estructuras de pensamiento decimonónicas, el descubrimiento del subconsciente freudiano, que ampliaría los límites en la comprensión de la mente humana y finalmente, la Revolución bolchevique al despuntar el siglo XX, primera gesta revolucionaria triunfante en la historia, aunque el interregno de su existencia, a la postre resultara efímero en la escala temporal de existencia del hombre como tal en nuestro planeta. La importancia de esta última radica, en que a diferencia de otros procesos revolucionarios que la antecedieron, como el liderado por Espartaco en la antigua Roma, o en un pasado más reciente la revolución francesa, o la comuna de París, triunfó y se consolidó durante un periodo de tiempo significativo desde una perspectiva temporal esta vez histórica, dando lugar a importantes cambios a nivel mundial. Este evento, puso fin a trescientos años de dominación de la familia Románov, que se caracterizara con la excepción del zar Pedro I, por ser la monarquía más conservadora y absolutista del continente, como resultado de lo cual, este inmenso país estaba sumido en el atraso y la mayor parte de su población era analfabeta y estaba subyugada por un modelo que la sumía en la servidumbre y la indigencia, sin esperanza alguna de reivindicación. Los Románov, comenzarían su largo reinado en los albores del siglo XVII, con la figura de Miguel I, hijo del patriarca Filareto y nieto sobrino de Iván IV, luego de un interregno de ingobernabilidad que había sumido a la nación en el caos; Miguel era entonces solo un adolescente y fue elegido de común acuerdo por los boyardos, como una forma de salvar al imperio. El título de zar, proviene del de César en la antigua Roma, en una especie de abreviatura y prosperó, pues describía en buena manera el absolutismo y supuesto carácter divino del mismo. Con el disparo de aviso del acorazado Aurora, apostado a orillas del Niva en San Petesburgo la capital del imperio, en la madrugada del 19 de Octubre de 1917 según calendario juliano y 7 de Noviembre según el gregoriano, se dio comienzo a esta gesta que asombrara al mundo y que pusiera en jaque la preeminencia del modelo capitalista, que llevaba ya varios siglos, en calidad de cimiento del edificio político económico de la sociedad mundial. Se trató de algo sorprendente, pues por su propia naturaleza y según la visión marxista, el socialismo podía florecer bajo ciertas premisas en naciones altamente industrializadas, por lo que a nadie le había pasado por la mente que en un país como la Rusia zarista del momento, podría darse este fenómeno y mucho menos que pudiera resultar victorioso. El éxito obedeció entre otros factores, a las estrategias concebidas durante años, y luego puestas en práctica por un abo-

gado con capacidades de liderazgo únicas, de nombre Vladimir Ilich Uliánov, más conocido como Lenin, con la colaboración de otros líderes del momento como Trotsky, Stalin y Kamenev y, el descomunal apoyo de grandes contingentes obreros y campesinos en todo el país y de una buena parte de la oficialidad, desilusionada por el caos que consumía al país, como resultado de la inestabilidad política propiciada por el gobierno provisional de Kerensky , que seguía insistiendo en la participación de la nación en una guerra, que cada día la llevaba más y más al precipicio. Durante los primeros años de existencia del estado soviético, la respuesta del capitalismo, en su intento por sofocar a esta naciente y amenazadora criatura, fueron despiadados; cerco económico, acaparamiento interno, difamación, aislamiento comercial, agresión armada y apoyo incondicional a la oposición representada en la alta burguesía y los grandes hacendados, fueron algunos de los artilugios utilizados en tan abyecto propósito. Esta misma receta con tecnologías acorde a cada época, se repetiría luego, para abortar procesos emancipadores a lo largo y ancho del mundo. En el caso de America Latina, los casos más representativos son la Guatemala de Jacobo Arbenz en 1951, la revolución cubana en 1959, el triunfo de Salvador Allende en Chile en 1971 y la más reciente revolución Bolivariana de Venezuela. Todos ellos, ejemplo de la normal respuesta del capitalismo y sus élites, no dispuestas a ceder sus privilegios, garantizados por un modelo injusto e inhumano, cuya decadencia cada día se hace más evidente. En este año, en que se está celebrando esta efemérides de carácter mundial, ha propiciado un espacio de reflexión en torno a su significado, su legado y el carácter y factores de los procesos a que dio lugar durante siete decenios en la Unión Soviética. También, a un acercamiento epistemológico a las razones de su fracaso o derrota, como lo entreviera el politólogo argentino Otilio Borón en uno de sus recientes y brillantes artículos de carácter ensayístico, cuando escribe: "hay un tema central a dilucidar y es establecer una distinción entre el "fracaso" de un proyecto reformista o revolucionario y la "derrota" del mismo. ¿Es razonable decir que todas las experiencias del siglo pasado en realidad fracasaron (tesis que sostienen entre otros John Holloway, Michael Hardt y Antonio Negri) o no sería acaso más apropiado decir que fueron derrotadas? El fracaso supone un problema esencialmente endógeno; la derrota remite a una lucha, un conflicto, una oposición externa que se enfrenta al proyecto emancipatorio. Fracaso por mis propias limitaciones y debilidades; soy derrotado cuando alguien se opone a mis designios. Si bien existe un claroscuro, un área difusa intermedia en la cual fracaso y derrota se confunden es posible, sin embargo, establecer la predominancia de uno o de la otra. En el caso de la revolución rusa, es indudable que el proceso adoleció de graves incoherencias internas, especialmente tras la muerte de Lenin, pero también lo es que se desarrolló bajo las peores condiciones imaginables: la crisis y la devastación de la primera posguerra, la guerra civil y la intervención, en ellas, de una veintena de ejércitos foráneos que asolaron el país, y luego, estabilizada la situación, la industrialización forzada, la colectivización forzosa del agro y la invasión alemana con su secuela de destrucción y muertes. Bajo esas condiciones, hablar de "fracaso" es por lo menos un exceso del lenguaje y una infame acusación política. Viniendo al caso de América Latina, ¿hasta qué punto podría decirse que la experiencia de la Unidad Popular en el Chile de Allende fue un fracaso? Mucho más apropiado sería decir que fue un proyecto derrotado, por una coalición de fuerzas domésticas e internacionales bajo la dirección general de Washington que desde la noche misma del triunfo de Salvador Allende el 4 de Septiembre de 1970 ordenó, por boca de su presidente Richard Nixon, "hacer que la economía chilena gima. Ni una tuerca ni un tornillo para Chile". ¿Qué sentido tiene entonces que algunos autores hablen del "fracaso" de la revolución cubana, acosada y asediada por más de medio siglo de bloqueo económico, comercial, diplomático, informático y mediático? ¿Y cómo caracterizar lo ocurrido en China y Vietnam? ¿Podría decirse sin más que son casos de "fracaso" del socialismo? ¿Es posible ya emitir un veredicto definitivo? ¿Por qué no pensar, en cambio, que la URSS logró éxitos extraordinarios a pesar de tan difíciles condiciones: alfabetización masiva, promoción de la mujer, industrialización, defensa de la patria, derrota del fascismo. ¿Puede llamarse a esto un fracaso?" Se trata de una interesante propuesta, que permite ver desde otra óptica el retorno de esta nación al modelo capitalista, contrarrestando la visión facilista de los detractores naturales del socialismo, que la han tipificado como comprobación del fracaso de este modelo de sociedad, dando por sentado que perdió su naturaleza de opción de vida, como si las causas objetivas que la propiciaron hubiesen desaparecido del contexto social. Visión a todas luces equivocada y sesgada a los intereses de los monopolios del sistema. La revolución de octubre, actuó como un catalizador, que dio origen a una singular eclosión a gran escala, de organizaciones políticas, que adoptaron al socialismo como la corriente política de pensamiento, que mejor daba respuesta a las contradicciones sociales en diferentes países y comenzaron a trabajar de manera entusiasta, por emular los logros sociales que a manera de ejemplo exitoso, mostraba la nación de los soviets. Desafortunadamente eventos como la prematura muerte de Lenin, la colectivización forzada, las purgas stalisnistas, la guerra fría y el burocratismo y su estela de corrupción, darían lugar a una desviación de la verdadera esencia del socialismo, tal como lo concibiera Marx, caracterizado ante todo por su naturaleza humanística reivindicadora de los más débiles. Es probable, que si el destino no hubiese propiciado la temprana ausencia de Lenin, el subsiguiente desarrollo de este proceso, se hubiese ajustado más al ideal marxista de una sociedad justa y fraternal y, que las grandes distorsiones que se presentaron en especial durante el período stalinista, no hubieran tenido lugar. Es posible también que esta experiencia en apariencia fallida, sirva hacia el futuro como punto de referencia, para nuevos procesos libertarios cuyo norte sea la reivindicación de los excluidos, por cuanto el sistema capitalista por su misma esencia, es incapaz de responder a las necesidades de la sociedad y con su proclividad imperial y egoísta, hace que cada día las condiciones de vida en el planeta empeoren, al punto de convertirse en amenaza y, que la *destrucción del mismo pase de ser una conjetura, a la materialización del apocalipsis a que hace mención la biblia. Es a todas luces un sistema perverso, si nos atenemos a estadísticas que demuestran que solo ocho hombres tienen la misma riqueza material que tres mil seiscientos millones de personas. Uno se pregunta, a cuenta de qué esa monstruosa concentración de la riqueza, si cuando comenzamos como especie, la propiedad no existía. Lo peor de todo, es que en esta última fase del sistema conocida como neoliberalismo, este abismo crece con cada año que pasa, gracias a factores como las inequitativas cargas tributarias, los paraísos fiscales y la corrupción generalizada. En los últimos años , hemos sido testigos del desmonte de las garantías sociales en Europa, más conocidas como el estado benefactor, que por varios decenios hicieron creer a muchos, que se podían tener garantías sociales, sin necesidad del socialismo. Más que obedecer a una crisis económica, lo que deja entrever, es que dichas garantías fueron introducidas en su momento por el capitalismo, para contrarrestar la influencia que soplaba desde la Europa oriental con sus grandes logros en calidad de vida y que podía contaminar a los pueblos de Europa occidental, con ideas que atentaban contra el orden establecido. Una vez concluida la guerra fría con el autodesmonte de la URSS, este artilugio resultaba innecesario y por ello ocurrió su desaparición. Un fenómeno interesante, es el actual papel de la república federativa de Rusia, en la geopolítica mundial, caracterizado por un espíritu internacionalista, al apoyar a países débiles como el caso de Siria, de la brutal embestida del imperio norteamericano, como también a Cuba y Venezuela y que ha dado pié a una especie de inicio de una nueva guerra fría, menos desequilibrada que la anterior y que al margen de su connotación negativa, de alguna manera , restablece el equilibrio perdido en los dos últimos decenios del siglo pasado. Todo esto podemos entenderlo, como resultado de esos siete decenios de formación socialista, los cuales al margen de los defectos que hubiesen distorsionado sus políticas de estado, dejaron como herencia , una sociedad culturizada y más humana si se la compara con sus actuales pares occidentales. La industria soviética, había realizado grandes avances en los campos de la aeronáutica espacial y la maquinaria pesada. Tuve la oportunidad de realizar prácticas, en la fábrica Belaz[31] de volquetas carboneras, ubicada en Ráubich, un pueblito en las inmediaciones de Minsk. Era una fábrica inmensa. Los equipos eran automáticos, CNC y robots. Yo veía todo aquello y como no tenía referencias, pensaba que era lo normal. Solo cuando regresé a Colombia, y presencié nuestro atraso tecnológico, pude entender lo que era esa fábrica. En la primera práctica, me pusieron a manejar una fresadora, realizando un trabajo elemental. Con tan mala suerte, que apenas empezando, estrellé la herramienta. Me asusté muchísimo, pensando en el regaño. El encargado de sección, se me acercó y de manera magnánima me dijo: no eres el primero ni serás el último. Una muestra típica de la generosidad de los rusos. Con todo, lo que más recuerdo, es la belleza de las operarias, que habían muchas y la comida del restaurante que era muy buena. Un día, cuando llegué a la planta, tuve que pasar por la pista de pruebas, y me detuve a mirar, como probaban una volqueta carbonera de 450 toneladas. Más que volqueta, parecía un barco. Era tan grande, que al parar-*

BELÁZ es un fabricante bielorruso de maquinaria para movimiento de materiales. La empresa se fundó en 1948 y desde entonces ha fabricado más de 120 000 camiones y otras máquinas, no solo para regiones de la antigua URSS sino también en 50 países del mundo. BelAZ amplió su línea de camiones de volquetas y maquinaria especializada y emprendió la fabricación de nuevos productos, como equipos de construcción, metalurgia y minería subterránea. La empresa posee su propio departamento de investigación y desarrollo, una línea de producción contemporánea y un avanzado sistema de administración que en conjunto permite diseñar y producir equipos de alta calidad y rendimiento para la minería y otras industrias. Los vehículos BelAZ se hicieron con una reputación para trabajos en cualquier tipo de terreno y geografía: desde el extremo Norte hasta los cálidos trópicos. Los vehículos BelAZ se hicieron con una reputación para trabajos en cualquier tipo de terreno y geografía: desde el extremo Norte hasta los cálidos trópicos BelAZ desarrolla un importante plan inversor en Bielorrusia. El sistema de calidad integrada en procesos de diseño, elaboración, fabricación, montaje y servicio de camiones cumple las demandas de estándares internacionales ISO 9000.

me al lado de una de las llantas, mi cabeza, no alcanzaba a llegar a su centro. El operario que la estaba probando, cuando me vio tan absorto mirando se detuvo y me invitó a subir. Usualmente los estudiantes en práctica, no podíamos participar de estas actividades. Me senté en la cabina al lado del conductor. En una época, en que no existían los PC, esta volqueta estaba equipada con computador; los mandos parecían los de un avión. Lo que más me impactó, fue la suavidad de la suspensión. Era como ir en un barco. Esta planta producía a diario 30 volquetas de 27 toneladas, que eran las más pequeñas. La línea de ensamble, estaba dotada de una cinta transportadora gigantesca, de unos doscientos o más metros de longitud. El invierno ruso, es de una gran belleza. Son casi seis meses de nieve. Todo se torna blanco y prístino. Casi no se escuchan los ruidos citadinos, pues son absorbidos por la nieve. Irónicamente, se siente menos frío con la nieve del invierno, que con el hielo del otoño. Era común, en medio de la nieve, ver personas comiendo helado; esto me parecía una contradicción. Después pude comprobar, que el helado permite al cuerpo entrar en calor. Tal vez, por esta misma razón, en los desiertos toman te hirviendo, para refrescarse. Antes del invierno, la gente se prepara para el mismo, consumiendo grandes cantidades de grasa especialmente en las sopas. Esto conlleva al aumento de peso. Yo, que toda la vida había sido muy flaquito, de pronto me veía casi normal. En esta época del año, había grandes colas en la entrada de los sitios públicos, para dejar guardado el abrigo. Se veían miles de abrigos colgados en ganchos. Cuando se llegaba a la casa, la costumbre, era quitarse los zapatos o las botas a la entrada y colocarse sandalias. El frío del invierno, hace que uno se sienta más joven, revitalizado. Los climas extremos de Europa, obligan a la gente a ser más disciplinada. De no ser así, muchos perecerían en las calles durante el invierno. A veces, me pregunto, si este ha sido uno de los factores, que llevó a un continente tan pequeño como Europa a la vanguardia a nivel mundial, en cuanto a desarrollo se refiere. Los estudiosos, no se han podido poner de acuerdo, sobre cómo y en que momento ocurrió esto. Durante la edad media, *hacia el siglo VIII, cuando el mundo árabe era el más avanzado, Europa estaba en el atraso. Los musulmanes de entonces, consideraba a los europeos, como hombres torpes con grandes cuerpos y muy poco de inteligencia. Después, algo ocurrió, entre los siglos XI y XIII, que cambió las cosas. El mundo occidental, salió del anquilosamiento teológico causa de su postramiento, y la razón como lo hiciera más de 1500 años atrás en Grecia, volvió a tomar su sitio en el pensamiento europeo. Algunos atribuyen el cambio, a la alimentación y a factores geográficos. Así por ejemplo, en otro continente, los aztecas habrían podido emprender la construcción de grandes pirámides, gracias a que el maíz, sustento de su alimentación, requiere de muy poco trabajo para su cosecha, es decir, tenían demasiado tiempo libre, a diferencia del caso de los chinos con el arroz. Europa al ser un continente territorialmente tan pequeño, tuvo una alta densidad poblacional y por tanto mayor mano de obra, para las actividades productivas, lo cual genera competencia y formas innovadoras de producción. Se cree, que otro de los factores del cambio, pudo haber sido la invención del reloj, hacia el siglo XIII, lo cual permitió reemplazar la medición del tiempo que hasta entonces se realizaba por horas canónicas, con las inexactitudes que ello conllevaba. Ideológicamente, algo que condujo a cambios fundamentales, fue la conciliación entre revelación y razón, realizada por Tomás de Aquino, al acercar a Aristóteles y el cristianismo. Resulta curioso, que un pueblo tan profundamente religioso como lo era el ruso antes de la revolución, luego de ésta, pasara a ser abiertamente ateo. Desde la infancia, se inculcaba, la influencia negativa de la religión en la sociedad, y se la mostraba, como un factor de atraso y de ignorancia. En la televisión, pasaban a veces teatros de marionetas para el público infantil, en donde no faltaban personajes como el zar y el pope, -este último en la religión ortodoxa es el equivalente del papa-, ridiculizados y mostrados como seres anacrónicos e ignorantes. En clase de física en la universidad, un profesor en cierta ocasión nos hizo reír muchísimo, cuando nos contó una anécdota sobre el vaticano. Según ésta, el vaticano queriendo demostrar la exis-*

tencia de dios a través de la ciencia, había contratado a un grupo de científicos europeos. Estos científicos, estuvieron deliberando y conjeturando y, al cabo de varios meses, presentaron su informe. Según este, no había la más mínima posibilidad de existencia para dios. Definitivamente, dios estaba no tanto, en el corazón de los hombres, sino en sus mentes. Era su creación, es decir creación sí, pero a la inversa. Luego del colapso del socialismo a comienzos de los noventa, se restableció de nuevo el poder de la religión en Rusia. Muchas iglesias ortodoxas, que habían sido convertidas en museos, volvieron a oficiar misas. En la navidad, de 2015, me resultó de lo más curioso, ver por televisión una misa, celebrada en la catedral de la Asunción, ubicada al interior del Kremlin, oficiada por el pope Kiril, máxima autoridad de la iglesia ortodoxa. En el recinto, se encontraban el presidente Putin y el vicepresidente con sus respectivas familias, los cuales se persignaban y persignaban a la manera ortodoxa, haciendo venias, algo inconcebible, por la época en que viví allí. En tan sólo un siglo Rusia, pasó en la práctica, del feudalismo, al socialismo y luego al capitalismo. Es cierto, que finalizando el siglo XIX, el zar Alejandro III, consiente del atraso de su imperio respecto de sus vecinos europeos, había tomado ciertas medidas, para comenzar una incipiente industrialización del país, así como una política de desarrollo de vías de comunicación, como fue el caso del ferrocarril transiberiano. Es un caso único en el mundo, que escapa, al normal desarrollo económico-político de los pueblos. La china por ejemplo, puede en esto tener ciertas similitudes, pero no hay que olvidar que esta nación fue potencia en la antigüedad, en la edad media y en los años antecedentes a la revolución industrial europea. En el contexto mundial, las postrimerías, del siglo XX, representaron grandes cambios en el mundo. La masificación, de la informática y de las comunicaciones, lo transformaron todo. Tomemos por ejemplo el caso del correo. Hace unos cuarenta años, la comunicación epistolar, era de lo más común en el mundo, siguiendo una tradición de siglos. En la época en que arribé a Rusia, mi familia se enteró sobre mí, tan sólo un mes después y recibí su respuesta, como a los dos meses y medio. No había posibilidad de un telegrama y menos de una llamada telefónica. El país, estaba cerrado al exterior. A nadie le pasaba por la mente, que en tan poco tiempo, nunca más volveríamos a escribir cartas. Una de las experiencias emocionantes, era cuando al entrar a la residencia estudiantil, después de revisar una mesa que colocaban a la entrada, sobre la cual colocaban las cartas y remesas, encontrábamos algo para nosotros. Mi familia, solía enviarme regularmente, una caja con ropa y otras cosas, lo que me causaba gran felicidad. Ha sido tal el grado de avances en la tecnología de la comunicación, a partir de los años ochenta, que la desaparición de los correos, pareciera cosa no de unos pocos años, sino de siglos. Durante la época de la colonia en la nueva Granada, una carta que se enviaba a la metrópoli España, demoraba en ir y volver un mínimo de cuatro meses. Fue por ello, que cuando el rey de España, ya había sido depuesto por Napoleón, en América las cosas seguían como si nada, pues la noticia solo se supo meses después, dando lugar a los procesos emancipadores en todo el continente. Esta misma tecnología ha revolucionado todas las actividades humanas. Por poner un ejemplo, actividades creativas como la pintura, la música y la escritura, hoy en día, son más asequibles a muchas personas. La cantidad de información en la red de redes es tan abundante, que produce vértigo y angustia. Nunca como ahora, había estado tan vigente el postulado socrático "sólo sé que nada sé". En momentos en que escribo estas memorias, descubro todos sus beneficios para la escritura. Antes de internet, la corroboración de información sobre datos históricos y demás, requería, desplazarse a bibliotecas, con la incertidumbre de si se lograba conseguir la información adecuada, además de los costos, el tiempo e incomodidades que ello podía implicar. Ahora, con un par de clicks y google, tenemos a la mano el dato preciso requerido, sin necesidad de una búsqueda dispendiosa. Eso sí, se requiere de cierto criterio y conocimiento general de los temas, pues eventualmente y como se trata de información no respaldada por una autoría concreta, puede haber imprecisiones. En este sentido, las cosas están adquiriendo su sentido lógico. Lo verdaderamente valioso en el acto creativo y que merece un papel protagónico es la imaginación, la exteriorización del mundo interno, la plasmación del sello personal y único. Todo lo demás, son herramientas, que por fortuna ahora tenemos a la mano. En el caso de la pintura figurativa, antes se requería ser un excelente dibujante. Ahora con habilidades manuales básicas, un buen conocimiento en el manejo de programas de diseño gráfico, si tenemos creatividad y una buena perspectiva del mundo de las artes plásticas, podemos elaborar composiciones de interés, para luego plasmarlas sobre el lienzo o cualquier otro soporte. Con el uso de la tablet, queda solucionado el problema del sentido de las proporciones, dificultad común, para la mayoría de los dibujantes. En el caso de la interpretación musical, aunque la figura del profesor sigue siendo muy importante, los videos de internet, nos permiten extractar información técnica, que antes se obtenía solo de éste, simplificando y abaratando el proceso de aprendizaje. Toda la actividad humana, ha sido sensible a los cambios y beneficios implicados por la informática. De la noche a la mañana, todos resultamos mecanógrafos, fotógrafos, y hasta portadores momentáneos de información efímera, etc. Pero como toda mejora, tiene también efectos colaterales negativos. Uno de ellos, la pérdida de interés y destreza por la lectura sistemática, por cuanto los textos en internet, crean el mal hábito de la lectura salteada, a la vez que afectan el grado de concentración. Por otra parte, muchos consideran de manera consciente o inconsciente, innecesario el memorizar información del tipo que llamamos cultura general, pues la misma se puede consultar cuando se quiera en el celular. El resultado, una sociedad cada vez más banalizada y superficial. Esta tecnología por otra parte, ha dado lugar a una gran ironía: por una parte, permite comunicarse a personas que viven en lugares distantes del planeta, que de otra manera en la práctica jamás se hubiesen conocido. Por otra, suprime la comunicación interpersonal, de quienes están juntos en un mismo lugar, cosa habitual y alarmante en nuestra cotidianidad. El sociólogo norteamericano Alvin Toffler, con su gran obra *La tercera ola, fue todo un visionario en los años ochenta del siglo pasado. Según su visión futurista, el desarrollo humano ha sido impactado, por tres grandes eventos que él llama olas: la agricultura, la revolución industrial y la revolución informática. La importancia de estos tres factores es evidente. Todos dieron lugar a cambios que revolucionaron la sociedad mundial en su momento. El primero de ellos, la agricultura, en el escenario de lo que hoy conocemos como la Media luna de las tierras fértiles, entre los ríos Tigris y Eúfrates, en lo que hoy en día es Irak, hacia el 10000 a.c, cambió radicalmente al ser humano, al alejarlo de la vida nómada e introducirlo por los senderos del sedentarismo, propiciando la creación de excedentes de alimento, que darían lugar al intercambio y con ello a la aparición de incipientes relaciones económicas, con un aumento de la esperanza de vida y la aparición de conglomerados humanos, que con el tiempo se convertirían en prósperas ciudades, estados e imperios. La revolución industrial, del siglo XVIII, que tuvo como epicentro a Inglaterra, sería ese gran segundo paso, que llevaría a grandes contingentes de campesinos, a convertirse en obreros asalariados, disparando el volumen de mercancías en el mercado, lo que a su vez obligaría al desarrollo de nuevos medios de comunicación más eficientes como el caso del ferrocarril para la comercialización de estas últimas y a la consolidación de una clase emergente, la burguesía, que competiría con la nobleza y en poco tiempo llegaría a desplazarla del poder. Todo esto conduciría a un crecimiento de la población mundial, como no se había visto nunca antes. Finalmente, la informática, como catalizador de todo este proceso y su papel transfigurador de nuestra forma de vida en lo cotidiano y, en general de todas las esferas del saber. Esta industrialización, llegó a Rusia tardíamente, pero con la revolución tomó un nuevo auge. Algunos hombres de ciencia, fueron sus precursores y otros sus herederos. Entre ellos, merecen mención especial algunos nombres, por su contribución al desarrollo de la ciencia a escala mundial. Mijail Vasilevich Lomonósov, es el aporte de Rusia, a la primera revolución científica. Nacido en 1711, en un pueblito del mar blanco, hijo de un campe-*

sino pobre y en una época de servidumbre, en la que el ascenso social por méritos propios era impensable, siendo ya un adolescente, decide abandonar su pueblo y marchar a pié hasta Moscú, llevado por unos mercaderes de pescado, conocidos de su padre. Tuvo que abrirse camino por si mismo, pasar hambre y frío. Allí ingresa a la escuela. Sus compañeros, niños de párvulos y para colmo de males, además de "viejo", medía como dos metros de estatura. Pese a estos inconvenientes, pronto mostró una gran facilidad para el aprendizaje. Más adelante, con la ayuda de sus asombrados profesores, es becado para realizar estudio de idiomas y filosofía, los que concluye también de manera brillante y en menos tiempo del establecido. Es becado de nuevo, para cursar estudios en la Academia de San Petesburgo, los cuales concluye exitosamente y luego, para estudiar filosofía en la universidad de Madburgo, en Hesse, hoy Alemania. Más tarde, realizará estudios universitarios en química, en Sajonia. Al regresar a su patria, es nombrado profesor de la academia de San Petesburgo y miembro de la academia de ciencias. En 1755, funda la universidad de Moscú, cuyo nombre más tarde, cambia a Lomonósov, en su honor. Sus áreas de aporte, fueron la filología, la historia y la geografía. Entre sus numerosas publicaciones, sobresalen un libro de historia de Rusia y otro de gramática rusa. Realizó importantes estudios para el descubrimiento de los mares del ártico y el comportamiento de los hielos. Nikolai Lobachevsky, nació en el poblado de Bajo Novgorod en 1795. Fue un matemático puro, graduado por la universidad de Kazán. Su principal aporte, el haber dado a la geometría un nuevo enfoque no euclidiano. Dimitri Mendeleyev, es uno de los científicos más importantes de Rusia. Oriundo de Siberia, en donde nació en 1834, se trasladó a San Petesburgo, en donde realizó estudios de química, mostrando grandes dotes de inteligencia. Muy pronto, fue nombrado profesor universitario, actividad a la que dedicó buena parte de su vida. Su nombre se inmortalizó, gracias a su gran aporte a la ciencia, conocido como la tabla periódica de los elementos. Se habían realizado infructuosos intentos por clasificar los elementos químicos conocidos hasta entonces. Mende-

leyev, tuvo la genial idea, de ordenarlos, según su masa atómica, con lo que se revelaron similitudes en las propiedades de elementos vecinos. Haciendo uso de una intuición privilegiada, dejó espacios vacíos, para minerales aún desconocidos, a los que colocó nombres y predijo sus propiedades. En pocos años, dichos elementos fueron descubiertos paulatinamente y encajaban a la perfección con sus predicciones. Su interés científico, no se limitó solo a la química; también, a la ingeniería naval y a los estudios sociológicos de su patria. Debido a su carácter liberal, su actividad científica, no fue reconocida por sus coterráneos. Consecuente con su visión científica, profesó el deísmo, corriente filosófica, según la cual, al conocimiento de Dios, se accede, no mediante la revelación, sino mediante la razón y el análisis. Dicho reconocimiento, lo tuvo en el extranjero, en especial en Inglaterra, donde las universidades de Oxford y Cambridge, le rindieron homenaje. De Rusia, es oriundo el científico, que sentó las bases de la aeronáutica y la conquista del espacio. Su nombre, Konstantín Tsialkovsky, quien naciera en 1857. En su infancia, no pudo asistir a la escuela, debido a la pérdida de la audición. A cambio, de ello, se formó como autodidacta, en las bibliotecas. Desde muy joven, mostró su interés por la aeronáutica, realizando múltiples experimentos con cohetes y desarrollando, las bases teóricas, con las que los científicos de la Unión soviética, colocaron a su país, a la vanguardia de la conquista del espacio. Alexander Oparín, nació en Rusia, en 1894. En su calidad de biólogo y bioquímico, a comienzos del siglo XX, propuso una interesante teoría del inicio de la vida sobre el planeta, tomando como base la teoría de la evolución, y explicando todos los pormenores, desde la formación del planeta, a partir de residuos de estrellas muertas, hasta la aparición de las proteínas y los aminoácidos. Igor Kurchátov, es oriundo de la actual Ukrania, en donde nació en 1903. Estudio física, en la universidad de Crimea y luego ingeniería naval en Petrogrado. Direccionó sus estudios hacia la comprensión de la energía nuclear. Hacia 1943, en el contexto de la segunda guerra mundial, el gobierno soviético, para contrarrestar los avances de Alemania, en este campo, le encomienda la iniciación de un programa, tendiente a desarrollar esta tecnología. Para 1949, se realizó la primera prueba nuclear, con lo que se daba inicio, al periodo conocido como la guerra fría, en las que dos potencias EEUU y la URSS, se repartían el mundo, en dos áreas de influencia antagónicas. Debo reconocer, que en el momento de mi llegada a Rusia, desconocía los nombres la casi totalidad de todas estas celebridades. Este lamentable desconocimiento, continua hoy en día en nuestro país. He probado, preguntándole a varios amigos, citar el nombre de científicos rusos famosos y, a duras penas alguien menciona a Mendeleev, el más universal de todos. Pero, volvamos a los acontecimientos que en los años noventa, colocaban a lo que quedó de la URSS, como un mundo en caos y que según los politólogos de occidente continuaría su descarrilamiento, hasta donde no era posible prever entonces. La nueva república federativa de Rusia, sería la heredera de lo que quedó de la URSS y en especial del arsenal misilístico. Con el nuevo gobierno presidido por Yeltsin, se profundizarían los cambios, para moldear al país según el modelo capitalista. En muy poco tiempo, la mayoría de la población se empobreció, y entre los antiguos directores de fábricas, que también habían sido miembros de la nomenklatura soviética, comenzaron a aparecer nuevos ricos que en poco tiempo se conocerían como los oligarcas, dueños de inmensas fortunas, obtenidas mediante el engaño y la estafa a los obreros, que al fallecer el estado socialista, habían recibido compensaciones en acciones, que tuvieron que vender regaladas a estos oportunistas. Como la situación del país no hacía más que empeorar, en el parlamento comenzó a sentirse un malestar creciente, por las políticas del presidente. Hubo un momento, en que este antagonismo llegó a su clímax y este organismo, ordenó la suspensión de éste, a lo que el ejecutivo respondió con la fuerza. El ejército allanó la sede del parlamento, que solo dos años atrás el propio presidente en persona había defendido, durante los sucesos del golpe de estado a Gorbachóv y, detuvo a los diputados. Al poco tiempo, se celebraron comicios para un nuevo parlamento, con lo que se puso punto final a uno de los factores de la crisis. Pero pronto explotaría otro peor, que fue de nuevo el de las nacionalidades. Rusia, también está conformada por una gran cantidad de repúblicas y regiones autónomas. Una de estas, ubicada al norte del Caúcaso, la República de Chechenia, se reveló contra el poder central exigiendo su independencia. Yeltsin tuvo que plantarse, para no permitir que el nuevo país terminara corriendo la misma suerte de la URSS. Luego de varios intentos fallidos de negociaciones, Yeltsin, resolvió bombardear a los rebeldes, con lo que pudo temporalmente tranquilizar los ánimos. Sin embargo más tarde, estos rebeldes mutarían su lucha a formas de terrorismo, que pondrían en jaque al siguiente gobierno, el del exdirector del KGB, Vladimir Putin.Cuando las cosas se miran con la perspectiva del tiempo, así este no sea muy representativo, cobra valor la inveterada expresión "después de la tormenta viene la calma", la que permite realizar un balance de lo acontecido, de un manera más reposada. En este sentido, resulta de inestimable valor, la obra de la escritora y periodista Ucraniana Esvietlana Aleksevich, quien fuera laureada con el premio nobel de literatura en 2015, por obras como La guerra no tiene rostro de mujer, Los muchachos de zinc, Voces de Chernóbil, en las que lleva al mundo las voces de víctimas de la segunda guerra mundial, la guerra de Afganistán , el accidente de Chernóbil, en un género mezcla de periodismo y ficción, que acude a las fuentes directas y testimonios , mediante entrevistas grabadas. Esvietlana creció y se educó en Minsk, motivo por el que además de la admiración por el carácter humano de su obra, me siento identificado como coterráneo temporal. Su más reciente publicación, Kaniést krásnova chelaviéka (El final del hombre rojo), vertida al castellano como El fin del homo soviéticus, constituye un descarnado testimonio, de las cruentas transformaciones a que se viera sometida la sociedad soviética, luego del colapso del socialismo. Recientemente terminé la lectura de sus alrededor de 630 páginas y lo digo con sinceridad, me sentí conmovido y arrastrado hasta la consternación, al comprender a través de los múltiples testimonios que la conforman, la verdadera magnitud en su crudeza, de los acontecimientos acaecidos especialmen-

te en la década de los noventa, de los cuales sólo tuvimos una vaga idea a través de los noticieros de la época, sesgados por lo demás y como es natural a intereses determinados. Esta década, será recordada por los exsoviéticos, como una de las más duras pruebas a que fueran sometidos, cuando vivieran en carne propia el derrumbamiento de su forma de vida, la que se había caracterizado hasta entonces, por la estabilidad, la seguridad y las garantías sociales -al margen de sus naturales falencias como proceso inédito-en el marco de un estado benefactor. Sólo una guerra formal y sus crudas secuelas, podrían compararse con lo que representó este aciago periodo, para una sociedad inerme, dado lo infame de la situación a la que quedara expuesta, tomada de sorpresa y cuya mentalidad fraguada durante décadas en el socialismo, correspondía a una forma de vida y a una visión identitaria antagónica en su esencia al capitalismo. Al margen de la pertenencia o simpatía hacia una corriente de pensamiento determinada, estos testimonios permiten concluir, que la improvisación rayando en la irresponsabilidad, fue la norma con la que actuaron los líderes de esta transformación sin precedentes. Sólo en cuatro años, de 1987 a 1991, se pretendió borrar de un plumazo, la infraestructura construida a lo largo de varias décadas, por millones de ciudadanos, educados en una sociedad que magnificaba el colectivismo, la fraternidad y el gran objetivo de llegar a esa esquiva etapa del comunismo, para unos una suerte de paraíso, para otros una utopía de clara esencia inalcanzable para los humanos. Sobre el significado del comunismo como expresión política, se tiene un gran desconocimiento; usualmente se le confunde con el socialismo y por ello en el contexto de la guerra fría, se refería a la Europa del este, como la Europa comunista. El comunismo, realmente no ha existido aún en nuestra historia. El comunismo (de común), entendido como concepto sociológico, refiere a un tipo de organización socioeconómica caracterizada por la propiedad en común de los medios de producción, la ausencia de propiedad privada sobre el trabajo, la inexistencia de clases sociales y de Estado. En la definición del sociólogo Émile Durkheim, el comunismo es *descrito como aquel orden social en el que el consumo se organiza colectivamente, mientras persiste una elección libre e individual del papel en la producción (aunque el producto del trabajo se dedique al servicio de la comunidad). El comunismo es así definido en oposición al socialismo en el cual se pauta colectivamente la producción y la forma del trabajo, mientras que el consumo se disfruta en privado y depende de un libremente elegido aporte laboral a la sociedad. El comunismo, en el sentido político, es un movimiento cuya doctrina se basa en el marxismo y que, de acuerdo con esta doctrina, tiene por principal objetivo la toma transitoria del poder del Estado para la instauración de una revolución social que, a través de tres fases, implante una organización económica y social socialista/comunista basada en el control colectivo de la producción. Todo esto en un contexto político económico, que al margen de sus debilidades y defectos, sorprendió al mundo, al llevar en pocas décadas a un país semi-feudal, a niveles de desarrollo, equiparables a los de países altamente desarrollados, cuyo progreso era el resultado -en el caso de estos últimos- de varios siglos no solo de esfuerzo y trabajo propios, sino en especial de expoliación de otros pueblos, del continente negro y del nuevo mundo. Con unos subtítulos en sus apartados, que recuerdan al Quijote, y un contenido de carácter testimonial, fruto de muchas entrevistas grabadas, con personas de la más variada condición, estatus social y económico, preparación, ocupación y edad, El fin del homo soviéticus es una especie de mosaico, equiparable a un recuento de todas las calamidades desatadas por esa caja de pandora de estos tiempos recientes, que muy a su pesar y reales propósitos constituyera la perestroika. Muchas de las historias personales relatadas, en medio de su fatalidad, rayan en el más puro surrealismo: un kilo de carne costaba trescientos veinte rublos y el salario mensual de Olia que era maestra de primaria en un colegio, no pasaba de los cien. Todo el mundo se las veía y se las deseaba para encontrar como ganarse el pan. Todos hacían de tripas corazón con tal de llevarse algo a la boca... Un día se estropeó un grifo en el apartamento y llamamos a dos fontaneros: ¡ambos resultaron ser investi-*

gadores científicos de alto nivel! Todos nos echamos a reír cuando nos lo confesaron. Como decía la abuela, la angustia no da de comer.(pag. 442). Un día ví un aviso en un muro: SE BUSCA MUJER DE LIMPIEZA CON TITULACIÓN UNIVERSITARIA. Mamá fue a la dirección señalada y la contrataron. Eran las oficinas de una fundación estadounidense." (pag. 443). A lo largo de toda su vida, la abuela había logrado reunir cinco mil rublos, que guardaba en su cartilla bancaria. Decía que ese dinero debía bastarle para vivir hasta el último día y para sufragar los gastos de su funeral. Pero esa suma de dinero equivalía de repente al valor a una caja de cerillas o un boleto de tranvía. (pag. 432). Con todo, mamá le había prometido a la abuela que la enterraría en un ataúd. Se lo había jurado. Convivimos una semana con su cadáver... Varias veces al día mamá lavaba su cuerpo con una solución de manganeso y lo cubría con una sábana húmeda. También cerró herméticamente las ventanas y cubrió las puertas con mantas húmedas. El olor no tardó en aparecer. Aunque algo de suerte tuvimos y se que es pecado decirlo, porque la abuela había perdido mucho peso durante la enfermedad y se había quedado en los huesos...Comenzamos a llamar a los parientes en busca de ayuda. Medio Moscú es pariente nuestro, por así decirlo, pero de repente descubrimos que ninguno de ellos nos ayudaría a solucionar nuestro problema." (pag. 433). Del característico altruismo que conocí durante el socialismo, se pasó a la total barbarie: *dos jóvenes tayicos, fueron llevados al hospital en una ambulancia desde la obra en que trabajaban. Los dejaron tirados toda la noche en la sala de espera, ateridos de frío. Los médicos no se molestaron en atenderlos y se manifestaban abiertamente: estamos hartos de vuestra invasión morenos de mierda. "Una madre tayica, recibió en Tayikistán el cadáver de su hijo muerto en Rusia. Le habían sacado los órganos...En el mercado negro de Moscú, se puede comprar de todo: riñones, pulmones, hígados, ojos, válvulas cardiacas, piel humana." (pag. 526) "Hay una chica que suele venir por aquí a verme; una chica enferma. Fue una célebre violinista en Tayikistán. Qué le habrá hecho perder la razón? Puede que el hecho de que al llegar aquí le dijeran: que importa que sepas tocar el violín? No necesitamos violinistas. Hablas dos idiomas? No nos importa eso porque tampoco buscamos políglotas. Tu trabajo consiste en fregar pisos y barrer. Aquí sois esclavos y nada más." "El pueblo ruso no se caracteriza por su bondad, ni mucho menos. Existe un malentendido al respecto. Los rusos son compasivos y sentimentales. Recuerdo cuando degollaron a aquel perro callejero y subieron su ejecución a internet. ¡La gente se puso como loca¡ El linchamiento estaba a la orden del día. Y, sin embargo, diecisiete inmigrantes ardieron hasta morir en el vagón en que su patrón los había cerrado bajo llave junto con las mercancía que les hacía vender y sólo se escucharon protestas de los activistas de derechos humanos. Es decir, de aquellos a quienes les va en el sueldo protestar por esas cosas".(pag. 531)* El nacionalismo y la xenofobia se exacerbaron, a la par que los más elementales conceptos de humanidad entraron en la más profunda crisis: *"Los georgianos se pasaron toda la noche persiguiendo a alguien que sospechaban era un Abjasio. Al final consiguieron herir al desconocido, que pegaba unos chillidos espantosos. Los Abjasios se tropezaron con la víctima, que corría despavorida, y creyendo que era un georgiano, le dieron alcance y le dispararon. Cuando amaneció, descubrieron que el herido era uno de los monos del zoológico. Y entonces lo georgianos y los abjasios establecieron una tregua y se abalanzaron a salvarle la vida a la criatura herida. Si hubiera sido una persona la habrían rematado"(pag. 328)* Ciudadanos que se sienten extranjeros en su propio país y otros que añoran un pasado que mantuvo por siglos a la nación en la servidumbre: *"Estamos aquí, pero es como si no existiéramos...Ni siquiera existe ya la calle en que viví antes. Calle Lenin, se llamaba. Todo es distinto ahora: las cosas, las personas, el dinero. Y nueva son las palabras. Antes nos llamábamos "camaradas" y ahora "señores", si bien es cierto que los señores no parecen sentirse a gusto entre nosotros. Todos buscan su linaje, su encaje en la nobleza rusa de antaño. Adoran al zar, al mismo zar que era el hazmerreír de cualquier estudiante de bachillerato."* Un país que de la noche a la mañana, olvidó a sus héroes: *"Acompañado de un amigo suyo, coronel retirado y asi mismo veterano de guerra, Iacovlev viajó a Moscú. Dada la ocasión, ambos veteranos lo hicieron luciendo sus guerreras con todas las condecoraciones. Pasaron el día pa-*

seando por la ruidosa capital y, fatigados ya, se fueron a la estación de ferrocarriles Leningradskaia, para descansar un poco antes de tomar los trenes de vuelta. Al no encontrar asientos libres en la estación, entraron en un salón vacío donde había una mesa, bufet y cómodas butacas. Una joven muchacha que repartía bebidas, corrió hacia ellos a toda prisa y les mostró la salida, airada -no pueden entrar aquí les dijo; esta es la sala business- . Lo que sigue es una cita de la carta que Iakovlev escribiera a la prensa para quejarse: Que pasa? Aquí pueden entrar todos los ladrones y especuladores y nosotros lo tenemos prohibido. Es como en Estados Unidos, donde en otros tiempos prohibían la entrada a los negros y los perros? "(pag. 253). Debo reconocer que años antes durante el socialismo, estos viejos héroes, con su pecho cubierto de medallas, ya no eran objeto de admiración por parte la gente joven – incluidos nosotros los estudiantes becarios-, aquella que solo conoció la guerra en películas y documentales, pero no se les irrespetaba de modo alguno y eran invitados a colegios y universidades, a compartir sus experiencias. Se puede palpar a lo largo de las variadas entrevistas, cierto halo de fatalidad, respecto de la naturaleza del pueblo ruso, en el sentido de sentirse como réplicas de personajes de sus grandes novelistas. "*El pueblo ruso, está hecho para sufrir y resitir; los rusos necesitamos de un zar que nos maneje con mano de hierro.*" De hecho, tres siglos de zarismo más treinta años de stalinismo, por fuerza, han dejado profundas y dolorosas huellas en el cuerpo de la nación. Es situación común, escuchar que el termómetro de vida para los rusos es el kalbasá (un embutido parecido a la mortadela). No lo había pensado antes, pero recordando mis años de estadía, me parece que esta aseveración tiene algo de verdad. La palabras más frecuentes que uno escuchaba, eran pártia (partido político, en este caso el comunista), saiús (unión, haciendo alusión al nombre del país), mir (paz), kalvasá (embutido) y no podía faltar, *vodka*. La voz de los soviéticos, que creyeron en sus ideales hasta el final: "*Yo me siento como una pieza de museo olvidada en algún rincón. Un busto cubierto de polvo. Fuimos un gran imperio que abarcaba de mar a mar, desde el círculo polar hasta los trópicos. Que ha sido de aquel gran imperio? Lo vencieron sin arrojar una sola bomba...Sin Hiroshima. ¡Su alteza el embutido, ganó la guerra¡ Las buenas comilonas se alzaron con la victoria. Y los Mercedes Benz¡ (pag. 223) "Todo el país era una cantera, una forja, unos altos hornos...Ahora nadie trabaja así. Yo dormía tres horas al día. Tres horas...Los países desarrollados iban cincuenta o cien años por delante. ¡Todo un siglo por delante! Y el plan de Stalin se proponía ponernos al día en quince o veinte años. Su famoso salto adelante! Y ¡Les daríamos alcance¡ Le creímos¡ Ahora nadie cree en nada, pero entonces si que creíamos." (pag. 226). "Queríamos levantar El reino de Dios en la tierra. Un sueño hermoso pero irrealizable, porque el hombre aun no está listo. No es perfecto. Pero en Rusia, desde Pugachov y los Decembristas hasta Lenin, se ha alimentado el sueño de la igualdad y la fraternidad." (pag. 227).* Las ideas y los tiempos cambian para todos, sin importar su papel en el escenario de confrontación e independientemente de su postura ideológica : *"Cuando el Gulag interesaba de verdad, nosotros teníamos los labios grapados. Y ahora que podríamos contarlo todo, ya es tarde. Es como si nadie escuchara. Le llevas un manuscrito sobre tu experiencia en el Gulag a un editor, y te lo devuelve sin siquiera leerlo. "Otra vez me venís con Stalin y Beriaprotesan- esto ya no vende, los lectores están hartos."* Los relatos, describen un escenario como de otro mundo, para aquellos que tuvimos la oportunidad de compartir su cotidianidad durante los últimos años, previos al comienzo de las transformaciones. La Moscú que describen, es tan parecida a la que conocí, como lo pueden ser el día y la noche. Una de las ciudades más seguras del mundo, se transformó de pronto en el campo de batalla de bandas delincuenciales, al mejor estilo de los años de Al Capone en USA. Sus calles antes todo un paradigma de orden y aseo, se vieron inundadas por montañas de basuras; aparecieron contingentes de mendigos; ciudadanos procedentes de remotos lugares de la antigua URSS, como en el caso de los tayicos se habían convertido en extranjeros y al mejor estilo de lo que ocurre en los países capitalistas, ahora eran víctimas de la xenofobia y la explotación y vivían en tenebrosos sótanos de la ciudad; los tiroteos en las noches se convirtieron en algo común; un espectáculo de lo más lamentable. Cuando pienso que todo esto comenzó a sólo seis años de mi partida, siento escalofríos. Si de esa manera comenzaron a tratar a los que por décadas habían sido sus conciudadanos, como hubiese sido con aquellos que como los latinos, somos considerados en toda Europa como ciudadanos de tercera. Este universo psicológico descrito en su conjunto, hubiese sido el paraíso como fuente de investigación, para quién como Freud, develara al mundo los misterios recónditos de la psiquis humana, durante la segunda mitad del siglo antecedente. Ciudadanos, que siendo inocentes de aquello por lo que habían sido denunciados por sus cercanos, tuvieron que pagar destierro y presidio en condiciones inhumanas en los llamados gulag, siendo brutalmente humillados y torturados durante años y que una vez desaparecido el estalinismo, fueron reivindicados y regresaron a su vida cotidiana y siguieron creyendo en el partido, el socialismo y el comunismo con el mismo fervor de antes. Funcionaros que durante años hicieron parte de la nomenklatura y que de un día para otro, tras el decreto gubernamental, que declaró la ilegalidad del PCUS (partido comunista de la Unión Soviética) luego del fallido intento de golpe de estado de 1991, pasaron de ser respetados y admirados ciudadanos y líderes, a villanos y delincuentes, vilipendiados y hasta acusados de asesinos, aunque de esto último no tuvieran ni un ápice y su hoja de vida no tuviese mancha alguna. La población en general, que debido a un proceso inflacionario que llegó al 2600 % y el consecuente desempleo rampante, vio cómo se desmoronaba su forma de vida, todo a cambio de la democracia y la libertad, tal como se entienden en el universo capitalista. Muchos se preguntaban por el sentido de esa libertad; si antes había dinero, pero pocas cosas para comprar, ahora había de todo, pero no había dinero; con el sueldo de un ingeniero, se podía comprar por aquellos días una libra de carne y para lo demás había que rebuscárselas. Los profesores de humanística, ciencias políticas y economía, en todos los niveles educacionales, tuvieron que reaprender todo aquello que habían enseñado por décadas y que ahora, había perdido todo sentido. Era parte del paisaje cotidiano, ver en las calles de Moscú, contenedores de basura repletos de libros de Maiakovsky y de Gorki, mientras ediciones completas de la obra de Lenin, iban a parar a centros de reciclaje. Por otra parte, obras que antaño habían sido la justificación de la deserción como el caso de Archipélago Gulag de Soltsenitsen, de pronto perdieron también su sentido y ya no interesaban a nadie. No faltaban los chistes corrosivos "Marxista es aquel que estudió a Marx y antimarxista, aquel que lo comprendió". Las estaciones del metro, se convirtieron en vasares, en los que los turistas podían comprar "nuevos souvenires", conformados por insignias del partido, imágenes de Lenin, uniformes de militares de alto rango del hasta hacía poco glorioso ejército Rojo y hasta medallas de héroes de la gran guerra Patria. Para comprender espectáculo tan sórdido y bochornoso, imaginemos su equivalente en una capital sudamericana, feriando la espada de Bolívar y los uniformes de nuestros próceres, en cualquier acera, como si de aguacates se tratara. "Nos habíamos convertido en un almacén de trastos viejos! El imperio se había hundido! Junto a las matroshkas y los samovares se apilaban montones de gallardetes y banderas rojas, carnets del Partido y del Konsomol. También se vendían las condecoraciones otorgadas por el ejército Rojo! La medalla al Valor, la medalla al Mérito. Me acerqué a tocarlas, a acariciarlas... ¡No daba crédito¡ Aquello era increíble! La medalla por la defensa de Sebastopol, la medalla por la defensa del Cáucaso. ¡No eran imitaciones! Eran auténticas, nuestras queridas medallas. Había uniformes del ejército Rojo completos: las guerreras, los abrigos, las gorras con la estrella roja. Y los precios estaban en dólares... Mi marido señaló a un vendedor la medalla del Valor y le preguntó el precio. Y después le ofreció: "venga te la dejo por mil rublitos de nada". Y la orden de Lenin, cuanto vale? Esa sale por cien dólares. Y la de la vergüenza? Tienes vergüenza tú? Estalló mi marido, dispuesto a pelearse. Que demonios te pasa? De qué agujero has salido? Esto que vendo son recuerdos del totalitarismo, se defendió el vendedor". Fue también una época de suicidios. Muchas personas, que no podían *acomodarse a este nuevo mundo, encontraban la muerte como única válvula de escape. Tal fue el caso, de uno de los militares de mayor prestigio en la cúpula de ejército Rojo, el mariscal Ajromeiév, quien laborara en el kremlin, hasta su último día. Héroe de la URSS y ciudadano respetado y admirado en todos los ámbitos, trató de evitar la marcha del país hacia al precipicio, como finalmente ocurriría, pero no fue escuchado; no resistió al maremagnum que abriera el piso bajo sus pies y decidió acabar con su vida. En cuanto al líder que abrió las exclusas y cuyos propósitos eran opuestos a los que acontecieron, Mijail Gorbachóv, luego de un periodo inicial de admiración y aceptación por parte de sus gobernados, pasó a ser una figura controversial que despierta los más antagónicos sentimientos. Algunos incluso lo asimilan a un espía de la CIA, que engañó a todos y entregó en bandeja el país al enemigo. Paradógicamente otra figura que cayera en desgracia luego de su muerte, Stalin, a pesar del genocidio en que sumió a la nación en la década de los treinta del siglo pasado, con cada día ha venido siendo reivindicada, pues se le relaciona como factor decisivo sobre el triunfo sobre el fascismo alemán y como el líder que convirtió al país en una potencia. Los Rusos, se acostumbraron a sentirse potencia y buscan la forma de poder conservar esta creencia, a través de figuras fuertes como ésta. Por las noticias que recibimos hoy día, La federación Rusa, se encuentra en un proceso de estabilización, que le ha permitido corregir el rumbo y solucionar sus problemas internos, lo que ha contribuido a que paulatinamente, vaya recuperando su papel protagónico en la geopolítica mundial, como lo atestiguan los recientes sucesos de Siria y la derrota del autodenominado Estado islámico. En el presente siglo, el bien más preciado es la información. La brecha entre países altamente desarrollados y los que no lo son, es cada vez mayor. Aunque también ha habido sorpresas, como la crisis económica de USA en la década pasada y la crisis de la Unión Europea. En países como España y Grecia, unas irresponsables dirigencias, se dedicaron al derroche y hoy en día estas naciones, atraviesan una grave crisis, con una deuda externa, que casi duplica su PIB, como* en el caso de la última, situación agravada, por las inhumanas políticas de choque impuestas por la troika. El egoísmo, sigue corroyendo el alma humana, como una diabólica historia sin fin. Pero hay excepciones, como el caso de Rusia, que no hace mucho, condonó la deuda que Cuba tenía contraída desde antes de la guerra fría. En el mundo hay potencias económicas y potencias morales, como el caso de Cuba. Un país, que pese a todas las dificultades que han impedido su normal desarrollo, continúa con su política internacionalista de ayuda a los pueblos del mundo. La reciente muerte de Fidel Castro conmocionó a muchos en el mundo. Recuerdo la emoción con la que los compañeros de estudio cubanos, nos contaban anécdotas, sobre un Fidel que más que líder, era para ellos un amigo muy cercano. Recuerdo una de estas historias, en que un grupo de muchachos, estaban jugando al beisbol en un potrero de barriada y de pronto de la nada, apareció Fidel, sentado al borde de una pared, opinando sobre una de las jugadas. Ese era Fidel, un líder que al margen de su gran estatura como estadista y su activa participación en la geopolítica mundial, convivía con su pueblo, jugaba con los niños, revisaba personalmente la construcción de obras, compartía con todos como un amigo más. Es lamentable, como la desinformación de la que son víctimas muchos especialmente en los últimos tiempos, no les permite comprender la grandeza de este gran humanista y visionario. Es de tal magnitud su legado, que a nivel mundial, hay un consenso, sobre los dos personajes más universales, de nuestro continente: Simón Bolívar y Fidel. Este pequeño y a la vez inmenso país, a lo largo de su historia como nación socialista, ha dado ejemplo de generosidad al mundo como ningún otro. Por ejemplo, cuando recientemente se presentó un devastador brote de ébola en varios países del Africa centro-occidental, en especial en Liberia,- ese pequeño país creado artificialmente por EEUU, en su carrera expoliadora en este continente-, un contingente de médicos cubanos se trasladó hasta allí para ayudar, arriesgando su propia vida. Cuando cada año, la temporada de huracanes se ensaña contra los países insulares del Caribe, el primero en acudir en ayuda es cuba, incluso cuando también ha sido víctima. Esto por nombrar dos casos entre cientos. Otro país, que ha seguido estos pasos filantrópicos es Venezuela, a partir del gobierno revolucionario Bolivariano. Me permito compartir, un breve relato de mi cosecha, a manera de semblanza, sobre este líder a quien siempre admiraré profundamente, ficción producto del recuerdo de una de sus tantas entrevistas, en la que mencionó al Quijote como su libro de cabecera y consulta diaria. *En una versión apócrifa, de la vida del famoso caballero manchego, tan apreciada por siglos, encontró una serie de relatos, que rebasaban en el tiempo, los alcances de las aventuras tan magistralmente concebidas por el ingenio castellano. Había todo un capítulo, dedicado, a una ínsula, en la que un puñado de hombres, siguiendo los impulsos de su humanidad y naturaleza justiciera, haciendo todo un despliegue de arrojo, entrega y sacrificio, liberan a sus habitantes, de la ignominia, en que habían sido sumidos desde tiempos casi inmemoriales, por una élite corrupta y desnaturalizada, que servilmente, seguía los preceptos de los señores del agravio y de la guerra. Sin saber el porqué, se sintió en ella retratado. O a lo mejor era que estaba soñando, y todo era continuación de las historias, que decía eran su manjar de cabecera y que no podían faltar en su mesita de noche. El personaje central, que era su líder, de origen gallego y por cierto muy parecido a don Alonso, tanto en lo físico , como en lo espiritual, -tanto antes como después del genial y afortunado para el mundo delirio de que fuera objeto-, aunque de orígenes burgueses, desde temprana edad comenzó a dar indicios de su carácter filantrópico y gran temperamento. Se educó como hombre de leyes y aunque pudo haberse dedicado a llevar una cómoda vida, y ser parte de los privilegiados, prefirió la verdad, la justicia y la reivindicación de tantos menesterosos, que en su momento, como en el pasado, habían sido víctimas de todo género de atropellos y desaguisados. Podrá ser coincidencia, pero muchos de los grandes héroes , iniciadores de gestas libertarias en favor de los desposeídos, han surgido del seno de sus enemigos naturales. Bolívar, Engels, Marx, Lenin por citar solo algunos. Marchó el futuro líder al extranjero, en donde con la perspectiva que da la distancia, pudo concebir un plan para el logro de sus propósitos libertarios. A su proyecto, adhirió un puñado de hombres de corazón, sensibilidad y temperamento, fraguados en el mismo crisol, que había temperado el suyo. Y así llegaron a la que más que ínsula era una isla del Caribe, sometida a una infame tiranía. Todavía, resulta difícil de entender, como esta minúscula agrupación cual bíblico David, pudo contra todos los vaticinios, enfrentar hasta vencer, a los gigantes, que en ese momento, decidían la vida y muerte de cuanto estuviese en su camino. A la manera de su par en la ficción, estos hombres, tenían su Dulcinea por la que luchar hasta sacrificar su vida, en la tierra de las habaneras y Martí. Fue precisamente este amor, el que conferiría el poder a su brazo, para tras el paso de pocos años, poner a buen recaudo a los fratricidas. No se harían esperar los coletazos del enemigo imperial, ávido de sangre y pletórico en odio. Pero por más que lo intentaron y lo siguen intentando, no han podido ni podrán, pues la verdad prevalece y prevalecerá siempre sobre la mentira. Hoy día, descansa, mientras sigue soñando en mejores días, para los que fueron el motivo de sus afugias , imploraciones y desvelos, los que con toda seguridad nunca le defraudarán. El legado de sus ideas y su ejemplo, vivirá por siempre en el corazón de todos aquellos que aún sin saberlo, son la conciencia de este mundo, que se nutre a diario de la misma fuente.* Una vez terminados mis estudios, el gobierno soviético, nos concedía a los becarios dos semanas para abandonar el país. Los extranjeros no podíamos quedarnos, pues el propósito de la beca, radicaba en que regresáramos a trabajar por nuestros países. Por otra parte, todos queríamos regresar y en algunos casos, quedarse en Europa o ir a USA. Consecuente con la disciplina que tuve durante toda la carrera, fui el primero en obtener los paz y salvos de la universidad, por lo que fui felicitado por el decano de extranjeros y mostrado como ejemplo ante mis compañeros. Irónicamente y por las cosas del destino, fui el último en viajar. Resulta, que la aerolínea Aeroflot – ese era el nombre de la única aerolínea soviética-, permitía sólo un sobrepeso muy pequeño en el equipaje. Eso significaba, que tendría que dejar mis libros. Había tenido la precaución, de enviar la mayoría por correo, alrededor de cien; pero no había enviado por dicho medio los que consideraba claves, y decidí llevarlos conmigo. Pero eran tantos, que *sobreexcedían el cupo permitido. El día del viaje, en aeropuerto Sheremétova -2, en el momento de entregar la maleta, me hicieron sacar los libros y me colocaron ante la disyuntiva, de volar, dejándolos allí tirados en el piso, o no hacerlo. Como el lector recordará, este libro comenzó con un caso similar, sólo que no de libros sino de una guitarra; trágicamente, la historia se repite. Preferí lo segundo. De este modo, me quedé una semana más de forma ilegal en el país. Por este motivo, no podía acudir a pedir posada donde los compañeros colombianos de la Patricio Lumumba[32], ni podía tampoco alojarme en un hotel. Afortunadamente, pude quedarme varios días, durmiendo en una sala de espera del aeropuerto, sin ser reconvenido por la policía. Fue algo de lo más desgastante y agotador. En cuanto a los libros, pude enviarlos por correo y finalmente viajé sólo y una semana después que lo hiciera el grupo de mis compañeros. Para colmo de males, la ruta fue de los más inusual y larga. De Moscú, subir a Mónaco, bajar luego hasta la Habana, en donde hicimos escala de unas dos horas y luego, seguir bajando hasta Lima, para finalmente subir a Bogotá. Recuerdo mucho, que este último trayecto de Lima-Bogotá, lo hice en un avión de Iberia inmenso, en el que sólo íbamos unos cinco pasajeros. En total, con escalas, unas veinte horas de viaje. Me tocó compartir puesto con una abuelita, que en todo el viaje no se quejó ni una sola vez. Sentí mucha emoción, cuando el avión comenzó a sobrevolar los Andes Colombianos. Me sentí en casa de inmediato. Los primeros días, fueron todo un proceso, para acostumbrarme de nuevo al cambio horario -esas ocho horas que significan muchísimo-, la alimentación, el desorden de nuestras ciudades, el caos del transporte, y el peligro de ser atracado, cosa de la que me había olvidado por seis años; adicional a todo esto, la incertidumbre y dificultades para conseguir empleo. A mis hermanos, les causaba curiosidad y era motivo de risa, ciertos giros en mi modo de hablar, que no eran para nada usua-*

---

[32] **Patrice Émery Lumumba** (1925 - 1961) fue un líder anticolonialista y nacionalista congolés, el primero en ocupar el cargo de Primer Ministro de la República Democrática del Congo entre junio y septiembre de 1960, tras la independencia de este Estado de la tutela belga. Derrocado de su cargo de Primer Ministro en 1960, fue asesinado en 1961. Nombrado héroe nacional en 1966

les, pues eran traducciones literales que de manera inconsciente hacía del ruso al castellano. Realmente, llegué a compenetrarme tanto, con la lengua rusa, que sentía que me expresaba mejor en ella que en el mismo español. Liberarme de ciertos términos adoptados en calidad de extranjerismo cotidiano por la comunidad latina con la que había compartido seis años no fue fácil; entre esos términos que aún después de tanto tiempo siguen incólumes en mi memoria, están: kómnata (habitación), stalóvaia (comedor), tavárish (camarada), kiñíga (libro), krabát (cama). También otros utilizados, para burlarnos entre extranjeros : malórre (jovencito), málchik (chiquillo) y el mundo de groserías del que este idioma es riquísimo y que los varones utilizábamos en la cotidianidad así no quisiéramos, pues lo demandaba la costumbre. La alegría del reencuentro con mis seres queridos, hacía que las dificultades, fueran insignificantes. Por aquellos días, pude enterarme por conversaciones cotidianas, sobre los desmanes del gobierno de Turbay Ayala y su estatuto de seguridad, que había atentado, contra las libertades mínimas y la libertad de expresión. Afortunadamente, no tuve que presenciar ni un solo día de dicho gobierno. En cambio, quién le sucedió, Belisario Betancur, era todo lo contrario, a pesar de pertenecer oficialmente al partido conservador, y se vislumbraban grandes cambios y había un ambiente general de esperanza en todo el país. Por aquellos días, me encontré con un excompañero de bachillerato de apellido Higuera; nos pusimos a caminar por la manzana más popular de la ciudad, a lo que se le llamaba "dar la vuelta al perro", y en cosa de una hora, me puso al tanto, de muchas cosas que habían ocurrido en el país, especialmente en el tema de política y orden público. Este amigo, había pertenecido al ELN, cosa que me dejó muy sorprendido. Había pasado prácticamente seis años sin ver televisión. Le había tomado tanta aversión, no porque fuera rusa, sino porque en general, me parecía una fuente de alienación, de modo que continué varios años en Colombia, sin querer saber de ella. Recuerdo, que en una navidad, estando residenciado en Bogotá, una noche en vísperas de navidad, salí a la calle y había por todas partes un muñequi-

to raro, que era como una mezcla entre perrito y burrito. Me pareció tan extraño, no tenía ni idea de que se trataba. Luego me enteré, que se llamaba Alf. Probablemente, era de los poquísimos colombianos, tal vez el único, que en ese momento no distinguía a la celebridad del momento. Al poco tiempo de mi regreso, en el año 1986 ocurrió el infortunado accidente de Chernóbil[33]. Fue una verdadera suerte, el no haberme encontrado entonces en Minsk, pues la nube radiactiva, en su curso hacia el norte, sobrevoló Bielorrusia. La distancia entre Minsk y Chernóbil, es de solo unos cuatrocientos kilómetros. La planta nuclear, se ubica a solo catorce kilómetros, de la frontera con Bielorrusia, lo que explica la gran incidencia de la catástrofe en este país, que junto con Rusia y por encima de la misma Ucrania, fueron los más afectados. Esta nube, se extendió en todas las direcciones, llegando al oeste, hasta Inglaterra, Alemania e Italia. El motivo del desastre, errores humanos durante la realización de una prueba de seguridad. Se quería verificar, lo que podría ocurrir, durante una suspensión de energía en el sistema. Las consecuencias inmediatas, fueron catastróficas y a largo plazo fatales e inciertas. Un reactor

---

[33] accidente nuclear sucedido en la central nuclear Vladímir Ilich Lenin (a 3 km de la ciudad de Pripyat, actual Ucrania) el sábado 26 de abril de 1986. Considerado, junto con el accidente nuclear de Fukushima I en Japón de 2011, como el más grave en la Escala Internacional de Accidentes Nucleares (accidente mayor, nivel 7), constituye uno de los mayores desastres medioambientales de la historia. Aquel día, durante una prueba en la que se simulaba un corte de suministro eléctrico, un aumento súbito de potencia en el reactor 4 de esta central nuclear produjo el sobrecalentamiento del núcleo del reactor nuclear, lo que terminó provocando la explosión del hidrógeno acumulado en su interior. Básicamente se estaba experimentando con el reactor para comprobar si la energía de las turbinas podía generar suficiente electricidad para las bombas de refrigeración en caso de fallo (hasta que arrancaran los generadores diésel). La cantidad de dióxido de uranio, carburo de boro, óxido de europio, erbio, aleaciones de circonio y grafito expulsados,[4] materiales radiactivos y/o tóxicos, que se estimó fue unas 500 veces mayor que el liberado por la bomba atómica arrojada en Hiroshima en 1945, causó directamente la muerte de 31 personas y forzó al gobierno de la Unión Soviética a la evacuación repentina de 116 000 personas provocando una alarma internacional al detectarse radiactividad en al menos 13 países de Europa central y oriental.[5]

nuclear, cumple la misma función, de las tradicionales plantas termoeléctricas e hidroeléctricas tan comunes en todo el mundo. La diferencia, es que en calidad de combustible, utilizan sustancias radiactivas, en lugar de combustibles fósiles o la energía de los ríos. La idea básica, es producir vapor de agua, para alimentar una turbina, que unida a un generador eléctrico, produce finalmente electricidad. En calidad de combustible, utilizan uranio, estroncio y otros materiales radiactivos. Luego de las primeras semanas, murieron por intoxicación radiactiva, las primeras personas, que se enfrentaron al siniestro, entre ellas empleados de la planta, bomberos y soldados del ejército. Por esas ironías de la vida, algunos murieron por haberse expuesto a altas concentraciones de radiación, como consecuencia de limitaciones en el rango de los instrumentos utilizados para medir su intensidad. Como consecuencia de un aumento de potencia, inducido, por una serie secuencial de errores humanos, la unidad tres, explotó, levantando la pesadísima tapa del reactor y liberando a la atmósfera, nubes de radiación con valores altísimos, las cuales en poco tiempo, fueron trasladadas por los vientos en todas direcciones, pero en especial hacia el norte y el este. El mundo entero, quedó en vilo, pero gracias a la entrega abnegada de miles de soldados del ejército rojo, se pudo controlar el incendio y confinar el reactor en llamas, dentro de una gigantesca estructura de concreto. Se estima, que las muertes ocasionadas por enfermedades como cáncer de tiroides por efectos del yodo radiactivo, por este lamentable hecho, a la fecha suman decenios de miles y que la permanencia de la radiactividad en las zonas afectadas, puede llegar hasta los trecientos mil años, una cifra de tiempo, muy superior a la de nuestra existencia en el planeta como homos sapiens. A raíz de este accidente, muchos países, se han replanteado la construcción de este tipo de fuentes de energía, y se ha ido regresando a las fuentes convencionales, que aunque menos productivas, son más seguras; sin embargo, se estima que en poco más de medio siglo, las reservas de petróleo se agotarán y a falta de otro tipo de combustible, el mundo quedará a merced de esta forma de energía. La zona del desas-

tre fue clausurada en doscientos kilómetros a la redonda y miles de animales y plantas, tuvieron que ser sacrificados. Cientos de miles de habitantes de la zona, tuvieron que ser reubicados en tiempo record. Filmaciones recientes, realizadas en las ciudades de Pripiat y Chernóbil, donde vivían los empleados de la planta, muestran como la naturaleza en tiempo efímero en la escala geológica, recupera lo suyo. En las carreteras, sobre el asfalto, destruyéndolo todo a su paso, así como en lo que fueran conjuntos residenciales, volvieron a crecer las plantas y sorprendentemente, una rica fauna de roedores, aves y mamíferos, procedente de los alrededores, reemplazó a la que fuera extinguida, conviviendo con altísimos niveles de radiación, sorprendiendo a la comunidad científica, que desde hace algunos años ha convertido la zona prohibida en un vasto laboratorio. Se pensaba que la energía nuclear era la cúspide de la tecnología, cuando realmente es una demostración de la soberbia y la inconsciencia humanas, proceso que tuvo sus inicios con la revolución industrial, y su agresión a la naturaleza. Por vario siglos se consideró que la naturaleza debía transformarse de manera ilimitada, para beneficio del ser humano, sin importar las consecuencias que esto pudiera acarrear para el medio ambiente. Hasta aquí esta segunda escena, que más que pieza teatral del mundo real, pareciera ser un drama, constituido por un nudo gordiana de imposible resolución.

Bitácora

Escena tercera

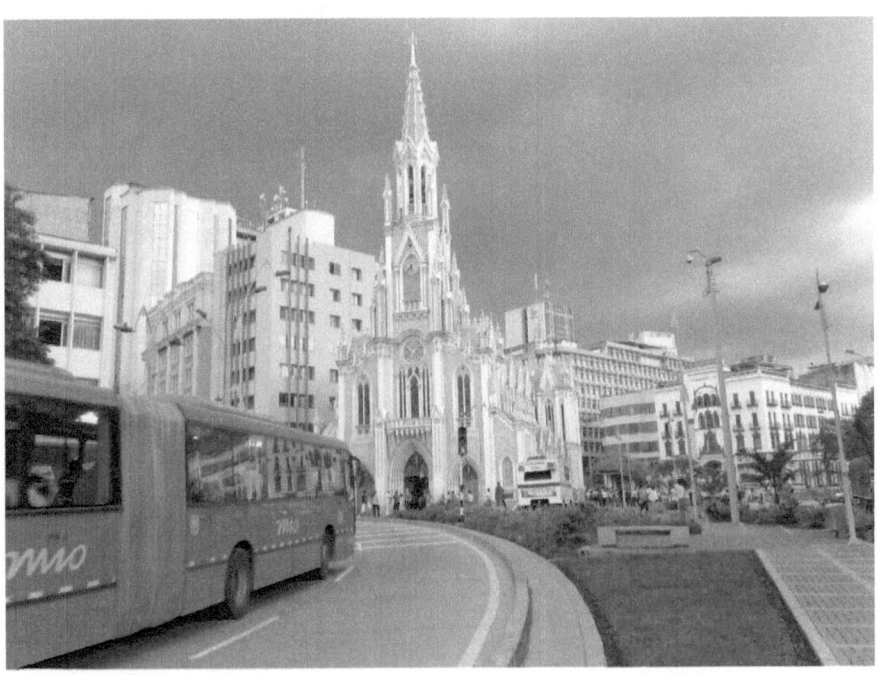

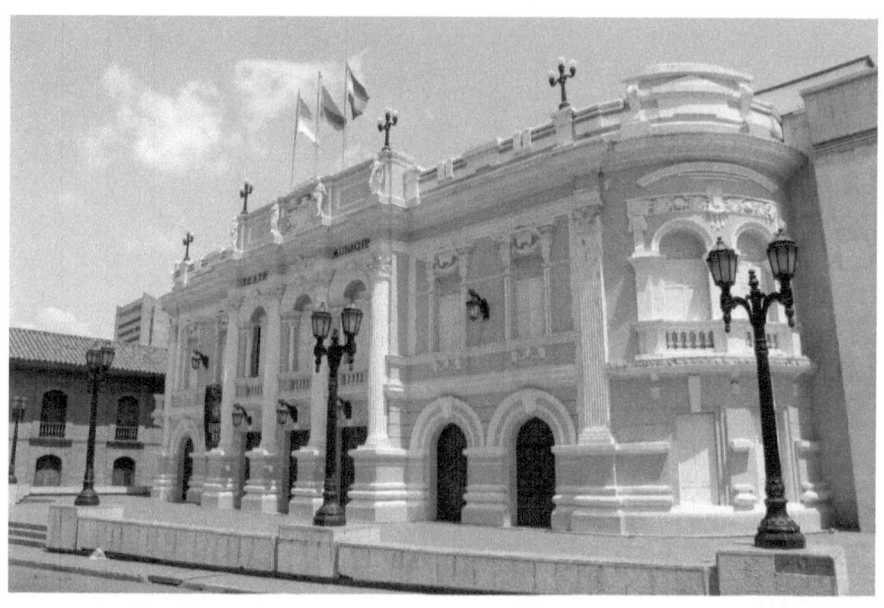

Bitácora

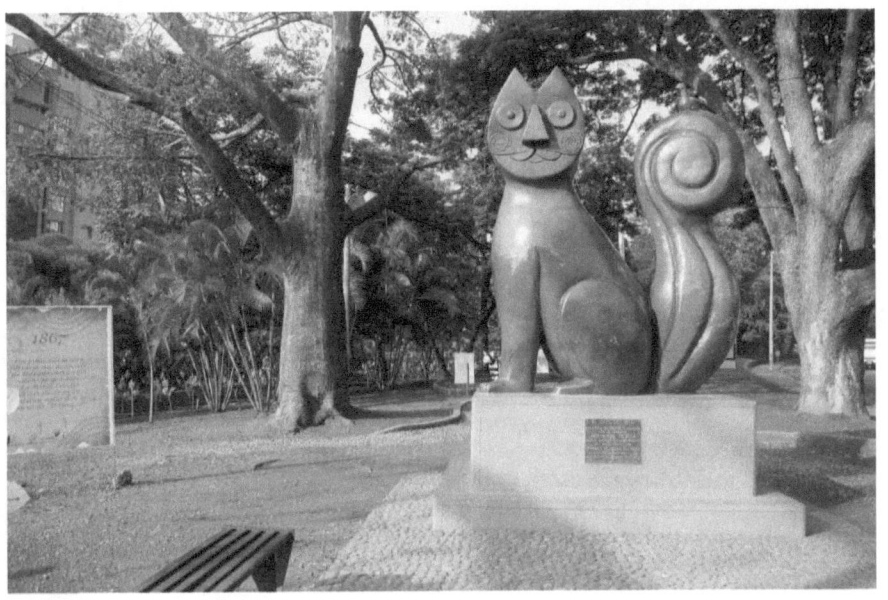

Bitácora

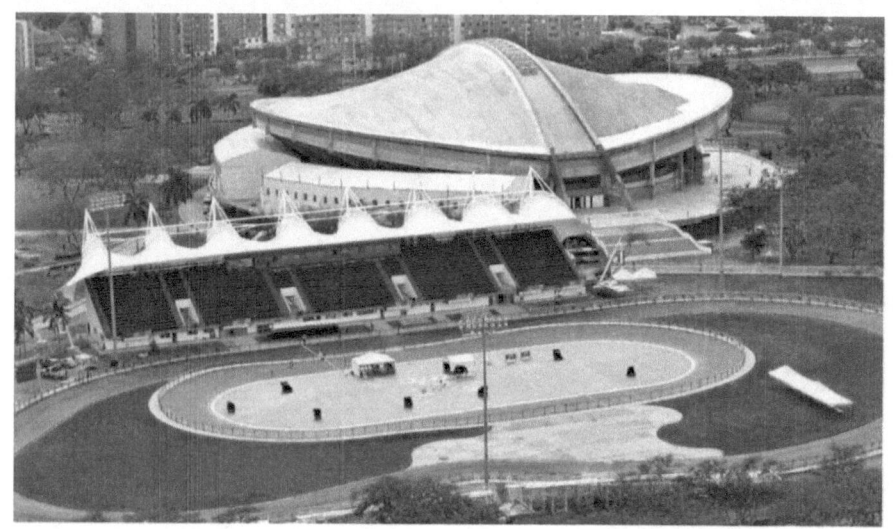

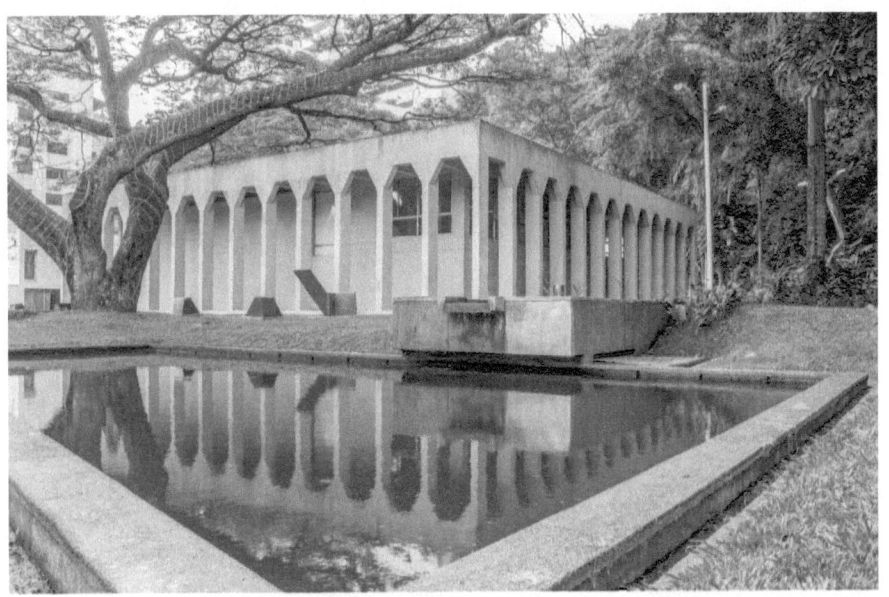

Bitácora

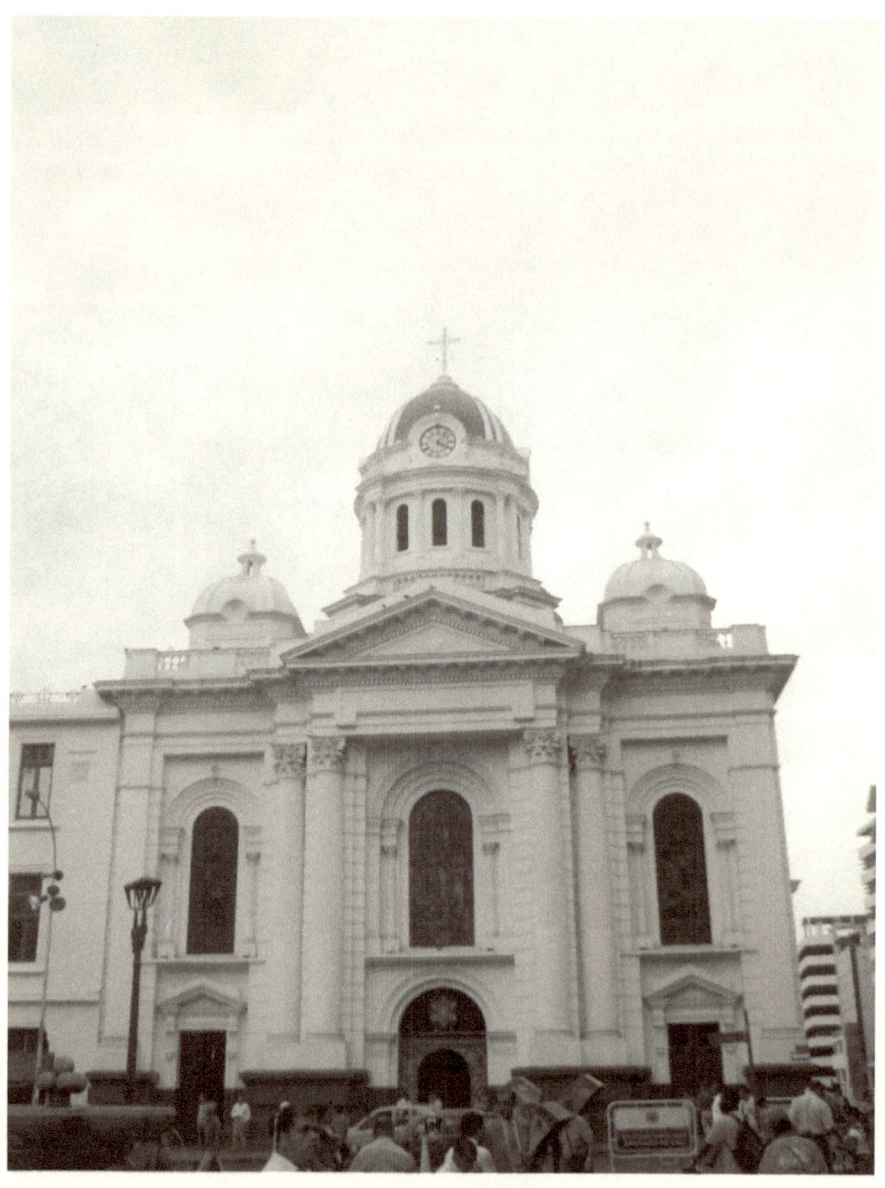

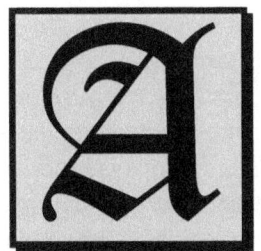hora que he llegado a una etapa del camino en que muchos personajes de la historia que antes me parecían viejos, desde esta nueva perspectiva lucen mucho menos; que el número de ciclos restantes por cumplir alrededor de nuestra estrella madre es más incierto que antes; que tanta vuelta planetaria está produciendo el vértigo correspondiente, me propongo dar conclusión por adelantado a la descripción del rol actoral que me correspondió en este viaje inusitado que es la vida. Cumplido el quinto lustro, luego de terminar mis estudios universitarios en un país que a la manera del comportamiento de ciertas partículas del universo cuántico curiosamente en este momento existe y no existe –la unión Soviética desapareció a finales de la década del ochenta del siglo pasado, pero Bielorrusia sigue siendo socialista como país independiente, es decir que en términos prácticos y a pesar del pensamiento heraclíteo sigue siendo la misma- me encontré de nuevo con la realidad de mi país, con su condición tercermundista, con las ventajas y desventajas que de ello se derivan. Generalmente dadas las taras, prejuicios y corrupción que parecieran ser el *leitmotiv* que más se ajusta a nuestras dinámicas, tendemos a pensar que hay solo desventajas; pero cualquiera que haya vivido por varios años en Europa comprende que esto no es tanto así; por citar unos pocos ejemplos, allí pocos se pueden dar el lujo que nos damos nosotros de contar con personas que hacen los oficios manuales en especial los desagradables por nosotros –de este privilegio nos hemos venido a dar cuenta todos en estos días de pandemia en que nos hemos convertido de la noche a la mañana en aseadores, mandaderos y hasta cocineros-; otro ejemplo es la alimentación que es muy variada y de bajo costo; la calidez de la gente, atributo que por comparación con las frías sociedades europeas sigue existiendo; y si hablamos de cosas menos cotidianas, la gran ventaja de ser naciones jóvenes en donde casi todo está por hacerse, como es común escuchar de parte de los extranjeros que deciden probar suerte por estos lares, aunque hay que reconocer que este factor ha ido en merma en ciertas áreas a partir de la materialización del concepto de aldea global propiciado por los avances de vértigo de la informática y las comunicaciones, aunque por

otra parte es precisamente en estas últimas en donde se está creando un nuevo abismo que se presagia aún más difícil de superar. En el primer año, adaptarme de nuevo a situaciones que había olvidado por completo, como por ejemplo las incomodidades de un transporte público caótico y obsoleto, el desaseo generalizado en sitios públicos, la inseguridad, la incertidumbre de un sistema político-económico, que privilegia el individualismo y la ley del más fuerte, la eugenesia aplicada a la sociedad, la alienación y pérdida del humanismo, la exaltación de valores espurios, de lo fatuo, de lo vulgar rayando en la chabacanería. Una democracia comprendida solo en su dimensión funcional primaria, en el derecho al voto, el teórico equilibrio tripartito de poderes concebido por Montesquieu y a contracorriente poca o ninguna participación en la práctica. Un país desgarrado por una lucha fratricida por el poder, cuyas raíces temporales se deben buscar en la caída de Bizancio en manos Otomanas, acción que desencadenara los eventos que en efecto dominó anexaran las tierras del nuevo mundo al poder y expolio del viejo. Ha sido una concatenación de violencia constante con la barbarie y el abuso por todo leitmotiv, *anticipándose en mucho al creador del* Anillo de los Nibelungos. *El más cercano en el tiempo episodio de nuestra tragedia, la confrontación entre estado y guerrilla, en el nuevo contexto de narcotráfico y paramilitarización del país, vivía por aquellos días su fase álgida, caracterizada por genocidios con motosierra, cadáveres flotando en los ríos, aviones que explotaban en pleno vuelo, explosiones en lugares de encuentro de las ciudades y para completar el cuadro dantesco, los veinticinco mil muertos de la avalancha de Armero una tragedia anunciada, paradigma de la desidia y estulticia de parte de nuestros gobernantes a todos los niveles, que palideció la imaginación de nuestro nobel. Aún tengo muy presente ese 13 de noviembre de 1985; al levantarme temprano y mirar por la ventana visualicé un paisaje extraño; los tejados de las casas, los antejardines y la calle estaban blancos, como si de repente nuestro trópico se hubiese desplazado en latitud para recibir las nieves del invierno; era como si todavía estuviese en la invernal Rusia, a lo que contribuía el inveterado frío de nuestra ciudad asimilable al de los rigores de otoño y primavera. Al encender la radio, nos enteramos de la fatalidad. Una tragedia anunciada se había materializado, borrando de la faz de la tierra bajo una sopa de barro espeso a Armero, una población de treinta y un mil habitantes, los cuales en su casi totalidad perdie-*

ron la vida. A pesar de las advertencias que con semanas de antelación se habían hecho sobre la inminencia de un desastre si no se reubicaba a la población, las autoridades tanto nacionales como locales hicieron caso omiso, -incluso la noche anterior a la tragedia, el cura del pueblo en entrevista a través de la televisión nacional, dio un parte de tranquilidad a sus feligreses y al país- dando lugar a las escenas dantescas que por más de una semana apreciamos a través de los medios informativos. Se estima que murieron alrededor de treinta y cinco mil personas y las pérdidas materiales fueron multimillonarias. El volcán Nevado del Ruíz había entrado en erupción; los flujos piroplásticos emitidos por el cráter fundieron cerca del diez por ciento del glaciar de la montaña, enviando cuatro lahares -flujos de lodo, tierra y escombros productos de la actividad volcánica- que descendieron por las laderas del nevado a una velocidad de sesenta kilómetros por hora, la cual fueron aumentando y se encaminaron hacia los cauces de los seis ríos que nacían en este volcán; la población de Armero, ubicada a poco menos de cincuenta kilómetros del funesto epicentro, fue golpeada por estas masas que acabaron con la casi totalidad de sus habitantes; las víctimas en otros pueblos, particularmente en los municipios de Chinchiná y Villamaría, aumentaron la cifra de muertos a más de treinta y cinco mil. A pesar de las dimensiones descomunales de la tragedia producto de la desidia, este sería un caso más que se sumaría al prontuario de la infamia, por cuanto finalmente no hubo responsables. Vivimos en un país que pareciera pertenecer a otras dimensiones, por cuanto suceda lo que suceda, nunca pasa nada, la justicia es inoperante y si llega a serlo, generalmente es para ensañarse con los más débiles. Con esta tragedia se cumplía la fatalidad de las famosas Leyes de Murphy, según las cuales "cualquier situación por negativa que sea, es susceptible de empeorar". Tan solo una semana antes, habían ocurrido los luctuosos hechos del Palacio de justicia que según la versión del grupo guerrillero M-19, fueron su respuesta al incumplimiento de un pacto de paz acordado con el gobierno de Belisario Betancourt poco más de un año antes; la intención era someter al presidente a un juicio público. De acuerdo a la versión oficial el objetivo era por el contrario entorpecer el proceso de extradición de narcotraficantes, en ese momento en curso por parte de la Corte suprema de justicia; esta hipótesis deja implícito que el grupo guerrillero estaría en tratos con Pablo escobar, el capo del narcotráfico más importante en el mundo *en ese momento, no siendo la primera vez que el establecimiento del país del Sagrado corazón, se vale de ese tipo de subterfugios para incriminar a sus enemigos. El Armagedón se extendió por veintisiete horas, en las que el ejército en violación flagrante del orden constitucional, había secuestrado al ejecutivo, procediendo luego a realizar la retoma del recinto de la ley a sangre y fuego, irrespetando las más elementales normas del derecho internacional humanitario, con un saldo según partes oficiales de un centenar de muertos, entre ellos once magistrados. La noche de ese seis de Noviembre de 1985, los dos noticieros de la televisión de entonces, transmitían imágenes de un tanque ingresando por la puerta principal de la edificación ubicada en el costado norte de la plaza de Bolívar y a solo cien metros del palacio presidencial, luego de haber sido acordonado el sector; era como estar viendo las escenas dantescas que doce años atrás se habían vivido en La Moneda de época de Allende, solo que no había aviones bombardeando. Algunos magistrados desde el interior del palacio convertido en campo de batalla, dominado por las llamas y el tiroteo a mansalva, suplicaron al presidente detener la desproporcionada maniobra de parte del ejército, sin que éste pudiera hacer nada; muchas personas que se encontraban haciendo trámites en el lugar, así como los empleados de las distintas dependencias, fueron evacuados al inicio de la retoma, formando una fila con los brazos en la nuca, -esta escena fue registrada por la televisión de la época- que fue conducida a la contigua casa de la moneda, de los cuales se volvió a saber solo en la medida en que pasados los meses y los años, fueron apareciendo en fosas comunes. Por estos crímenes la corte interamericana de derechos humanos condenó tanto a la guerrilla como al estado, pero en la práctica la inveterada inoperancia de la justicia, mal endémico de nuestro país, hizo una vez más presencia. Ahora que visualizo estos luctuosos hechos a la distancia, con la experiencia que dan los años, soy consciente del absurdo que en lo personal ellos representan; tan solo un año atrás aún vivía en un inmenso país, en cuyo territorio en ese entonces se podía emplazar a veintidós Colombias, en donde durante los seis años que viví, nunca ocurrió ningún hecho que lamentar, ni a nivel nacional ni local; en las calles no había delincuencia ni mendicidad; eran dos mundos que en mi mente no podía congeniar, como si se tratara de diferentes planetas. Vendrían luego las vicisitudes de conseguir un empleo, empeoradas además del desempleo endémico de las economías tercermundistas, por el hecho de en el reino del clientelismo, no contar con influencias que ayudaran a este propósito y además el ser egresado de una universidad de un país socialista. Un programa de repatriación de profesionales, impulsado por Belisario Betancourt a través del Icetex, con objeto de mejorar la competencia tecnológica del país del que me vi beneficiado circunstancialmente, me permitió cierto alivio económico durante el primer año; pero este dinero se fue tan fácil como llegó, haciendo honor a la sabiduría popular según la cual solo se puede aprovechar aquello que es resultado del esfuerzo. Luego de muchos intentos fallidos tanto en el sector empresarial como en el educativo, finalmente logré una oportunidad, a través de una señora amiga de juventud de mi madre, quien intercediera para que unos de sus yernos, en ese entonces ejecutivo de una empresa de aceites comestibles con sede en Bogotá, consiguiera mi enganche como ingeniero de mantenimiento. Allí estuve por solo un año, por la razón de que además de ser un cargo nuevo, no logré engranar con el ambiente de competencia y egoísmo que allí primaban. Luego se presentaron otras oportunidades temporales, hasta que finalmente pude ubicarme, nuevamente por recomendación de un ingeniero que admiro mucho en especial por su calidad humana y preparación intelectual, -en ese momento desempeñaba un cargo en la Onudi-, en una empresa del sector de perforación de pozos de agua en la ciudad de Cali, en la cual terminé laborando por espacio de casi tres décadas. El primer viaje que realicé a Cali, con objeto de presentar una entrevista de trabajo, fue a pesar de mis múltiples viajes por Europa toda una experiencia; en el momento previo al aterrizaje, me sentí como en otro país; es tal la belleza del verde de los sembradíos de caña en los ingenios azucareros, su geometría perfecta, que no pude dejar de sentir emoción; luego la sensación de poder respirar mejor, experiencia tan diferente a la de Bogotá y Tunja, que contribuye a sentir tranquilidad y seguridad. A pesar de lo desfavorable de una crisis de insomnio por la que atravesaba en esos días, que me obligaba a usar gafas oscuras para ocultar las ojeras, las entrevistas se desenvolvieron favorablemente y en un ambiente de cordialidad; al comienzo sentí un poco de angustia, pues el gerente y dueño de la compañía, quien debía realizar la primera entrevista, al momento de ingresar a su oficina, estaba regañando de manera despiadada por teléfono a un subalterno ubicado en otra ciudad; una vez terminada la llamada, cambió de actitud y* me saludó amablemente; en medio de la entrevista hizo llamar al ingeniero que sería mi jefe en caso de ser aceptado, el cual a su vez le pegó un regaño delante mío al gerente, lo cual me hizo sentir más atemorizado, como inmerso en un mundo de ficción kavkiano, con ganas de huir de allí lo más pronto posible. Afortunadamente los ánimos se caldearon pronto y todo se desarrolló en un ambiente de fraternidad y, casi de inmediato fui aceptado. Ese sería el comienzo de mi prolongada estadía en esta empresa, aunque mis propósitos iniciales eran solo por unos cinco años, pero la crisis económica que se apoderó del país durante el gobierno Gaviria, lo trastocó todo. Cali es una ciudad que durante mucho tiempo se distinguió a nivel nacional por el civismo de sus gentes, el cual desafortunadamente ha ido desapareciendo con el tiempo, no así la disposición de acogida y fraternidad para con los forasteros, actitud que admiro y agradezco. Es curioso que habiendo transcurrido casi la mitad de mi vida en este escenario, la sensación de vivencias es comparativamente menor al de las otras etapas de mi vida. Al margen de los intereses personales –que en mi caso como buen acuariano siempre han sido múltiples- , con el trabajo, se entra en una rutina de cierta forma alienante. Al hacer un inventario, encuentro que hubo un asentamiento en el ejercicio de mi profesión, a lo que contribuyó el haber contado a mi lado por tan largo tiempo con un jefe de gran experticia profesional y valores éticos, que me hizo sentir más que como un funcionario de la organización, como un amigo; también la compañía de compañeros de trabajo solidarios, que me hicieron pronto olvidar ese ambiente de competencia y egoísmo con el que había tenido que lidiar en mis inicios. Para el momento de mi arribo a la ciudad, se vivía la apoteosis de la cultura del narcotráfico; en las reuniones sociales, muchos se referían a los capos locales, como si de héroes se tratara. Poco después vendría el infierno en el que Pablo Escobar convirtió temporalmente al país, con el terrorismo de las bombas en lugares públicos y los miles de víctimas civiles tanto en campos como en ciudades. Eran tiempos en que no se podía frecuentar centros comerciales, en que se vivía una atmósfera de sicosis colectiva. Cuando finalmente este delincuente fue dado de baja, se respiró un ambiente de alivio en el país. Inicialmente me alojé en el hotel Aristi, el más tradicional de la ciudad, en una sección de habitaciones amplias que alquilaban a manera de aparta-estudio par mensualidades; la organización arquitectónica del edificio, tenía la particularidad de que para poder llegar a mi habitación ubicada en el segundo piso, primero debía subir al tercero y recorrerlo en su totalidad de unos cien metros, para descender por una escalera al segundo y recorrer de nuevo un tramo similar para llegar a ésta. Cuando llegaba tarde al transitar por estos pasillos interminables, sentía cierto temor, pues según los residentes había un fantasma que gustaba de asustar por dichos pasillo sobre todo a esas horas. Entre los residentes vivían personas adultas entre jóvenes y de la tercera edad. Al frente de mi habitación, vivía una pianista famosa que había estudiado en París; me llamaba la atención que cuando aseaban las habitaciones en las mañanas, dejaban abiertas las puertas, y se visualizaban en dicho apartamento muchas pinturas originales de carácter impresionista y un ostentoso piano de cola; sucedió por aquellos días, que la atmósfera de la ciudad y la amabilidad de sus gentes me procuró mucha tranquilidad y deseos de componer algo en la guitarra; se me ocurrió un tema sencillo el cual desarrollé en varias jornadas, en versión para guitarra solista; sentía deseos de conocer a la señora pianista, para poder compartir la afición por la música, pero no había quien me la pudiera presentar y no me atrevía a golpear en su puerta, pues no se me ocurría que decir de hacerlo y su respuesta al tratarse de un desconocido era incierta; luego de varios días, una noche me decidí. Cuando la puerta se abrió, una señora con actitud muy amable y sonriente me dijo: al fin vino! Me comentó a continuación, que casi todas noches pegaba el oído a mi puerta para escuchar lo que estaba componiendo, con el deseo vehemente de conocerme, pero nunca encontró el valor de anunciarse. Ambos nos reímos mucho de tan curiosa coincidencia y a partir de allí, desarrollamos una gran amistad; había otros personajes muy curiosos; por ejemplo una anciana que era el ogro del hotel, pues peleaba con todo mundo y lo hacía con un tono de voz que se enteraba medio mundo; la llamaban la viejita del meneíto, por el baile popular que por aquellos años de comienzo de la década de los noventa estaba de moda; otro personaje que vivía al lado de la pianista, era una muchacha joven casada con un ancianito, al que llamaban el santo cachón —otra de las canciones do moda en ese momento-pues se la jugaba al viejito con otros residentes jóvenes; este hotel era muy cómodo para vivir, siendo lo único negativo su lugar de emplazamiento en el centro de la ciudad, considerado como zona muy peligrosa, por lo que no se podía llegar a pie después de las siete de la noche. Luego me tras-

ladé a otros sitios, hasta que finalmente pude instalarme en un apartamento muy cómodo ubicado en un edificio en la parte oeste de la ciudad que es muy residencial. En cuanto a la vida social, inicialmente los compañeros de trabajo tuvieron la amabilidad de convidarme a su grupo de amistades; asistí a algunos "operativos" en discotecas, -así es como jocosamente llaman a estas salidas-, pero pronto desistí, pues comprendí pronto que tenían por objeto poner a pagar las cuentas a los más bobos —entiéndase serios y responsables-. Curiosamente, se trata de una ciudad en la que la vida nocturna es una necesidad como el respirar; la gente va de rumba cualquier día de la semana, incluido el Lunes, cosa que en mi vida me había imaginado pudiera existir. Las mujeres realmente son en su mayoría muy bellas y se preocupan mucho por mantenerse esbeltas y a la moda; eso sí aunque se las engalane con miles de atenciones, a duras penas gastan un tinto, pues a diferencia de otras ciudades como Medellín o incluso Bogotá, el machismo aún evoca tiempos pasados; recuerdo por ejemplo que una vez una amiga me invitó a almorzar por motivo de mi cumpleaños; el almuerzo fue un helado y de allí salimos a almorzar de verdad por invitación mía, en un sitio acorde a la ocasión. Naturalmente como en todo, hay excepciones y abundan también las personas generosas, como por ejemplo una amiga del vecindario de nombre Amparito, quien junto con su familia hace honor al valor inestimable de lo que significa la verdadera amistad. Una de las primeras cosas que quise hacer en mi actividad extra-laboral, fue tratar de incorporarme a la vida musical de la ciudad, en el área de la música colombiana andina, en la que tenía años de experiencia como músico de tunas y estudiantinas; para ello me presenté en dos ocasiones al IPC Instituto popular de cultura y curiosamente, en ambas ocasiones, a pesar de haberlo hecho con buena antelación, me dijeron que era tarde, que regresara al año siguiente, ante lo cual desistí; quería con ello no tanto estudiar, sino poder relacionarme con músicos como Diego Estrada, que era profesor allí; decidí entonces tomar clases particulares de guitarra solista, con Miguel Bonachea, un cubano virtuoso que impartía clases entonces en el conservatorio. En mi vida, las mejores amistades que he tenido, por lo general no han sido producto de presentaciones formales, ni de convergencias por razones de trabajo o de aficiones, que es lo más frecuente, sino por los azares del destino. Así por ejemplo, un día quise almorzar en un restaurante especializado en ceviche de cama-

rones al que venía frecuentando los días Sábados, encontrándome con la sorpresa que inesperadamente lo habían clausurado y en su lugar funcionaba otro muy diferente; a pesar del desencanto decidí ingresar; una vez había terminado de almorzar, me acerqué a la caja a pagar e hice un comentario a la cajera respecto del color que habían elegido para pintar las paredes, el cual era de mi agrado; la cajera que era una señora anciana, me contestó muy amablemente, con acento extranjero muy parecido al ruso, motivo por el cual le inquirí respecto de su procedencia; era una polaca residenciada de tiempo atrás en Cali, que hablaba también alemán y ruso, por lo que de inmediato pasamos a hablar en este último idioma, surgiendo de esta manera una amistad entrañable, que duró hasta su muerte años después; era una mujer de espíritu juvenil que había estudiado dirección de cine en Alemania, en donde se había conocido con un abogado Caleño que se la trajo luego de haberse casado; persona de gran erudición, en su época de juventud en virtud a una holgada posición económica, habían sido junto con su esposo por años mecenas del arte en Bogotá y en Cali, hasta cuando luego de la muerte del marido producto de una crisis financiera en el país, perdió su capital y quedó con lo básico para vivir, ayudada por sus hijas que gozaban de buena posición económica y social en Bogotá. El motivo de su trabajo de cajera, obedecía a que su mejor amiga era la dueña del restaurante y en realidad eran socias y trabajaban juntas. Curiosamente mi hermana más cercana, antes de mi viaje a Cali, un día vio en la Uija, que hacia un futuro cercano había una persona de Polonia, que iba a ser importante en mi vida; me preguntaba que si en mi estadía en Bielorrusia, había hecho amistad con alguien de este país, que tratara de recordar; la verdad es que tengo buena memoria y aunque estuve de paso por Varsovia en varias ocasiones, nunca tuve la oportunidad de relacionarme con alguien de este país. Esta amiga vivía en Santa Helena y era muy conocida por todo mundo como la "Gata mona"; fue muy chistoso, pues cuando me invitó por primera vez a su casa, al darme las señas para llegar, me dijo que al bajar del bus, encontraría un sitio en donde parqueaban muchos taxis, que me podían llevar a su casa, ubicada en un sitio campestre sobre la carretera; me advirtió que no se podía dar la dirección, ni mencionar su nombre, pues solo la conocían por el mote, de modo que lo que debía decir era sencillamente que me llevaran a donde la Gata mona; y así fue, con solo mencionar el mote me condujeron de inmediato y con *muestra de simpatía por tener el privilegio según el taxista de ser amigo de esta tal Gata. La casa era muy hermosa, fresca y rodeada de bellos jardines; muchas veces estuve de invitado y a pesar de la diferencia de edades, ha sido la amiga más cercana que he tenido en la ciudad, junto con Amparito. Sus orígenes eclécticos hacían de ella una personalidad cosmopolita; hija de madre italiana y un embajador polaco, había nacido en Moscú, por lo que también ostentaba la ciudadanía soviética, se había formado en Varsovia y Berlín, y había terminado primero en Bogotá como mecenas del arte y luego en Cali en donde por varias ocasiones fue directora de la feria de Cali; sabía cocinar muy bien, estaba muy bien relacionada, por lo que era frecuente que la gente de la región y de Cali le pidiera favores y de una conversación infinita por las temáticas que dominaba. Otros amigos y amigas vendrían después. En la empresa, desde un comienzo congeniamos con el gerente financiero; se trataba de un ingeniero mecánico, especializado en finanzas en una universidad de Inglaterra, que había ocupado altos cargos en varias empresas; una persona de una educación y una cultura que podía mantenerlo a uno horas embelesado escuchándolo; inicialmente nuestra amistad giró alrededor del ajedrez; era un jugador brillante y compulsivo; en cierta ocasión me invitó a una finca en donde jugamos partidas en la modalidad conocida en el ajedrez como "ping pong" –haciendo alusión a que se juega muy rápido con reloj en partidas de cinco minutos de duración- con otros de sus amigos también aficionados; comenzamos a jugar a las dos de la tarde luego de almorzar; nos dieron la una de la mañana y quería seguir jugando, pero los demás agotados, lo convencimos de dejar para la próxima ocasión; era un gran jugador y su esfera de intereses incluía muchos ámbitos entre ellos, la música erudita, la pintura, la literatura, por lo que disfrutábamos mucho conversando; lamentablemente se retiró pronto de la empresa para viajar al Perú como gerente de una transnacional. Posteriormente, conocí a otro ingeniero de unas manera curiosa; había asistido en representación de la empresa a una reunión en una organización que aglutinaba a empresas del sector metalmecánico en la región; al concluir, se me acercó el moderador y me preguntó por mi hermana escritora; resulta que unos quince años atrás, había estado alguna vez en mi casa en Tunja y por este motivo se acordó de mí; habían sido compañeros de universidad con mi hermana en diferentes carreras y, amigos por la mutua afición a temáticas relacionadas con el arte; esto me pareció muy sorprendente, pues probablemente ni siquiera habíamos hablado; después con el tiempo comprendí el porqué de situación tan inusual; santandereano de origen, se trataba de un persona muy brillante, con cierto grado de autismo, el que se manifestaba en una memoria que recordaba al Funes de Borges; superando al gerente financiero de la empresa, también podía mantenerlo a uno por horas y horas bajo encantamiento escuchándolo, con una erudición que rebasaba los límites normales; por ejemplo en cierta ocasión en que conversábamos junto con su amable esposa, tocamos el tema del Quijote y su importancia en la literatura mundial, y nos tuvo por horas hablándonos sobre esta novela, comenzando por las peripecias que debía realizar un escritor por aquella época para poder publicar una obra, pues a diferencia de hoy día se requería del mecenazgo de un noble importante para que ello le fuera permitido, para luego pasar a otras temáticas relacionadas con su trascendencia en las esferas literaria, filosófica, sociológica y política; citaba de memoria muchos apartados, explicando el significado de muchos términos que eran de usanza en la época en que fue escrita; era un experto en este tema, como en muchísimos otros y revestía sus conversaciones con una buena dosis de humor, lo que sumado a su sencillez y generosidad, hacía de él una persona admirable y digna de gran aprecio. Comencé por aquella época a frecuentar algunos sitios de interés cultural de la ciudad, como el Museo la Tertulia, El teatro municipal, la Sala Jorge Isaacs, el Auditorio de Promédicos, la Alianza Colombo-francesa, el cineclub de San Fernando; en cierta ocasión al asistir al museo La Tertulia me encontré con la obra de un escultor colombiano que me dejó boquiabierto; se trataba de Edgar Negret. Aunque ya tenía referencias sobre su obra a través de revistas, fue la primer vez que pude detenerme en los detalles en vivo; algo que me impresionó de entrada, fue el hecho de tener ante mí componentes mecánicos de mi cotidianidad laboral como ingeniero, descontextualizados, sustraídos del ámbito utilitario al de la estética; artefactos que recordaban a mecanismos de la industria agrícola, que trascendían su naturaleza tecnológica para posibilitar nuevas lecturas, en el marco de una hermenéutica ajena a su especificidad en tanto ente material; silenciosos en apariencia, estos mecanismos y artefactos parecían congelados en el tiempo, aunque su acto en potencia representado, -cinetismo y dinamismo-, seguía vigente a través de aristas que a la manera de bocetos estereométricos envolvían el espacio, obligando a la vista del espectador a seguir sus piruetas dotadas de gracia, liviandad y belleza, a la vez que hablaban de universos que atestiguan sobre cómo se puede humanizar la tecnología. Otros atributos aristotélicos, materia y forma, mancomunados con el color contribuían en la materialización de la idea que irradia el espíritu del artífice, epígono temprano del escultor español Jorge de Oteiza, e influenciado por el legado de Julio González, Torres García y Tatlín. Un lenguaje ecléctico que a la manera de la búsqueda alquimista, sintetizando abstracción geométrica, constructivismo, cinetismo y minimalismo en diferentes dosis, posibilita la materialización y evolución de una obra extensa en el tiempo, que descontextualiza a la tecnología y coquetea eventualmente con entes naturales y astronómicos. Posteriormente, realicé un viaje a Popayán y otro a Bogotá, con objeto de profundizar en el conocimiento de la obra de este artista. En el universo de Negret aparatos mágicos, eventos siderales, árboles, cascadas, montañas, pájaros, mariposas, son evocados en un lenguaje que al margen de su cálido colorido, de la gracia de sus formas modulares, se caracteriza por el rigor matemático como si de un juicio sintético a priori se tratara, como si constituyera la expresión visual de la obra conocida como especulativa del genio de Eisenach, interpretación intelectual que no consigue eclipsar la emoción del hedonismo implícito. En los casos en que la abstracción da paso a visos de figuración como en la serie Pájaros, el efecto se logra de una manera muy sutil y efectista, con el simple redondeo de esquinas, evidenciando la agudeza del artista. Lenguaje que en su naturaleza metafísica se emparenta, con el cinetismo tecnológico de Julio Leparc y Calder y, con el correspondiente ortogonal y óptico de Rafael Soto y Cruz-Díez. En su amplio portafolio lúdico, desde la óptica compositiva unas obras constituyen sus módulos según jerarquización impartida por un eje vertical, resultando en esbeltez y anhelo de conquista de lo etéreo, mientras otros según la horizontal, en evocación de transversalidad participativa, más apegado a lo profano; también está presente la radiación rítmica alrededor de un eje, en el caso de otras. Las aristas que por su parte pueden ser rectas o diagonales, dispuestas sobre un plano cartesiano o sobre una superficie generadora de geometrías hiperbólicas, delimitan las superficies del metal, que a su vez hacen lo propio con el espacio. Los dobleces de la lámina, que van de lo tenue a cierto anhelo por transfigurarse en cintas de Moebio, con sus inflexiones y torsiones generan rítmicas tonalidades monocromas evocando a su vez criaturas biomórficas; también pueden generar aristas y caras planas más convergentes con el propósito tecnológico, pero que como en el caso de la serie* Andes, *aluden de manera efectiva a su naturaleza geológica. La configuración estructural, al margen de su complejidad deja entrever el protagonismo de desarrollos preparatorios pertenecientes a la geometría euclídea, en capacidad de mutar a su variante hiperbólica. Los módulos en su diversidad configurativa, rítmica y composicional, con su eventual uniformidad por lo general persiguen el ideal apolíneo, pero eventualmente pueden expresar también la diversidad, lo dionisiaco. Los criterios compositivos por lo general estereométricos, eventualmente pueden transmutar de una obra a otra, al concepto ortogonal de escultura de tipo mural, así como oscilar entre simetría y asimetría según la intencionalidad. El cromatismo, conformado por una paleta variable en el tiempo, con preeminencia del negro contrastado por colores primarios y complementarios, se supedita a la intencionalidad y simbolismo de cada contexto en particular; así, unas veces puede ser polícroma y, en otras monocroma, aunque dependiendo de la configuración y correlación de sus componentes, como en el caso de las* Cascadas, *donde las luces y sombras generadas a pesar de su carácter mate, dan lugar a un espectro de tonalidades que acentúan la sensación espacial. Los pernos que posibilitan el ensamble, a diferencia de las máquinas reales en donde visualmente pasan desapercibidos, en este contexto contribuyen en la intensionalidad descontextualizadora, en cuanto mecanismo conocido por la humanidad desde tiempos de Arquímedes y elemento aportador en la consecución de ritmos compositivos. Llamado por su naturaleza a habitar tanto espacios cerrados como abiertos, este arte al verse expuesto a la fatalidad de los elementos, a pesar de la estabilidad química del aluminio, con el paso de los años termina teniendo suerte similar en lo visual a la de sus parientes utilitarias mecánicas de acero, dado el deterioro inevitable de la capa de pintura. Una etapa tardía, en la que emergen símbolos precolombinos, conecta una obra cosmopolita con las raíces de su artífice, trascendiendo en su universalidad. Un "giro copernicano" en la marco de la plástica, al ser el primero en el mundo en interactuar en este contexto con el maleable material, cuya levedad a más de permitir el vuelo humano tan buscado por Leonardo, induce a otro de mayor sustancia y alcance, el de la ima-*

ginación. El encuentro con la obra de este artista, sería fundamental para mi trayectoria en el mundo de la plástica. Cuando salí de allí, en la cabeza me seguían dando vuelta las imágenes, los colores; un poco antes había comprado cartón paja y vinilos, con objeto de experimentar con la pintura a un nivel de aficionado principiante; cuando a los pocos días, traté de materializar mis intenciones, noté que al humedecer el cartón, este comenzaba a curvarse y que al secar, mantenía la forma como si de metal se tratara, trayéndome de nuevo a la mente las imágenes escultóricas de Negret. Decidí entonces que aquel inocente intento por ingresar en los predios de la creación estética, se ajustaba mejor a la escultura, y fue el comienzo de una serie de intentos creativos en el lenguaje del escultor en aquel momento motivo de mi admiración. Al cabo de los meses, en mi apartamento me acompañaban esculturas de tipo mural, unas de carácter geométrico abstracto en el lenguaje negretiano, otras de carácter exento elaboradas en cartón corrugado que evocaban de manera estilizada objetos chamánicos, otras que combinaban diferentes materiales como virutas residuales de torneado, introducidas en recipientes cilíndricos de vidrio de dimensión mediana; como continuación de este proceso, posteriormente al descubrir por literatura especializada las obras de Julio González y Eduardo Ramírez Villamizar, emprendí una serie de esculturas abstractas en acero, cuyos elementos unía con puntos de soldadura. Como resultado de todos esto, realicé con una amiga una exposición colectiva de escultura en una sala bellísima que recién habían inaugurado en la ciudad y que brindaba esta oportunidad a artistas emergentes; fue una experiencia muy valiosa que aunada a otra exposición de pintura, producto de un proceso en paralelo, me permitió sentir que realmente había ingresado en ese interesante mundo de la heurística que es el arte. Ante el fallido intento con la pintura a partir del cartón paja, decidí comprar un lienzo de tamaño mediano, para hacer mi primer intento con acrílicos; esto ocurrió en la primera semana santa del despuntar del nuevo milenio; por casi tres días estuve pintando, sin tener prácticamente ningún conocimiento de este oficio y el resultado fue un cuadro abstracto en el lenguaje de Jacanamijoy, que curiosamente sería el propulsor a través del cual podría ingresar y posteriormente posicionarme en esta interesante expresión de la plástica; ocurrió que por una suerte de principiante, plasmara en el lienzo una serie de tonalidades, que merecieron posteriores comentarios favorables de personas que sí conocían de este oficio, en el sentido de que se trataba de un manejo sofisticado del color; no eran colores primarios enriquecidos simplemente, sino tonalidades y efectos de difícil consecución, -los que había logrado al azar-; pasados varios años, una reconocida pintora de Popayán al visitar mi apartamento manifestó, que se trataba de una sinfonía de color; luego vendrían otros experimentos con la abstracción geométrica sobre tabla de gran formato, todo lo cual me animó a emprender el aprendizaje del oficio, para balancear los buenos conocimientos de la historia del arte que había venido afianzando desde mi época de estudiante en la Unión Soviética con la visita a varios museos y galerías importantes de Rusia y otros países europeos; para ello ingresé a un taller popular, en donde había un pintor virtuoso en el tema del desnudo que siempre me había llamado la atención, una especie de Darío Morales; allí estuve por más de diez años, producto de lo cual fue la creación de alrededor de una centena de cuadros de mediano y gran formato, la mayoría de carácter figurativo, y otros abstractos; paralelamente durante los últimos cuatro años, comencé clases con un pintor reconocido a nivel nacional, también figurativo, el maestro Mario Gordillo, bajo cuya instrucción elaboré otra serie de cuadros en las técnicas de óleo y acrílico. Durante todos estos años asistí a ARTBO la feria internacional de arte de Bogotá, para mantenerme actualizado de las tendencias del arte moderno en Latinoamérica y el mundo; aunque eventualmente encontraba cosas interesantes que contribuían a mi enriquecimiento, llegó un momento en que las muestras estaban imbuidas de un arte mezcla de conceptualismo y "facilismo" con preponderancia del último, como una etapa de crisis que a mi criterio actualmente aqueja al mundo del arte; pretender por ejemplo que una hoja de cuaderno de estudiante de primaria con un garabato dibujado, o que la aglomeración al azar de objetos de desecho a manera de un típico cuarto de San Alejo, o un objeto cotidiano sin más —a un siglo de Duchamp- sean valiosas obras de arte, sería tanto como endiosar a un ídolo con pies de barro. Si bien es cierto que la conceptualización del arte en su inhasibilidad metafísica presenta dificultades comparables a la del abordaje del tiempo, el espacio, la infinitud o la muerte, lo que lo reviste de ese halo de magia que le hace tan atractivo, no lo es menos que este aspecto, lo hace vulnerable a las más extremas especulaciones; la libertad que forma parte consubstancial, atributo que le confiere tanta fuerza, paradigmática-

mente constituye a su vez su talón de Aquiles. A partir de Duchamp, con el paso de los años, el objeto artístico cada vez más ha trascendido su naturaleza física, transfigurándose en ente intelectual, cuya validez y vigencia requiere de un discurso de visos filosóficos, como ocurrió en su momento con el pop, el conceptualismo y el minimalismo; al igual que en la política, la filosofía y la religión, el arte ha sido de inmemoriales tiempos un campo de batalla, en el que cada tendencia cree ser poseedora de la verdad revelada; la crisis de todo orden que vivimos actualmente, se refleja en la actividad artística, en el galimatías que constituye lo que debe ser considerado como obra de arte, siendo el disenso el único rasgo común de parte de estudiosos e interesados, sumergiendo su conceptualización en las arenas movedizas del universo metafísico. Tanta confusión, ha llevado a todo un historial de acciones especulativas, excéntricas y extremas, como la obra monocromática de Klein, Mierda de artista *de Piero Manzoni, hapennings de artistas que mutilan partes de sus cuerpos ante el público, artistas que se exponen a sí mismos como estatuas vivientes, manifestaciones que si bien pretenden ampliar a niveles hasta hace unos años inimaginables el espectro de posibilidades de la estética, por otro parte evidencian la crisis de la sociedad actual. Recuerdo por ejemplo un caso paradigmático, en que una galería exhibía en Artbo, unas vitrinas de las que utilizan en las tiendas de esquina para vender caramelos, las cuales exhibían como supuestas obras de arte, con unos precios exorbitantes de miles de dólares, sin que al menos estuviera de por medio el subterfugio de la autoría de algún artista de reconocimiento o un pretexto de innovación conceptual; podría estar equivocado, pero la única explicación para que alguien invirtiese una fortuna en una de estos muebles comerciales, sería el lavado de dineros ilícitos, práctica muy común utilizada en este contexto por el narcotráfico. Así como eran comunes este tipo de falacias, también había obras que sí involucraban elementos heurísticos y conceptuales; recuerdo por ejemplo una obra que consistía en un cajón de madera destapado grande como si de un mueble se tratara; cuando uno se acercaba hasta tocarlo y miraba hacia abajo para descubrir su interior, se encontraba con una especie de aljibe, en el cual la palabra "vértigo", en virtud de un juego de espejos, a manera de cascada se reproducía hacia abajo hasta el infinito; el efecto era tan real y efectista que uno se veía en la necesidad de asirse inconscientemente fuerte de los bordes, ante el vértigo* *que dicha imagen provocaba, como si fuera de verdad y lo estuviera atrayendo. En otro caso, había un recipiente de forma cilíndrica y un tamaño como si de un platón de plástico casero de lavar ropa se tratara; estaba colocado, casi sobre el corredor de paso entre galerías, de modo que los visitantes de la feria por obligación se lo encontraban; cuando uno miraba hacia abajo, veía que estaba lleno de piedritas de río; eso era todo; por eso nadie se detenía; cuando lo vi, mi intuición me dijo que allí debía haber algo más; recordando el cinetismo de Cruz-Díez, probé entonces caminar a su alrededor sin que nada sucediera; me agaché entonces hasta quedar en cuclillas y noté que en la medida en que lo hacía, la imagen de las piedritas comenzaba a salir del recipiente hacia arriba, hasta quedar suspendidas en el aire; se trataba de un efecto holográfico de gran belleza, cuyo engaño al sentido de la vista invitaba a lecturas de orden conceptual y filosófico. Otra obra consistía en una especie de tapete filigránico inmenso, elaborado a partir de gravilla en el sitio de su exposición, con la particularidad de que su autor se había tomado el trabajo de colocar con precisión piedrita por piedrita, logrando un equilibrio perfecto; al verlo se me ocurrió que podía ser una suerte de alegoría de la vida en cuanto proceso que se construye día por día, peldaño a peldaño, signado por la vulnerabilidad que implican azar e incertidumbre. Era frecuente encontrar también en medio de cosas intrascendentes, obras de los artistas cinéticos venezolanos Rafael Soto y Cruz-Diez, o inspiradas en esta poética, obras minimalistas de gran belleza, trabajos fotográficos interesantes desde lo estético y conceptual, dibujos informales de gran creatividad, esculturas geométricas, obras en materiales efímeros de carácter conceptual, obras intrascendentes que más parecían una broma, arte pop de relleno, etc, etc. Llegó un momento en que desde mi perspectiva, la mediocridad comenzó a primar, motivo por el cual desistí de seguir asistiendo. En mis visitas a Bogotá, procuraba pasar por el Museo de arte moderno, la Sala de la biblioteca Luis Angel Arango, galerías como La cometa, Dinners y La pared, en donde siempre encontraba obras que enriquecían mi mundo interno y me impulsaban a seguir dando paso a su exteriorización; en la Tertulia de Cali, recuerdo una exposición de la artista colombo-brasilera Teresa Negreiros, que me emocionó hasta el éxtasis. El tema era el $Igapó$, el estero que da vida al rio Amazonas, plasmado en el lienzo con tal mímesis, que transporta a las imágenes maravillosas de la vida marina;*

un espectro infinito de las tonalidades del verde dando cuerpo a lianas, limos, transparencias y neblinas líquidas, que vibrantes parecieran a punto de salirse del lienzo, en un mundo de ensoñación y sublimidad; muchas veces me he preguntado sobre cómo puede esta artista obtener tales efectos, únicos hasta donde conozco, en el mundo de la plástica. Otros artistas del contexto nacional cuya obra tengo en gran estima, son Luis Caballero, David Manzur y Bernardo Salcedo. El primero, con una obra que a partir del cuerpo masculino desnudo, superando su materialidad, y llevando esta temática a niveles de sublimidad, expresa con gran virtuosismo y sinceridad la universalidad humana. Lenguaje de cuerpos desnudos en los que la geografía anatómica se funde con la fuerza de estados emotivos, como expresión extática de la esencia humana, la obra de Caballero da continuidad a un proceso evolutivo con raíces en Altamira y Lascaux, seguido del respectivo periplo por diferentes épocas en las que al margen de censuras conservaduristas y prejuicios, la representación de la figura humana en su expresión desnuda, ha gozado de protagonismo, con la Antigua Grecia como cima de este fenómeno, en donde el culto al cuerpo desnudo masculino funge como leitmotiv de su estatuaria. Unos comienzos de búsqueda y acomodamiento a las tendencias del momento, se materializarán en una estilización y simplificación convergente con la poética del movimiento pop; admirador de Bacon y de De Koonin, intenta transmitir a los habitantes de su incipiente universo visos sutiles de expresividad y dinamismo, como expresión de los tiempos modernos signados por la aceleración y la lucha contra el tiempo. Estas figuras caracterizadas por su levedad, conformadas inicialmente solo por líneas cinéticas, sin mayores pretensiones de volumen ni de masa, paulatinamente irán evolucionando en su contextura, detalle anatómico, gravidez e intencionalidad emocional, hasta la consolidación de una estética que aunque enmarcada en los feudos del clasicismo, da paso a una nueva perspectiva del ente humano en sus esferas material y espiritual, materializada en la apropiación estética del cuerpo masculino desnudo, en tanto que portador de un universo estético digno de exploración. Impresionado desde su infancia en la gélida Bogotá, por las omnipresentes imágenes icónicas de mártires del portafolio hagiográfico de la cristiandad, -escenario natural de un país fervoroso en teoría y conservadurista hasta la médula-, en su interior irán madurando las condiciones que llegado el momento propicio aflorarán, para dar paso a un universo existencial que peldaño a peldaño irá construyendo, en el que espiritualidad, agonía, angustia, incertidumbre, sufrimiento, inestabilidad, derrota, muerte, pero también hedonismo, pasión, goce, placer, erotismo, constituirán referentes que entremezclados con variabilidad caleidoscópica, con la ecuanimidad y tacto propios de quien domina su oficio, contribuirán en la conformación de sus anónimos héroes. Estados emocionales que remiten al relato bíblico, con la crucifixión, el descendimiento, la piedad y la ascensión como aristas de un marco iconográfico referente. Cuerpos desnudos, de interpretación ambivalente, en ambientes por lo general monocromos, extasiados o derrotados como en el final de un combate a muerte, en el medio de un trance extático, lacerados por la fatalidad o simplemente abandonados a su suerte, conforman un paisaje evocador con frecuencia de La comedia *dantesca, como también –dado su entorno social- de la violencia como radiografía de un país que desde su fundación post-colombina no ha conocido la paz y la concordia; grafía de torsos masculinos desperdigados en el espacio, atemporales en su universalidad a la vez que anónimos, sin referentes en el lenguaje de las palabras, portadores de una exegética particular, en la que conviven en simbiosis Eros y Tánatos. Expresiones faciales de interpretación ambivalente en un péndulo emotivo que oscila entre el dolor y el placer, y manos a veces crispadas, otras elocuentes o serenas, a más de confundir al espectador, incentivan su curiosidad y el suspenso del relato. Invaluable legado para la comprensión de su poética, será la comunicación epistolar todavía en uso en la época, que sostendrá con sus más cercanos. En ella, al margen de su convicción respecto de la inutilidad de llevar una imagen plástica a las palabras, - lo que explica su negativa a la colocación de títulos a sus obras- por cuanto ella habla lo suficiente por si misma, se dejan entrever aspectos de su evolución estética y el motivo por el cual el cuerpo masculino desnudo se convirtió en el epicentro desde el cual irradiar su mensaje al mundo; así por ejemplo, respecto de su pérdida de interés por las tendencias modernas de la época, manifiesta que fue motivada al comprender que dibujar un cuerpo le procuraba mayor satisfacción que el juego con las formas; respecto de la, a su modo de ver inutilidad del lenguaje en la asimilación de la obra estética, dando prelación a la sensibilidad como vehículo de conocimiento, hará crítica de las tendencias contemporáneas en las que como en el caso de no pocas obras del arte conceptual, la creación se convierte en una suerte de agregado del discurso retórico que la sustenta; concepto este de actualidad, posibilitador de múltiples perspectivas, si pensamos en la trascendencia que la filosofía analítica confiere al lenguaje; lo que sí parece fuera de discusión, a mi modo de ver, es el hecho del rol del lenguaje como medio necesario en la aprehensión del conocimiento, incluido el estético. Para Caballero, la imagen habla por sí misma y, a más de no requerir de justificaciones discursivas, por el contrario confirma su carácter artístico, en la medida en que es capaz de generar reflexiones además de estados emotivos. Dada la posibilidad de poner y quitar, de conferir o minimizar el protagonismo de sus elementos gramaticales y sintácticos, considera al dibujo como herramienta invaluable a la hora de dotar de personalidad a la imagen, superando con esto el automatismo de la fotografía. Confiere especial importancia a dibujar del natural, por cuanto le permite un acercamiento real a su objeto de estudio, a la vez que en sentido figurado desearlo y poseerlo. Su misticismo respecto de la asimilación y representación de la anatomía humana en su acepción estética y lúdica, constituyen para él una suerte de reto en la consecución de la perfección, sin pasar por encima de su faceta humana.*

El segundo, cuya obra en el contexto cronológico, va de la contemporaneidad del constructivismo en la visión de Naun Gabo, -de quien fuera discípulo- a una figuración surrealista nostálgica del renacimiento temprano, con fuertes visos expresionistas, haciendo despliegue de un virtuosismo pictórico que remite a los más aventajados representantes del barroco. Universo de símbolos atemporales con reminiscencias y evocaciones medievales, en un contexto dramatúrgico, expresivo y onírico en el que conviven religiosidad, tradición, hagiografía, valores caballerescos, éxtasis y erotismo, la obra de David Manzur se genera alrededor de ejes temáticos como la confrontación de fuerzas extremas de carácter moral, el éxtasis espiritual sublimado, el martirologio colindante con el erotismo, naturalezas muertas que por contradicción invitan a la vida, escenarios descontextualizados imbuidos de misterio y elementos semióticos que acentúan la exégesis implícita en su mensaje. Admirador del autor de Las meninas *y de Zurbarán, -en lo que probablemente tenga que ver su infancia en clericales colegios de la España franquista -incluye en su lenguaje elementos que evocan a artífices del alto medioevo como Simone Martini, los* quattrocentistas *Paolo Uccello, Pisanello y, a otros más cercanos en el tiempo, como Evaristo Baschenis, Bernini y Magritte; el primero de los tres últimos, pintor barroco con su insistencia en la representación de naturalezas muertas protagonizadas por el laúd, partituras y frutas, constituye el referente escénico más directo; Pisanello y Uchello aportan su interés por las escenas ecuestres épicas y cotidianas y, un afán detallista en el caso del primero; Zurbarán por su parte, el misticismo tanto temático como escenográfico. Luego de las naturales búsquedas de juventud y de un interesante periplo por los senderos constructivistas de la mano de Naun Gabo, finalmente su obra se decanta en una figuración surrealista de carácter místico y dramatúrgico, con la inclusión de un espectro actoral que incluye la figura del caballero medieval y su corcel, la frágil doncella, representantes del santoral cristiano como Teresa de Avila, Jorge y Sebastián, ángeles con visos cubistas tañedores de laúd, demonios personificados en criaturas míticas de las que atormentaran a Odiceo en su regreso a Itaca y, una parafernalia de carácter alegórico conformada por lanzas, instrumentos musicales, frutas, copas de vidrio y partituras. A la manera del orfebre que con esmero pule cada una de sus creaciones en búsqueda de la perfección, Manzur profundiza en temáticas que como el magrettiano* Notario Morales, las Transverberaciones de Santa Teresa *-deudoras de Bernini-, la* lucha de San Jorge y el dragón, *el* Martirio de San Sebastián, *naturalezas muertas y temáticas de mayor actualidad como las* Ciudades oxidadas, *constituyen los peldaños que sucediéndose en el tiempo, permiten la materialización de reflexiones y sentimientos fraguados en un espíritu de afugias y exquisiteces de orden estético. Escenarios cotidianos de su natal Neira contrastan en su ingenuidad medieval y atmósfera bucólica con los acontecimientos descontextualizados que en ellos se desarrollan; la confrontación entre caballero y bestia a más de su hermenéutica hagiográfica y caballeresca, su evocación taurina en la que el gesto del héroe se confunde con el del picador, da lugar a elucubraciones de mayor actualidad y sustancia;*

artilugios como el carreto –por ironía la rueda, uno de los grandes logros de la cultura material- desde el que el monstruo incesantemente atenta contra caballero y corcel, remiten a la tecnología como factor deshumanizador, como amenaza que se cierne sobre la estabilidad social; este relato que por varios años mantuvo en vilo a su artífice y a sus espectadores, tanto los que habitan el lienzo como los que lo ven, crea el desasosiego propio de la amenaza cada vez más acuciante, hasta lograr su cometido aunque de manera temporal, con algún que otro triunfo puntual, pero lejos de la confrontación de fondo planteada entre razón y barbarie, cuyo desenlace como en la vida real, queda para los dominios de la imaginación; incluso el caballero, del que se desconoce su identidad, al margen de su heroísmo trasluce en su anonimato la sombra del centauro, de implicaciones irracionales, evocadoras de la robotización de nuestra tecnología actual. El caballo haciendo despliegue de su fortaleza, nobleza y belleza, dada la mímesis de su representación anatómica y emotiva, rivaliza con el caballero, en cuanto protagonista de la acción, superando ocasionalmente su irracionalidad al dejar entrever estados anímicos, a la par que ostenta en su indumentaria elaborados estribos y adornos. El dragón, monstruo o bestia de apariencia cirenaica, emerge de las sombras montado en su carreto, para inducir zozobra, temor e incertidumbre, encontrándose fatalmente ante el muro de contención que constituyen jinete y corcel. Las doncellas en su anonimato casi generalizado, hacen presencia, unas veces semidesnudas o desnudas, otras vestidas, pero casi siempre tañendo o portando el laúd, constituyéndose en leitmoiv que recorre el relato épico. En otra lectura, probablemente ajena a la intencionalidad del creador –no menos válida dado el carácter multipolar inherente a toda creación estética- dado el contexto de violencia del escenario nacional en el que la obra se desarrolla, la mítica confrontación héroe-monstruo denota una alegoría a la lucha intestina por el poder, en la que el país se encuentra inmerso desde su misma independencia, sin que pasadas cinco centurias se vislumbre en el horizonte una solución; en actitud maniquea, cada una de las facciones confrontadas se sentirá representada por el héroe y amenazada por el villano, en clara demostración de la imperfección humana proclive a la más inaudita auto-justificación. San Sebastián figura icónica de la plástica a lo largo de los siglos, es representado en diferentes escenarios, en uno de ellos en éxtasis, desnudo y sin laceraciones ni presencia de flechas, colocando sus manos crispadas sobre el pecho, teniendo por fondo la soledad de las desnudas montañas andinas y por compañía pequeñas criaturas monstruosas moribundas a sus pies; en otros, de modos más convergentes con la tradición, en evocación eventual de Munch, llegando al horror de la tortura. Santa Teresa, mostrando siempre rostro, manos y senos, en un escenario modular que recuerda la etapa constructivista de su demiurgo humano, vive sus extáticos momentos de espiritualidad, acompañada unas veces por el ángel tañedor, otras por un ángel que en actitud punitiva hunde una lanza en su pecho, en clara evocación al viacrucis del Mesías. Las ensoñadoras naturalezas muertas que tienen por protagonistas laúd, clarinetes, partituras, manzanas y peras, serpenteantes cintas decorativas, copas de vidrio y teteras esmaltadas confieren a este impersonal género un carácter de calidez, sobriedad y refinamiento no habituales. El éxtasis de la santa, al igual que el martirologio de San Sebastián, llevan implícito un fino sello de erotismo que equilibra los componentes material y etéreo de su naturaleza; boca entreabierta y manos desgonzadas en el caso de ella, contribuyen en su reafirmación. Los ángeles laudistas que acompañan a los personajes en su escenificación, lucen ensimismados en su interpretación orfeica a pesar del carácter vedado de su expresión facial, en contraste con la expresividad de sus manos sobre el instrumento. El esmerado tratamiento del vestuario de caballero y doncellas, al igual que la ornamentación del corcel, denotan el interés historiográfico del artista, por revestirlos de elementos miméticos. La elaborada lechuguilla de cuello y manos del héroe, los elegantes prensados trajes de seda, las botas detalladas, a la vez que acentúan el realismo, contrastan por otra parte con el carácter evasivo de su identidad. Las nueve décadas que en el momento de la redacción de estas líneas parecen no ejercer su tiranía en la humanidad de nuestro artífice, parecen explicar en parte la madurez y sabiduría de una obra que se erige como una de las más logradas en el contexto heurístico del mal llamado país del sagrado corazón, en una clara demostración que la verdadera autenticidad está por encima de ideologías modas y tendencias. El tercero, Bernardo Salcedo, un visionario coleccionista de objetos, con los que construye mundos oníricos de fina estética, que dan lugar a múltiples interpretaciones y conceptualizaciones. También están Jacanamijoy, Arenas Betancourt, Dario Morales y Barrios. En cuanto al contexto internacional, mis preferencias orbitan alrededor de figuras como Giotto, Bosch, Mantegna, Signorelli, Miguel Angel, Leonardo, Durero, Caravaggio, Zurbarán, Vermeer, Guido Reni, Bernini, Gean Bologna, Cánova, David, Gericault, Thorvanseld, Sir Burn Jones, Kandinsky, De Syzlo, Matta, Bouguereau, Tanguy, Torres García, Magritte, Delvaux, De Chirico, Duchamp, Delvaux, Magritte, Rafael Soto, Cruz-Diez, Escher. En la música, Bach, Vivaldi, Mozart, Beethoven, Schuman, Brahms, Debussy, Chopin, Rajmaninof, Chaikovsky, Rodrigo, Albeniz, Stravinsky, Villa-lobos, Schoemberg, Boulez; los jazzistas, Miles Davis, Charlie Parker, Lui Amstrong, Ella Fitzgerald, Billy Holiday, Chick Korea. En mi concepto, Bach representa la cumbre del intelecto humano; heredero directo de transformaciones que modificaran la relación entre creyentes y providencia, en detrimento de la simonía generalizada en el papado de la época, este genio de Turingia, representa el colofón de una época de la historia de la música; su formación se caracterizara por un eclecticismo con influencias representadas en la música profana del concierto italiano, de la danza francesa y de la música sacra de su entorno local, por personalidades como Luigi da Palestrina, Antonio Vivaldi, Doménico Scarlatti, Frescobaldi, Francois Couperin, Rameau, Teleman, Handel, Bextehude, Pachelbel, Froberger y Bohm. Del sincretismo del lenguaje de estos creadores y la música luterana de carácter pietista, al margen del carácter obsoleto de la polifonía dictado por los nuevos rumbos de la música en el preámbulo del iluminismo y la ilustración, surgirá ese gran edificio sonoro, que servirá de cimiento a la obra de la mayor parte de los compositores de siglos futuros. Se trata de una arquitectura caracterizada por filigranas polifónicas de gran complejidad, inspiradas en una profunda religiosidad de esencia pietista, en la que se acentúa el carácter personal de una experiencia religiosa capaz de atenuar los límites entre lo sacro y profano, evocadora de la perfección, abstracción y complejidad del universo matemático; capaz especialmente en el caso de los oratorios, cantatas, motetes, pasiones y misas, de transfigurarse en lenguaje que a más de complementar, rivaliza con los textos de su componente vocal, reafirmando la palabra o comunicando sentimientos e ideas, que escapan a la razón, pero que comunican con superior efectividad -si se compara con la función icónica de las imágenes en los templos del catolicismo-, las verdades y misterios inmanentes a los textos bíblicos. Durante toda su vida, será gran admirador de Lutero, de cuya obra completa realizará atenta lectura y cuyas ideas servirán de norte a su magistral legado del que al margen de su inefabilidad podría ser descrito como: Un bosque de símbolos, en donde conviven ciencia y arte, razón y emoción, en el que algunos creerán ver las mónadas de Leibniz que materializadas en fugas constituidas por metafísicos átomos, orbitan bajo la fuerza gravitatoria de la gran mónada que rige el universo. Un discurso que en su perfección pareciera ser parte de la revelación, con un mensaje que va más allá de las palabras con legibilidad capaz de conmover el corazón de los hombres y llevarlos a intuir verdades ontológicas. El experimento de un científico, que como en sus obras tardías del Arte de la fuga y El clave bien temperado, en vez de fórmulas matemáticas convencionales para el caso de la primera, se vale de pentagramas y escalas cromáticas, para expresar las insondables profundidades de su pensamiento, ordenándolas de formas inusitadas de modo que los valores musicales a la manera de hábiles criaturas malabaristas, describen sobre el entramado del pentagrama gráciles piruetas de carácter inverso, creciente, decreciente, transportado, canónico, cromático, repitiendo fórmulas temáticas a intervalos pre-

definidos, pero en un escenario eternamente cambiante hasta el infinito, como expresión de su profunda religiosidad, su fe en el ser humano como criatura en capacidad de corresponder en la medida de sus limitadas capacidades a la magnificencia de su creador; mientras en el caso de la segunda, seguirá la ambivalencia de un método entre deductivo e inductivo, para unas veces desarrollar un tema a manera de idea, llevándolo a sus últimas consecuencias expresivas y en otras compendiando varias ideas que a manera de particularidades se entretejen hasta conducir a la destilación de un holístico postulado que las abarca. El relato de un creador, que a manera de un quinto evangelista, en sus Pasiones, desde la perspectiva de Juan y Mateo, recrea los textos bíblicos, para transmitirnos de manera inusitada y profunda, los sufrimientos y antecedentes que hubo de enfrentar el Salvador en su penosa marcha al Gólgota, para liberar de la carga del pecado a una humanidad que de otro modo hubiese estado condenada por siempre a sufrir penosa existencia en el inframundo. Un discurso que a la manera del discurrir del tiempo y de un universo en constante expansión, fluye en una dirección sin retorno, creando en el cerebro humano la sensación, de estar percibiendo de otra manera el trasegar de su historia, con sus estelares eventos de desbordada magnitud infinita y, sus particularidades orgánicas de lo infinitamente pequeño, portador a su vez de otras infinitudes. La obra de un teólogo del sonido, compendiada en complejos catedralicios, en cuyos laberintos, moran a manera de ariádnicos hilos, las verdades que nos pueden conducir a la libertad de la verdad suprema. Una celestial partida de ajedrez de naturaleza acústica, con infinitas posibilidades de combinaciones y desenlaces, equiparable al contorno de un fractal constituido por galaxias y otros siderales mundos. Un cúmulo inagotable de imágenes sonoras, que a la manera de un futuro Escher, prestidigitador de bucles extraños, diseñador de evolutivas criaturas y encantadoras falacias, permitirá vislumbrar otras facetas de la existencia. Una música que irónicamente nace como el esfuerzo último de una estética medieval en extinción, que expira al agotar en apariencia sus posibilidades, pero que al cabo de tan sólo un siglo, a la manera de la frágil criatura vegetal que ha vencido al crudo invierno, despertará en la primavera con mayor ímpetu y en todo su esplendor, como reafirmación de la vida. La confirmación de la "Música de las esferas" intuida por Pitágoras, pero con un alcance universal que supera los límites de la razón, que presagia la Teoría del todo tan esquiva a Einstein y que será el santo grial de generaciones futuras. Una arquitectónica portadora de inefables códigos y arcanos, que pareciera compendiar todo aquello que en las diferentes esferas del conocimiento representan el devenir humano y, evocan la Esencia suprema capaz de colocar en la cuerda floja a los espíritus más escépticos. Y así a la manera de sus fugas, se podría argumentar hasta el infinito, la magnificencia de esta obra, que en concepto de muchos es y será por los tiempos, la cúspide del intelecto humano. Una vida que aunque pletórica de satisfacciones en el campo de lo estético, estará signada por todo tipo de dificultades cotidianas, pues para ganarse el sustento y poder mantener a su numerosa familia, habría de emplearse en sus inicios en las pequeñas cortes de su entorno, en donde la posición social de un músico sin importar su rango y capacidades, era la misma de cualquier plebeyo sirviente y, en cargos como funcionario del estado, como en el caso de Leipzig, en donde trabajó como profesor en el colegio de Santo Tomás, con una multiplicidad de obligaciones que incluían enseñar otras asignaturas como el latín, y responder por la actividad de los coros y agrupaciones musicales de todas iglesias de la ciudad, además de la titánica responsabilidad de componer y poner en escena cada semana una cantata, durante varios años, dando como resultado las alrededor de trescientas, algunas perdidas, pletóricas de sentimiento, de un pathos que no solo reafirma el sentido de la narración, sino que posibilita otra lectura de su exégesis. Para cualquier otro músico, tan solo esta última actividad hubiese tenido carácter titánico, pero no para alguien de tan inmensa capacidad de trabajo, cuya humildad le llevaría un día a decir que cualquier otro que hubiera trabajado tan arduamente como él, hubiese llegado a los mis-

mos resultados. Se podría decir, que los únicos años de bienestar fueron aquellos que estuvo en la corte de Kothen, en donde si reconocieron algo de su genialidad y le exoneraron de la servidumbre, para que se dedicara a componer según su deseo, en resultado de lo cual, verían la luz obras profanas de gran belleza, como los *Conciertos de Brandemburgo* de clara influencia Italiana y las *Seis suites para violoncello sólo*, ese templo cromático sagrado, en donde el carácter tímbrico de este instrumento, logra su mayor aproximación a la voz humana, compartiéndonos la exégesis de la voz interior de su creador, respecto de los misterios celestiales. El otro momento memorable, será aquel, cuando muy joven, se traslada caminando cuatrocientos kilómetros al norte, hasta Lubeck, para conocer a una de las celebridades de la época, el danés Ditrich Bextehude, compositor y virtuoso del órgano en plena madurez entonces de su brillante carrera, con quien compartiría por varios meses y de cuyas enseñanzas se nutriría su naciente obra. Mientras en la enseñanza de la palabra por parte del catolicismo, los íconos tuvieron gran importancia, en virtud del carácter analfabeta casi generalizado por parte de la feligresía, en la tradición luterana, este papel es asumido por la música. De allí, la necesidad de la creación de cantatas para cada Domingo como en el caso de Leipzig, las que en su conjunto constituyen una de las partes más importantes de su invaluable legado, en las que se relatan episodios del evangelio,- vida y enseñanzas de Jesús- cuyo propósito con el tiempo, pasará a las esferas del arte, al igual que las últimas obras de su proceso creativo, *El arte de la fuga, El clave bien temperado, Las variaciones Goldberg y la Misa en si menor*, de marcado carácter investigativo y pedagógico, en especial en el caso de las dos primeras, que por su naturaleza tan diferente, serán etiquetadas como especulativas. *El clave bien temperado*, conformado por 24 fugas y 24 preludios, escritos en todas las tonalidades de la escala cromática, en modos tanto mayor como menor, es una suerte de investigación sistemática y razonada en donde se indaga respecto de las posibilidades de la polifonía en tonalidades inhabituales y extrañas. *El arte de la fuga* por su parte, se puede entender como un compendio, en *donde el genial demiurgo hace despliegue de todo su arsenal inventivo para llevar hasta sus últimas consecuencias las posibilidades de este género, heredero del Ars Nova y practicado por organistas y clavichembalistas flamencos que le antecedieron. La fuga, entramado en donde varias voces independientes pero con una temática en común, fluyen traslapadas como si fuesen la fuente primigenia del tiempo, en un trasfondo dibujado por el basso continuo, desplazándose en sus sinuosidades a la manera del equilibrista en una cuerda floja conformada por fibras de ambivalente naturaleza racional y emotiva, con la preponderancia de la primera, expresada sobre la partitura en artilugios de carácter especular como la inversión, o variacional como la transportación del tema a quintas o terceras ascendentes o descendentes, o de manera más desafiante, la transfiguración del tema en líneas melódicas diferentes, pero convergentes con el concepto predefinido que asegura la naturaleza holística de la composición como un todo. Artilugios, capaces de evocar estados espirituales y anímicos, personajes bíblicos a manera de un presagiado e incipiente leitmotiv aún inexistente y valores de carácter moral. La fuga como confirmación del pensamiento Leibniziano, en cuanto mónada que abarca intrínsicamente el infinito en sus partes melódicas, que como islas cósmicas se someten al poder de la mónada suprema que ha inspirado al creador. El Arte de la fuga, regalo postrero con el que nuestro creador, se resiste a los nuevos tiempos de la Ilustración, en que la polifonía se considera retardataria y anticuada, perteneciente a un mundo medieval en agonía, superada por la naciente homofonía que con su línea melódica facilita la comprensión del texto cantado y su exégesis y, que se erige en símbolo del hombre como protagonista del mundo, en un entorno representado por la armonía. A la manera de un universo cíclico, en donde comienzo y final coinciden, El arte de la fuga, luego de un aparente deceso que en realidad resultó ser un periodo de hibernación de dos siglos y medio, será adoptado como piedra angular en cuanto a sus particularidades orgánicas intrínsecas, por las vanguardias Vienesas del Dodecafonismo, una vez agotadas las posibilidades emoti-*

vas del Romanticismo, expresadas en el diatonismo y la tonalidad, en convergencia con una época, en que las fuerzas gravitacionales impuestas por la tonalidad en el escenario de la música, habrán sido superadas en el universo de la física, por los postulados de la relatividad y luego por la mecánica cuántica. Al morir en 1750 en Leipzig, como consecuencia de dos operaciones mal practicadas a su vista, la noticia pasó desapercibida y pronto su figura y obra cayeron en el olvido. Será un compositor del siglo XIX, Félix Mendelson Bartholdi, quien al llevar a escena la considerada por muchos joya de la corona, La pasión según San Mateo, recobrará para el mundo al inmenso artífice. El compendio de su obra, a la vez que mostrará facetas ocultas de las posibilidades heurísticas del cerebro humano, iluminará la escatología del cristianismo en un contexto que supera lo religioso, al permitir a través de códigos semióticos y alegorías presentes en su lenguaje, la intuición de los destinos últimos del género humano y del universo, cuando la entropía de este último haya alcanzado su máxima madurez, en el ocaso del ciclo expansivo actual. Luego de esta exteriorización de inclinaciones estéticas, que constituyen en cierta forma una interrupción del hilo narrativo, quisiera realizar algunas acotaciones, sobre esta actividad tan importante en mi vida, asumiendo el riesgo de elaborar juicios de valor que dado su componente subjetivo pudieran estar equivocados, pero que al ser expresión de una postura sincera, así mismo pudieran ser dispensados. Al margen de su conceptualización, eventualmente he reflexionado sobre la razón de ser del arte; está claro como fenómeno universal, que forma parte de la esfera emotiva humana y de milenarios tiempos ha estado asociado a la espiritualidad; a través de su proceso evolutivo, se le ha asociado a la belleza, a la representación del mundo en un espectro que pasando por lo simbólico, alegórico, expresivo y conceptual, va de lo mimético a la abstracción. Pero si pensamos en términos prácticos, no está muy clara la razón por la cual, una persona de sentido común invierte ingentes esfuerzos en una actividad cuyo producto en el caso de las artes plásticas por ejemplo, son objetos sin un valor que reporte utilidades de orden material y en cambio sí considerables gastos de toda índole; existen ciertas cosas en el mundo respecto de las cuales la mayoría está de acuerdo; por ejemplo, nadie dudaría sobre lo imprescindible de la alimentación para la preservación de la vida humana o sobre la necesidad del sueño para la reparación de esa maravillosa máquina que nos permite entre muchas otras complejas funciones percibir nuestro entorno: el cerebro humano. Paradójicamente existen otras, que aunque en primera instancia parecen innecesarias, a lo largo de la evolución del género humano, han sido objeto de aplicación de ingentes esfuerzos sin que esté tan claro lo necesario de ellas y aún peor, sin que su ejercicio represente en la mayoría de los casos una utilidad mensurable directa para su ejecutor. Un claro ejemplo de esto lo encontramos en el arte. Como entender, que una persona dedique su vida a una actividad que exige de estudio, disciplina y un sinnúmero de privaciones y sacrificios y, cuyo producto son cosas que resultan inútiles para la mayoría, en donde el éxito es sólo para uno entre miles? Cómo entender por otra parte que haya quienes están dispuestos a pagar cantidades millonarias por la compra de estos mismos objetos "inútiles" si se les observa a través del prisma de la racionalidad? Por qué razón, los grandes maestros creadores de "cosas inútiles", han sido objeto de veneración y reconocimiento tanto social como económico, especialmente a partir del orgulloso y genial Miguel Angel, mientras que existe una pléyade de científicos a quién prácticamente nadie conoce? Probablemente, el sentido común nos conduzca a tratar de responder a estas preguntas mediante argumentos alusivos a marcos de referencia de naturaleza intelectual, psicológica –aspecto hedonista-, histórica, mercantil y de moda. Pero si se trata de dilucidar en serio el asunto, podemos acudir al análisis de algunas funciones del arte, establecidas de tiempo atrás por los estudiosos del tema. Se dice que el arte tiene un carácter multifuncional: introduce armonía, imita a la naturaleza, proporciona placer, sensibiliza, comunica, educa, sirve como medio catárquico. Sin embargo, los resultados de todas estas funciones, se pueden lograr por otros medios.

Por ejemplo podemos lograr la armonía, rodeándonos de un contexto apropiado tanto en lo material como en lo emocional (una buena vivienda, una vida sana, la lectura de un buen libro). Se puede lograr placer – aspecto hedonista- , mediante una buena comida. En cuanto a la sensibilidad –aspecto estético-, podemos contemplar un paisaje hermoso de la naturaleza. Para la comunicación, contamos con multitud de lenguajes. Cualquier acto humano tiene un contenido educativo. El desfogue de tensiones podemos lograrlo, mediante el deporte o la entretención. Si en apariencia, las mismas funciones pueden ser realizadas por medios tan sencillos como los descritos, entonces es ineludible volver a la pregunta, cual es realmente la función del arte, qué es lo que lo hace imprescindible para la vida del hombre, al punto de hallarse presente, desde los tiempos prehistóricos y ser el común denominador de todas las facetas del desarrollo histórico? Naturalmente, está la retribución de orden espiritual, lo cual juega para el verdadero artista y también para el aficionado de favorable posición económica; sin embargo muchos lo hacen por el prurito de hacerlo aunque esta última sea desfavorable, obedeciendo a factores emotivos, en una suerte de heroísmo de nuevo cuño. Está también desde luego el fenómeno del objeto de arte desacralizado y vulgarizado a nivel de producto de mercado, de altísima rentabilidad en virtud de su valor subjetivo, circunstancial e intangible. Este halo de múltiples incertidumbres, tal vez sea parte del gran atractivo que esta manifestación ejerce sobre el género humano. Al no tener la respuesta, dejo planteada la pregunta, haciendo honor a la sentencia según la cual, en ciertos ámbitos valen tanto las respuestas como las preguntas. Volviendo al relato, hacia el cambio de milenio, tuve la oportunidad de dictar cátedra en la universidad javeriana de Cali, en la facultad de ingeniería; durante ocho años asumí una disciplina conocida en el curriculum de ingeniería industrial como Diseño de productos, *lo cual fue una experiencia enriquecedora, aunque implicó esfuerzos, pues era paralela al trabajo como ingeniero y a mis actividades artísticas. Realmente ese cambio de milenio ahora que lo pienso implicó también una serie de cambios importantes en mi vida; en el caso de la música representó mi comienzo con los estudios del violoncello, uno de esos anhelos de juventud que había quedado en suspenso durante décadas; un día caminando por una calle de la ciudad, pasé por el frente de un almacén de música y entre los instrumentos expuestos en la vitrina había un violoncello; por curiosidad entré a preguntar por su precio de venta y para mi sorpresa ya no era el valor al alcance solo de un millonario al que me había acostumbrado, sino un valor parecido al de una guitarra común; recuperado de la sorpresa lo compré de inmediato y le pedí a una de mis grandes amigas en la ciudad, vecina de apartamento que me ayudara a conseguir profesor a través de sus conocidos, poniéndome en contacto con una muchacha que había estudiado en Univalle; fue así como a edad tardía comencé el estudio de un instrumento considerado de gran dificultad técnica en su calidad de no temperado; posteriormente estudié con una alumna del conservatorio jovencita y muy querida, hasta dar finalmente con un profesor de profesión, gracias al cual he podido realizar avances importantes durante los últimos años. Aunque la interpretación de la guitarra solista es una bella experiencia, el violoncello además de su natural encanto, presenta la gran ventaja de contar con un repertorio de mayor universalidad y además su volumen le confiere mayor protagonismo. Actualmente estoy estudiando las dos primeras suites de Bach, piezas de gran belleza y dificultad técnica media, las cuales requieren de una muy buena memoria, la cual a pesar de mi edad como cellista, conservo intacta. Por la década de los noventa, tuve la oportunidad de asistir a varias conferencias en el marco del festival Internacional de arte de Cali, cuyo fuerte es la literatura. Entre los conferencistas memorables, recuerdo a los escritores Alfredo Brice Echenique, Juan Goytisolo, Helena Poniatowska y Fernando Vallejo. En el caso del peruano Brice Echenique, fue una velada que me quedó para toda la vida; nunca había tenido una experiencia parecida; nos tuvo a un auditorio conformado por cientos de personas riéndonos a carcajadas durante dos horas; era tal su carisma, espontaneidad y sentido del humor; con un aspecto más de un tinterillo que de escritor, al comienzo se quedó mirándonos y sin decir palabra comenzó a producir el sonido onomatopéyico "eh..., eh..., eh... como si de un ancianito decrépito se tratara, para luego expresar que para él era todo un misterio la razón por la cual la gente acudía masivamente a algo tan aburrido y ladrilludo como una conferencia de literatura; con esa sola frase conquistó al auditorio; nos contó luego una serie de anécdotas de lo más divertido sobre sus orígenes y carrera de escritor; procedente de una familia de banqueros de Lima, su padre lo había enviado a estudiar literatura en París; sus compañeros de estudio viéndolo como a un niño rico, no le reconocían sus cualidades literarias; había manejado la situación con humor y pronto pudo acoplarse y lograr su aprecio. Contaba cosas chistosas y estrambóticas, como por ejemplo, que para los peruanos el mayor sueño consistía en irse a vivir a París, al punto que algún político importante en alguna ocasión, había sugerido vender el país y con el producto de dicha venta comprar un boleto de avión a cada uno de los millones de peruanos de entonces, que con ello hubieran alcanzado el cielo; había sido futbolista profesional e integrante de la selección nacional del Perú; contó que toda la vida en medio de su espíritu crítico, había gustado de ponerse en el lugar del otro, para poder comprender mejor una situación; en este orden de ideas, en un partido internacional de campeonato realizado en Lima, siendo arquero del seleccionado nacional, para el segundo tiempo se había pasado a tapar en la cancha del contrario, lo que había ocasionado una protesta del público que estuvo a punto de lincharlo y que después había sido declarado traidor a la patria; todo esto lo contaba con tal naturalidad y gracia que despertaba oleadas de hilaridad entre los presentes; contó muchas anécdotas a cual más de graciosas, yo sentía que me dolían las mejillas de tanto reír; que gran escritor y que gran conferencista este personaje. Las conferencias de Goytisolo y Poniatowsca por su parte, se desarrollaron dentro de los esperado, como escritores de alto nivel y conocedores de su oficio; el otro conferencista curioso fue el colombiano Vallejo; comenzó despotricando del Pápa, del presidente de Colombia, de todo el mundo, en especial de la mamá; el único que se salvó de sus improperios, descalificativos y sarcasmo fue el padre; misógino extremo, a la vez que tocó temas literarios con gran desenvoltura y erudición durante una hora, también despotricó de la mujer de manera enfermiza; al terminar la conferencia, de manera sorpresiva, el público estalló en aplausos y en medio de ellos una multitud de mujeres de todas las edades se le abalanzó, a felicitarlo, abrazarlo, besarlo y pedirle autógrafos; una situación realmente sorprendente que confirma una vez más la incomprensible naturaleza del bello sexo. Por aquella época, asistí también a un taller de jazz, dictado por un conferencista de nombre Carlos Flores, que junto con su joven esposa, tenía un programa conocido como* Historia del jazz, *por señal Colombia, en el que comentaba las particularidades de este género a la vez que describía los atributos de su universo de intérpretes; lo hacía con una retórica que sonaba muy agradable al oído. El taller tuvo una duración de una semana por las noches y contó con una buena asistencia a pesar de sus costos que eran considerables; al final, cuando quise hacer un balance de su utilidad, me ocurrió como cuando escuchamos a ciertos filósofos, que nos dejan muy impresionados por su erudición y calidades oratorias, pero que habiendo dicho mucho, en verdad no han dicho nada. Recuerdo también unas conferencias interesantes que tenían lugar en el auditorio de Promédicos, los cuales incluían variadas temáticas; especialmente una dictada, por un francés que en aquel momento era director del conservatorio; era filósofo y solista de guitarra y dictó un ciclo de conferencias en tres partes sobre la historia del ensayo en Latinoamérica; en la primera sesión habló sobre la obra de dos intelectuales reconocidos en nuestro continente: Pedro Enrriquez Ureña y Alfonso Reyes; en mi vida había escuchado a un conferencista, al que no se le entendía nada; se trataba de un erudito que no había dimensionado el público a quien se dirigía, pues su disertación era realmente para colegas suyos; utilizaba todo el tiempo tecnicismos de la filosofía, del arte, de la política, y no contento con ello además citaba continuamente en latín, griego, inglés, francés y alemán; cuando habían transcurrido unos veinte minutos, consciente de no estar entendiendo nada, se me ocurrió pensar en la hipotética situación, en la que de pronto se dirigiera al público para verificar la efectividad de la comunicación y si concretamente por azar me pidiera a mí un concepto sobre lo hasta el momento expuesto; tan solo pensar en esto me produjo pánico, pues no tendría nada para decir; el público que usualmente asistía a estas conferencias, estaba conformado por médicos en su mayoría, los cuales a juzgar por las preguntas que hacía usualmente, tenían conocimientos elementales sobre las temáticas tratadas, usualmente relacionadas con las diversas manifestaciones del arte; por este motivo, asumí que a la segunda sesión que tendría lugar a la siguiente semana, la deserción sería masiva; asistí a ésta por pura curiosidad respecto de la asistencia del auditorio, junto con una amiga intelectual, a quien le comenté lo ocurrido y se interesó por conocer al conferencista; para mi sorpresa, todo el mundo estaba allí de nuevo; comenzó la segunda sesión, en los mismos términos de tecnicismos, discurso retórico abstracto, hermético y oscuro, citas de connotación políglota, un hilo discursivo al mejor estilo de Lezama Lima, de Wittgenstain, de Hegel o de Heráclito; al cabo de unos veinte minutos, la amiga se me acerca al oído y en tono de secreto me dice: este tipo realmente se masturba con nosotros... Años después, escuché una conferencia de un filósofo español de nombre Jesús Mosterín, de la línea filosófica de Bertrand Russel, quien se distinguía por expresar su pensamiento de manera directa y diáfana y todo el tiempo hacía burla de los filósofos que pretenden ser más protagónicos mediante la retórica y el barroquismo; con más filósofos como él, esta disciplina aumentaría su número de adeptos, situación deseable dado el desinterés actual por el mundo del pensamiento. En el 2004 viajé como todos los años por aquella época a la feria del libro de Bogotá; leyendo periódicos en el avión, me enteré de una exposición de Eduardo Ramírez Villamizar, cuya inauguración estaba prevista para ese día en el Mambo; estando en la feria, había un pabellón en donde en paralelo a los libros estaban exhibiendo una serie de pinturas a la venta; entablé conversa-*

ción con una señora que estaba a cargo, la cual notando que era también pintor, me inquirió si pensaba asistir al coctel de inauguración de la exposición del maestro Villamizar, la cual como es natural era con invitación especial; me propuso que si me interesaba, podía asistir con ella, pues contaba con varias invitaciones; nos pusimos una cita hacia la hora del evento en un sitio cercano, con tan mala suerte que se largó un aguacero por lo cual ella no pudo llegar; me sugirió que de todas maneras asistiera, así no tuviera la invitación; que dijera en portería , que se me había quedado en casa; cuando llegué a la puerta, había dos personas que controlaban el acceso, a la vez que ayudaban a bajar de los carros a los invitados que iban llegando, en su mayoría con traje de gala, de smokin los hombres y vestido largo las mujeres; dadas las circunstancias, pensé que la estratagema que me había sugerido la señora, simplemente me pondría en ridículo; sin embargo como ya estaba allí, nada se perdía con intentarlo; me acerqué y procedí según lo planeado, con la sorpresa que los de la portería me hicieron venia y me dijeron "siga maestro"; o me confundieron con alguien o asumieron dada mi apariencia con cabello largo, blujean y chaqueta de gamuza, que era un artista; las sorpresas no pararon allí; quise observar de inmediato la exposición, por lo que me dirigí al sótano para comenzar desde allí; en ese momento un periodista de la televisión estaba entrevistando en directo al maestro; esperé a que ésta terminara y me acerqué a felicitarlo, luego de lo cual en actitud muy amable agradeció y me estrechó la mano; fue una experiencia muy gratificante, pues es un artista a quien he admirado de tiempo atrás y nunca me había pasado por la mente que podía conocerlo personalmente; para ese momento era una persona de edad avanzada y a las pocas semanas quedé muy impactado por su muerte. En ese momento, me encontraba experimentando con retales de lámina de acero en la conformación de esculturas de naturaleza abstracta, por lo que esta experiencia fue muy significativa. En el año 2006, acompañé a mi hermana al Uruguay a un encuentro de poetas; estuvimos antes un par de días en Santiago de Chile y en Buenos Aires. Esta última ciudad *me impresionó de una manera muy positiva; tiene una atmósfera arquitectónica y cultural que remite a Roma; siempre había escuchado que las más importantes ciudades de Iberoamérica son Barcelona, Buenos Aires, México y Rio de Janeiro; una década después la acompañé de nuevo a México por motivo de la Feria del libro del Zócalo y la verdad que la capital azteca al lado de Buenos Aires, nada que ver; Buenos Aires es una metrópolis europea emplazada en el nuevo mundo; la arquitectura incluso me recordó a San Petesburgo; sectores como por ejemplo donde está ubicado el centro cultural Jorge Luis Borges; cuadras y cuadras de edificios de factura barroca, francesa, italiana; amplias avenidas; una cantidad de museos de arte como en las grandes capitales europeas; la gente muy hospitalaria y amable; de una sencillez que lo deja a uno confundido, dado el prejuicio que a este respecto se tiene sobre los argentinos. Montevideo aunque en su parte principal también es muy europea, con abundancia de esculturas públicas, sin embargo es una ciudad pequeña de atmósfera provinciana; entre las esculturas para apreciar, están, al interior de la Gobernación una copia a escala natural de la* Victoria de Samotracia *y en la plaza central otra del* David de Miguel Angel; *esto muy bien denota el nivel cultural de su población, aspecto en el cual también parecen europeos a no ser por la afición generalizado por el candombé que pude percibir; de los países que he tenido la oportunidad de visitar, me quedó la percepción de la educación y buenas maneras de los Uruguayos; este aspecto lo noté en su actitud estoica ante la imprudencia del extranjero –en la que caemos casi todos- al tratar de exaltar aspectos de su país por comparación de aquel que visita, menospreciando a este último. En aquel tiempo, estaban estrenando el primer gobierno del Frente amplio con Tabaré Vázquez a la cabeza y el ex-tupamaro Pepe Mujica como ministro de economía; el país estaba postrado económicamente y había un ambiente de esperanza en el nuevo gobierno, que por fortuna como se pudo constatar con el tiempo, respondió a dichas expectativas. En cuanto a Chile, encontré a Santiago arquitectónicamente muy parecida a Bogotá, pero muy ordenada y cívi-*

ca. Me impresionaron mucho las historias sobre los tiempos de dictadura, de parte de una amable poeta, que nos enseñó la ciudad, como también la encantadora Valparaíso y otras ciudades muy modernas contiguas a solo minutos por carretera. En la visita a México, tuve la oportunidad de conocer el complejo arqueológico de Teotihuacán; las megalíticas pirámides transmiten la perennidad de la materia sobre lo orgánico; cuando los Mexicas llegaron a este sitio hacia el siglo XIV, encontraron estas ruinas de una civilización desconocida que había florecido, cerca de diez siglos atrás, en los albores de la era cristiana; había sido una floreciente ciudad de alrededor de doscientos mil habitantes, cuya desaparición aún no ha sido suficientemente dilucidada; estuve también en el imponente museo antropológico de México, uno de los más importantes de su tipo en el mundo, el cual expone una gran cantidad de piezas escultóricas de las diferentes culturas de Mesoamérica, entre las que sobresalen el imponente *Calendario azteca* y la *Coatlícue*, diosa madre con su particular aspecto feroz y sombrío de naturaleza ofídica, como alegoría de la violencia que caracterizara a estas sociedades prehispánicas. Volviendo a nuestro país, no es posible estar ajeno a una realidad signada por la fatalidad, como pareciera ser la norma de nuestro devenir; más que hacer comentarios dan ganas de llorar; a una actitud equivocada de las guerrillas (pescas milagrosas), la población respondió dándole el apoyo a una ultraderecha de orígenes mafiosos. Han sido dos décadas de vergüenzas y de hacer el oso ante el mundo como cuando nuestro gobierno apoyó la invasión de Irak, cuando cedió nueve bases militares al imperialismo norteamericano, transformando nuestro territorio en un gran porta-aviones, cuando votamos por el no en el referendo anticorrupción y luego por el sí a la guerra; tanta estulticia junta creo que no se había registrado en los anales de la historia; como si en el momento de expresar su sentencia sobre la infinitud, el descubridor de la relatividad, en actitud visionaria hubiera estado pensando en el desconocido y agreste país que lleva el apellido del iniciador del genocidio americano. Es lamentable que un país prolífico en individualidades en todos los ám-

bitos, la ciencia, el arte, el deporte, sea negado en cuanto concierne a su visión política. En lo que va de este siglo, la ultraderecha se ha atornillado al poder y más que nunca ha adoptado el carácter de vasallaje que tanto agrada al imperialismo norteamericano; se ha convertido en el Israel de América latina, dispuesto a torpedear cualquier iniciativa de integración regional progresista como en el caso de Unasur y la Celac o los procesos de reivindicación social como los desarrollados en nuestro vecindario venezolano y ecuatoriano. Los medios de comunicación convertidos en factorías de los emporios financieros tanto nacionales como internacionales, se distinguen por la desinformación, la difamación de las voces opositoras, actividades que ejercen sin el mayor rubor desprestigiando al extremo la actividad periodística. Organismos como la OEA y Amnistía internacional, de la manera más descarada sirven como lacayos a los propósitos expoliativos del imperio, siendo sus víctimas más recientes Honduras, Paraguay y Bolivia, que han sido víctimas de sendos golpes de estado orquestados desde el exterior con el apoyo de las oligarquías nacionales; la cultura política del colombiano medio, es de una mediocridad tal, que por los días del bochornoso golpe en Bolivia, había muchos que manipulados por los mensajes mediáticos que propagaban el exabrupto de la dictadura en cabeza de una autoproclamada de sainete, se preguntaban si se trataba de un golpe o no. Fenómenos como el calentamiento global, la desintegración de la capa de ozono y el caos climático actuales, testimonian la inconciencia y ceguera del principal y posiblemente por ahora único enemigo del planeta. Alguna vez, conversando con Gina, una amiga cuya belleza, gracia e inteligencia se equiparaban, tratábamos de dilucidar que podría ser considerado como beneficioso para el planeta en el contexto de la actividad humana. Por más que nos devanamos los sesos durante días, no pudimos encontrar nada. Somos un verdadero predador. Hay que ver por ejemplo, la forma como los principales países contaminadores, pasan por encima del convenio de Kioto, que busca disminuir las emisiones industriales, culpables del calentamiento global. El nuevo presidente de USA, el Sr. Trump, un pintoresco, ignorante, xenófobo, racista y peligroso personaje, muy a la altura de ciertos sectores de esta nación, alguna vez declaró que el calentamiento global sólo está en la imaginación de los necios y, en los meses iniciales de su gobierno, cometió todo tipo de exabruptos, como retirar al gobierno de los USA del tratado de París sobre calentamiento climático, amenazar la paz de América Latina y poner en vilo al mundo, dando declaraciones tan irresponsables, como la que recientemente hiciera, en las naciones Unidas, cuando habló sobre destruir a Corea del Norte mediante un ataque nuclear. Con múltiples sanciones a Rusia, por la anexión de Crimea y por una supuesta intromisión comunicacional en las últimas elecciones, pareciera estar emprendiendo una nueva guerra fría. El mundo aunque pareciera nunca haber estado bien realmente en los actuales momentos se encuentra peor que nunca; el imperialismo ha desbordado su naturaleza depredadora, irrespetando todo tipo de acuerdos y convenios internacionales que propenden por la armonía de los pueblos del mundo y de la preservación de nuestro hábitat; el caso de Venezuela y Cuba es paradigmático; remonta a las prácticas de la barbarie, en la antigüedad y el colonialismo, cuando no existían normas de convivencia ni de derecho y a falta de estas imperaba el derecho del más fuerte; con remedos de liderazgo político como el del actual inquilino de la Casa blanca, Platón se debe estar revolcando en su tumba como nunca antes. Ni siquiera la actual pandemia de Coronavirus que en medio año ya ha cobrado la vida de casi un millón de personas en el mundo, ha podido frenar la estulticia generalizada; producto del legado del modelo neoliberal que arrasó con los sistemas de salubridad por todo el mundo, de la corrupción en el manejo de las finanzas estatales, de la irresponsabilidad de muchos gobiernos que dan prelación al mercado por encima de la vida, el mundo se encuentra en un momento de incertidumbre y peligro; es cierto que epidemias de inconmensurables consecuencias no son un tema nuevo para nuestro hogar sideral; sin embargo nuestro actual carácter de aldea global, magnifica esta tragedia como nunca antes; mientras la peste bubónica en el siglo XIV por tomar un caso, necesitó de tres lustros para desplazarse de su epicentro en el desierto de Gobi a Europa, arrasando cerca de la mitad de la población de entonces, el actual coronavirus en cuestión de unos pocos meses se extendió desde China a todo el orbe, con consecuencias hasta ahora menos funestas dada su menor letalidad, pero que podría desbordarse en la medida en que no se encuentre oportunamente el medio para su extirpación. Esto pudo haberse evitado, de haber existido un organismo internacional de representación real de los intereses de los pueblos del mundo; la ONU que estaría llamada a cumplir ese rol, desafortunadamente cada día más se ha convertido en un apéndice del imperialismo norteamericano; si el virus se transmite a través de las personas y objetos manipulados por un infectado, como lo asegura la OMS, la solución para evitar su propagación consistía simplemente en tomar la decisión oportuna de accionar una cuarentena de largo alcance, cerrando las fronteras –en especial las aéreas- de todos los países no contagiados en el momento, con el correspondiente sostenimiento económico por parte de cada país, de sus connacionales que en ese momento se encontraran en suelo de Eurasia, de donde el virus merced a esta medida no hubiese salido al resto del mundo, al no poder por si solo atravesar las barreras interoceánicas; luego sí implementar las mismas medidas que se implementaron, respecto de la descontaminación de los productos de intercambio entre naciones, ahorrándose de esta manera el altísimo costo en vidas y sufrimientos de la población merced a la debacle económica y estado de zozobra e incertidumbre en que nos encontramos actualmente. El mundo actuó como lo haría un ciudadano carente de sentido común, que al ver que la casa de su vecino comienza a incendiarse, en vez de llamar de inmediato a los bomberos, trata por sí mismo de sofocar el incendio soplando. La única excepción que hasta el momento he conocido de tan irracional comportamiento, fue el gobernador de Boyácá, que desde los primeros casos trató de cerrar las fronteras del departamento, acción que desafortunadamente no pudo materializar por la arrogancia de la marioneta que a diario representa su sainete desde el palacio de

Nariño. Al tratarse de una enfermedad desconocida, su implicación es incierta; así como podría ser contrarrestada en el cercano plazo vía vacunación, este proceso también podría implicar años y hasta decenios como el caso del VIH, que pasadas cuatro décadas, sigue sin solución a la vista. Luego de una cuarentena descontextualizada, adoptada por los estados no para evitar la llegada de la enfermedad como ha debido ser, sino como medida desesperada para poder recomponer las ruinas de lo que había quedado de la infraestructura hospitalaria, en la actualidad se encuentra en proceso el desmonte de medidas restrictivas, sin que se evidencie retroceso alguno en la tendencia de la infección y muy por el contrario se observe un crecimiento exponencial desaforado; el manejo de esta pandemia en países como EEUU y Brasil, ha sido errático e irresponsable, por no decir desastroso; en el caso de Colombia, ha seguido estos malos pasos, de la mano de uno de los gobiernos más mediocres que recuerde nuestra bitácora republicana. Como la esperanza es lo último que se pierde, por ahora el consuelo que queda, es pensar en términos de planeta; aunque a cualquiera de nosotros se le puede adelantar el destino inexorable a todo humano, nuestro hogar se las arreglará para sortear una situación que no le es nueva; de hecho preservó la vida ante multiplicidad de eventos devastadores como inmensos incendios forestales, glaciaciones, impactos interestelares como el del meteorito que arrasó con los dinosaurios hace sesenta y cinco millones de años, permitiendo la difusión de los mamíferos y la aparición de los humanos. Tal vez como lo plantean algunos ecologistas, esta pandemia sea una medida desesperada de la naturaleza por contener la amenaza de la actividad humana representada en los residuos industriales que están ocasionando el calentamiento global, la deforestación rampante, la destrucción de ecosistemas y el envenenamiento del agua. El viaje de la vida, camino serpenteante, tortuoso, impredecible, ascendente y con tramos a veces destapados, en otras pavimentados, en su inicio, en su punto más bajo, poco o nada permite visualizar de cuanto acecha más adelante; sin embargo en la medida en que se avanza, es posible visuali-

zar en perspectiva el tramo superado. Durante la infancia, adolescencia e inicios de la primera juventud, están los procesos de aprendizaje, cuya utilidad entonces no es muy clara, pero se confía como parte de un colectivo, en que es lo correcto y lo que permitirá adaptarse al mundo al alcanzar la mayoría de edad y valerse por sí mismos; aunque con cierto sentido crítico –desarrollado en unos más que en otros- hay un sometimiento a directrices determinadas por la experiencia de los mayores, en especial si se trata de profesores o líderes, aceptando la información suministrada, especialmente cuando está directamente relacionada con el ejercicio de una profesión técnica determinada o cuando corresponde al ámbito de lo intangible como en el caso de la metafísica. En el primer caso, raras veces se pone en cuestión cuál es la utilidad directa para una aplicación profesional concreta, y se asume dicho aprendizaje como un objetivo de carácter cuantitativo en el marco de un sistema evaluativo, en el que se pretende sobresalir; en otras palabras el objetivo es el resultado evaluativo en sí mismo y no el aprendizaje como debería ser; esto se observa en todas las generaciones con independencia de las transformaciones del entorno; en mi caso personal, he tenido la oportunidad de ser docente, y la actitud de los estudiantes, ha sido en la práctica la misma que en su momento yo adoptaba, a pesar de intentar concientizarlos de lo absurdo de dicha postura; siguiendo el sentido común, la conclusión a la que he llegado, es que el cerebro humano es diferente en cada una de las etapas de la vida, como consecuencia del incremento y transformaciones en las relaciones inter-neuronales y los cambios en su funcionamiento que ello supone; con la madurez, la mayoría somos conscientes de cambios en el comportamiento; se va siendo cada vez más reflexivo y menos emocional; más exigente en unas cosas y menos en otras; nos enfocamos más en aquello que hemos elegido como objetivo de vida; aunque se conservan ciertos lineamientos, se es más consciente de lo diferentes que somos en comparación con lo que fuimos en etapas precedentes; conocemos de muchos casos en que artistas reconocidos, hacia el final de sus vidas destruyeron parte o la totalidad de la *obra de sus comienzos; por estos días, con motivo de otro libro que está pronto a ver la luz, estuve repasando la obra cinematográfica del director de cine soviético Andrei Tarkovsky; a través de entrevistas y de su obra* Esculpiendo en el tiempo, *seguí sus reflexiones respecto de diversos ámbitos y también de su propia obra; me llamó la atención la disimilitud de conceptos en el análisis de películas como Stalker, emitidos por la crítica, el director mismo y mi percepción personal; mientras un crítico por ejemplo, asumía un enfoque de carácter sicoanalítico, caracterizando personajes como expresión de estados de conciencia, el creador lo hacía desde una perspectiva más filosófica y política, concretamente el existencialismo y la alienación; por mi parte, lo hago desde una vertiente más estética y relacionada con el simbolismo –el artista curiosamente manifiesta en su libro su apostasía respecto de esta estética- y la semiótica; es posible que la complejidad de este film, abarque todo ello, como expresión de la teoría de* Obra abierta *propuesta por Humberto Eco; pero a lo que iba con todo esto, es a señalar cómo para el neófito, un film como este es un mundo que escapa a sus posibilidades interpretativas, por lo que termina supeditándose a uno de estos enfoques, obedeciendo simplemente al criterio de autoridad. Todos hemos pasado por este tipo de experiencias. En mi caso personal, la experiencia estética con la abstracción pictórica y el atonalismo o el dodecafonismo en la música, pasó de una incomprensión como fenómeno estético durante mi infancia y albores de mi primera juventud, a una comprensión reposada sin la necesidad de profundizar más de la cuenta en particularidades teóricas; eso lo he logrado no mediante el estudio, pues de hecho lo realicé infructuosamente como autodidacta en esas tempranas etapas, sino a través de aquello que llamamos madurez mental; este mismo fenómeno me ocurrió con ciertas áreas de las matemáticas, como por ejemplo la trigonometría, que al comienzo parecía algo complicado y que con el paso de los años se ha convertido en algo tan sencillo como la aritmética. Este fenómeno es patente en buena parte del controvertido arte contemporáneo; muchos principiantes que creen ser artistas, siguen lineamientos de la obra de otros que aunque maduros aparentan serlo, siguiendo todos irónicamente y a contravía del carácter crítico que supone esta estética, la autoridad representada en la academia, la crítica, los museos estatales y las galerías privadas; todos ellos mancomunados en una nueva modalidad de visos mafiosos, configurando una estafa denunciada por algunas voces discordantes y solitarias como la de la crítica mexicana Avelina Lésper, cuyo objetivo es la distorsión y mercantilización del arte a extremos nunca vistos; es irónico que lo que comenzó a mediados del siglo pasado con el* ready made *de Duchamp, cuyo propósito era abrir nuevas posibilidades al fenómeno artístico mediante su desacralización y, paralelamente evidenciar y descalificar su degradación de carácter mercantil, ha terminado por convertirse en el paraíso de esto último; un vaso con agua, una hoja de papel arrugada, una puntilla que se clava en la pared, un montón de basura en un rincón, o ciertos* performance *que envilecen tanto visual como olfativamente a la criatura humana, se han convertido por el hecho de ser expuestos en un recinto cultural, en obras de arte con precios de miles o millones dólares; lo más curiosos del caso es que hay quien las compra, sea como una excentricidad que busca la fama, o como una forma de lavado de dineros ilícitos, recibiendo a cambio un certificado; mirado este fenómeno en su conjunto, sí que podría constituir un* happening *de atmósfera surrealista, que está ocasionando gran daño, al desvirtuar la naturaleza de una actividad importante para la cultura y la sociedad; mantienen intimidado al público que manifieste algún tipo de crítica o inconformidad, con el argumento de su supuesta ignorancia o falta de preparación para su comprensión; con obras que estética y conceptualmente no son nada por sí mismas, intentan a través de soportes retóricos demostrar su virtuosística esencia; el fenómeno está presente en la mayoría de las manifestaciones artísticas, pero los mayores excesos se dan en la plástica, tal vez porque se presta más al facilismo y la mediocridad; el* performance, *ha llegado a extremos de mostrar a una persona mutilándose o defecando, como obra de arte; es temerario pensar que podrá venir des-*

pués; tal vez suicidios individuales y colectivos, violaciones, magnicidios? Será que la estética tiene por destino convertirse en objeto de estudio de la siquiatría o de la criminalística?- Pasando a otros temas de mayor trascendencia, en la medida en que nos aproximamos al final del camino, se van desvaneciendo ciertos temores, hasta el mayor de todos, el de la muerte; durante la infancia y primera juventud, en nuestro medio lo natural es sentir pánico a ese estado de ausencia e incertidumbre, aunque se cuente con un paliativo —en el caso de la tradición judeo-cristiana- la posibilidad de la resurrección; difícil abrogarse la certeza respecto de quien llega en mejores condiciones a la confrontación con esta realidad, el idealista o el materialista, el teísta o el ateo; lo más probable es que cada quién crea en honor a la subjetividad inherente a estos temas, ser poseedor de la verdad; el carácter maniqueo de nuestra cultura en su expresión lingüística, ha conferido un carácter peyorativo a términos como pagano, ateo, anarquista, para referirse a aquellos que no se doblegan a sus amañados designios; vivimos en un mundo de espejismos e incertidumbres, de tal magnitud que hasta es una realidad que cada persona tiene el privilegio de vivir hasta el último día, desde su perspectiva propia, que para el caso es la más valedera; la percepción del tiempo de una vida humana, de ser larga en sus comienzos, pasa a ser breve en extremo en la madurez; muchos asocian este fenómeno a aquello conocido como la sabiduría de la vida, como si además de la existencia de leyes que gobiernan el universo, hubiese otras que hacen lo propio con la psiquis humana. Si asumimos que los primeros humanos aparecieron por primera vez en las llanuras de Africa hace un millón de años, y adoptamos cinco décadas como la media en la duración de una vida humana, tendríamos unas veinte mil generaciones; nosotros somos en este momento la última de ellas, el resultado de esa casi infinita red de relaciones entre individuos desperdigados en el tiempo y el espacio planetario; es triste pensar que un devenir tan largo no haya sido suficiente, para superar nuestras innumerables imperfecciones, en especial el apego a las cosas, la búsqueda del poder y del sometimiento del otro, la megalomanía, el prejuicio, el fanatismo, individualismo y egoísmo; el mismo proceso evolutivo con su mecanismo de selección natural, apunta en la dirección de la justificación de tales falencias. En cuanto al dilema de una vida feliz en la ignorancia u otra menos feliz en el conocimiento, nos encontramos con una dicotomía que divide a los humanos; una mayoría se inclina por la primera opción, como la más cómoda, asimilándose con ello a las demás criaturas del entorno, fenómeno que ha propiciado el modelo imperante; otros por el contrario, prefieren una senda guiada por la brújula epistémica y filosófica que permita dilucidar al mundo y acceder a lo intangible; emitir a este respecto juicios de valor, de nuevo nos puede conducir a laberintos maniqueos, cuando no metafísicos y esotéricos. Los humanos terminamos el ciclo, el interregno temporal que nos ha correspondido, sin poder resolver el maremágnum de incógnitas que nos han agobiado desde cuando abandonamos la comodidad del mito, aunque ello a decir verdad sea motivo de desvelos de pocos; los misterios del universo, su origen, forma, infinitud; los pormenores de la vida, del cerebro humano, el carácter evolutivo de la historia; el proceso del conocimiento y sus posibilidades; los pormenores de la ética y de la estética y su interacción con los demás elementos en el estructuralismo antropológico, todo esto y mucho más, quedará por ser resuelto, sin que podamos atestiguarlo; aún peor, las afugias metafísicas quedan como la gran incógnita. Ese bosque misterioso que constituye el mundo para una vida que se inicia, con la multiplicidad de caminos que ofrece, con el tiempo se va desvaneciendo en cuanto respecta a lo funcional, quedando incólume por otra parte, todo aquello que escapa a nuestra comprensión, la teleología, la razón de ser de nuestra presencia en el mundo, el sentido de la vida, los misterios de la muerte. El leitmotiv *del camino pareciera estar conformado substancialmente, por la incertidumbre, la insatisfacción, el caos, el absurdo; esto lo vivimos individualmente y se reproduce también a gran escala, como en el caso de los modelos político-económicos, situación esta última que conocí de primera mano en el caso de la debacle del modelo socialista soviético; conver-*

gente con las dicotomías exaltadas en explicación del mundo desde los presocráticos, esta insatisfacción sirve a la vez de motor e incentivo, como de freno en la evolución holística de nuestra especie. La comprensión de la realidad y los mecanismos que contribuyen en su elucidación, tema de la mayoría de la multiplicidad de escuelas de pensamiento, transcurridos tres milenios desde la escritura, presenta la misma incertidumbre de sus comienzos; está el mundo allí afuera enviándonos señales para su procesamiento o está en nuestro cerebro en calidad de un mundo virtual, es algo para cuyo esclarecimiento lo efímero de nuestro itinerario se muestra insuficiente. En este contexto de arenas movedizas sin fin, considero que de las pocas certezas con las que podemos contar los humanos, está en el área de la ética; al margen de si forma o no parte de una idea innata al entendimiento, el ser humano tiene capacidad desde el momento en que adquiere uso de razón de poder diferenciar sobre la categoría ética de una acción; ha sido mi experiencia personal y me parece que se cumple en la generalidad; la actuación correcta o equivocada que proceda a ello, ya depende del libre albedrío de cada individuo; las distorsiones a este respecto en mi criterio son consecuencia del entorno, de allí los extremos maniqueos de ciertos sujetos, cuyo comportamiento tendemos a relacionar más con desequilibrios de carácter psíquico; otra certeza, podría estar en los mecanismos del entendimiento en áreas de las ciencias naturales como las matemáticas; desde el Medioevo Fibonacci, nos ha puesto a pensar, respecto de si las matemáticas son una invención humana producto de los mecanismos del entendimiento, el juicio sintético a priori kantiano, o están impresas en la naturaleza, como parecen indicarlo las evidencias; en el campo de la física, el concepto del tiempo, conduce a similar ambivalencia, en especial a partir de la aparición de la Relatividad; a manera del problema del seis y el nueve, pareciera ser un galimatías sin solución, o al menos de perspectivas, de relativismo, pues en contradicción al principio filosófico de no contradicción, ambas posibilidades parecen verdaderas; y como ésta, tantas formas y perspectivas de visualización para una diversidad de fenómenos; por una parte la realidad a través del estímulo, el empirismo que magnifica las posibilidades de los sentidos, pero que es consciente de sus limitaciones; por la otra el racionalismo y su confianza en el entendimiento y el raciocinio; Hume, Bacon y Lokce, confrontados con Descartes y Leibniz, con la moderación de Kant; un debate que no pierde su vigencia, en medio de otras vertientes del pensamiento que dan preponderancia a aspectos cada vez más puntuales de la existencia, el espíritu, el lenguaje, la información, la representación, la autoridad, la estructura, el proceso, algunos acompañados de un lenguaje legible y directo como en el caso de Russel, aunque las más de las veces por una maraña retórica, cuyo propósito pareciera ser más confundir que aclarar; cuando se creía, en virtud de las conquistas de la ciencia, estar superando parte de las controversias, un siglo atrás nace la mecánica cuántica que con sus grandes contradicciones ha aumentado aún más la complejidad del debate filosófico. El escepticismo de tanta utilidad para el progreso de la ciencia y el pensamiento a través de los siglos, parece en estos últimos tiempos estar entrando en una nueva fase, no como vector de progreso, sino por el contrario como vehículo de confusión; ciertas personas parecieran empecinarse en complicarse la vida, tratando de contradecir de manera folklórica información y hechos confirmados por la ciencia; un fenómeno pintoresco que puede ilustrar esta situación es el del llamado Terraplanismo, del que no sabe uno si reir o llorar; sus defensores ponen en tela de juicio la forma de nuestro planeta, contradiciendo la multiplicidad de evidencias históricas, físicas y racionales, con los argumento más cantinflescos que se pueda imaginar; lo más curioso es que es el traslado de una tendencia del mundo de lo subjetivo al de la ciencia, con la estulticia que ello implica; es una tendencia o tal vez mejor moda, en que la gente en lugar de estar pensando en cosas que contribuyan a su enriquecimiento, están buscando cómo ponerlo todo en tela de juicio, pero no en un ejercicio del disentir que evoque a Descartes mediante el uso de la razón, sino supeditándose a estratagemas y caprichos, banalidades y ligerezas de todo tipo, que tienen por fondo un delirio de persecución respecto de los gobiernos. Es posible que todo esto sea la sintomatología de una crisis que parece vivirse en todos los ámbitos. En la geopolítica mundial por ejemplo, con el fracaso del socialismo de tipo soviético y la consolidación del capitalismo con una de sus formas más inhumanas, el neoliberalismo, la humanidad entró en nuevo estadio de relaciones más peligrosas que las de la época precedente de la Guerra fría; la decadencia del imperio norteamericano ha agudizado las tensiones, provocando la ruptura del orden heredado de la última conflagración, el cual mal que bien, había procurado al mundo cierto orden; el estado más poderoso del mundo durante el presente siglo, ha venido en un proceso de incremento de su megalomanía y soberbia, arrasando con instituciones y acuerdos que propendían por el multilateralismo, el respeto a la autonomía de las naciones, el respeto al medio ambiente, a los derechos humanos; con una Europa arrodillada como nunca, hemos tenido que ser testigos de viles atropellos a la dignidad humana, como la invasión de Irak, de Libia y Siria; la dirigencia norteamericana está cayendo a niveles tan bajos, tan abyectos, como los que presagiaron la caída del imperio romano, con personajes de la ralea de un Nerón, un Tiberio o un Calígula; con esto me refiero a casos de flagrante violación de los derechos humanos como los de la prisión de Guantánamo, de Abu Graib en Irak, el bochornoso y abominable magnicidio del líder libio Moamar Gadafi, perpetrado por fuerzas dirigidas por el gobierno norteamericano, transmitido por la televisión y celebrado por la señora Hillary Clinton, como si de un show cómico se tratara; las caravanas de migrantes que huyen del Armagedón creado por las políticas imperialistas en el medio oriente, las escenas de niños latinos inmigrantes enjaulados en la frontera mexicana, víctimas de las xenófobas políticas migratorias del señor Trump; la agresión a voces discordantes como las de Rusia, China, Irán, Corea del Norte, Siria, Belarús, Cuba, Nicaragua, Venezuela. El espectáculo circense de pretender imponerle un presidente marioneta a una nación soberana, con la vergonzosa aquiescencia de naciones que como Francia, han sido baluartes en la conquista de los derechos humanos y el respeto del derecho internacional. El cinismo de este señor Trump o de la cúpula a la cual sirve, no conoce límites; ha tratado de derrocar al gobierno bolivariano de Venezuela, valiéndose de las más oscuras y criminales estratagemas, como en el caso de la reciente incursión de mercenarios que pretendían acabar con el estado de derecho en esta nación, con la connivencia de una oposición apátrida. Como colombiano, he tenido que experimentar la vergüenza de ver como nuestra clase dirigente no solo ha perpetuado su rol de vasallaje consuetudinario a los designios del imperio, sino que los ha magnificado en los últimos tiempos, mediante una política internacional torpe, irrespetuosa y falaz. Definitivamente vivimos una época de crisis, empeorada ahora con el peligro y acecho de la enfermedad. La estupidez humana, podrá ser lo más grande del universo, como acertadamente alguna vez lo manifestara el científico Albert Einstein, pero no es infinita, como no parece serlo nada en este mundo. Si seguimos en esta demencial carrera el homo sapiens en poco tiempo geológico, pasará a ser historia. Vaticinar, como será el mundo varios siglos hacia el futuro, por más estadísticas que se utilicen y programas simuladores que se apliquen, inevitablemente, nos conducirá al universo de las especulaciones. Así como en tiempos de los romanos, nadie hubiese creído , que el poder dos mil años después estaría en manos de pueblos, que en ese momento ni siquiera existían en su mundo conocido, de la misma manera, aventurarnos en vaticinios similares, sería como arar en el desierto. De lo que si podemos tener certeza, es que de no tomar los correctivos oportunos sobre el modo como nos relacionamos con nuestra única nave espacial, -entiéndase modelo de producción capitalista-llegará el momento, en que tal curiosidad desaparezca, pues simplemente, no habrá ya nadie para dedicar sus pensamientos a estas preocupaciones. En las famosas y trágicas leyes de Murphy, hay una que aplica a la ingeniería y que dice, que cuando al final de un proyecto, todo sale según lo previsto y sin contratiempos, es porque alguien se equivocó o dejó de hacer algo que se le había encomendado. Siendo consecuentes con lo anterior, por ahora no perderemos las esperanzas, de que llegue el momento en que alguien por fin "se equivoque" y este mundo pueda por fin salir ileso de la espiral de indolencia que lo ha caracterizado y, por fin se cumpla ese sueño de un mundo digno para todas las criaturas que lo conforman. Necesitamos de un mundo que tenga realmente un carácter humano, un mundo en que finalmente esa plaga conocida como egoísmo desaparezca y en su lugar, reine un espíritu de hermandad que nos justifique como las únicas criaturas pensantes del planeta, las mismas que paradójicamente, lo hemos puesto en peligro de extinción. Un mundo así, es el que han soñado las mentes más preclaras de todas las épocas y culturas y por el que todos, independientemente de las ideologías y de nuestra posición en la sociedad y la visión de la misma, debemos luchar, para bien de las nuevas generaciones.

Fin

Indice alfabético y temático

absolutismo, 149, 189, 263
Ada, 134, 200, 210, 212, 221, 226, 227
Africa, 113, 155, 156, 167, 168, 215, 288
ajedréz, 235, 236, 238
Albéniz Isaac, 85
Aleksevich, Esvietlana, 278
Alemania, 124, 135, 141, 142, 150, 152, 173, 184, 191, 193, 197, 203, 228, 257, 275, 276, 293
Alemania oriental, 143, 257
alfabeto ruso, 113
Aligheri, Dante, 123, 175, 244
Alvin Tofler, 151, 273
América Latina, 265, 345
Amsterdam, 206, 208
árabes, 155, 156, 174, 175, 237, 243, 245
Arbénz
 Jacobo, 224
Arenas Betancourt Rodrigo, 328
Armero, 306
arte, 43, 52, 116, 121, 313
artes plásticas, 194, 273
artistas, 131, 195, 203, 206, 208, 229, 253
Asia, 113, 123, 135, 156, 232, 251
astronomía, 253
Avicena, 245
Bach
 Johan Sebastian, 106, 141, 226, 228, 229, 238
Bach J. S, 85, 89, 125, 337
Bacon Francis, pintor, 322
Bakú, 256

Baschenis Evaristo, 325
Belaz, 268
Berlín, 124, 196, 197, 199, 201, 210
Bernini Lorenzo, 325
Betancourt Belisario, 59, 79, 307, 309
Bextehude Ditrich, 328, 332
Bielorrusia, 106, 136, 152, 153, 172, 173, 179, 191, 205, 261, 268, 293
Bielorusia, 15
Bitetti,Ernesto, 183
Bizancio, 35, 145, 306
Borón, Atilio, 145, 264
borsh, 106, 132
Bosch Jeronimus, 29, 30
Bosch, Geronimus, 207
Boulez Pierre, 88
Breznev, 172, 194, 242, 254
Breznev, Leonid, 180
Brice Echenique Alfredo, 337
Buenos Aires, 341
Buonarotti, Miguel angel, 149, 216, 218, 219, 229, 233, 240
Caballero Luis, 322, 324
Caldera Rafael, 66, 80
Cánova Antonio, 45, 233
capitalismo, 117, 150, 167, 180, 183, 197, 246, 251, 262, 264, 267, 271, 279
Carracci Anibale, 45
Castro,Fidel, 223
Catalina II, 173
catedral, 108, 139, 209, 213, 216, 228, 240, 271
Chaikovsky Piotr Ilich, 122
Chávez, Hugo, 145

Checoeslovaquia, 143
Chéjof, Antón, 162
Chernóbil, accidente, 278, 293, 295
Chernóbyl, 293
China, 146, 246
Chopin Frederic, 211
ciencia, 104, 147, 150, 235, 271, 274, 275
cine, 110, 113, 116, 135, 162, 175, 186, 191, 194, 221, 228, 235, 240
Cirilo, 113
Colombia, 107, 110, 111, 112, 132, 135, 146, 153, 154, 157, 166, 167, 168, 218, 225, 234, 247, 292
comunismo, 127, 142, 150, 196, 279, 285
concierto, 122, 123, 124, 126, 208, 225, 226, 238
Copérnico Nicolás, 253
Copérnico Nicolás, 27
Cuba, 159, 182, 223, 267, 288
Cuba, República, 47, 345
da Palestrina luigi, 328
De Koonin Willem, 322
de Spinoza Baruk, 206
Decabristas, 185
declinaciones, 114, 119
della Francesca Piero, 29
dominicana, 200, 224, 226
Dostoievsky Fedor, 115
Duchamp Marcel, 319
Egipto, 103, 145, 167, 215, 218, 234
Einsestein, Serguey, 186
Einstein Albert, 331
ejército Rojo, 140, 191, 251
energía nuclear, 276, 295
Engels, 147, 151, 189, 196

Enrriquez Ureña Pedro, 339
ensayo, 169, 339
Erasmo, 109, 111, 114, 117, 123, 141, 142, 146, 150, 152, 158, 159, 168, 171, 183, 193, 195, 207, 213, 215, 218, 223, 228, 234, 236, 239, 246, 248, 257, 272, 293, 294, 344
Escher, Cornelis, 330
España, 196, 204, 272, 287
estado, 33, 50, 104, 141, 149, 306
estado soviético, 149, 264
Estalin, 136, 190
Europa, 111, 130, 143, 165, 168, 183, 196, 204, 207, 208, 209, 227, 246, 248, 251, 261, 269, 270, 290
filosofía, 55, 120, 147, 150, 153, 154, 206, 234, 245, 247, 275, 339
Fischer Boby, 80
Flandes, 206, 208
Florencia, 149, 217
folklore, 121, 146, 214, 215, 238, 241
folklore ruso, 121
Foucault Michel, 68
Francia, 142, 150, 190, 204
Gabo Naun, 194, 253, 324, 325
Gagárin, Yury, 170
galería Tretiakóv, 171
Galilei Galileo, 27, 77
gastronomía rusa, 160
Gengis Kan, 152
glasznost, 256
Godunóf, Boris, 238
González Julio, 316, 318
Gorki, Máximo, 117
Gorvachov, 254, 255, 256, 257, 260, 261, 277
Gorvachov, Mijail, 172
Goytisolo Juan, 337, 338

guerra, 111, 117, 121, 135, 136, 142, 144, 168, 173, 174, 189, 191, 193, 196, 197, 199, 200, 206, 221, 226, 227, 247, 251, 256, 276, 277, 288
guitarra, 84, 105, 182, 214, 224, 226, 237, 238, 239, 291, 311
historia, 108, 123, 130, 137, 145, 149, 152, 153, 154, 170, 171, 173, 191, 195, 196, 201, 209, 215, 219, 223, 225, 229, 234, 238, 247, 251, 262, 275, 288, 330, 356
Hitler, 136, 141, 142
Holanda, 204, 206, 208
idioma, 108, 109, 113, 118, 133, 147, 155, 157, 158, 172, 199, 242, 246, 247
iglesia, 187, 195, 200, 228, 241, 251, 271
ilustración, 185, 193
imperio, 141, 145, 146, 173, 185, 195, 206, 209, 213, 215, 226, 231, 232, 240, 261, 262, 263, 267, 271, 283, 286
imperio Otomano, 145
ingeniería, 89, 147, 181, 201, 215, 247, 248, 276, 356
instituto Politécnico de Bielorrusia, 153
Irák, Repúbica, 50
Italia, 126, 188, 193, 208, 213, 217, 252, 293
Jacanamijoy Carlos, 318, 328
Kan, Kublay, 152
Kant, 141, 147
Kant Inmanuel, 27
Kant, Inmanuel, 106
Kepler Jhohannes, 27
kremlin, 108, 240, 287
Kremlin, 163, 233, 240, 259, 271
Kublai Kan, 209

Kubrick Stanley, 39
Latinoamérica, 113, 155, 157
Lech Waleza, 252
Leibniz Gotrieb, 329
Lenin, 105, 108, 117, 118, 172, 184, 194, 247, 256
Letonia, 226, 227, 256
literatura, 115, 116, 117, 146, 154, 162, 203, 230, 238, 245, 278
Lomonósov, 184, 274, 275
Londres, 139, 150, 151, 188, 189, 205, 208
Louvre
   museo, 204
Lumumba, 108, 291
Lutero
   Martin, 207
Lutero Martín, 329
Mamáief curgán, 111
Mambo, 340
Manzur David, 322, 324, 325
Maquivelo, 149
Marco Polo, 152
Marte, Ada, 178
Martini Simone, 325
Marx, 147, 150, 189, 196
Marx, Karl, 12
materialismo, 147, 150, 151
matroshkas, 172
Mendeleyev, 275, 276
Mendeleyev, Dimitri, 275
Mendelson Bartoldi, 334
Mendelson Bartholdy, 229
Mendelson Felix, 334
metafísica, 37, 78, 121, 316
México, 190, 224, 342
Michelsen López, 79
Miguel Angel, 218, 219, 229
Mijail Gorvachov, 287

Minsk, 152, 164, 167, 169, 172, 173, 182, 199, 204, 205, 224, 226, 229, 233, 235, 236, 247, 252, 268, 293
Mirabal, 178
mito, 69, 158, 215
Moajcén, 236, 237
Montevideo, 342
Morales Darío, 319, 325, 328
Moscú., 106, 136, 152
Mosterín Jesus, 34, 340
Mozart Amadeus, 42, 88, 89, 213
Mujica Pepe, 342
muro, 124, 281
muro de Berlín, 197
museo, 139, 171, 173, 200, 212, 217, 218, 225, 227, 232, 233, 283
música, 15, 121, 122, 125, 126, 128, 146, 154, 168, 169, 224, 225, 226, 228, 237, 238, 239, 272, 328, 332, 334
Narváez Luis, de, 85, 125
nazis, 136, 137, 139, 140, 152, 174, 200
Negreiros Teresa, 321
Negret Edgar, 315, 316, 318
Nietzsche Fridrich, 27, 46
Nueva York, 170, 221
órgano instrumento, 226, 227, 228
Oteiza Jorge, de, 316
Ovidio Publius, 31
Pacto de Versalles, 141
París, 88, 141, 183, 203, 204, 207, 311
Parménides, 27
Parménides de Alea, 12
Pausanias, 103
PCUS, 136, 256, 260, 285
Penrose Roger, 27
perestroika, 148, 172, 256, 257
Pérgamo, 200

Piatigorsk, 229, 230
pintores, 111, 171, 229, 253
pintura, 111, 208, 209, 253, 272, 273
Pisanello, 325
Pitágoras, 331
Plinio, 103
PLumumba, Patricio, 291
poema, 58, 118, 123
Poincaré Henry, 27
política, 103, 104, 117, 124, 141, 142, 144, 148, 149, 150, 163, 178, 184, 189, 191, 194, 211, 215, 247, 254, 255, 256, 258, 264, 265, 266, 271, 288, 292
Polonia, 136, 152, 162, 173, 213, 251, 252, 253, 313
primera guerra mundial, 189, 227
Protágoras, 103
Prusia, 47, 120, 121, 151
Purcell Henry, 25
Pushkin, 117, 118, 161, 233
Pushkin, Alexander, 117
Putin, Vladimir, 271
quattrocento, 208
Quijote, el, 116, 124, 280, 289
Rajmaninof, Serguey, 122, 238
Rameau Philippe, 328
Ramírez Villamizar Eduardo, 318, 340
religión, 41, 50, 148, 195, 196, 251, 270
renacimiento, 115, 206, 209, 229, 232, 253, 262
Renacimiento, 35, 77, 149
Repín, Iliá, 131
República dominicana, 178
revolución Bolivariana, 264
revolución científica, 207, 262, 274
revolución cubana, 264, 265
revolución Darwiniana, 262
revolución de 1905, 189

Revolución de Octubre, 106, 117
revolución francesa, 262, 263
revolución industrial, 151, 246, 271, 274, 295
revolución informática., 274
Reyes Rafael, 339
rio, 110, 130, 131, 155, 214, 239
Rivera Eustaquio, 76, 190
Rodríguez Cochise, 3, 4, 75, 82
Roma, 103, 139, 149, 196, 210, 213, 214, 215, 216, 219, 263
Rostropóvich, Mitislav, 124
Rubens Pedro Pablo, 45, 232
Rubliof, Andrei, 171
Rusia, 112, 116, 118, 121, 122, 129, 130, 131, 132, 141, 152, 159, 161, 162, 169, 170, 171, 172, 173, 174, 183, 184, 189, 190, 193, 195, 205, 214, 223, 230, 234, 238, 247, 249, 252, 261, 271, 274, 275, 276, 277, 288, 293
Sajárof, Andrei, 193
Salcedo Bernardo, 322, 328
San Petesburgo, 130, 189, 275
Santo Tomás, 331
Schoemberg Arnold, 88, 213
segunda guerra mundial, 110, 122, 179, 227, 231, 278
Shólojof, Mijail, 116
Shostakovich Dimitri, 122, 123, 139, 187
siglo XII, 183
siglo XI, 195
siglo XIII, 152, 173, 209, 226, 270
siglo XIV, 240
siglo XIX, 105, 118, 123, 128, 141, 150, 172, 188, 201, 206, 211, 213, 223, 229, 232, 271, 334
siglo XV, 77, 145

siglo XVI, 152, 207, 239
siglo XVII, 125, 206, 263
siglo XX, 116, 123, 173, 184, 186, 189, 223, 232, 233, 262, 271, 276
Signoreli Luca, 29
Simón Bolívar, 288
socialismo, 143, 146, 148, 158, 172, 183, 184, 195, 196, 249, 252, 254, 261, 271
Soto Rafael, 316, 321
Spassky Boris, 80, 104, 236
Stravisnsky Igor, 88
Tabaré Vázquez, 342
Tatlín Vladimir, 194, 316
teatro de Balshói, 127
Toffler Alvin, 51
Torres García Joaquín, 316
Tretiakóv Pavel, 171
Tsialkovsky, 276
Tunja, 234
Tunja, ciudad de, 170, 174, 234
Uccello Paolo, 325
universidades, 147, 153, 165, 166, 183, 194, 207, 246, 276
URSS, 106, 135, 152, 173, 194, 197, 235, 254, 255, 256, 257, 261
USA, 144, 165, 197, 246, 251, 255, 287, 290, 344
Varsovia, 152, 210, 251, 252, 313
vaticano, 217, 218, 270
Venecia, 196
Venezuela, 144
Vermeer, 208
Vermeer, Johannes, 208
Viena, 212, 213, 214
Vietnám, 247, 255
Villalobos Heitor, 85
Villa-lobos, Heitor, 169
Vilnius, 140, 173

violoncello, 60, 337
VirgilioMarón Publio, 31, 220, 244
Vivaldi Antonio, 328
Vizancio,, 145, 209
Vlidimir Ilich Uliánov, 184
vodka, 160, 161, 162, 163, 164
Volga, 108, 110, 130, 131, 136

Volgogrado, 108, 110, 112, 124, 131, 134, 136, 164
Yourcenar, Margarita, 11
zar, 117, 141, 239
Zenón, 27
Zurbarán Francisco , de, 41

Abreviaturas y extranjerismos

URSS- Unión de repúblicas socialistas soviéticas.
USA- United states of America
CEI- Comunidad de estados independientes.
PCUS- Partido comunista de la unión soviética.
BPI- Instituto politécnico de Bielorrusia.
Pierestróika- restructuración.
Glázsnast – transparencia.
Sóviet –consejo.
m- metros.
Ac-antes de nuestra era.

Bitácora

Bitácora